中國文化課

余秋雨 著

中國青年出版社

图书在版编目（CIP）数据

中国文化课 / 余秋雨著 . —北京：中国青年出版社，2019.8（2022.10 重印）
ISBN 978-7-5153-5682-2

Ⅰ.①中… Ⅱ.①余… Ⅲ.①中华文化－通俗读物 Ⅳ.①K203-49

中国版本图书馆 CIP 数据核字（2019）第 133866 号

责任编辑：彭明榜
特约编辑：刘　倩　夏　冰
封面题签：管　峻
设计总监：石　磊
排版制作：今亮后声

中国青年出版社 出版 发行

社址：北京东四 12 条 21 号
邮政编码：100708
编辑部电话：（010）64011190
北京盛通印刷股份有限公司印刷　新华书店经销

710mm×1000mm　1/16　41.5 印张　592 千字
2019 年 8 月北京第 1 版　2022 年 10 月北京第 16 次印刷
定价：128.00 元

1999年考察全球古文明遗址，于埃及金字塔

1999 年考察全球古文明遗址，于希腊迈锡尼遗址

余秋雨简介

中国当代文学家、美学家、史学家、探险家。

一九四六年八月生，浙江人。早在三十岁之前那个极不正常的年代，针对以"样板戏"为旗号的文化极端主义，勇敢地潜入外文书库建立了《世界戏剧学》的宏大构架。至今三十余年，此书仍是这一领域的权威教材。

二十世纪八十年代中期，因三度全院民意测验皆位列第一，被推举为上海戏剧学院院长，并出任上海市中文专业教授评审组组长，兼艺术专业教授评审组组长。曾任复旦大学美学博士答辩委员会主席、南京大学戏剧博士答辩委员会主席。获"国家级突出贡献专家"、"上海十大高教精英"、"中国最值得尊敬的文化人物"等荣誉称号。

在担任高校领导职务六年之后，连续二十三次的辞职终于成功，开始孤身一人寻访中华文明被埋没的重要遗址。所写作品，往往一发表就哄传社会各界，既激发了对"集体文化身份"的确认，又开创了"文化大散文"的一代文体。

二十世纪末，冒着生命危险贴地穿越数万公里考察了巴比伦文明、克里特文明、希伯来文明、阿拉伯文明、印度文明、波斯文明等一系列重要的文化遗址。他是迄今全球唯一完成此举的人文学者，一路上对当代世界文明做出了全新思考和紧迫提醒，在海内外引起广泛关注。

他所写的大量书籍，长期位居全球华文书排行榜前列。在台湾，他囊括了白金作家奖、桂冠文学家奖、读书人最佳书奖等多个文学大奖。在大陆，多年来有不少报刊频频向全国不同年龄的读者调查"谁是你最喜爱的当代写作人"，他每一次都名列前茅。2018年他在网上开播中国文化史博士课程，尽管内容浩大深厚，收听人次却超过了六千万。

几十年来，他自外于一切社会团体和各种会议，不理会传媒间的种种谣言诬诈，集中全部精力，以独立知识分子的身份完成了"空间意义上的中国"、"时间意义上的中国"、"人格意义上的中国"、"哲思意义上的中国"、"审美意义上的中国"等重大专题的研究，相关著作多达五十余部，包括《老子通释》、《周易简释》、《佛典译释》等艰深的基础工程。联合国教科文组织、北京大学等机构一再为他颁奖，表彰他"把深入研究、亲临考察、有效传播三方面合于一体"，是"文采、学问、哲思、演讲皆臻高位的当代巨匠"。

自二十一世纪初开始，赴美国国会图书馆、联合国总部、哈佛大学、耶鲁大学、哥伦比亚大学等处演讲中国文化，反响巨大。二〇〇八年，上海市教育委员会颁授成立"余秋雨大师工作室"；二〇一二年，中国艺术研究院设立"秋雨书院"。

二〇一八年五月，白先勇和"远见·天下文化事业群"创办人高希均、王力行赴上海颁授奖匾，铭文为"余秋雨——华文世界最具影响力的一支笔"。

近年来，历任澳门科技大学人文艺术学院院长、香港凤凰卫视首席文化顾问、上海图书馆理事长。（陈羽）

目录

第三单元　大道·儒家佛家道家

第四单元　反思·利弊所在

第五单元　储心·必要记忆

自 序

我的生命基调，是以最大的安静，穿越最险的峡谷。

这是老子的教导，由"与世无争"，抵达"人莫与争"。

眼前这本书，就是穿越几个文化峡谷的见证。

第一个峡谷。

我在中国艺术研究院"秋雨书院"主持的博士生专业，特别难考。眼看那些年轻的优秀人文学者怅然离去，我比他们更加怅然。于是决定接受喜马拉雅网站的邀请，把博士课程向全社会公开讲授。这就出现"峡谷"了：一边是最难考的学业，一边是最辽阔的山河。这两者，如何穿越？想来想去，我把心放平了，预计课程开张时会有几万人听，随着内容加深，渐渐会减少到几千。几千就几千吧，能持续，就不错了。

第二个峡谷。

博士课程不应降格为大学本科那种常识性、常规化的教学，而应该让导师端出自己最新的研究成果。我的研究成果都是具有整体突破意义的学术著作，例如《中国文脉》、《极品美学》、《君子之道》、《修行三阶》等等，很多基本思路完全不同于传统观念和流行观念，即便是高层文化界的人士读起来也会感到有些费劲。我怎么能让几千名不同学历的收听者都接受？怎么做到既被他们接受又不丢失学术深度？学术著作也能成段朗诵吗？朗诵那些艰深语句时该用什么样的声调和节奏？每句之间的停顿该有多长？……可见，要跨越这个"峡谷"，难度也是不小。

第三个峡谷。

第三个峡谷的难度就更大了。这个课程，必须涉及中国文化史上的多数经典文本，但这个课程只有音频，没有视频，也就是说，只能听，不能看。这就遇到了大麻烦，千年前的书面文句，一旦离开了文字呈现，连古人都听不懂，更不必说当代人了。因此，我就面临着一个必须穿越的"峡谷"：把所有重要的古代经典全部翻译成现代口语，让当代学员一听就懂。由于这些古典作品都具有文学性，我又必须把现代口语变成现代美文，以便在讲课时交替朗诵，交相辉映。然而，这个工程的规模实在太大，各种古典作品的性质又千差万别，几乎不可能由一个人来完成。而且，我对现代美文的标准很高，广大读者也熟悉我的文字品级，因此不可能引用他人的译本。怎么办？我不敢悬想辽阔峡谷间的万千云霾了，只是夜以继日地埋头翻译。终于，工程完成了，我居然系统地翻译了老子、庄子、屈原、司马迁、陶渊明、韩愈、柳宗元、欧阳修的代表作，以及佛教经典和君子之道名言。后来很多学员反映，这让他们第一次真正领悟了这么多古代经典的奥义。回头一想，这个"峡谷"实在穿越得比较辛苦。

第四个峡谷。

除了讲述自己和古人的著作之外，世上最好的博士课程，一定是"导师漫谈"。任何一个明智的导师都明白，那些从书上、网上都查得到的通行知识，千万不能再多讲，学生们一定讲得比我们更好。如果有足够自信，一个合格的博士专业导师应该把话题集中到独一无二的亲身感受中。难道亲身感受能贯通文史？这显然又是一个"峡谷"了，因为一边是区区单身，一边是浩浩时空，似乎完全不能相提并论。但是，我本人却是特例，曾在"文革"灾难结束前后体验过中国文化的屈辱和再生，又早早辞职考察过全中国和全世界的重要文化遗址。当我把这些人生经历自然融入，课程也就有了体温。这相当于把自己的生命当作栈桥来连接一座座文化峰峦，以便学员攀缘。但是，个人的经历毕竟带有种种偶然的局限，能够获得多少学员的信赖？

......

——我在穿越上述一个个"峡谷"的时候，心里总想，跳荡如此之大，后面的跟随者一定越来越少了吧？他们一定累了，让他们离开吧。

每次去讲课，喜马拉雅小小的录音室里有一堆机器，机器后面坐着一个胖胖的女孩子。我进去坐下，她点一下头，表示已经开机，我可以讲了。讲完，我点一下头，表示可以关机了，就起身离开。这情景，完全没有我以前熟悉的课堂气氛。为了给自己找一个讲下去的理由，我设想，眼前似乎坐着两个博士研究生，譬如李健韬、韩少玄，我在给他们讲。其实他们都远在北京。

课程是二〇一八年四月二十三日开始的，消消停停终于讲到了年底，也就是十二月三十一日的跨年之夜，喜马拉雅的顾文豪先生告诉我，现在收听这个课程的人次，是二千零七十万。

才二千？有点儿少。但似乎听到有个"万"字，那就是二万了。有点儿多。

顾文豪先生笑着重复："是二千零七十万。"看着瞠目结舌的我，他又说，收听的人次每天还在大幅度增加。

果然，到我写这篇序言，收听人次已超过三千四百万。当我校对这篇序言时，已经接近五千万。

三千万？四千万？五千万？

有如此多的人同时在收听一门有关中国文化的博士课程，而且，是一门始终无法降低标准、无法缩小格局的课程，是一门始终没有嵌入逗趣、惊悚，没有迎合世俗潮流的课程。这么大的收听数字，无论考之于历史，还是考之于国际，都算得上是世间奇迹。

对此，我没有"小得意"，却有"大骄傲"。因为这一奇迹证明，中国文化至今拥有充分的覆盖面和向心力，人们对它的追索劲头和话语兴趣，远未疲倦。

巨大的人数还会对我们产生一种默默的鼓励：对于中国文化，应该还有许多事情可做。

我已年高，不想再做什么，但对这次穿越，却心存快乐。

确实，原以为我在面对一道道巨大的文化峡谷时还像当年独自苦旅、冒险中东一样，只与孤云荒漠为伴，没想到身后竟然跟着如此多的人。他们安静地听我讲最古老的事情，读最深奥的文本，理最混乱的线索，追最踉跄的脚步，整整一年，日日夜夜，不离不弃。我当初最担忧的学术沟坎，他们全都跟着我跨过去了；我当初最烦心的历史沼泽，他们也都跟着我走出来了。

而且，聚集越来越多，队伍越来越大。大家都不喧闹，按照我所说的生命基调，以大安静穿越大峡谷，安静得把我自己都瞒过去了。

这整个事件，已经不是一门课、一本书，而是一场庞大无比的"行为艺术"。人头攒动，密密麻麻，即使航拍也无法略窥大概。

这种"行为艺术"，由当代传输科技制造，文化只是它的话题，而我，只是其中一个渺小的参与者。但是，尽管如此，我还是快乐。我不知道这样的"行为艺术"会如何发展，将产生什么结果。既然不知道，就不多想了，且转身面对学员，深深鞠躬，道一声谢谢。

从反馈知道，你们特别喜欢我的"嗓音"和"语气"。现在变成了书，"嗓音"和"语气"都没有了，这使我们的交流减少了一种感性成分，有点儿遗憾。书的好处，是可以拿拿放放。你们即使把它放在书架里长久不理，我也会安静地在那里等着。

余秋雨

2019 年 4 月 23 日

总目提要

由于全书体量较大，请各位朋友在阅读之前，先听我按顺序做一个简单介绍。因为介绍的内容复杂，口气会力求轻松。

第一单元

讲文化课，先要弄清"文化"是什么。但是，这是一个世界级的难题，国际上有关文化的定义已经多达几百个，即便我国当代通行版《辞海》所给的文化定义，也缠绕费解。因此，本课程不得不一反"由浅入深"的惯例，开头就要攀越理论险坡。

为了不让陌生的读者在理论险坡前逃走，我设置了几个感性的台阶，以讲故事的方式，从"世界读书日"说到文化的超时空能力，从一幅画说到艺术能够打通政治经济隔阂。然后，再从我在国际上的几次文化演讲，从民间对文化的惯常误解，慢慢引导到我为文化下的定义。

有了定义，全部课程有了"守门神"。

第二单元

这个单元就要铺展中国文化几千年的壮阔史诗了。

但是，我不想把它变成普通教科书式的"中国文化史"，而是依据王阳明心学的主张，以心带史，也就是以自己的"心灵大感觉"来激活历史，然后调动起读者的"心灵大感觉"。这就让冰冷的史迹渗透出跨越时空的爱恨情仇而进入整体诗境。

更重要的是，本课程立足世界坐标，从人类进入文明的门槛、四大古文明的生命力比较开始，一直追索着中国文化的"世界身份"。在追索过程中，老子、孔子、屈原、司马迁、魏晋名士，成了为中国文化奠定"世界身份"的顶级设计师群体。唐代，则是中国文化"世界身份"的最高体现，受到全人类文化良知的一致肯定。唐以后一千年，陆续出现了一系列维护和拓展中国文化的动人典型，但是，这一千年中的后五百年，中国文化由于受困于专制和保守，开始下行和衰落，使"世界身份"渐渐黯淡。直到在濒临灭亡的最后时刻，听到古老而神秘的歌声，才又踉跄站立，认识自己。

第三单元

这是在追索文化史几千年之后，仰首看天，寻求中国文化的精神主干。

精神主干，不是出于互比高下，而是出于集体选择。集体选择的结果是三家：儒家、佛家、道家。

研究这三家的著作汗牛充栋，庞大而又艰深。本课程的任务是排除障碍，让广大当代学员把握重心，畅然领悟。

讲述儒家以"君子之道"为核心，提领各端，并拉出君子的对立面小人进行展示。这与本课程一开始就把文化的落脚点指向人格有关。

讲述佛家以《心经》为主导，以"空"和"度"为基准，渐渐集中到禅宗。这是一份力求具有现代意识的佛学讲义。

讲述道家，分"老庄路线"和"道教路线"两部分。"老庄路线"是整个课程的重点之一，希望能引起学员注意；"道教路线"则强调了"天人合一"的思路，也就是"大宇宙"和"小宇宙"之间的呼应，非常契合未来思维。

第四单元

这一单元，是回答国际友人和本国青年问得最多的问题：中国文化为什么会成为人类各大古文化中唯一的长寿者？如此悠久的文化，还有哪些重大弊病？

我根据自己在国际上反复演讲的观点，在本课程中讲述了中国文化长寿的八大原因，以及至今犹存的三大弊病。

第五单元

这个单元是本课程的"地下宝库"。

一般的课程，听过了也就听过了。但是，本课程却要求学员进入长久的记忆、贮存过程。大的记忆分"文学记忆"和"哲学、宗教记忆"两个块面，其中每项记忆，又分"基础记忆"和"扩大记忆"两个层次。例如唐诗、宋词应该记忆的范围，也做了两层次划定。悠悠文脉，就凭着这样的记忆，可以延绵终生。

对当代人而言，记忆主要不是靠死记硬背，而是靠快意沟通。因此，本课程除了开列记忆篇目之外，还提供了重要记忆篇目的今译。我尽力调动自身的学术功力和文学功力，争取把每篇译文变成现代美文。

在"文学记忆"部分，我提供了对庄子、屈原、陶渊明、韩愈、柳宗元、苏轼、欧阳修的今译；在"哲学、宗教记忆"部分，我提供了对《老子》八十一章的全部今译，还有《心经》今译，《金刚经》《坛经》的简释和君子之道六十名言的汇集。

这些内容，即使不是听课的学员，也不妨留存。

第一单元

引论·文化定义

第 001 讲

今天的日期

我们的课程，最初叫作"秋雨书院中国文化必修课程"。对此，我需要解释一下。

"秋雨书院"虽然以我个人的名字命名，却是中国艺术研究院所属研究生院的一个教育机构，任务是招收中国文化史专业的博士生。但是，这一个"博士点"比较难考，每年经过层层筛选，总有一些优秀的人文学者不能入学。我正在为这件事感到抱歉，喜马拉雅的朋友找到了我，希望我能在他们那里开设一些公开课程。于是我想，干脆把课堂扩大，让那些无法入学的考生和更多的朋友一起来听课。而且，我也可以把自己近年来出版的一些学术著作像《中国文脉》、《修行三阶》、《极品美学》、《君子之道》、《境外演讲》、《北大授课》中的研究成果，用更普及的口语方式讲述一下。

既然扩大了，那就应该脱去"秋雨书院"的帽子，而且也不是"必修"了，因此课程的名称回归寻常，叫"中国文化课"。

你一定会问：这个博士点不是很难考吗？相关的课程也会有一定难度吧，大家能听得懂吗？

对于这个问题，我需要讲一个基本原理来宽你的心。那就是：在人文学科中，最重要的课题大多来自普遍人心。而且，每个人的最初疑问，都有可能直通最深的学问。

因此，你千万不要把自己看低。也许你年纪还轻，学历不高，不是学霸，但是你的天性，恰恰是人文学科通向圣殿的山门。

昨天晚上，我在准备的时候，想到了第一座山门，那就是今天的日期。

今天是四月二十三日，世界读书日。这是全世界的文化节日，最能体验文化穿越时空的共同价值。我正好在这一天开课，倒不是特意安排，而是一种巧合。但是，既然巧合了，我就不想轻易放过，要冲着这个日子多说几句。

我记得，把今天作为"世界读书日"，是由西班牙政府向联合国提议的。照理，世界上很多国家都有自己优秀的书籍和优秀的作家，为什么这次西班牙一提，大家就都点头赞同了呢？因为他们提出的是这样一个名字：塞万提斯——著名小说《堂吉诃德》的作者。四月二十三日，正是他去世的日子。去世的年份，是一六一六年。

直到他去世两百多年后，德国诗人海涅总结说，在小说、戏剧和诗歌三大领域，有三位登峰造极的巨人，那就是塞万提斯、莎士比亚和歌德。

我们今天，离塞万提斯去世是四百多年，隔了这么久，全世界还因为他而捧起了书本。这真是了不起。

但是，这个全世界都在纪念的巨人，在他活着的时候却非常狼狈。狼狈到什么程度？我连复述一遍都不忍心，只能以最简约的语言提几句。

他只上过中学，没钱上大学，二十三岁当兵，第二年就在海战中受伤，致左手残废。几年后又被海盗绑架，因为交不出赎金被海盗折磨了整整五年。摆脱海盗后，又连续两次，因遭人诬陷而入狱。好不容易被释放后，他开始写《堂吉诃德》，但书刚出版，却因家门前有人被刺，再度被关进监狱……。总之，与这位文化巨人终身相伴的是残废、绑架、海盗、诬陷和监狱。他实在太苦了，苦得难于想象。直到很久以后，他的家乡，以及他的祖国，才以极其隆重的方式表达对他的歉意。

西班牙首都马德里的中心竖立了他的雕像。竖立雕像的地方，叫西班牙广场，也就是以堂堂国名来安顿他。后来，就是以他的去世之日来申报世界读书日。西班牙，这个曾经非常傲慢的海上霸权国家，终于明白让自己足以称雄世界的，是文化，只能是文化。

塞万提斯

莎士比亚

　　在塞万提斯去世前二十几年，西班牙的"无敌舰队"已经被英国打败，它在世界上的海上霸权地位也随之被英国取代。

　　正像失败的西班牙不在乎可怜的塞万提斯，胜利的英国也不在乎躲在一个小镇上的文人。这个文人是从伦敦的诽谤圈里逃回来的。为什么遭受诽谤？因为他的作品太好，引起了轰动，但其本人没有什么学历和背景，引起了嫉妒，遭到了围攻。他回家乡后沉默寡言，甚至直到临死前，家乡人也不知道他在外面做过什么。最后需要在遗嘱上签字时，他摇摇头，没有签。这情景，就像当时乡间的大多数文盲。

　　但是，谁能想到呢，多少年后，正是这个没有签的名字，成为英国问鼎全世界的文化旗帜。甚至连那些威武地站在船头的将军也不得不承认，这个名字，比他们所占领的所有领土都更加重要。因为有了他，英国的一举一动都有了美的光辉。这个本人临死时没有签的名字，由这些字母组成：Shakespeare。不错，他就是莎士比亚。

　　海涅所说的三个登峰造极的文化巨人，莎士比亚应列首位。

说到这里，我发现了一个自己也不敢相信的时间重叠。莎士比亚没有在遗嘱上签名而离开了这个世界是哪一天？一六一六年四月二十三日，与塞万提斯同年同月同日去世！

我曾在他的老家木桌边写下一段文字，收在《行者无疆》这本书里。我说，他在闭上眼睛后还会再一次睁开，问身边的亲族，今天是几号。听到了回答，他笑了一下，随即闭上了眼睛，永远不再睁开。他为什么笑？因为这一天，也正好是他的生日。

因此，我相信，当西班牙代表在联合国以塞万提斯的理由提出把四月二十三日作为"世界读书日"的时候，首先赞成的一定是英国代表。

说了如此奇怪的时间巧合，借着"世界读书日"，借着塞万提斯和莎士比亚，我要讲述几条文化哲学的常规。

第一，在世间所有的力量中，文化最软，又最强。当塞万提斯和莎士比亚时代的王公贵族早已无人记得的时候，只有他们的名字和他们创造的故事、人物、情感、悲欢，还在各国流传，而且会永远流传下去。

第二，文化穿越仇恨。当两位大师去世的时候，他们的祖国还对立着，但他们却让所有的读者和观众消仇解恨、破涕为笑、化丑为美。

第三，杰出的文化创造者大多身处卑污的环境，受尽诽谤和磨难。这似乎是冥冥中的故意安排，就像绘画中的玄黑色背景，让光亮更加光亮。这又符合天地间"相反相成"的千古悖论，在中国文化史上也屡见不鲜。一生平顺的文化人，历来无足轻重。

先说这三条吧。听我这么一说，大家一定能够更加深切地领会四月二十三日这个"世界读书日"的厚重分量了。两位在世界历史上登峰造极的文化巨人同时离开，我曾说，那天，地球有点儿失重。

顺便说一句，就在这一天之后不久，一六一六年七月二十九日，中国的一位文化大师——《牡丹亭》的作者汤显祖，也去世了。这一来，地球更失重了。

这些年来，人们显然越来越重视文化了，证据之一，就是很多人都会记得"世界读书日"。有些城市的机关、单位，甚至会在这一天停止办公半天，请哪位文化人来演讲读书。我本人，总是年年在这一天被邀请。这对我来说，既不便推托，又有点儿为难，因为四月二十三日，也正巧是我妻子马兰的生日。

第 002 讲

一幅油画和两个老人

上一讲，我从四月二十三日"世界读书日"的来源，从莎士比亚和塞万提斯的经历，说到了文化跨越历史的巨大力量。这个问题作为我们课程的起点很重要，因此今天还想举一个当代中国画家的例子，来说明即使不经过历史的筛选，即使在眼下，文化也具有超乎寻常的力量。

事情要从美国华盛顿说起。

二〇〇五年，国际上对于中国文化远没有现在这么关注，但是美国华盛顿的国会图书馆很有远见，早早地辗转托人，邀请我去演讲。

我在演讲日期的前一天就从美国其他城市到了华盛顿，住在旅馆里备课，设想着如何让听众感受中华文化的美好。

第二天早晨，正准备出发，一个长途电话传来噩耗，我的好朋友、大画家陈逸飞先生突然因病在上海去世。

我在震惊之余，立即决定换上箱子里的另一套衣服。那是几年前我决定到恐怖主义地区考察人类古文化遗址的时候，陈逸飞先生送给我的。他说，他希望我在最危险的时候穿着他送的衣服。没想到，我活着回来了，他却走了。

从旅馆到国会图书馆的路上，我突然想到，陈逸飞先生其实也是一个演讲者，只不过他用的不是话筒，而是画笔，向国际社会讲述中国。他的油画轰动美国的时候，中国还没有真正开放，国际上对中国的印象还是保守、贫穷、破落、怪异。但是他展现了中国的另一番画面，那就是不管是风景还是人物，都美丽、自如、神奇。他被广泛接受，证明他已经局部地改变了国际上对中国的看法。

最雄辩的证据是，第一个投资中国的西方企业家哈默，来中国接受邓小平接见的时候，赠送给邓小平的见面礼，就是陈逸飞的油画《故乡的回忆——双桥》。电视报道中所出现的镜头是，两个古稀老人，不论从哪一个方面看都隔着千山万水，却让中间的一幅油画连在一起了。

为什么要把中国画家的作品送给中国领导人呢？这在送礼常规上好像说不通。其实，哈默是想通过这幅油画告诉邓小平，他来投资的理由之一，是中国的美丽。

记得当时我在电视上看到这个镜头时不禁热泪盈眶，因为这个场面见证了一幅艺术作品对于国际关系的推动，对于宏观经济的推动。因此，也见证了一个重要原理：文化，是跨越障碍的桥梁。

我在车上这么想着，就到了美国国会图书馆的演讲大厅。

我是美国国会图书馆邀请演讲的第一位中国学者，因此演讲前的仪式很隆重，而且很有图书馆的特色。他们把馆藏的我的著作都找了出来，放在一台漂亮的金属手推车上，由图书馆副馆长和亚洲部主任，一位是男性，一位是女性，亲自推着金属车绕场一圈。

金属车推到哪里，走道两边的听众全都站起来致敬。这个场面让我非常感动。我相信，这是图书馆欢迎演讲者的最佳仪式。我至今还是上海图书馆理事长，什么时候也可以采用这样的方式来欢迎特殊嘉宾。

金属手推车最后推到了我的面前。我正要上前与副馆长和亚洲部主任握手，看到站在第一排的我的妻子马兰向我做了一个手势。她轻轻地用手指点了点金属手推车，又抬起手指挡在了自己的嘴唇前面。我随着她的手指看了一眼手推车，立即明白了她的意思。原来，手推车上堆放着的著作，有很大一部分是从我国流出去的盗版本。妻子为了礼貌，为了眼前的仪式，

陈逸飞《故乡的回忆——双桥》

希望我不要说破，因此用手指挡住了嘴唇。

我当然不会说破。演讲开始后，我先说明当天身上所穿的衣服的来源，然后悼念大画家陈逸飞，肯定了他用画笔对中国文化进行的成功讲述。我说，我今天的演讲，正是对他的延续。

我那天的演讲受到了热烈欢迎，但过后心中还一直盘旋着那台装满了盗版书的金属手推车。我在美国各大城市的华文书店发现，那里出售的我的著作，有很大一部分也是盗版本。由此产生联想，现在大量推向国际的所谓"中国文化"、"千年国粹"、"国学经典"，是不是也夹杂着各种各样的"盗版本"？这不能靠外国人来辨别，却需要我们自己留心。

那次在美国国会图书馆演讲后回国，我做的第一件事是应陈逸飞先生家属的要求，为他的墓碑书写碑文。我在墓碑上写道："他曾以中国的美丽，感动过世界。"很多朋友去扫墓时，看到绿草茵茵间的这个墓碑，都掉泪了。

在美国国会图书馆演讲的三个月后，我又应邀到日本，成为在联合国世界文明大会上的中国演讲者。

这两次演讲的八年之后，中国发展的劲头更让世界震惊，大家都在思考这种突飞猛进的文化原因。于是，二〇一三年十月十八日，我又应邀在纽约联合国总部大厦，演讲中国文化的特殊生命力。

我提起这些演讲的往事，是想顺便告诉大家一个事实：在联合国大厦和美国国会图书馆听我演讲的听众，他们对中国文化的了解程度，一点儿也不比喜马拉雅的听众更多。他们能听得懂，你们当然更能听得懂。其实，我们面临的问题，比"懂不懂"更重要，那就是能够按照国际标准，让原先并不熟悉中国文化的人无障碍地接受，无距离地欣赏，就像陈逸飞先生做过的那样。

有人问，别人接受不接受，就那么重要吗？我的回答是重要。按照"接受美学"的观点，不被接受的美，是还没有实现的美。更何况，在本质上，文化无界。只有让大量原先并不熟悉的人接受，中国文化才能证明自己的体量和力量。

第 003 讲

从傻问题到文化定义

前面两讲，说的是文化超越时空、跨越障碍的力量。文化很重要，这很少有人否认，但是，大家往往躲开了一个起点性的问题，那就是——

文化到底是什么？文化的定义是什么？

对于文化，我们心里一定早就储藏着大量疑问。而且，随着时间的推移，疑问越来越多。

我前面说过，普遍人心的最初疑问最重要，但也最难回答。按照民间说法，这样的问题可称为"傻问题"。

是哪些傻问题呢？我举几个例子，大家一听就会点头微笑。

第一个傻问题。现在如果到大街上问一般市民，什么是文化，很多人就会脱口而出：文化，不就是学历吗？不就是古代诗文吗？不就是非物质遗产吗？不就是历史故事吗？这种回答并没有错，但是遇到大一点儿的事情就说不通了。

例如，跨国婚姻的离异，常常有一个共同理由：文化差异。但是如果仔细一问，学历相同的男女双方，都不是因为背不出几首古诗，看不懂一件古董，不知道一个历史故事而分手的。那么，决定婚姻存废的"文化差异"到底是什么呢？

第二个傻问题。两个不认识的人在大街上吵架，没说几句就都会指责对方没有文化。这里所说的文化好像与品德有关。但是，很多在名义上"最有文化"的单位，里边的人事纠纷、利益恶斗，一点儿也不比其他单位少。而且，根据可靠统计，传媒间那些重大的谣言和诽谤，没有例外，全是文化人所为。我们之前说到的塞万提斯、莎士比亚毕生遇到的严重困境，也都是文化人制造的。看来，文化不等于品德，那它是什么？

第三个傻问题。历来人们热衷的文化，都与记忆有关。一个人，如果能随口说出几个年号，记得几句古话，就算是很有文化了。一位前辈教授，如果背得出汉代一场战争的死亡人数，说得出宋代一个学者的生卒年份，那就一定被尊为"学术泰斗"。但是，现在不是已经到了电脑、互联网、大数据、人工智能的时代吗？连小孩子随手一按都能一清二楚的东西，为什么还要通过死记硬背来证明文化之所在？如果把记忆方面的事情交给当代科技，那文化还剩下什么？

第四个傻问题。除了整体文化之外，中国文化又是怎么回事？不少学者说，它最大的优势是历史悠久，足以傲视很多缺少历史的发达国家。但是，世界上明明还有比它更悠久的文化，例如巴比伦文化、埃及文化，而它们现在的境况实在不好，可见历史悠久并不一定是文化优势。那么，中国文化的优势在哪里？

于是又引出了第五个傻问题。有的学者认为中国文化的优势不在于历史悠久，而在于内涵深厚。是什么内涵呢？他们会用一些古代词语来概括，例如"刚健有为"、"自强不息"、"己所不欲，勿施于人"等。但是，懂外文的朋友都知道，这些词语如果翻译成外文，那么，在国外的历史文献、宗教话语中都能找到意思相近的词语。既然如此，我们怎么能够告诉世界，这是中国文化独有的精神内涵呢？

……

这样的傻问题，还可以举出很多。问题的提出很浅白，但要解答却不容易。

能不能把这些傻问题扔在一边不解答？不可以。因为这些问题关系到你的安身立命，关系到你身边的每一个人。

我们书院的文化课程，就是从这些傻问题一点点牵引出来的，组合成了一系列根本的学术大课题，那就是：文化的定义、中国文化的世界身份、中国文化的基本脉络、中国文化的长寿原因、中国文化的强弱所在等等。

完成了这些学术大课题，你就会变成另一个人，变成一个对中国文化具有充分话语权的人。于是，你走在世界的任何地方，都会变得更加从容，更加自在。

现在我们就开始讨论文化的定义。

这种讨论，我只能请大家皱着眉头，硬着头皮，稍稍领受一点儿学术的枯燥了。

恩格斯说过，在很多学术领域，往往进门就是一片布满荆棘的沼泽地，你必须花点儿力气穿过去，接下来就是平坦的开阔地带。我们现在，就要碰一下这片布满荆棘的沼泽地了。但我许诺，只是"碰一下"，不会让大家陷进去。

按照科学思维，世上万事万物都离不开定义。定义能用简明的语言，说明各种事物的本性，并把它们与其他事物区分开来。

文化，当然也需要寻找定义。自从英国学者泰勒开了个头之后，陆陆续续冒出来两百多个文化的定义。其实冒出来的总数还要大得多，只是这两百多个比较像样，因而被留下来了。这些定义都很长，我全都仔仔细细看了一遍。结论是：你们都不要去看了，因为看了一定会头疼。我理解美国学者洛厄尔（A. Lawrence Lowell，1856—1943）的一个感受：为文化下定义，"就像用手去抓空气，你抓不到，但它又无处不在"。

现代的中国学者们也给文化下了很多定义，这里就不一一展示了，只介绍一下它们的汇总状态，那就是我们的大型辞书《辞海》为文化下的定义。这个定义很长：

广义指人类在社会实践过程中所获得的物质、精神的生产能力和创造的物质、精神财富的总和。狭义指精神生产能力和精神产品，包括一切社会意识形式：自然科学、技术科学、社会意识形态。有时又专指教育、科学、文学、艺术、卫生、体育等方面的知识和设施。作为一种历史现象，文化的发展有历史的继承性；在阶级社会中，又具有阶级性，同时也具有民族性、地域性。不同民族、不同地域的文化又形成了人类文化的多样性。作为社会意识形态的文化，是一定社会的政治和经济的反映，同时又给予一定社会的政治和经济以巨大的影响。

这个定义，我数了一下，总共有二百一十五个汉字，又用了二十五个标点符号。我不知道大家听了，有什么印象。

我的印象是：好像每句都对，但加在一起后，我更不知道文化是什么了。当然，也不知道天下有什么东西不是文化了。

我这么说，一点儿也不是为难《辞海》。我曾受邀出任《辞海》的"正版形象代表"，当然没有理由与它过不去。但是，这样的定义，实实在在反映了我们在人文科学研究上的严重困境。因为《辞海》的每一个条目，是长期以来这一领域研究成果的权威性总结。总结成这个样子，确实让人沮丧。

似乎什么都说了，却又什么都没有说，而且所有的句子都是那么空洞、重复、缠绕，丝毫找不到明快的判断，更找不到文字的吸引力。

必须尽快结束这种状态了。文化那么重要，我们岂能让大家一进门就在定义的泥淖里挣扎得疲惫不堪、浑身泥巴？

因此，很多年前，我制定了一个文化的定义，在香港凤凰卫视《秋雨时分》的栏目中公布，征求海内外学者的意见。

多年下来，评价都很正面。因此，我可以把它在这个课程中当作正式教案了。我为文化制定的定义，肯定是全世界几百个文化定义中最简短的，总共只有三十个汉字，等我下一讲宣布。

最短的定义

我为文化制定的定义是这样的——

文化，是一种成为习惯的精神价值和生活方式。它的最终成果，是集体人格。

数一数，正好三十个汉字，全世界最短，而且，好像不能再短了。

对于这个最短的定义，我需要做一番解释。

我前面提到的跨国婚姻的离异事件，就与我们的定义有关。

例如，我知道一桩跨国婚姻的最初裂缝。男方是中国人，女方是美国人，两人是大学同学，在美国结的婚。女方并不苛刻，但实在不理解丈夫为什么每年清明节必须回家扫墓。工作很繁忙，并非长假期，路途那么远，何必年年回？但男方想的是，父母已年迈，亲族都看着，不能不回来。这中间，就触及了中国人的一个精神价值——亲情伦理；而每年重复，又成了一种生活方式。这两个方面，都是女方难以理解的。

举了这个实例，再读一下我的定义，就非常好懂了："文化，是一种成为习惯的精神价值和生活方式。"

这对夫妻因"文化差异"而离婚，也就可以理解了。

从这个实例延展开去，大家想一想，哪一种文化不牵涉到精神价值和生活方式？

从根源上说，我们遥远的祖先不管是择水而居还是狩猎为生，最开始都只是为了生活。当生活稳定成习惯，也就变成了生活方式，而"方式"就是文化。

在一定的生活方式中，人们会逐渐处置自己与天地的关系，与家族的关系，与他人的关系，那就出现了精神价值。精神价值一出现，文化就有了主心骨。

历史发展到今天，什么是中国文化，答案是中国人的精神价值和生活方式。例如，儒家伦理、诗词歌赋主要属于精神价值；几大菜系、中医中药主要属于生活方式。在中国文化的大盘子里，什么是山西文化？什么是上海文化？那就是山西人、上海人的精神价值和生活方式。再进一步，什么是八〇后文化、九〇后文化？是指不同年龄层的人的精神价值和生活方式。

我发现，很多学者讲文化，对上，不问鼎精神高度；对下，又看不起衣食住行，一直在故作艰深的咬文嚼字中做着"小文化"、"死文化"。我的最短的文化定义，可以帮助他们重新出发，上精神之天，入生态之地，以新的活力创造新的文化。

说到这里，我还只停留在这个定义的上半句。现在要说下半句："它的最终成果，是集体人格。"

精神价值和生活方式经过长时间的沉淀，一定会结晶出一个东西来。这个东西，就是集体人格。

人格，指的是一个人的生命格调和行为规范。集体人格，是指一批人在生命格调和行为规范上的共同默契。这种共同默契不必订立，而是深入到潜意识之中，成为一种本能。

这个学术深度，最先是由大家熟悉的弗洛伊德创建的。他提出的"集体无意识"，已经打了一个基础。更重要的是，他的学生和对手荣格（Carl Gustav Jung，1875—1961），明确得出结论：一切文化最终都会沉淀为人格。荣格又说，对人类各民族而言，更重要的是集体人格。

荣格　　　　　　　　　歌德

荣格以歌德的作品《浮士德》为例，说明浮士德就是德意志民族集体人格的象征。这种集体人格是由文化沉淀出来的，早就存在，歌德只是把它写出来罢了。因此荣格讲了一句著名的话："不是歌德创造了浮士德，而是浮士德创造了歌德。"

在这里，荣格把"浮士德"当作一种集体人格的象征体。

同样，中国文化的最后成果，也不是一大堆书，而是一大批人。也就是说，是中国人的集体人格。

荣格关于集体人格的说法，被一个比他小六岁的中国人听到了，那就是鲁迅。鲁迅也希望为中国人寻找集体人格，那时候他说的是"国民性"。他找到了一个"国民性"的象征体，那就是阿Q。除阿Q之外，鲁迅在《孔乙己》、《药》、《故事新编》等作品中，都在寻找"国民性"，也就是中国人的集体人格。在这一点上，中国现代作家中没有一个比得上他。

大家一定会说，鲁迅所寻找到的集体人格，都带有很大的负面性。确实，这也正是鲁迅对中国文化的严厉解剖。因为按照荣格的理论，阿Q、

鲁迅

孔乙己正是中国文化沉淀出来的结晶体。鲁迅明白，改造国民性，提升阿Q、孔乙己等人所象征的集体人格，才是中国文化的出路。

说到这里，大家也就明白了我的文化定义所包含的三个关键词：精神价值、生活方式、集体人格。定义虽短，内容却很丰富。

我的思路来自近代，特别受益于荣格这位瑞士心理学家。但是，荣格的学说，来自他对人类古代智慧的吸取和消化。

最典型的例子，是中国古代的儒家。他们在"治国、平天下"方面提出了很多主张，但是在这些主张背后却隐含着一个根本主张，那就是要大家做君子，不做小人。

君子和小人，是两种对立的集体人格。孔子把他们放在庞大文化课题的起点和终点，足见他与现代国际文化观念能够遥相呼应。

本讲的课程，学术性比较强，听起来比较累，因此我要概括一下。

一、必须再复习一遍我所拟定的最短定义："文化，是一种成为习惯的精神价值和生活方式。它的最终成果，是集体人格。"

二、作为组成文化含义的精神价值和生活方式，在早期时间顺序上，是生活方式在前，精神价值在后。但当精神价值一出现，文化就有了主心骨。

三、文化定义的精华，是"集体人格"这个概念。它使文化找到了终极归结点，那就是人。

文化的定义解决了，我们也就越过了恩格斯所说的"布满荆棘的沼泽地"，接下来就可以在平坦的开阔地上痛痛快快地讲述中国文化了。

讲述中国文化，首先必须有宏观目光。所以，从明天开始，我们会在全球视野下追寻中国文化的世界身份。这个题目很大，要讲很长时间。

第二单元

史迹·悠悠文脉

第 005 讲

门槛

中国文化，作为一种宏大的精神价值和生活方式，作为一个庞大人种的集体人格，究竟是什么时候产生，什么时候成型，什么时候跨进文明门槛的呢？在这些时候，世界上还有别的文化吗？它们是什么样子，在做什么？中国文化与它们相比，处于什么地位？

大家一听就知道，这些问题很遥远、很原始，因此一定是依稀朦胧，缺少实证，带有很多猜测成分。怪不得，历来的很多考古学家都是诗人。

对于如诗如梦的时代，应该由如诗如梦的人来处理。那些人从考古现场抬起头来，告诉我们一些判断。这些判断也容易被推翻，我们不着急，等他们继续慢慢发掘，慢慢协调，慢慢吵架。

现在，对于尚未跨入文明门槛前的中国，大概可以留下三个方面的朦胧印象。

第一印象，古代"中国人"的来源，分两拨：一拨是本土的，由直立进化而来，时间应该是一百多万年前了；一拨是外来的，从考古 DNA 发现，有可能来自非洲，那应该是五六万年前的事了。过来的路线，先到中东，经过东南亚，再到中国这个地方。

第二印象，大概在两万年前，由血缘关系组成相对固定的氏族集团。一万年前，由被动的采摘、狩猎，进入主动的农业种植。对于这个漫长的时期，后代常常用一些开天辟地的创世神话来描述，出现了女娲、伏羲、盘古、有巢氏、燧人氏等美好形象。在这过程中，渐渐进入定居的生活，有过一段人人平等、共同消费的"大同"形态。后来由于贫富分化、战争掠夺，氏族渐渐联合成部落，产生了部落首长。

第三印象，部落首长带领民众，保护民众，又受到民众的崇拜。中国没有像世界其他古文明那样长期由祭司们来执掌外力崇拜，而只是投入现世崇拜，崇拜那些确实存在于大地上的部落首长。崇拜需要有美好的传说，因此从五千年前开始，进入了以传说来崇拜部落首长的时代。这些被崇拜的部落首长，确实都是既有责任心，又有创造力的杰出人物，如黄帝、炎帝、尧、舜、禹。其中还有一个蚩尤，曾经被污名化，其实也顶天立地。因此，历史上所说的"传说时代"并不虚无缥缈，而是有几个伟大的现世领袖把中华民族带向了文明的门槛前面。这个时代经历了大概八百年，是一个让后代每次回想都心存敬仰的时代。

正是这八百年，让几千年后这片土地上的民众都把自己称为"炎黄子孙"。

我有幸，应炎帝归息地湖南株洲之邀，为炎帝陵纪念塔书写碑文；又应黄帝出生地河南新郑之邀，连续多年担任"黄帝文化国际论坛"主席。两位五千年前的伟大王者，至今还在被隆重纪念，而且年年纪念，我实在为我们这个民族感到骄傲。

其实，炎帝与黄帝之间也发生过战争。炎帝是一个深接地气的农业科学家，打不过骑在马上更有未来意识的黄帝。

历史上的战争，并不都是发生在正反两面，极有可能是伟大与伟大的对阵。因此，我在著作中认真考证过炎帝和黄帝发生战争的地点。黄帝与蚩尤也打过，我也做了考证。战争各方，虽然血迹斑斑，却都对中华民族做出了巨大贡献。

我在书写碑文和担任主席期间，仔细研究了炎帝和黄帝为文明做出的一项项贡献，终于明白，文明的起跑，可能比文明的发展更加重要。炎帝、

炎帝

黄帝

黄帝和其他王者所带领的文明起跑，决定了奔跑的方向、方式、力度，然后在尧、舜、禹的接力下，中国人终于跨越了文明的历史门槛。

这个时间，应该是四千二百年前。大家算一算，炎帝、黄帝出现在五千年前，一代代经过八百年"传说时代"的热身和起跑，正好来到四千二百年前，也就是公元前二十一世纪。这很好记，因为我们现在是二十一世纪，一前一后都是二十一世纪，好像一张纸对折了一下。

公元前二十一世纪，正是中国朝代纪元的开始，也是夏朝的开始。

夏朝的具体情况，我们期待着更多的考古发现，但心里却已明白，门槛在哪里。

跨越文明的门槛，是一件真正的大事。跨越没跨越，有几项全世界公认的入场标准。对此，我需要简单介绍一下。

跨越门槛的第一个标准，是看有没有青铜器。

青铜器，在人类发展中处于重要地位。人之为人，使用工具是关键，

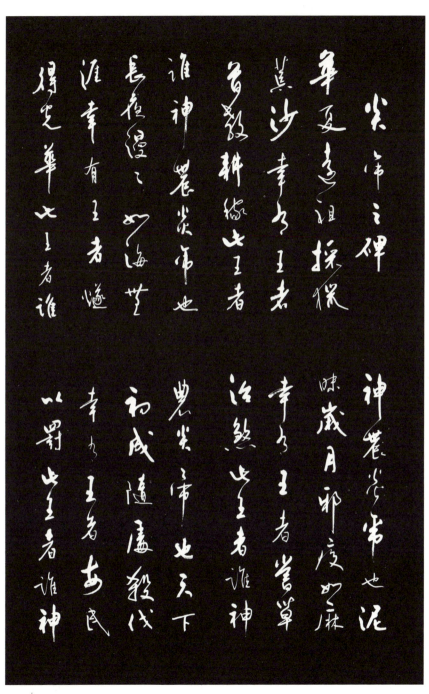

炎帝之碑（局部，余秋雨文并书，镌刻于湖南株洲炎帝陵纪念塔）

而由石器工具上升为金属工具，是文明程度的一大飞跃。先是用红铜，后来发现在红铜中加锡而成的青铜，能大大提高硬度，熔炼出优质的工具和武器，就得到了广泛使用。从埃及、两河流域和印度河流域的考古来看，一切古文明都经历过"青铜时代"。而中国，在公元前二十一世纪进入夏朝时，就拥有了青铜器，而且越来越精美。

跨越门槛的第二个标准，是看有没有比较成型的制度。中国到夏朝，出现了世袭分封制的国家形态，形成了崇拜祖先、遵守等级的礼制雏形。

跨越门槛的第三个标准，是看有没有创造文字。世界上也有一些族群长久没有文字，但对中国这么一个庞大的文化实体来说却不能没有。中国在夏朝建立之前四百年就已经有了文字，到了夏朝，汉字已走向完整的甲骨文体系。

这三个标准，中国在四千二百年前都已具备，因此，跨越发生了，门槛进入了。中国文化，就此正式进入文明史。

这个门槛，是一个重大的分水岭。

对此，我可以做一个小小的对比。我的家乡是浙江余姚，那里有一个著名的河姆渡遗址——我们祖先最早种植水稻的地方之一。这是七千年前的遗址，虽然水稻很重要，但我在那里没有见到青铜器和文字的遗迹，制度也不可考，因此只能算是"史前文化"，也就是跨越门槛之前的文化。正是在河姆渡之后的两千年，炎帝、黄帝开始引领祖先们起跑。

中国文化终于跨越了。我们不能不问，中国的跨越，在全世界是第几名？

现在很多年轻人受"国粹大话系统"的影响，以为在古代，什么都是中国第一，更何况是跨越文明门槛这样的排名。但是非常遗憾，中国肯定不是第一，也不是第二，是不是第三，还有待商榷。

第一名、第二名是谁？是巴比伦文化和埃及文化。它们两个由谁排在前面，国际学术界观点不一。我经过比较和犹豫，选了巴比伦第一，埃及紧随其后。这两种文化跨越的时间比较靠近，都比中国文化早了一千多年。

巴比伦文化，也可以从地理方位上称之为美索不达米亚文化，即两河文化。哪两条河？幼发拉底河、底格里斯河。我曾说，这是最早流入小学历史课本的河。在中国文化跨越文明门槛的一千多年前，这里已经创造了楔形文字，建立了城邦，制定了法典，发明了耕犁，冶炼了青铜，甚至已经开始研究数学和天文学。

尼罗河边的埃及文化也跨越得早。同样在中国文化跨越门槛的一千年前，上埃及和下埃及获得了统一，以国家形态建立了法老专制，创造了象形文字，然后一步步建造了至今仍震撼人心的金字塔、女王殿、帝王谷和太阳神庙。

印度文化也可以称作两河文化，指的是印度河和恒河。就早期而言，印度河更重要。这种文化的成熟期，应该与中国文化差不多，都在巴比伦文化和埃及文化的千年之后。因此，谁是第三名，谁是第四名，常常很难定夺。但是，自从我在二十世纪末的一天深夜，冒险穿过漫长的恐怖主义地区，来到巴基斯坦信德省的摩亨佐－达罗（Mohenjo-daro）遗址，想法变了。早在中国文化跨越门槛之前，那里居然有了相当完整的城市设施，连排水系统、浴池、会议厅、防御塔，都一应俱全，也有了青铜器和纺织业。

当然，中国文化的遗址，特别是跨越文明门槛前后的遗址，还在被不断发掘出来，我只要一听到信息就会赶过去实地考察。但到目前，我还是把中国文化跨越门槛的时间，放在第四位。

巴比伦

上一讲，我向大家介绍了人类四大古文化，又把中国文化排在第四位。可能有人会问：对西方世界影响最大的希腊文化，为什么没有排进去？

确实，出现在希腊克里特岛上的米诺斯文化也非常惊人。即便在今天观赏，也觉得非常神奇。因此，我总是鼓动学生们到那里去看看，把克里特岛当作一个文化考察点。

但是，国际学术界公认，克里特岛上的古文化，在根源上，是巴比伦文化和埃及文化在地中海上的遇合，缺少原创性。

后来大放异彩的希腊文化，产生在克里特文化湮灭之后很久，集中地在雅典，因此又可称之为雅典文化。那是印度文化和中国文化跨入门槛千年后的事了，在时间上已经挨不着古文化的年代。但是这种后起的希腊文化实在重要，我在以后还会多次讲到。

把中国文化排在世界古文化序列第四位，希望不要引起国人的不快。因为这已经很不容易了。

我想在这里插入一件学术趣事，估计很多听众都不知道。在二十世纪二十年代，中国有一批历史学家，自称"疑古学派"，坚称中国历史到现在还不到三千年，因此连司马迁写黄帝，也被说成是参与了伪造。还有一批学者公开宣布，中国文化不是本土的，更不是原创的，全是外来的。是从哪里来的呢？他们的观点也有很大分歧，后来比较偏向巴比伦。

这些学者都名气不小，有蒋观云、刘师培、黄节、丁谦等等。让我惊讶的是，连大学问家章太炎，也卷入了这种思潮。章太炎认为，中国的"葛天"，很可能是"加尔特亚"的音转；黄节认为，中国的"盘古"，很可能是"巴克"的音转；刘师培认为，中国的"泰帝"，很可能是"迦克底"的音转。丁谦更是认为，连中国的八卦图，也与巴比伦的楔形文字有关。

那么，是谁把巴比伦文化传进中国的呢？丁谦认为是盘古。章鸿钊认为是黄帝，因为庄子说黄帝登上过昆仑山。黄帝那么忙，去昆仑山干什么？因为越过昆仑山向西，再向西，就会到巴比伦。

对于这些学者之间的争吵，我曾经写文章评论道，像是一屋子吃了迷魂药而昏睡过去的人，互相用梦话吵了起来。

我所说的迷魂药，就是中国文人所习惯的学术弊病。弊病之一，是他们完全不在乎实物证据，只把古书中的零星古语当作证据，而且也不是古语本身，而是古语的"音转"，但也不一定是发生过的"音转"，而只是有"音转"的可能；弊病之二，在这种毫无证据的情况下，他们脾气很大，每每发出惊人断语，来吸引社会人士的耳朵和眼睛；弊病之三，他们错把"骨气"放在学术上，绝对不会反躬自省，他们疑古、疑史、疑天下，却不疑自己。

但也有两个可以原谅他们的理由。第一，由于交通落后，兵荒马乱，体弱多病，他们没有投入实地考察的可能；第二，对于近代以来突飞猛进的国际学术思潮，他们知之甚少，即便去留学了，学来的也大多是入门框架，而且已经隔代。

反倒是一些留学回国的地质学家和考古学家，长期在野外工作，对中国文化的产生、自立、跨越做出了有益研究。然而应该承认，对中国文化的早期生态做出关键实证的考古发掘，主要完成于近六十年。所以，现在多数大学生在这方面的了解，一定超过那些著名的"民国学者"。

说了这段闲话，我要回到本题了。

我已经论定，在世界四大古文化的时间序列中，中国文化处于第四位，但我又要紧接着论定：唯有这第四位，不间断地延续到今天。

对于这个论定，我曾以生命进行体验。

我冒险贴地穿行四万公里，亲自考察其他三大古文化的现场遗留，来感知各种不同的湮灭状态和中断状态。

对此，我在日记体著作《千年一叹》中有过详细记述，现在为了课程的需要，简略地介绍几句。

先说我考察第一种古文化——巴比伦文化的感受。

这个人类古文明的第一胜地，是一个永久的战场。战争哪儿都会有，但是这个地方却不一样，一马平川，水草丰美，土地肥沃，似乎每时每刻都在吸引着一切掠夺者和征服者的目光。因此，这里永远是战马奔腾、杀声震天。更麻烦的是，这片诱人的土地缺少地理纵深，缺少回旋余地，缺少山川障碍，因此在频繁的战乱中就很难保存文化了。它的文字、法典、耕犁、数学，以及城邦，一次次被踩在马蹄之下。有的入侵者生怕当地人保存文化记忆，还会挖开大河的堤岸来一次次冲刷。那两条大河，即使不挖开堤岸也会经常洪水泛滥，成为战争的帮凶。因此，那儿从古到今，都充满着不安全感。一队队黑衣的流浪者，唱着悲哀的歌，却不知走向何方。

我去的时候，正是第一次海湾战争和第二次海湾战争中间。那儿以极度的恐惧和仇恨，防范着一切外来者。我妻子本来是决心陪着我经历一切生命冒险的，却不可能走到那里，因此我们夫妻在约旦有过一次生死离别。妻子看着我像一根枯木桩一样矗立在中东沙漠里，不知今世还能不能见面，满心都是悲怆。

我好不容易进去之后，除了每时每刻都要躲避生命危险，还要寻找巴比伦文化留下的遗迹。找到一个关闭的博物馆，但据说，留存的文物已经很少，大部分藏在郊区的某个地下室里。但后来看到报道，这些文物也大多被抢了。总算看到了一行楔形文字，但一问，那只是一条当代的政治标语。

巴比伦遗迹

据当地人指点，真正的巴比伦文化遗留，就是一小段斑斑驳驳的沥青路残迹。我站在那里，惊叹这地方居然早在几千年前就掌握了提炼沥青的技术，感慨这条路上踩踏过多少外来者的马蹄、承载过多少新政权的仪仗。可怜，堂堂人类第一文明，只剩下了它。

我在街上与两个拉板车的小兄弟交谈。哥哥十三岁，弟弟九岁，父亲死于战争，母亲卧病在床，他们对上学读书毫无概念。我顺手从口袋里摸出两支圆珠笔，作为小礼物送给他们，但他们拿在手里却不知道这是什么。我心里一酸，默默地说："孩子，这叫笔，写字用的。我真想让你们知道，你们祖先，是全世界最早发明文字的人！"

不小心在街上看到一座雕塑，让人想起这里产生过《一千零一夜》的故事。但是，这些故事产生的时候，巴比伦文化已经湮灭了好几千年。

我在巴比伦文化的发生地，一次次对比着中国文化。

相比之下，中国文化太幸运了。在地理上，中国西北部和西南部都有世界级的高山，而北部是沙漠，东部是大海，外敌不容易入侵。内战虽然很多，但内战双方都只想把持中国文化而不是消灭中国文化，因此没有文化上的存废忧虑。而且，中国幅员辽阔，遇到战争和自然灾害也有流转和迁徙的足够空间。正是这种流转和迁徙，保存了文化。

在这种对比中，我进一步体认到自己的文化身份。有一天傍晚，在一个巨大的炸弹坑边上，我对着凄惨的落日，写了一首歌：

千年走一回，
山高水又长。
东方有人长相忆，
祖先托我来拜访。
我是屈原的梦，
我是李白的唱，
我是涅槃的凤凰再飞翔……

法老的后代

上一讲说了我对第一名巴比伦文化的考察体验，今天应该说第二名埃及文化了。

我到埃及的时候，到处军警如林，荷枪实弹。因为一九九七年十一月，几个恐怖分子杀害了六十余名外国游客和埃及人，埃及的旅游业一败涂地，直接威胁着整个国家的经济。以展示古代文化为主导的旅游业在埃及国民经济中占据极大比例，其他很多经济项目也依附着它。

我想，那些躲在雕像里、躺在陵墓里的古代巨人，看到自己的后代除了折腾自己的祖先之外已经无以谋生，受到了暴徒捣乱还不知道如何应对，真不知会做何感叹。

遗迹是一种曾经有过的力量造型，却不是现实的力量。

而且，古代的力量越是巨大，后来的失落也就更加让人伤心。金字塔的力量大到令人难以想象，因此后代的萎弱更不可思议。

埃及文化的失落，最让人震撼的是人种的失落、血缘的失落。建造金字塔、女王殿、帝王谷、太阳神庙的杰出英才们，他们的后代到哪儿去了？

首都开罗和其他城市，主要是阿拉伯人的世界，那是七世纪之后埃及被征服的结果。第二大城市亚历山大的那么多白人，是欧洲人征服的结果。这些人走在金字塔底下，其实和我们一样是外来人，只不过来得比我们早一点儿。我们对埃及的古代文化感到陌生，他们也陌生。

问题来了：法老还有后代吗？我们能找得到吗？

这是从血缘意义上寻找古文化，或者说，从人类学意义上寻找古文化。

经过多方打听，才知道在卢克索这座城市的尼罗河西岸，有一个"法老村"。据人类学家研究，那个村里的人，无论外貌还是身材，确实遗留着法老时代的某些特征。

我和妻子赶过去，果然看到了他们。他们大多数人所从事的，是手工刻石。许多古迹的修复，与他们有关。这倒是不错，修复着自己祖先的家产，像是后代。仔细一看，他们高高的个子，黝黑的脸，满脸满手都是磨石的粉尘，活像是一尊尊会动的古代雕塑。

他们在漫长的岁月里把自己"封存"在紧靠撒哈拉大沙漠的尼罗河流域，拒绝移地嫁娶，因此血缘稳定。却也因为血缘太近，造成了体力和智力上的衰退。他们生活非常简朴，思维非常单纯。

突然，两个蹲在地上工作的"法老人"像是听到有人在说我们是中国人，便抬起头来朝我一笑，露出洁白的牙齿，用比较生硬的英语说："你可以和我们一起拍照。"

我立即蹲在他们中间拍了照。他们又从地上捡起两块刻石的残料送给我。我想，这应该付点儿钱，但他们拒绝了，其中一位腼腆地说："如果有那种中国小礼物……"

他指的是清凉油，在中国到处都有又极其便宜的东西，但在他们那里却是宝贝。法老的后代不在乎钱，只在乎那股清凉的气味。幸好开罗一个中国餐馆的老板告诉过我这个秘密，送了我几盒，我就交给了"法老人"，他们深表感谢。

走出屋外，发现简陋的住房墙壁上，全都画着他们去麦加朝圣的一路风景。可见，法老后代信奉的，并不是法老的圣言。

我说过，文化的最终成果是集体人格，也就是具有共同遗传意志的血脉人群。因此，法老的文化遗产并不仅仅是那些巨石和殿阙，更重要的是血缘人群。在埃及，这个话题比较悲凉。我心中的埃及文化的人格遗产，找不到了。

从"法老村"回来后，我长时间在太阳神庙的大柱下徘徊思考。

平心而论，埃及古文化的遗迹，在形态的壮观上堪称四大古文化之首。也许与撒哈拉大沙漠带来的干燥气候有关，没有发生古迹霉蚀。我想，即便是中国最极端的国粹主义者到了埃及，也不能不稍稍谦虚一点儿。

在地理环境上，埃及文化也比较安全。大沙漠是大屏障，不容易遭受外来侵略，而尼罗河又水势平缓，与常常发生水灾的底格里斯河和幼发拉底河不一样。但是，长久的安定使埃及文明越来越保守，越来越封闭，越来越不在乎多方沟通，包括极权者与臣民之间的理性沟通。这样，埃及可以集中惊人的力量营造大量雄伟的建筑，似乎也没有发生过太多冲突，因此也不必像巴比伦文化那样早早地制定法典，因为法老的话就是法律。这一切，使埃及文化从"不必理解"变成了"不可理解"。而这种"不可理解"，正是统治者为了维持神圣光环的刻意追求。

太阳神庙巨柱上的象形文字，一直没有人完全读懂。想当年，种种文件和文告，只要那些能写能读的少数祭司一走，就立即变成了无解天书。

正是在这一点上，中国文化与它形成了巨大区别。中国文化历来不追求故弄玄虚的神秘，所有的文字都是"现世通码"，力求广为传播。连甲骨文，即便在几千年后发现时也很快就被基本读懂，更不必说在甲骨文之后秦始皇统一文字的壮举了。这种企图与广大臣民沟通的思维，使中国文化不可能枯萎在一个冷僻的高处。那番易解易懂的文字语言，成了中国文化"贴地流传，生生不息"的基础。

更重要的是，与埃及文化现在已经很难找到血缘后代的特点相比，中国文化恰恰把"祖先崇拜、传宗接代"当作重要的精神价值。与古埃及的社会结构不同，中国的姓氏宗亲是很难动摇的社会基座，孔子甚至希望朝廷也能以家庭为范本。因此，中国的血缘文化永远都在，处处都在，并由此形

位于埃及卢克索的哈特谢普苏特女王神庙

成了中国文化的生命后裔。

从开罗到卢克索，我一连穿行了七个农业省。在那么长的路途中，我没有看到一处呈现出中国农民式的勤奋。他们种得很粗疏、很随意，收得也很粗疏、很随意。在田头劳动的人很少，但又显然不是因为实现了机械化。这个对比，让我联想到了中国作为农耕文化"聚族而居，紧追时令"的特点。这就是历史学家许倬云先生所说的"精耕细作型"农业生态。正是这种生态，决定了多数中国人的勤劳、刻苦、固执、顺天、守序的共同习惯，这又接上了文化。

在穿行尼罗河边七个农业省的长途车上，我又一直在思考埃及文化中断的原因。我判断，一个长期稳定的极权王朝，必然会积累起庞大的世袭官僚集团；当这些官僚集团分头统治一段段尼罗河沿岸的时候，又会形成一个

修复前的狮身人面像与金字塔

个有钱有势的地方政权；但是，法老"半神半人"的神秘光环，以及缺少沟通能力的傲慢，又必然无力处置地方政权，因此，分裂频频发生，外敌趁机而入……

于是，平静的尼罗河终于见证了一次次激烈的战争。由于撒哈拉大沙漠很难深入，因此尼罗河边上的战场往往缩得又窄又紧，残酷程度也就非比寻常。

尼罗河边的歌声本来应该比底格里斯河、幼发拉底河河边的歌声欢快，然而渐渐地，忧伤的调子越来越重。我妻子多次在尼罗河边的芦苇丛中听到远处传来的男低音宗教吟唱，总觉得摄魂夺魄。她说，这好像是人类遇到最大灾难时的最后歌声，却还是那么单纯。

第 oo8 讲

混沌

这一讲要说人类古文化的第三名——印度河文化，或称印度文化。

相比之下，我在印度河文化区域考察的时间最长。原因之一，是感受凌乱，找不到头绪，因此一直在找。

前面提到，我考察过印度河流域摩亨佐－达罗遗址。这个遗址展现了五千年前精致设计的都城格局，每一项都不比巴比伦文化和埃及文化逊色。但是，就像后来印度历史频频出现的骤然中断一样，这种文化不知怎么就消失了，完全没有为后人留下它消失的前因后果、来龙去脉，好像根本没有发生过一样。自雅利安人入侵之后，印度一直处于频繁的分裂状态。波斯人、希腊人、帕提亚人、西徐亚人、贵霜人、阿拉伯人、蒙古人相继入侵，其间也出现过一些不错的王朝，但总的说来还是分多合少。

印度文化在宗教、天文、数学等方面对全人类做出过巨大贡献，但它的步履实在过于变幻莫测，让很多历史学家都一头雾水。它有过太多的"对手"和"主子"，有过太多的信仰和传统，有过太多的尊荣和屈辱，有过太多的分裂和崩溃，结果，文化的灵魂散了神，混沌一片。它的很多优秀的文化就像一片片云霞一样在天上飘过，稍稍走神就找不到了。

印度文化中，那片最美丽、最高雅的云霞就是佛教。即便是在四大古文化的整体中，佛教也是唯一具有全球价值的珍宝，但在印度本土，却已在九世纪严重衰微，十三世纪彻底消亡。在本土消亡之后，佛教在世界各地流传，直到十九世纪后传回，可惜传回的也只成为一支小小的细流，未能成

摩亨佐－达罗遗址

为印度文化的主流。主流是什么？谁也不知道。

印度文化，就像印度的公路，高低不平，色彩斑斓，拥塞不堪，泥尘满目，中间又奔走着大量托钵者、裸跑者、化缘者，以及神牛和猴子。美，可以美到泰姬陵；脏，可以脏到恒河晨浴；静，可以静到甘地墓；乱，可以乱到千人火车。结果，即便是最好的文化，也在极端的拥挤和裂变中消失了。

很多年前，我在学术文化上遇到过一件令人吃惊的事。我在编写一部教材的时候需要系统介绍印度古代的美学思想。经过多方研究，选了印度婆罗多牟尼（Bharatamuni）的《舞论》，并花费极大的精力进行研究和著述。但是，我后来到印度，问起当地著名的艺术学者，他们几乎都不太清楚这个古人和这本古书，最多说"好像听到过"，但又说不出更重要的古人和古书。这件事之后又遇到不少类似的事，让我渐渐相信，印度文化消亡在眼花缭乱的自相掩盖、自相挤压中。

佛教也就是这样消亡的。一种文化的最佳部位的消亡，意味着文化整体的迷惘。

那么，我又可以用中国文化来做一番比较了。

与印度文化相比，中国文化在时间上的不中断，至少有以下两个原因——

第一，始终保持着一个稳定的主体构架。在中国文化史上，以《周易》为起点的哲思，以《诗经》为起点的文采，永久享有尊荣，代代得以流传，并在这个基础上扩大经典范围，成为中国文化的主干。文事可以日新月异，但主干却是风雨不倒。只要主干不倒，文化大盘即使衰落也不会中断。

第二，始终保持着几副可信的选择目光。这是从《春秋》到司马迁形成的传统，使中国文化在行进的大道上出现了优胜劣汰、高低分明、防止堵塞的监察机制。而印度，恰恰缺少他们的"司马迁"。于是，历史和想象互相不分，真实和传说严重混淆。结果很有趣，历史消亡在想象中，真实中断在传说中。

在印度的某些佛教遗址中，会看到一块牌，上面用英语和当地语写着，根据中国七世纪的旅行家玄奘的记述，这儿应是某某故地。玄奘的记述，也就是《大唐西域记》。一支习惯于记录的中国笔头，居然可以唤醒异国的遗址，那么在中国本土，可以唤醒的内容就更多了。总是有那么几支笔，一路唤醒，一路复活，中国文化当然就延续下来了。

印度文化把历史和想象、真实和传说混在一起的特点，也有效地减轻了民族的精神负担，让人们在云气袅袅、烟雾飘飘中过得很潇洒。有一次在印度偶遇一位副部长，他得知我的国籍后就慈祥地笑着对我说："别灰心，你们中国如果努力奋斗，再过二十五年，就有可能赶上我们印度！"

我刚听到时有点儿生气，因为当时中国发展的速度已经举世瞩目，他作为副部长竟然不知，但过后想想，又很喜欢他那种封闭式想象的快乐。历史和真实，对他们毫无压力，因此彻底放松，笑得那么诚恳。相比之下，我们中国人和中国文化就是压力太大，老是想着历史真相和历史评价。于是，中国文化延续了历史，印度文化却游戏了历史。这就是文化差异。

奠基时代的第一代表

前面的课程，对于中国文化的世界身份，已经完成了几个方面的论定。由于非常重要，我们要复习一下。

第一方面的论定是：中国文化在人类四大古文化中占据一席。

第二方面的论定是：中国文化进入文明门槛的时间是公元前二十一世纪，这在四大古文化中排序第三或第四，本课程暂定为第四。

第三方面的论定是：中国文化进入文明门槛的标准，符合世界统一标准，那就是青铜器的出现、制度的建立、文字的创造。

第四方面的论定是：人类四大古文化中的其他三个，都渐渐中断或湮灭了，只有中国文化成了唯一的例外。于是，也就由"第四"变成了"唯一"。

这四个方面的论定，引出了一个巨大悬念："第四"是怎么一步步变成"唯一"的？

先不忙着提供答案，而应该回过头去，看看它走过的一段段道路，一级级台阶。

先讲第一级台阶：奠基时代的中国文化。

所谓"奠基时代"，全称应该是"人类精神文化的奠基时代"。

大家知道，跨越文明门槛就开始进入文明生活，但是进入文明生活，并不等于已经精神自立。我们不妨看看今天四周的社会生活，进入文明生活的人很多，完成精神自立的人不多。整个人类也是一样，造出了青铜器，就精神自立了吗？能运用文字，就精神自立了吗？生活于一种制度之中，就精神自立了吗？显然不是。

人类还需要等待一个重要时期，集中最聪明的头脑，来思考一系列最重要的问题。如果没有这个时期，人类还是会在文明生活的外表下，仍然处于精神蒙昧的状态。

于是，有一种神秘的力量，迫使人类摆脱这种状态。

如果要用神话的方式打一个比方，那就是，创造万物的天神看到人类已经拥有很多文明手段，但都是在夺权，在战争，在吵闹，就喝令人类静一静，好好接受一次精神文化的培训，同时还选出一批高水准的老师，派到各个文明区域。

这次精神文化大培训，果然发生了。德国法兰克福学派把它称为"轴心时代"，这种提法已经被世界上很多历史学家接受。但是，我却不太赞成，因为他们划出的时间太长，从公元前八世纪到公元前二世纪，有六百年，这"轴心"，也就太大了。我经过仔细分析，觉得至少应该减去两百年，从公元前六世纪到公元前二世纪，大概是四百年。"轴心时代"这个命题是一个比喻，意义比较模糊，我把它更改为"奠基时代"。

"奠基时代"四百年，世界各地涌现了很多开天辟地的文化巨人。巴比伦、印度、波斯和希腊都在范围之内。希腊虽然没能进入四大古文化之列，但到"奠基时代"已突飞猛进，成果累累。又由于它拥有好几位杰出的历史学家，对那个时代文化巨人们的记述特别详尽，这一来，希腊也就成了我的主要对比坐标。

在这个"奠基时代"，中国文化不仅没有缺席，而且表现精彩。

请看以下这些年龄排列——

老子和释迦牟尼几乎同龄，只差几岁；

孔子比释迦牟尼小十几岁；

孔子去世后十年，苏格拉底出生；

墨子比苏格拉底小一岁，比德谟克利特大八岁；

孟子比亚里士多德小十二岁；

庄子比亚里士多德小十五岁；

阿基米德比韩非子大七岁；

……

我不知道大家看了这个年龄排列后有什么感觉。在那么漫长的历史上，这些文化巨人几乎同时出现在世界上。他们太像是一起接到了同一个指令而手拉着手并肩"下凡"的，只是在云端告别，各自去了不同的地方。

我说中国文化没有缺席，不错吧？记得法兰克福学派在论述这个奇迹般的时代时，着重举出的例子便是中国的老子、孔子、墨子和庄子。既然在人类的精神奠基工程中占据了那么大的份额，那就进一步夯实了中国文化的世界身份。

这个现象，不仅让我惊叹，而且让我感动。因为当时的中国大地，充满着战乱和阴谋，按照庄子的说法，是"天下大乱，贤圣不明，道德不一"。在这种情况下，照理是出不了什么大文化的，最多出一点儿琐碎的应急文化、避祸文化。大文化需要对天地人生做终极思考，哪里会有人在兵荒马乱中做这样的事情呢？但是，怎么想得到，这片土地居然做到了，让人惊讶地走出了一批伟大的精神导师。随着他们的身影，中国文化一下子走向了高贵，而且是世界级的高贵。

我很想让今天的年轻人更多地了解他们。因为他们比我们所有的人都厉害。是他们，决定了我们成为我们。

我先讲讲那位年纪最大的老子。

老子，是让中国文化获得世界身份的第一代表。

由于我们在讲"奠基时代"的时候经常把希腊哲学家作为对比坐标，因此，一九九九年十月六日，我特地来到希腊雅典，访问了雅典人文学院比较哲学博士贝尼特（M. Benetatou）女士。她原来立足希腊古典哲学，后来到意大利学东方哲学，由印度起步，最后落脚于中国，这是西方多数同行的惯例。她深入研究了中国的老子、孔子、庄子和《易经》，最后得出结论，老子是最符合国际标准的顶级哲学家。

比贝尼特博士表述得更直接的，是一系列统计。

据联合国教科文组织统计，世界上几千年来被翻译成外文而广泛传播的著作，第一是《圣经》，第二是《老子》。

《纽约时报》公布，人类古往今来最有影响力的十大作者，老子排名第一。

还有一项统计：被公认哲学素养最高的德国，《老子》几乎每家一册。这个拥有比例，已经远远超过老子的祖国。

就凭这些统计，说老子是中国文化的第一代表，一点儿也不过分吧？

但是过分的是，这位最高代表，这位世界顶级的哲学家，全部著作只有五千字，而他的生平又扑朔迷离，连司马迁都说不清楚。那就只好任由后人想象了，但这似乎是老子的本意。

按照鲁迅在《出关》中的描述，那天，年迈的老子穿了一件黄衣服，骑了一头青牛，背着一个布口袋，要过函谷关，到远方去。他去做什么？好像不做什么。因为他认为，人就像水，应该向低处流，然后，渗透于沙漠，蒸发于旷野，这就是生命的大道。他想到函谷关外面，把自己蒸发掉。

他要过函谷关，守关的官吏叫关尹喜，是个文化爱好者。关尹喜向老子提出一个要求，过关可以，但要留一篇文章下来。

老子知道这是准许过关的条件，没办法，就坐下来，写了五千字。那就是《道德经》，也就是《老子》。

鲁迅在《出关》中写道，关尹喜收下了这五千字，还付给了老子一笔稿费——十五个饽饽，老子还再三道谢。这当然是幽默的想象了，但鲁迅对老子出关后的图景描写得很有意思：白发，青牛，黄衣服，布口袋，一下子进入灰色的尘土里，很快，什么也看不见了。

这个图景，全是不同的色彩。关尹喜从窗口看去，灰尘已经遮得半天

老子（吴为山雕塑作品）

皆暗。老人家怎么样了呢? 司马迁写道,"莫知其所终",也就是谁也不知道他最后是怎么结束生命的。留在世界上的,就是关尹喜手上的五千字。

如果这个图景描述得不太离谱,那么,这篇著作的诞生过程也称得上绝无仅有了。初一看是那么偶然、那么匆忙、那么尘土飞扬,但是往深里一想,人们一定能感受到其间无比苍茫的哲学内涵和美学内涵。

老子消失了,但他留给大地的,是一个能够深思熟虑、看透万象的民族。

第 010 讲

孔子的路

在老子之后，孔子站出来代表了中国文化的世界身份。

老子在路上，孔子也在路上。

直到二十世纪，西方现代派文学揭出一个"在路上"的概念，曾经让青年一代激动。因为在路上，一个人摆脱了固定的环境，陷入了广阔无比的陌生和未知，但生命的缰绳却仍然掌握在自己手上，你会比以往任何时候都感到生命的脆弱和强大。全世界年轻人风靡"在路上"这个概念，是不奇怪的。

但是，早在二千五百年前，中国的顶级思想家，已经在路上，先是老子，再是孔子。

孔子第一次隆重地"在路上"，恰恰是去拜访老子。路程不近，从今天的山东曲阜，到今天的河南洛阳。

老子比孔子大了一辈，孔子是以学生的身份去问道的。现在洛阳，还有一个碑，刻着孔子问道处。但是，年代太远了，孔子这次长途旅行的情况已经不太清楚。

记得十一年前，我在美国休斯敦中央银行大礼堂里讲述中国文化史，听的人非常多，连我们国家领事馆的文化参赞也只能坐在礼堂门外的台阶上听里边传出来的余音。我从上午讲到下午，整整一天，结束时，有一个当地华裔历史学家递字条上来。他发现我在讲课的时候把孔子放在老子后面，就问，他看到一项历史资料，证明老子比孔子晚了一百多年，这是怎么回

孔子（吴为山雕塑作品）

事？我回答说，确实有历史书把老子和太史儋当作同一个人，因为太史儋也曾经西出函谷关，那是孔子去世一百多年后的事，搞混了。我相信孔子比老子小，向老子请教过，因为有《礼记》、《庄子》、《孔子家语》、《吕氏春秋》等古籍互相参证。

接下来的问题是，孔子与老子见面后，出现了什么情景？他们之间，产生了什么样的对话？

这就有很多说法了。其实，由于他们两人谁也没有透露出来，因此各种说法都只是后人的猜测。

孔子见老子（吴为山雕塑作品《问道》）

我觉得有两种说法比较有意思。

一种说法是，老子看了一眼远道而来、满脸笑容、意气风发的孔子，又看了一眼窗外与孔子一起来的朋友和学生，以及他们身边的马车，就说："年轻人，要深藏不露，避免骄傲和贪欲。"

这话当然是对的，却也包含着对孔子的误会。老年人看到意气风发的年轻人，常常会有这种误会。孔子当时的意气风发，一是因为赶了长路终于到了目的地，二是因为见到了早就要来拜访的老子。这种高兴劲头，让老子产生了某种不太正面的联想。

另一种说法是，孔子刚坐定就问老子"周礼"，也就是周朝的礼仪。老子说，天下的一切都在变，不应该再固守周礼了。

这正是老子的基本思想，即使孔子不问，他也会说。他把天地人间的哲学，以一个"变"字来概括，非常了不起。反过来，孔子的问题，也反映了孔子的基本思想，他一心想恢复周礼，看上去是倒退，其实是希望给这么纷乱的土地一种秩序，而这种秩序就是礼仪。显然，他们的思想方式虽然不同，但都没有错，产生了一种互补性的平衡。

对于他们两人的见面，我在专文《老子和孔子》中，曾写下一长段感慨：

> 这是两位真正站在全人类思维巅峰之上的伟大圣哲的见面，这是中华民族两个精神原创者的会合。两千五百多年前这一天的洛阳，应有凤鸾长鸣。不管那天是晴是阴，是风是雨，都贵不可言。
>
> 他们长揖作别。
>
> 稀世天才是很难遇到另一位稀世天才的，他们平日遇到的总是追随者、崇拜者、嫉妒者、诽谤者。这些人不管多么热烈或歹毒，都无法左右天才自己的思想。只有真正遇到同样品级的对话者，最好是对手，才会产生着了魔一般的精神淬砺。淬砺的结果，很可能改变自己，但更有可能是强化自己。这不是固执，而是因为获得了最高层次的反证而达到新的自觉。这就像长天和秋水蓦然相映，长天更明白了自己是长天，秋水也更明白了自己是秋水。
>
> 今天在这里，老子更明白自己是老子，孔子也更明白自己是孔子了。
>
> 他们会更明确地走一条相反的路。什么都不一样，只有两点相同：一、他们都是百代君子；二、他们都会长途跋涉。
>
> 他们都要把自己伟大的学说变成长长的脚印。

孔子在拜别老子的二十年后，开始了更为惊人的长途跋涉。他在外面行走了整整十四年，而且他的年纪已经不轻了，从五十五岁，走到六十八岁。

这十四年的行走，有一些学生陪着，他沿路讲的话，被学生们记下了。他很想让当时各个诸侯邦国的统治者听这些话，但他们不听，却被此后两千多年的中国人听到了，也被世界上很多人听到了。古往今来，世界各地很多人，都从孔子的那些话，来认识中国文化。

这十四年，他似乎没有走出他所期望的结果，却走出了中国文化的世界身份。

他的这次漫长出走，历史上称之为"周游列国"。当时所谓的"列国"，都是一些地方性的诸侯邦国，一个个独立的政治实体和军事实体，除了征服和结盟，谁也管不了谁。孔子想让它们在精神文化上取得一些共同语言，但没有成功。

孔子的这次上路，有点儿匆忙。原先他一心想着在鲁国做一个施行仁政的实验，自己也掌握过一部分权力，但实在冲破不了顽固的政治架构，最后被鲁国的贵族抛弃了。

他以前也对邻近的齐国抱有希望，但齐国另有一番浩大开阔的政治理念，那个小个子宰相晏婴就不太能接受孔子的那一套。于是，孔子就去了卫国。

卫国的君主卫灵公很快接见了他，问他在鲁国拿多少俸禄。孔子回答后，卫灵公立即说，按同样的数字给予。这听起来很爽快，但孔子走那么多路，难道是来拿俸禄的吗？孔子在卫国，主要住在蘧伯玉家里。蘧伯玉比孔子年长，对孔子建立君子之道有不少帮助。为此，我曾应邀为今天河南省长垣县书写了"君子故里"的碑文以示纪念。现在这方石碑，正竖立在孔子经常出入的路口。当时的孔子，一直等待着卫灵公来问政，但这样的机会始终没有出现，反倒是一个突发的政治案件牵涉到孔子认识的一个人，孔子面临危险，只能仓皇离开。

后来，孔子在别的邦国遇到的问题，大体都是这样。一开始都表示欢迎他，也提供一些生活物资，却谁也不听他的政治主张。因此，孔子一次次抱着希望而去，又一次次颓然失望而走。

君子故里（河南长垣，余秋雨题）

　　有一次从陈国到蔡国，半道上不小心陷入了战场，孔子和学生已经七天没有吃饭了。孔子看了大家一眼，问："我们不是犀牛，也不是老虎，为什么总是徘徊在旷野？"

　　这个问题有一种悲凉的诗意。

　　学生子路回答老师的问题，说："也许我们的仁德和智慧不够，别人不信任我们。"

　　孔子说："不，古代那些仁德和智慧很高的人，也不被信任。"

　　学生子贡回答老师的问题，说："也许我们的理想太高了，老师，能不能降低一点儿？"

　　孔子说："不能为了别人的接受而降低自己的志向。"

　　学生颜回回答老师的问题，说："如果我们的学说不好，别人不接受，这是我们的耻辱；如果我们的学说很好，别人还不接受，那是别人的耻辱。"

孔子同意颜回的说法。但他心里一直盘旋着一个矛盾：真正的君子应该被世人充分接受吗？他一会儿认为，真正的君子就应该被世人充分接受；过一会儿又认为，真正的君子不可能被世人充分接受。

对于这个矛盾，后人总是从两个相反的方向进行各种各样的评述和批判。对此，我曾写下这样一段文字：

> 后人批评孔子保守、倒退都是多余的，这就像批评泰山，为什么南坡承受了那么多阳光，还要让北坡去承受那么多风雪。
>
> 可期待的回答只有一个："因为我是泰山。"
>
> 伟大的孔子自知伟大，因此从来没有对南坡的阳光感到得意，也没有对北坡的风雪感到耻辱。
>
> 孔子对我们最大的吸引力，是一种迷人的"生命情调"——至善、宽厚、优雅、快乐，而且健康。他以自己的苦旅，让君子充满魅力。

孔子行走了十四年，回到故乡时已经六十八岁。妻子已经在一年前去世。过了一年，独生子孔鲤又去世了。再过两年，他最喜爱的学生颜回去世了。接着，他最忠心的学生子路也去世了。

面对接连不断的死讯，年逾古稀的思想家一次次仰天呼喊："老天要我的命啊！老天要我的命啊！"

但是，就在这悲惨的晚年，他还在大规模地整理"六经"，尤其注力于《春秋》，把他的"大一统、正名分、天命论、尊王攘夷"等一系列观念，郑重地交付给中国历史。如果说，后来秦始皇在领土上让中国成为中国，那么，孔子则在思想上，让中国成为中国。

对于他的去世，我曾写下一段文字：

> 一天，孔子正在编《春秋》，听说有人在西边猎到了仁兽麒

麟，他立刻怦然心动，觉得似乎包含着一种"天命"的信息，叹道："吾道穷矣！"随即在《春秋》中记下"西狩获麟"四字，罢笔，不再修《春秋》。

渐渐地，高高的躯体一天比一天疲软，疾病接踵而来，他知道大限已近。

那天他想唱几句，开口一试，声音有点儿颤抖，但仍然浑厚。他拖着长长的尾音唱出三句：

泰山其颓乎！

梁木其坏乎！

哲人其萎乎！

唱过之后七天，这座泰山真的倒了。连同南坡的阳光、北坡的风雪，一起倒了。

千里古道，万丈西风，顷刻凝缩到了他卧榻前那双麻履之下。

这双鞋子走出的路，后来将成为很多很多人的路，成为全人类最大族群都认识的路。

第 011 讲

黑衣人

大家已经明白，最早为中国文化争得世界身份的老子和孔子，是两位走在路上的哲学家。今天，我要说说另一位同样走在路上，却比他们两位走得更急促、更英猛，也更帅气的中国哲学家。他，简直就是一位超级竞走运动员。

他走的路很长，从山东的泰山脚下出发，到今天的河南，穿越河南全境，经过安徽，到达湖北，再赶到荆州。他日夜不停地走，走了整整十天十夜。脚上磨出了水疱，又受了伤，他撕破衣服来包扎伤口，包好后立即又走。

相比之下，老子出走是骑着青牛的，孔子出走是坐着马车的，但他最平民化，没有坐骑，只靠自己的脚。

他为什么走得那么远，又那么急？因为要阻止一场战争，拯救一个小国家——宋国。他得到消息，楚国要攻打宋国，请了鲁班为他们制造攻城用的云梯。鲁班正是他的同乡，他有劝阻的责任和可能，但是要快，如果云梯造出来，攻城开始了，那就晚了。他知道鲁班的技术高超，因此更要紧急赶路了。

这一切，都是为了他的思想理念，一是"兼爱"，二是"非攻"。"兼爱"就是人人都爱。这个"兼"字，针对着孔子讲礼数等级的"仁爱"，显然比孔子宽广得多了。"非攻"就是"不攻"，反对一切攻击。

这四个字连在一起，意思很痛快，就是：爱一切人，否定一切战争。

我为中国古代产生过这么短促又这么伟大的思想，深感自豪。请大家记住这四个字：兼爱、非攻。

正是为了这四个字，这个人越走越快。

走在路上的这位哲学家还有一个醒目的特点，那就是黑。

他的衣服是黑色的，鞋袜是黑色的，连皮肤也是黝黑的。我写过，他在黑夜赶路，伸出黝黑的手，在黑色的衣衫上撕下一缕黑色的布条，去包裹受伤了的黑色的脚……

而且，连他的名字也是黑色的——墨子。

我在《黑色光亮》一文的开头曾这样写道：

> 诸子百家，其实就是中国人不同的心理色调。
>
> 我觉得，孔子是堂皇的棕黄色，近似于我们的皮肤和大地；老子是缥缈的灰白色，近似于天际的雪峰和老者的须发；庄子是飘逸的银褐色；韩非子是沉郁的金铜色……
>
> 我还期待着一种颜色。它使其他颜色更加鲜明，又使它们获得定力。它甚至有可能不被认为是颜色，却是宇宙天地的始源之色。它，就是黑色。
>
> 是他，墨子。墨，黑也。

浑身黑色的墨子连续走了十天十夜终于到了目的地，发现战争还没有发生。他松了口气，立即去找鲁班。接下来，他立即发挥了诸子百家时代的口才。

鲁班问他："走这么远的路过来，到底有什么急事？"

墨子说："有人侮辱我，你能不能去杀了他？我给你黄金。"

鲁班一听就不高兴了，说："我讲仁义，绝不杀人。"

墨子一听，立即站起身来，深深作揖，说："楚国打宋国，仁义吗？你说你绝不杀人，但你帮助打仗明明要杀很多人！"

鲁班说："我已经答应了楚王，怎么办？"

墨子说："你带我去见他。"

一见楚王，墨子说："有人明明有好车，却去偷别人的破车；明明有锦衣，却去偷别人的破衣；明明有美食，却去偷别人的糟糠，这是什么人？"

楚王说："这人一定有病。"

墨子说："楚国又大又富，宋国又小又穷，你去打宋，也有病。我这么说，你可以把我除掉，但我已派了三百个学生守候在宋国城头。"

楚王一听，就下令不再攻打宋国。

这就是墨子对于"非攻"理念的成功实践。

做完这件大事，还有一个幽默的结尾。

为宋国立下了大功的墨子，十分疲惫地踏上了归途，仍然是步行。到了宋国，下起了大雨，他就到一个门檐下躲雨，但是，看门的人连门檐底下也不让他站。

这就是他刚刚救下的宋国给他的回报。想想看，如果不是这个淋在大雨中的黑衣男子，这儿已经是遍地战火。

墨子笑了一下，想："救苦救难的人，谁也不认；喜欢显摆的人，天下皆知。"

于是，他又成了一个孤独的黑衣步行者，只不过，这次是走在大雨之中。

墨子以这种孤胆英雄的侠义精神，带出了一批学生，被称为"墨家弟子"。他们都是赴汤蹈火的道义之士，留下了一些惊人的事迹。据记载，有一次，一百多名墨家弟子受某君委托守城，但后来此君不见了，守城之托又很难坚持，这一百多个墨家弟子便全部自杀了。

司马迁所说的那种"任侠"精神，也就是"其言必信，其行必果，已诺必诚，不爱其躯"的品德，在墨家弟子身上体现得最鲜明。这种品德，在后来两千年间，也成为中国文化的一部分，永远让人肃然起敬。

当然，我最看重的，还是这种品德的原点，就是那四个字：兼爱、非攻。

这种品德，也是全人类的精神制高点。

对于这个问题，我们不妨看看两位前辈思想家的话。

孙中山先生在《三民主义》中把墨子推崇为"平等"、"博爱"的中国宗师。他写道：

> 古时最讲"爱"字的，莫过于墨子。墨子所讲的"兼爱"，与耶稣所讲的"博爱"是一样的。

梁启超先生在《新民丛报》中说，中国要救亡，就要学墨子。他还专门写了《墨子学案》，把墨子与西方的亚里士多德、培根、穆勒做对比。他说，一对比就知道谁轻谁重了。他伤感地写了一段话：

> 只可惜我们做子孙的没出息，把祖宗遗下的无价之宝，埋在地窖子里二千年。今日我们在世界文化民族中，算是最缺乏论理精神、缺乏科学精神的民族，我们还有面目见祖宗吗？如何才能够一雪此耻？诸君努力啊！

墨子（吴为山雕塑作品）

孙中山和梁启超，都把墨子当作了中国精神的最高代表，认为必须重新追回来，才能挽救中国。

我很理解孙中山和梁启超的心情。在诸子百家中，我本人觉得最让人感动又最亲切的，也是墨子。这个为了和平事业不惜步行千里的黑衣男子，一直是我的精神偶像。

说到这里，我又不能不调侃一批"民国学者"了。前些天，我在讲述中国文化来源时愉快地嘲讽过他们，现在说的是另外一拨。例如，胡怀琛先生一九二八年说，墨子的名字叫墨翟。这个"翟"字，在古代与"狄"字相通，而这个"狄"字的意思，是指北方少数民族，因此也可以扩大为外国。哪一个外国呢？因为他的皮肤很黑，因此是印度人。而且，他的不少观点，正好与佛教相通，那就更是印度人了。

这么一说，把太虚法师也卷进去了。太虚法师撰文说，墨子的学说不像是佛教，更接近婆罗门教。这又成了他是印度人的另一个证据。另一位学者卫聚贤先生，也一再把老子说成是印度人。更奇怪的是金祖同先生，认为墨子是伊斯兰教的信徒。他把时间颠倒了一千多年。

对这些学者，我只想问一句：你们为什么要在毫无证据的情况下，光凭着人家脸黑，就要把这么伟大的思想家"驱逐出境"？而且，他脸黑，你们也是从他的姓氏猜的。如果他姓白呢，像白起、白居易，你们又要把他们说成是西方人？

我一直相信，中国文化的世界身份早该被公认，中间频频生事端、横向阻拦的，一定是文化人。

幸好，我们还听得到孙中山、梁启超他们的声音。

稷下学宫和雅典学院

讲了老子、孔子、墨子，也就是讲到了道家、儒家、墨家。除了这三家之外，还有一家必须注意，那就是法家。

法家，是另一番目光。

如果说，道家的目光是超逸的，儒家的目光是温暖的，墨家的目光是热烈的，那么，法家的目光则是峻厉的，会让人产生一阵阵寒意。

老子淡淡地走在路上，孔子苦苦地走在路上，墨子急急地走在路上。路边树丛间，早就有几副冷冷的目光。以韩非为代表的法家学者，完全不讲老子、孔子、墨子的情怀，只相信对实际利害的严格管理，并把这种管理组成一种绝对权力。在韩非看来，社会管理离不开"法"、"术"、"势"三种力量。"法"是法令如山，赏罚分明；"术"是运用谋术，控制群臣；"势"是集中权势，制服天下。

猛然一听，法家让人不太愉快，但仔细一想，社会历史还真少不了法家。无论是老子、孔子，还是墨子，都是理想主义者，但法家是现实主义者。对于现实的社会政治，老子主张尽量少管，听其自然；孔子主张道德领先，苦口婆心；墨子主张一腔热血，行侠江湖。这三条道路，其实都很难有效地把整个社会管理起来。法家强硬地追求有效，追求力量，结果大家知道，真正让秦国强大起来最后统一中国的，就是法家。

但是，法家在通向效果的道路上，运用了太多的残忍手段和阴谋，结果他们自己的生命也被残忍手段和阴谋缠住了。早在韩非出生前五十几年，法家思想的早期实践家商鞅，已经死于"车裂"的酷刑。韩非死于他的同学李斯之手。李斯也是一位杰出的法家政治家，最后被腰斩灭族。

可以说，在诸子百家中，法家最硬又最惨。他们以强力推动了社会改造，让世界看到了一个早早统一的中国，这个贡献实在太大了。但是，从文化上说，人之为人，还必须有温馨、柔和、仗义的一面。就人性而言，除了铁拳人生外，更需要慈爱人生、诗化人生。而法家思想家是以自己的声音和生命，做出了最大的自我恶化和自我牺牲。人们容易忘记他们的贡献，喜欢转过身去欣赏那个白发行走者、那个棕衣行走者和那个黑衣行走者。

简单来说，这些行走者更有诗化魅力。魅力是一种不公平的吸引力，法家学者即使集中了他们最看重的全部"法"、"术"、"势"，也形不成魅力，反而还会走到魅力的反面。

我刚刚说到，法家的韩非和李斯是同学，那他们的老师是谁呢？是荀子。

荀子是儒家集大成者，这一点我不多讲了，只讲他后来很长时间主持着的一个学术机构，叫作稷下学宫。他被看成是这个学宫里"老师中的老师"。

稷下学宫，在山东临淄的稷门附近。临淄，是当时齐国的王都。

齐国，精彩的人物和事情非常多，如果细细讲来怎么也讲不完。我只能跳过他们，直奔那个学宫。为此，我曾写下这么一段引文：

　　我不得不装成铁石心肠，故意不看姜子牙那根长长的钓竿，不看齐桓公沐浴焚香拜相管仲的隆重仪式，不看能言善辩的晏婴矫捷的身影，不看军事家孙武别齐去吴的那个清晨，也不看神医扁鹊一次次用脉诊让人起死回生的奇迹……

　　全都放弃吧，只跟着我，来到齐国都城临淄的稷门下。那里，曾是大名鼎鼎的稷下学宫的所在地。

我为什么对稷下学宫如此重视？因为中国文化在那里获得了一种聚集和整合，蔚为壮观。不管是以历史眼光还是以世界眼光看，都令人振奋。

　　中国文化在人类精神的奠基时代能够涌现出百家争鸣的景象本来已经令人叹为观止，而且，在当时的信息传播条件下，所谓"争鸣"，大多是后人把各种学说拼合在一起，当时很难近距离地争论起来。出乎意料，他们真的拥有了一个会合的场所，"百家争鸣"变成了事实。

　　稷下学宫创办于公元前四世纪中叶，延续了一百三十多年。据史料记载，稷下学宫所在地，是齐国都城临淄的"西门"，叫"稷门"。"稷门"应该与稷山有关吧，那就在都城之南了。反正就在那一带吧，我们一起期待新的考古发现。

　　从各种文献来看，当年稷门附近，实在是气魄非凡。那里铺了宽阔的道路，建了高门大屋，成了四面八方学者们的向往之地。齐国朝廷做事，总是大手笔，他们给各路学者很高的待遇。因此，当时诸子百家中几乎所有的代表人物都来过。他们像平时一样，身后跟着很多学生。过去孔子周游列国，也带着一批学生，像是一个"流亡大学"，现在，一个个"流亡大学"在这里集中了，这里也就成了当时中国的最高学府，人数常常是数百上千。

　　稷下学宫解决了天下所有高等学府都会遇到的两大难题。

　　第一个难题，这个学宫是由齐国朝廷出资的，具有政府智库的职能，那又如何保持对朝廷的独立性？解决的方法是：学宫里的诸子都不任官职，也就是"只问政，不参政"，因此也不必对自己的观点担负行政责任。朝廷所需要的，就是他们身处行政体制之外的独立思维。体制之内也会有很多聪明头脑，如管仲、晏婴，但那只是"内循环"，而稷下学宫要提供的则是循环圈之外的声音。对于这种声音，朝廷听过之后也可以完全不予采纳，这叫"两相自便"。例如，孟子就对时政发表过很多意见，朝廷觉得不切实用，没有接受，但这一点儿也没有影响他在稷下学宫中的崇高地位。

　　第二个难题是，稷下学宫主张"百家争鸣"，那如何不让争鸣变成众声喧哗、嘈杂一片？答案是：稷下学宫除了欢迎各路自来的学者，还会隆重聘请一些真正重量级的大师来"镇宅"、"压舱"，保持着清晰的学术等级评估。同时根据各路学者的学问、资历、成就，学宫分别授予"客卿"、"上大夫"、"列大夫"，以及"稷下先生"、"稷下学士"等不同称号，而且已经有了"博士"和"学士"之分。这就避免了在"百家争鸣"、"言论自由"的幌子下的鱼龙混杂、泥沙俱下。

每次说到稷下学宫，我心中总会出现一个比较对象，那就是希腊的雅典学院。我计算了一下，柏拉图创建雅典学院的时间，大概比稷下学宫的建立早了二十年。这在历史长河中，应该算是同时。

提起雅典学院，我首先想到的是欧洲文艺复兴发源地佛罗伦萨的统治者美第奇家族（The Medici Family），为了复兴希腊文化重新建立了模拟性的柏拉图学院。

其次想到的是文艺复兴的代表人物拉斐尔，画过一幅名为《雅典学院》的著名油画，把美第奇家族所向往的图景做了形象展现。

拉斐尔的《雅典学院》并不是一幅写实油画，而是把柏拉图、亚里士多德等人先后创立的好几家学院都画进去了，让不同年代、不同地域的学者共聚一堂。拉斐尔甚至把自己，还有文艺复兴时代的其他代表人物也画进去了。这种"穿越"，是一种倒逆时间的"注册登记"，表明自己也是雅典学院的一员。

雅典学院的传统，后来在欧洲中断了。在漫长的中世纪，谁也不知道雅典学院的存在，所以，拉斐尔和美第奇家族有一种重新发现的巨大兴奋。中国缺少欧洲文艺复兴式的兴奋，这是缺点；但是，中国也没有出现过中世纪式的中断，因此说不上重新发现。每一代都知道一点儿诸子百家，只不过常常遗忘。

中国出现的麻烦，不是中断，而是遗忘。

我们不妨学一学拉斐尔，他把自己画进了古代的"雅典学院"，我们也

拉斐尔画作《雅典学院》

可以把自己植入"稷下学宫"。至少，所有的中国文人都应该领悟，我们每个人，如果细细追索上去，都与山东临淄老城门下的废墟有关。

这是在确认自己的文化身份，同时，又是在为中国文化恢复身份。

我可以断定，稷下学宫一定比雅典学院更漂亮、更壮丽、更热闹，因为当时的中国有诸子百家，希腊没有那么多；当时稷下会集了东南西北的广大地域的人，希腊没那么大。

说起稷下学宫会集了东南西北广大地域的人，我突然想起一个南方人，他也来过稷下学宫，那就是屈原。

我在给北京大学各系学生讲授中国文化史的时候，特别提到了屈原到稷下这件事，而且特地起了一个标题，叫作"长江推举他出场"。

稷下学宫的各路学者，主要来自黄河流域。为什么会这样？这就牵涉我特别关注的另外一门学问——"生态文化学"。鉴于地理、气候、政治、军事等种种原因，中国文化的高层形态，有很长时间较多地集中在黄河流域。这种情况后来渐渐发生了变化，但在当时，集中还是明显的。这个"子"，那个"子"，说来说去，都在黄河中下游，尤其是在山东一带。

对此，伟大的长江似乎有一种默默的不平。也有不少文人从它身边北行，但分量都不太够。终于，长江派出了一个人，一个从长江最重要也最险要部位——三峡走出的人，他的文化分量非同小可。因此，屈原此行，具有隆重的代表性。尽管当时，不管是他还是稷下学宫，都不知道这种代表性。

我感兴趣的是，那天屈原出现在北方各路学者面前，是一个什么样的形象？我想，他一定引起了分外的注意。他非常在意自己的衣着打扮，甚至在《离骚》里自夸，他长得很正，不怕装饰。他身材也应该很好，瘦瘦的，个子不高不矮，玉树临风。他的方言，稷下学宫的学者们听起来有点儿费劲，但他的嗓音动听。他的表情，有点儿矜持，却又通体高贵。他在学宫里显然不太合群，因此很快回到了楚国。

他走了。在当时，他似乎走在历史的主道之外，但在此后几千年，他却奇迹般地成为全国民众年年祭祀的对象。我在《中国文脉》、《北大授课》、《雨夜短文》等著作中对他都有详尽阐述，学员们可以找来一读，这儿就不重复了。但在本书的第五单元，我还会讲到他，并把他的代表作《离骚》翻译成现代散文，呈献给大家。

屈原（傅抱石画作）

秦汉王朝的文化选择

到上一讲为止，我们完成了第二单元里的一个重要台阶："奠基时代的中国文化"。

按照本课程已经形成的惯例，对于遥远、宏大、复杂的内容，讲完之后还要与大家一起复习一遍。这次复习的，是这样一个美好的整体印象——

世界上各个大文化在跨进门槛、享受文明生活很久之后，突然不约而同地感觉到，需要进行一次精神文化上的大补课，因此出现了神奇的奠基时代。在这个奠基时代，中国文化没有缺席，而且表现优秀。与其他文化不同的是，中国文化找到的补课老师，也就是完成精神奠基的几位巨人，几乎都走在路上，都是步行者、竞走者、奔忙者，都是千里脚印、风尘仆仆。后来，各地学者也都起步赶路了，赶向山东临淄的稷下学宫。其实，满脸严肃的法家学者也走了很多路，只不过，他们的脚印里常常留有血迹——别人的血迹、自己的血迹……

总之，整整几百年，中国最聪明的人全在路上，中国文化全在路上。这让我想起很久很久之后一位法国思想家所说的一句话："我只要停止脚步，也就停止了思考。"这个思想家叫卢梭。他不知道，早在两千多年前，中国的智者就已经这样了。

走在路上，有利于文化的创造，却不利于文化的留存。天下不知道有多少伟大的思想，被路上的大风吹走了，被路边的草丛吞没了。如果函谷关上没有那个守卫，孔子身边没有那几个学生，事情就麻烦了，那些现在被中国人和外国人熟知的思想，也同样会被吹走，吞没。能够留下来，是偶然中的偶然，侥幸中的侥幸。

而把这些偶然、侥幸加在一起，也可能只是暂时留存，随时可能消亡。因为手稿会遗失、学生会老死、记录会霉蚀，所谓的口口相传，又能传过几个耳朵？

因此，文化的留存，不能靠文化人自身，而必须依靠行政架构的加持、国家力量的选择。我前面讲到，齐国以行政资助来创办稷下学宫，有利于诸子百家的留存。但是，齐国毕竟太小，无法对整体文化承担维护、推广、传承的职能。因此，一种大文化要留存于天下，还需要依靠更大的国家力量。

正巧，奠基时代所形成的"智能大爆发"，也滋生了更宏大的政治构想，于是，一个个大帝国的诞生，也就水到渠成了。人类文化，因而从"奠基时代"，过渡到了"帝国时代"。这情景，我们从巴比伦帝国、波斯帝国、所罗门帝国、孔雀王朝、罗马帝国中都可以看到，而中国文化，则迎来了秦汉帝国。

请注意，文化遇到帝国，并不是必然。世上很多文化并没有遇到相关的帝国，而很多帝国也没有遇到像样的文化。它们相遇，无论是文化还是帝国，双方都未必有主动意愿。但是，如果它们陌路相逢，就会碰撞出很多事端。

接下来，我们要看一看秦汉帝国时代的中国文化了。

这是一个更开阔的台阶。

一般来说，在帝国建立之初，文化的日子并不好过。一代雄才大略的政治人物还在为军事进攻和政治整合而忙碌，无心文化，反而为了统一思想而控制文化，手段往往非常鲁莽。

中国文化遇到的第一个真正的大帝国——秦朝，更是这样了。秦始皇

秦始皇

听从李斯的主张，焚烧《诗》、《书》和"百家语"，只有医药、卜筮和种树的书才可幸免。这严重地破坏了文化传承。与此相应，他还下令坑杀了一些儒生。

请记住，中外历史人物的功过，往往很难论定，但只要动手破坏文化了，就永远不被原谅。秦始皇的"焚书坑儒"，无论如何是一件大坏事。现在有一些历史学家试图为这件事做一些解释，让人们原谅，我觉得没有必要。人世间总有善恶底线，再多的学问也不应该用来遮掩这条底线。

在确定"焚书坑儒"的负面意义之后，我们可以回归公正的立场，大方地承认秦始皇也为文化做出了不少正面贡献。

正面贡献中最为重要的一项，是统一了文字。正是这个举措，使得全人类人数最多的族群，也就是我们中华民族，不管流浪到什么地方，也不管遭遇到什么灾难，都不会在文化上溃散。这项功绩，怎么评价也不会过。

即便不遇到灾难，中国国土那么大，方言那么多，如果不是秦始皇统一文字，不知道会崩解成多少地方政权，分裂成多少文化碎块。环视世界各地，这种可能性极大，那就谈不上什么"同文同宗"的文化规模了。

除了统一文字，秦王朝还做了不少文化大事。例如，把原来的"分封制"改为"郡县制"，这从行政格局上改变了精神价值和生活方式，决定了中国文化的走向。又如，建造万里长城，既有军事意义、工程意义，又有心理意义、美学意义。每个中国人心中都有这道既漫长又悠久，既壮观又怨伤的墙，因此也成了一种精神文化的象征。

秦王朝对中国文化的最终贡献，是给中国文化颁发了最正式的"身份证"。正是这个空前统一的王朝，使中国终于成了严格意义上的中国；随之而来，中国文化也终于成了严格意义上的中国文化。

这一切加在一起，可以说秦王朝为中国文化打下了一个稳固的底盘。

要做这件大事，文化本身无能为力，只能依靠国家力量。短促的秦王朝，恰恰是有效地发挥了这种力量。为此，我们要一次次以文化的名义，向秦王朝致敬。

我在世界各地考察古文化遗址时，只要看到苍苔斑斑、无人能懂的文字碑刻，看到族群如麻、阻隔如山的分裂状态，总会一次次地想念秦始皇。

想念归想念，心底还是没有放弃对他"焚书坑儒"的谴责。

秦王朝为中国文化打下了一个底盘，接下来，汉王朝则为中国文化树立了一个框架，提供了一副目光。

一个底盘，一个框架，一副目光，都具有穿越时空的生命力。

汉王朝的文化框架，首先是"黄老思想"，与道家有关。秦朝太残酷、太热烈、太劳累了，汉王朝早期的统治者希望让民间休养生息，决定采取"无为而治"的方针。但是要让整个统治集团接受这种方针，就要借助文化的力量了。于是，老子的哲学，加上传说中的黄帝的思想，成了精神指引。结果，汉文帝和汉景帝时的"文景之治"出现了，老子的哲学也就取得了极高的声誉。这是文化与政治亲密结缘的开始。

政治需要文化来帮助，结果也帮助了文化。

"文景之治"的成功，也是老子"无为"思想的成功。"无为"，不是毫无作为，而是相信民众会选择最适合自己的生活方式，统治者要顺其自然。

但是，这种思想也有局限，因为普通民众很难发现整体危机，更没有能力来解除这种危机。汉王朝当时遇到的最大危机就是北方匈奴的入侵和抢掠。要减少匈奴的入侵和抢掠，只能"和亲"，就是把皇家的女儿嫁给他们的首领。但有时候，她们嫁过去不久，匈奴又来入侵了，没完没了。面对这样的危机和屈辱，一个年轻的帝王站了出来，决定不能"无为"了，而必须大有作为，他就是汉武帝。

大有作为是一个复杂的系统工程。因为在战场上，马背上的匈奴实在太强悍了，要对付，必须组建骑兵，物色将军，寻找战马，改进武器，而且必须在实战中总结失败的教训……。要有效地完成这一庞大的系统工程，当然需要集中权力，树立威望。这在已经尝到"无为而治"甜头的全国上下，已经不大适应，因此汉武帝必须在"黄老思想"之外选择另一种精神支柱。

他选择了儒家，选择了董仲舒提出的"罢黜百家，独尊儒术"的主张。

其实董仲舒的儒学，与孔子、孟子已有很大的不同，他从"天人合一"发展到了"天人感应"，把儒家的统治理念联系到了"天意"，其中包括了法家和道家的一些理念。

说到这里，我必须做一个重大的学术提醒了。气盖百世、赫赫武功的秦汉王朝，都在寻找精神理由，说到底它们都是文化王朝。秦王朝选择了法家哲学，汉王朝先撷取了道家哲学，然后又改造了儒家哲学。它们都是文化哲学的施政实践，因此也可以说是哲学王朝。

那些著名的帝王，那些有名的战争，那些出名的转折，说来说去，无非都是在实践法家的刚烈雄伟、道家的清净生息和儒家的奋发有为。谁也没有跳出文化的手掌心，谁也没有逃离学者的大构想。

这一点，与巴比伦帝国、波斯帝国、所罗门帝国、孔雀王朝、罗马帝国相比，只有中国做到了。那些帝国和王朝，都不缺哲学家和文化人，却从未被一种完整的文化哲学所左右。

汉王朝选择了中国最重要的文化哲学，精神格局也就越来越大，因此又保持着继续拓宽和弥补的意向。接着，还是在汉代，佛教传入了。这一来，中国文化的宏伟雏形已经"三足鼎立"。

佛教的事，后面的课程中还会多次讲到，这里点到为止，只说明汉代的中国，在文化框架上已经相当完整。这种文化上的健全，加上军事上的胜利，使一个"汉"字变得大气磅礴。因此，曾被秦王朝包罗的中原百姓，也就由"秦人"改称为"汉人"，而自古以来的华夏民族，也称作"汉族"了。

遗憾的是，我们很多历史学家常常掉到一个又一个紧张曲折的宫廷故事和攻伐故事里出不来，而忘了这一切背后，都有文化支撑。

我舍弃了那些残酷或艳丽的情节，只从文化选择上说秦汉，相信当代年轻人反而能更加明白。中国居然拥有一个由统治者寻找文化哲学的时代，这才是惊人的大情节。

第 014 讲

一副目光和一把凿子

我在前面说过，秦王朝为中国文化打下了一个底盘，汉王朝为中国文化树立了一个框架，除此之外，还有一副目光。现在，我们就要对视那副目光了。

任何杰出人士都有自己的目光，有的目光还相当锐利和深刻。但是，有没有一副目光，成了整个民族数千年的共同目光？这几乎没有可能，但在中国文化史上却有一副，那就是司马迁的目光。

司马迁的著作《史记》成了以后全部"二十四"史的"母本"，他的目光也成了几千年间所有历史学家目光的"母本"，代代延续。正是这代代延续的目光，使全部历史获得了比较近似的精神价值归向，进入了上下相通的文化传承系统。这便使复杂的历史更"中国"，也更"文化"了。

我曾经在一篇文章中写道：

> 司马迁让所有的中国人成了"历史中人"。
> 他使历朝历代所有的王侯将相、游侠商贾、文人墨客在做每一件大事的时候，都会想到悬在他们身后的那支巨大史笔。

很多年前，我为北京大学各系学生讲授中国文化史的时候，曾把不少篇幅留给了司马迁，当年听课的学生们可能还记得吧。

我当时说：

中国出版过一套考究的二十四史，装在一排檀香木的书柜里。书柜上有很多小门，门上用隶书雕刻着每一个朝代的名称。于是，一场场烽火狼烟，一次次改朝换代，全部封进了文化的檀香木里，不再堂皇，只有安顿。但是突然，像被秋天的凉水浇了一般，我们看到一排排书柜的最后，站着一个脸色苍白、身体衰弱的男人。

汉王朝拥有司马迁，又残害了司马迁。结果，在浩荡历史面前，汉王朝既因他而骄傲，又因他而羞愧。骄傲，可骄傲到雄视百代；羞愧，可羞愧到无脸见人。

司马迁的悲惨遭遇，在历史书里都能看到，我就不细说了。我只想表达内心的一种隐痛，那就是：这个人给了中国人一副长久的目光，而我们的目光却不敢在他身上停留太久。他的忍受，让我们难以忍受。

这让我想起一件事。前些日子，我正好在编写《古典今译》一书，原因是最近几年端午节纪念屈原，很多年轻人喜欢朗诵我翻译的《离骚》，因此出版家们希望我再译一些篇目。我立即想到，篇目再少也要加一篇司马迁的自述《报任安书》。为了这篇文章，我还专门做了说明：

> 这次选译的《报任安书》，是他在《史记》之外的一篇自述。请想想看，一位即将完成历史上最伟大史学工程的旷世学者，竟然因一番温和的言论承受了人类最屈辱的阉割之刑。他没有自尽，只因为无法放弃那个最伟大的工程。他要把这种内心隐情讲给一个人听，而这个人又即将被处以死刑。因此，这是一封从一个地狱之门寄向另一个地狱之门的奇特书信。今后几千年中国人最重要的历史课本，就在这两个地狱间产生。这里边蕴藏着多么巨大的人格力量，简直难以估量。

记得我在前面说过，不管秦始皇做了多少大好事，"焚书坑儒"是一件永远翻不了案的大坏事。同样，不管汉武帝做了多少大好事，残害司马迁也是一件永远翻不了案的大坏事。

说了司马迁，还是要回到他的时代，那个让汉民族和汉文化都认祖归宗、扬眉吐气的时代。

汉武帝又在做好事了。为了借助外力一起对付匈奴，他希望中国与域外沟通。这是一个军事、政治课题，但说到底，还是文化课题。他派出的使者张骞，担负的任务很多，但历史承认，最终还是文化使者。

在史书上，他派张骞"通西域"这件事，被称为"凿通西域"。这个"凿"字非常形象，好像是用一把凿子，一点点地去开凿原先阻挡在路上的一座座石山。工程很艰难，速度并不快，但决心很大，目标明确。

请注意，是"凿通"，而不是"打通"。用的是凿子，而不是大刀长矛。本来，汉武帝是很能打仗的，他手下也有一大批名垂史册的将军，但他平常用兵，只是为了扫除边防的战祸。对于他所不了解的西域，他放下了刀剑，拿起了凿子。

这种和平主义的思路，带来了和平主义的结果。现在全世界都知道了，他一凿子、一凿子凿通的，是丝绸之路。

六年前，我在甘肃兰州召开的一个国际论坛上演讲，说丝绸之路是人类文明的第一通道。当时很多人听了有点儿不习惯，因为按照世界历史的传统观念，人类文明的第一通道应该是地中海。但是，我解释，丝绸之路与地中海通道的最大区别，是以和平为主调，还是以战争为主调，因为我们说的是"文明第一通道"。这几年，从国外出版的一些著作中得知，不少西方学者的观点也变了。

汉武帝有能力远征他国而不远征，这使他与世界上其他帝国的君主划出了明显的界线。

司马迁

张骞

只要稍稍了解世界史的朋友都知道，早在汉武帝之前，亚洲、欧洲、非洲的那些帝国，都已经一次次打得昏天黑地。远征，已经成为一个帝国、一个帝王的最高荣誉所在。远征的目的，是要打败另一个帝国，俘虏它的臣民，消灭它的文化。这种事，汉武帝不做，后来的皇帝也不做。正是这种传统，验证了中国文化的一大本性，那就是我十几年前在联合国世界文明大会上演讲时所论述的"非侵略本性"。

因为讲到了汉武帝派张骞"凿通西域"，我想到了一件有趣的往事。

在二十世纪即将结束的时候，我考察人类古文明遗址到了波斯帝国的故地——伊朗。德黑兰早就计划修建地铁，但由于两伊战争，工程停了。战争结束后，工程也进展缓慢，当地民众贴出大标语，用波斯帝国公元前六世纪居鲁士大帝的口气问："德黑兰地铁，怎么到今天还没有凿通呀？"把老祖宗一抬出来，政府急了，赶紧在国际上招标，中标的是中国。

我到时，很多中国工人在那里挖凿隧道。他们从传媒上知道我要来，就派人到旅馆来邀请我去演讲。我参观了他们的工程，就在演讲中讲到了汉武帝派张骞"凿通西域"的历史。我说，第一凿起自汉代，现在，汉代的凿子交到了你们手上。

我还说，我们过去总喜欢讲战争的故事，为什么不多讲讲凿通的故事呢？战争，很可能是在破坏文化，而凿通，却一定有利于文化。因为文化的本义就是"凿通"。

后英雄时代

我已经说过，帝国需要文化，文化也需要帝国。一来一往之间，帝国因文化而成了大帝国，文化因帝国而成了大文化。这两头，都具有世界等级。

但是，大帝国的大文化，并不是文化的最佳状态。

在秦汉两代，文化的大底盘、大框架、大目光都已建立，怎么还不是最佳状态呢？因为它还缺少一个最重要的东西，那就是大创造。

文化的终极生命，在于创造。也就是说，无论是底盘、框架，还是目光，都是为创造设置的，都是在等待创造。

那么，在大帝国、大文化构想中，能够期待创造势头的活跃吗？很难。因为文化创造的主体，永远是个体生命。在好大喜功、轰轰烈烈的背景下，必然是群体话语鼎盛，个体话语冷落。而且，那种群体话语常常带有四个特性：排场性、雕饰性、虚夸性、近似性。例如，一度名声很大的汉赋，就明显地集中了这些毛病，我怎么也喜欢不起来。就连赫赫有名的贾谊、司马相如的那些赋，也是这样。

这中间存在着一些必然逻辑。

在西方，罗马共和国和罗马帝国如此强盛辉煌，似乎什么也不缺了。而且在文化上也非常骄傲，只要被罗马帝国征服的地方，总有规模巨大的露天罗马剧场。但是所有的聪明人一眼就可以看出，它怎么也比不上以前那个小小的希腊所创造的文化。

记得几十年前，我在"文革"灾难中冒险钻进外文书库独自编写《世界戏剧学》，就曾为这件事大吃一惊。我在写完希腊悲剧的章节之后，很想在罗马戏剧中找一点儿像样的余脉，却怎么也找不到，尽管罗马有钱有势，张罗了大量的所谓"戏剧盛典"。

同样的道理，汉代的文学比不上《诗经》和楚辞，汉代的哲学比不上诸子百家。值得人们深思的是，在《诗经》、楚辞、诸子百家处于最佳创造状态的时代，并没有大帝国的支撑，整个社会还处于混乱、分散、贫瘠之中。由此可见，文化创造所需要的条件比较特别。

汉王朝历时四百多年，于二二○年灭亡，从此，中国历史又进入了一个大分裂、大动荡的时代，历时近四百年。奇怪的是，恰恰是在这大分裂、大动荡的时代，文化创造的勃勃生机又出现了。

这里包含着深刻的文化哲学，因此接下来我要讲讲分裂时代的中国文化。

汉王朝灭亡之后，出现了三国对峙的遍地战火。战火中，本应出现大批军事家和政治家，但是没想到，当时出现的军事家和政治家都不是一流的，却出现了一个一流的文学家——曹操。

曹操？一流的文学家？不仅你们没想到，连他自己也没想到。我在一本著作中写道："曹操一心想做军事巨人和政治巨人而十分辛苦，却不太辛苦地成了文化巨人。"

其实，与他打仗的诸葛亮也是一位优秀的散文家，但在文化上，曹操不用任何计谋就把他打败了。可惜，中国读者熟知的是一个被军事阴谋缠住的曹操。

其实，我们在日常话语中，也一直在沿用曹操所创造的语句，沿用得比其他文学家多得多。你知道曹操所创造的文学语句有哪一些吗？"老骥伏枥，志在千里"；"烈士暮年，壮心不已"；"对酒当歌，人生几何"；"何以解忧，唯有杜康"；"月明星稀，乌鹊南飞"；"山不厌高，水不厌深"；"东

曹操

临碣石，以观沧海"；"秋风萧瑟，洪波涌起"；"日月之行，若出其中。星汉灿烂，若出其里"……这些文学语句都是曹操创造的，而且在漫长的历史上被全国各地运用得非常广泛。光凭这一点，他也是汉语文化的主要原创者，更不必说他诗作的宏伟意境了。

如果曹操早生一些年月，会是汉王朝的一名官员，能够完成这么高等级的文化创造吗？似乎很难。

分裂的时代，除了会产生大量"横向裂变"外，还会产生快速的"纵向裂变"，也就是代与代之间的背离和自立。

当年曹操身边有一个深受重用的书记官叫阮瑀，生了个儿子叫阮籍。曹操去世时，阮籍正好十岁。在曹操去世后三四年，他有一个曾孙女婿将要出生，那个孩子叫嵇康。我这么一排，大家就能明白，在曹操身边，新的一代出现了。阮籍、嵇康这两个孩子所代表的时代，我称之为"后英雄时代"。

我所说的"后英雄时代"，不仅是指曹操之后，而且包括整个秦汉王朝之后。对于这个时代，以及在这个时代产生的人，我曾这样概括——

> 这是一个真正的乱世。
>
> 英雄们相继谢世了。英雄和英雄之间龙争虎斗了大半辈子，他们的年龄大致相仿，因此也总是在差不多的时间离开人间。像骤然挣脱了条条绷紧的绳索，历史一下子变得轻松，却又剧烈摇晃起来。
>
> 这中间，最可怜的是那些或多或少有点儿政治热情的文人名士了。每当政治斗争一激烈，这些文人名士便纷纷成了刀下鬼，比政治家死得更多更惨。
>
> 何晏，玄学的创始人、哲学家、诗人、谋士，被杀；张华，政治家、诗人、《博物志》的作者，被杀；潘岳，与陆机齐名的诗人，中国古代最著名的美男子，被杀；谢灵运，中国古代山水诗的鼻祖，直到今天还有很多名句活在人们口边，被杀；范晔，写成了皇皇史学巨著《后汉书》的杰出历史学家，被杀；……
>
> 这个名单可以开得很长，置他们于死地的罪名很多，而能够解救他们、为他们辩护的人，却一个也找不到。

因为一切解救的理念和途径都已废弃。既然无处讲理那就不再信理，于是，在沉重的杀气下，站出来一群重新思考天地、事事特立独行的年轻人，他们后来一直享有一个共同的称呼——"魏晋名士"。代表者就是阮籍、嵇康。

我请大家跟着我，在魏晋名士前面多停留一会儿，因为他们对中国文化非常重要。根据我所制定的文化定义，他们在生活方式、精神价值和集体人格三个方面，都做出了非同凡响的更新和重建。

他们一切从零开始，一切重新思考，这也包括对奠基时代的重新思考，对诸子百家的重新思考，对秦汉时代的重新思考，对英雄时代的重新思考。他们对已有的文化表示出极大的不信任，只把自己放在非常孤独的地方思考天地的终极课题，因此很像是中国文化的叛逆者。而实际上，他们改变了中国文化的质量。这对于中国文化来说，相当于一次再生。

他们在中国文化的断裂处提升了中国文化，因此我要讲得详细一点儿。

如果没有他们，中国文化很可能陪伴着疲倦的诸子百家和威严的秦汉帝王一起老去，而且会老得很快。

大哭又长啸

魏晋名士之中，我们先看阮籍。

阮籍喜欢一个人驾着木车游荡，没有目标，只向前走。走着走着，路到尽头了，他哑着嗓子自问："真的没路了？"问完，满眼都是泪水，最后号啕大哭。哭够了，他便持着缰绳驱车向后，另外找路。找着找着又到了尽头，他又大哭，走一路哭一路。

对此我曾写道："荒草野地间谁也没有听见，他只哭给自己听。"

平日，他喜欢一种没有词语的歌吟方式，叫"啸"。往往是哭罢之后，感觉有一种沉重的气流涌向喉咙，他长长一吐，音调浑厚而悠扬，似乎没有内容，却吐出了一派风致、一腔心曲，比任何词句都苍茫浩大。

一天，他到苏门山去拜见一位隐居在那里的名士孙登。他本想请教一些历史问题和哲学问题，但孙登好像什么也没有看见，什么也没有听见，泥塑木雕一般坐在那里。阮籍马上领悟，在这里，语言没有用处，因为等级太低了。他觉得应该更换一种交流系统，便缓缓地啸了起来。啸完一段，孙登终于开口了，只说："再来一遍！"阮籍一听，立即站起身来对着群山云天，啸了很久。啸完转身，发现孙登又已经平静入定。

阮籍觉得这次没有白来，完成了一次无言的心灵交流，便下山了。谁知，刚走到山腰，奇迹发生了，一种难以想象的吟啸声突然从山顶传来，充溢于山野林谷之间。阮籍一听，这是孙登大师的啸，回答了他的全部历史问题和哲学问题。

这天他下山之后，快步回家，写了一篇文章，叫《大人先生传》。他在文章中说，像孙登这样的人，才真正称得上"大人"。因为他们与自然一体，与天地并生，与大道共存，却又远离浊世，逍遥自在。与他们相比，天下那么多装腔作势、讲究礼法的所谓"君子"，只是寄生在别人裤子缝里的虱子罢了。

他没有多写下去，因为千言万语都融化在山谷间的声声长啸中了。

阮籍这么一位有才华的名人，当然会引起官场的注意。每一个新上任的统治者都会对他发出邀请。他对官场的态度很有趣，不像历代文人那样，要么垂涎官场，要么躲避官场，要么利用官场，要么对抗官场。他的态度是，游戏官场。

有一次，他与司马昭闲聊，说自己到过山东东平，那里的风土人情很不错。司马昭就顺水推舟，让他出任东平太守。他也没有怎么推托，就骑上一头驴，到东平上任去了。

他到了东平，只做了一件事，就是把官衙里边重重叠叠的墙壁拆掉，改成"开放式办公"。这一来，官员们互相监督，沟通便利，效率提高。接着，他

阮籍（吴为山雕塑作品）

又精简了法令，使社会风气为之一正。

做完这一点儿事，他就回来了，一算，只花了十来天。

后代历史学家说，阮籍一生，正儿八经地上班，也就是这十几天。

为了这次短促的上班，四百多年后的李白还专门写了一首诗来歌颂：

阮籍为太守，乘驴上东平。剖竹十日间，一朝风化清。

李白一生很少佩服什么人，但显然，阮籍让他佩服了。因为他骑驴上班，十来天解决了全部问题。顺便我还想说一句：这才是李白的诗，一听就明白，干净得像被水洗过了一样。请记住，真正的文化大手笔，第一特征就是干净。就像阮籍做官，就像李白写诗。

我们顺着李白佩服的目光，继续追赶那个骑驴的男人。

当时阮籍所处的环境，礼教森严，尤其对男女之间的接触百般防范。叔嫂之间不能对话，邻里的女子不能直视，等等。对此，阮籍做了一件惊世骇俗的事。

有一位兵家的女孩，极有才华又非常美丽，不幸还没有出嫁就死了。阮籍根本不认识这家的任何人，也不认识这个女孩，但听到消息后就赶去吊唁，还在灵堂大哭了一场，把四方邻居都吓着了。

对于这次莫名其妙的大哭，我在二十几年前发表的《遥远的绝响》中曾写下这么一段话：

阮籍不会装假，毫无表演意识，他那天的滂沱泪雨，全是真诚的。这眼泪，不是为亲情而洒，不是为冤案而流，只是献给一具美好而又短促的生命。这世间，为什么不把珍贵的美好多留一些日子呢？他由此产生联想，因此痛哭。这场痛哭，非常荒唐，又非常高贵。有了阮籍那一天的哭声，其他很多死去活来的哭声就显得太具体、太实在，也太自私了。终于有一个真正的男子汉像模像样地哭过了，没有其他任何理由，只为美丽，只为青春，只为异性，只为生命，哭得那么抽象又那么淋漓尽致。依我看，男人之哭，至此尽矣。

比男女之防更严厉的礼教，是孝道。

孝道，主要表现在父母去世后的繁复礼仪，三年服丧、三年素食、三年无欢、三年禁欲，甚至三年守墓。这一个个漫长的时间，其实与子女对父母的实际感情已经没有太大关系，只是做给人看的。正是在这种氛围中，阮籍的母亲去世了。

按照当时的规矩，在吊唁的灵堂里，只要有人来吊唁，亡者的亲族必须先哭拜，然后客人再哭拜，一次又一次。但是，人们发现，阮籍作为亡者的儿子，只是披头散发地坐着，看到别人进来既不起立，也不哭拜，两眼发直，表情木然。这引起了很多吊唁者的不满，觉得太不礼貌了。这种不满的言论一传开，被一个年轻人听到了。这个年轻人起身捧了一坛酒，拿了一把琴，向灵堂走去。

酒和琴，与吊唁灵堂多么矛盾啊，但阮籍一看就站起身来，迎了上去。他在心里说：你来了吗？与我一样不顾礼法的朋友，你是想用美酒和音乐来送别我操劳一生的母亲？谢谢你，朋友！

刑场琴声

那位带着酒和琴来到阮籍母亲灵堂的年轻人，叫嵇康。我前面提到过，他是曹操的曾孙女婿。

他捧着一把琴到阮籍母亲的灵堂去是对的，因为他本身是一位大音乐家。不仅是音乐实践家，而且是音乐理论家。

嵇康有一部重要的音乐理论著作《声无哀乐论》，我认为是中国音乐理论史上的扛鼎之作。他说，一般人认为音乐有哀有乐，因此就会频频用来表达各种情绪，张罗各种仪式。其实，真正的大音乐是天地之音、自然之音、元气之音。他说，音乐如酒，谁说酒一定是制造欢乐或是制造悲哀的？音乐又像是树，柳树被风一吹弯下身来很像是含情脉脉地与谁告别，其实树就是树，自然之物，与悲哀和快乐无关。

几年前，我所指导的博士生石天然先生在准备博士论文时，我建议他以嵇康的《声无哀乐论》为研究目标。结果，论文经由北京诸位资深的音乐史家和艺术史家的严格评审和答辩，以最高分通过。我记得在论文答辩现场，诸位专家在发言中仍然频频对嵇康这位一千七百多年前的大音乐家表示钦佩。

但是，当时这位大音乐家的日常事务，居然是打铁。

他长期隐居在山阳，后来到洛阳郊外开了铁匠铺，每天在大树下打铁。他给别人打铁不收钱，如果有人拿点儿酒来作为酬劳，他就会非常高兴，立即在铁匠铺里拉着别人开怀痛饮。

既然开了个铁匠铺，他就成了一个地地道道的铁匠。

他光着膀子抡锤，肌肉毕现。为此我又不能不补充一个事实：他是一位远近闻名的美男子。

魏晋名士，除了那位"永远的中国第一美男子"潘岳，大多都相貌堂堂，连最严肃的历史书《晋书》在写到阮籍和嵇康时，都要在他们的容颜上花一些笔墨。但比较起来，一定是嵇康更帅，因为那些书都说他已经到了"龙章凤姿"的地步。这在中国古语中是形容男性外表的最高等级了。嵇康有一位朋友山涛，曾在文章中这样描述他的身材：他在平日，像一棵孤松高高独立；一旦醉了，就像一座玉山即将倾倒。

现在，这棵高高孤松、巍巍玉山正在打铁。谁也无法想象，这位帅到了极点的铁匠，居然是一位千年难遇的大音乐家、大艺术家、大哲学家！

这天他正在打铁，一支豪华的车队来到铁匠铺前。车队的主人叫钟会，是一位受朝廷宠信的年轻学者，一直崇拜嵇康，就带了一大批也想结识嵇康的都市友人前来拜访。但嵇康不喜欢这么豪华的排场，认为这个车队破坏了他返璞归真的天然生活，只是扫了他们一眼，继续打铁。钟会一下子就尴尬了，等了一会儿还是无法和嵇康交流，只得上车驱马准备回去。

这时传来嵇康的声音："你听到了什么，来了？又看到了什么，走了？"

钟会回答得很聪明："我听到了一点儿什么，来了；又看到了一点儿什么，走了！"

这以后，嵇康遇到了一件让他生气的事。一个哥哥企图占有弟弟的妻子，就向官府反告弟弟"不孝"。"不孝"在当时是死罪。嵇康认识这两兄弟，知道事情的原委，便写信怒斥那个哥哥，并宣布绝交。但这一来，他因为"不孝罪的同党"被捕。

统治者司马昭要杀害嵇康这么一位名人毕竟有点儿犹豫，但是，有一句小话递到他耳边了，说的是："您现在统治天下已经没有什么可担忧的了，只需稍稍提防嵇康这样的傲世名士。"递小话的，就是那个被嵇康冷落在铁匠铺边的钟会。

于是，司马昭下令：判嵇康死刑，立即执行。

对于嵇康之死，我写下过这样一段散文：

> 这是中国文化史上最黑暗的日子之一，居然还有太阳。
>
> 嵇康身戴木枷，被一群兵丁从大狱押到刑场。
>
> 突然，嵇康听到前面有喧闹声，而且闹声越来越响。原来，有三千名太学生正拥挤在刑场边上请愿，要求朝廷赦免嵇康，让嵇康担任太学的导师。
>
> 一个官员冲过人群，来到刑场高台上宣布：朝廷旨意，维持原判！
>
> 身材伟岸的嵇康抬起头来，眯着眼睛看了看太阳，便对身旁的官员说："行刑的时间还没到，我弹一首曲子吧。"不等官员回答，便对在旁送行的哥哥嵇喜说："哥哥，请把我的琴取来。"
>
> 琴很快取来了，在刑场高台上安放妥当，嵇康坐在琴前，对三千名太学生和围观的民众说："请让我弹一遍《广陵散》。过去袁孝尼多次要学，都被我拒绝。《广陵散》于今绝矣！"
>
> 刑场上一片寂静，神秘的琴声铺天盖地。
>
> 弹毕，嵇康从容赴死。
>
> 这是二六二年夏天，嵇康三十九岁。

我写这段文字的时候没有抒情，但大家一听就明白，我十分动情。

行迹所在

上一讲的课程，以嵇康之死结束，大家一定印象深刻。

我一直认为，这是全人类最动人、最美丽的死亡仪式，在其他国家找不到可比的对象，连稍稍可比的也没有。在几千人集聚的刑场上以音乐来送别生命，已经很难想象，更何况，这音乐是受刑者自己在弹奏，而且是从来没有公开弹奏过而今后也不可能再弹奏的神秘乐曲！我曾经写文章把这次演奏称为"遥远的绝响"，这不仅是嵇康的绝响、《广陵散》的绝响，而且是中国文化史上的绝响。

为什么我们的课程要用这么长的篇幅讲阮籍和嵇康？因为他们所代表的魏晋时代太珍贵了，但在中国历史上每次文化复古的浪潮中却很少被人提到。提到最多的，总是缺少生命魅力的教条和诗文。

阮籍、嵇康被后代冷落或删除是有原因的，因为他们太高尚、太艰深、太奇特，很难被读解，而且他们也没有以流派的方式将自己的文化传之后代。但是，只要细研中国文化史就会发现，不管什么时代，只要是真正的文化精英，只要真正触碰过魏晋，就再也不能放下。而且，永远是崇拜再崇拜，向往再向往，就像四百多年后的李白崇拜阮籍一样。

现在，我们能够比古代崇拜者更宏观地来评价那个时代和那些人物了。可以从时间和空间两个方面，进行比较。

先从时间方面来看。

阮籍、嵇康所代表的魏晋名士，以"背离传统，独自建树"的坚决态度，开启了一个重要的创造时代。他们展现了一个道理：不再墨守成规，就能开天辟地。

于是，在阮籍、嵇康去世后的百年间，顶级书法家王羲之出现了，顶级画家顾恺之出现了，顶级诗人陶渊明出现了；二百年后，顶级文论家刘勰、钟嵘也出现了。如果把视野拓宽到更大的文化，那么这期间，顶级医学家、化学家和道教思想家葛洪出现了，顶级数学家兼天文学家祖冲之出现了，顶级地理学家郦道元等大科学家也出现了。

这些顶级人物在各自的领域，都是"洪荒初建"的祖师爷，但回想起点，他们都应该深深感谢魏晋名士。魏晋名士以自己的生命和鲜血，开拓了中国知识分子自在而又自为的一方心灵秘土，从那里，滋养出了各个门类的"第一经典"。正是这么多"第一经典"，重新再造了中国文化。

这种爆发式的创造状态，竟然没有出现在大帝国、大时代、大统一的时期，而是出现在一切都很混乱的年月，这只能归之于文化的特殊逻辑，也应该归功于魏晋名士的特殊魅力。

再看空间方面的比较。

我觉得在中国历史上，魏晋名士是最有可能把外国同行比下去的文化团队。他们思维的开创性、空旷性、叛逆性、独特性，以及他们在行为上的勇敢、响亮、乖戾、难解，即使拿到国际上也都是稀世奇迹，会被外国同行惊为天人。

当然，我还是找到了可以与他们略做对比的老目标，就是那批希腊智者。对比之下，从学术格局来看，希腊智者显得更完整、更系统、更周密。但是，魏晋名士也有自己的特色，显得比希腊智者更鲜明、更锐利、更洒脱。在人生风格上，两方面都有不错的故事，却一定是魏晋名士的故事更精彩。

这么一比，我就产生了深深的遗憾。

希腊智者被雕刻成了很多塑像，而且这些塑像水准都不低。因此，世界各地对于希腊时代的美好印象，大多是从那些石质的脸庞和胡须开始的。后来，由于从米开朗琪罗到罗丹等杰出艺术家的介入，欧洲"思想者"的形象更是深入人心，成为一种令人羡慕的"世界形象"。

是不是希腊智者在外形上更适合雕塑？未必。因为西方文献中并没有留下有关他们外貌的太多描述，更没有留下可信的图像，后代的雕塑大多是出于猜测。我在希腊和罗马逗留过不少时间，仔细观察过各地区各阶层的男人，发现更符合雕塑要求的可能是罗马人，而不是希腊人。

可见，一种文化的"世界形象"，既取决于本身的力度，又取决于后代艺术家的选择。这正像世界上最蓝的河流未必是多瑙河，世界上最美的向日葵未必在凡·高的家乡，但由艺术家一点拨，"世界形象"就出现了。

我前面说到，从种种文献记录来看，中国的魏晋名士拥有真正的"世界形象"，可惜我们后代的艺术家没有跟上。为此，我曾向中国美术馆馆长吴为山先生建议，能不能把阮籍、嵇康，以及何晏、王弼等魏晋时代的哲学家都雕出来，形成中国精神文化的感性长廊。其实他已雕出不少，本书多有采用。

但是，我又不希望这条中国精神文化的感性长廊，仅仅成为一种密集排列的展览，而应该成为一件件独立的佳作，与特定的地点形成呼应。例如，我多么希望在山东东平古代官衙遗址所在地，有一座阮籍骑着驴子来上任的雕塑，当然，基座还可以刻上李白的那首诗；我又多么希望在河南洛阳东部，有一座嵇康在刑场弹奏《广陵散》的雕塑，他的形象，应该像孤松、玉山一般。

说到山东东平和河南洛阳，我就想起一个大家都感兴趣的问题：这批颜值惊人的魏晋名士，喜欢远离官场和闹市，躲到自然的怀抱里喝酒吟啸，那他们最喜欢去的地方是哪里呢？对此，我一直非常留意。

那次阮籍去见孙登，而且山上山下互相啸吟的苏门山，在河南省辉县，

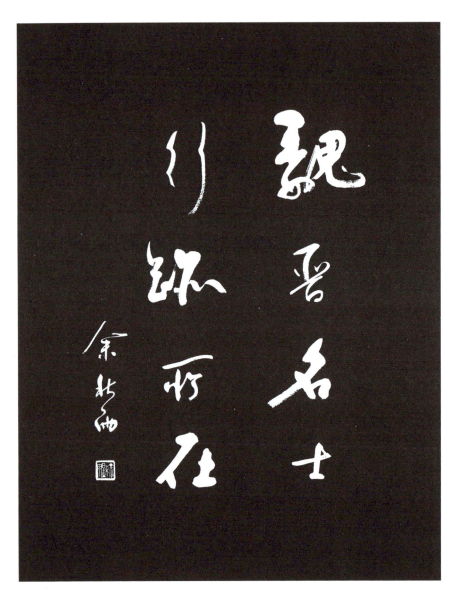

魏晋名士行迹所在（刻于河南云台山，余秋雨题）

但那儿风景比较一般，而真正的魏晋名士，审美眼光极高。有一次，我妻子马兰在一个匆匆掠过的电视镜头中看到一种惊人的风景，眼睛一亮，觉得美到这个地步应该隐藏着不少故事。于是，我们就四处打听，匆匆赶去，并在当地专家的帮助下发现了魏晋名士的足迹。不错，一千七百多年前的足迹。具体考证过程在这里就不讲了，我只说结果。在河南焦作云台山的百家岩，现在立有一方很精致的石碑，上面镌刻着我用行书书写的八个大字：魏晋名士行迹所在。

大家有空去一次云台山吧，去了就知道魏晋名士一定会喜欢这样的地方。

笔墨门庭

魏晋名士显然想对原有的中国文化进行"颠覆性改写",但他们的行为缺少社会气场。

他们的大哭、吟啸、打铁、弹奏,不仅普通百姓完全不懂,而且绝大多数文人学士也难以理解,无法追随。

当初帮着嵇康打铁的,有一个文化追随者向秀,在嵇康被杀后心存畏惧,选了一个寒冷的黄昏到嵇康住过的老房子去凭吊,他听到的只是邻居屋中传出的呜呜咽咽的笛声。世上只有这些平庸的笛声了,再也不会有《广陵散》。向秀匆匆离开,后来还做了一个职位不低却不办事的官。嵇康,在学生身上也不再有传承。

更惊人的是,阮籍的儿子阮浑,居然平生没有一次酒醉的记录;嵇康的儿子嵇绍,居然是一个忠臣,为保护晋惠帝而死。

他们的神貌,在家门之内也无法留存,更不必说门外了。魏晋名士虽然局部地"改写"了中国文化,但这种"改写",在于长远,在于素质,而不是实实在在左右了当时的文化走向。他们实行了一次凄美的冲击,凄美得让历史永久难忘,但在当时,人们很快遗忘了。

魏晋时代,也有一种不带杀伐气、焦灼气、暴戾气的文化受到了所有人的喜爱,而且长时间地留了下来,那就是书法,特别是以王羲之为代表的行书。在如此混乱的年代能够产生如此安定而雅致的艺术,实在让人震撼于天地所执持的一种伟大平衡。因此，我在讲完那些凄厉的故事之后，一定要把大家带到魏晋笔墨的前面，以便在巨大的落差中感受一种大动荡中的大美学。

行书在美学上，是正、奇之间的和谐融合，是规范和自由的亲密拥抱。这种融合和拥抱，本是一切艺术家的梦想，可惜大多互相牵制，顾此失彼，难入佳境。谁料，四世纪的中国，东晋行书横空出世，创造了美学奇迹。中国此后一千七百多年，有无数文人终生临摹东晋行书，而且并不是为它们的内容，只为它们的美学形态。

行书中，草、楷的比例又不同。近草，谓之行草；近楷，谓之行楷。不管什么比例，两者一旦结合，便会出现一系列风景。

那是清泉穿岩，那是流云出岫，那是鹤舞雁鸣，那是竹摇藤飘……

惊人的是，看完了这么多风景，再定睛一看，眼前还只是一些纯黑色的流动线条。

能从行书里看出那么多风景，一定是进入到了中国文化的最深处。然而，行书又是那么通俗，稍有文化的中国人都会随口说出王羲之和《兰亭序》。

那就必须进入那个神奇的门庭——东晋王家了。

任何一部艺术史都分两个层次。浅层是一条小街，招牌繁多，摊贩密集，摩肩接踵；深层是一些大门，平时关着，只有问了很久、等了很久，才会打开一条门缝，跨步进去，才发现林苑茂密，屋宇轩朗。

王家有多少杰出的书法家？王羲之的父亲王旷算一个，但是，堂叔叔王导和叔叔王廙的书法水准比王旷高得多。到王羲之一辈，堂兄弟中的王恬、王洽、王劭、王荟都是大书法家。其中，王洽的儿子王珣和王珉，依然是笔墨健将。别的不说，我们现在还能在博物馆里凝神屏息地一睹风采的《伯远帖》，就出自王珣手笔。

那么多王家俊彦，当然是名门望族的择婿热点。一天，一个叫郗鉴的

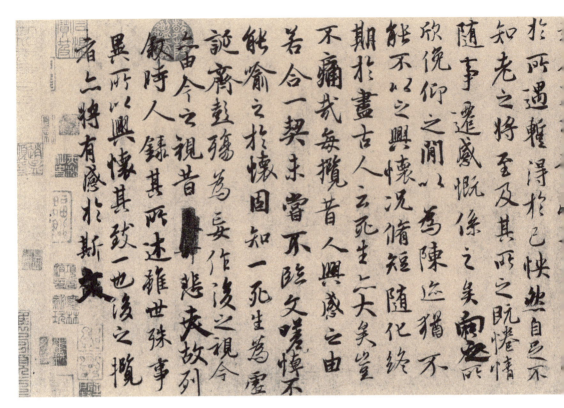

神龙本《兰亭序》

太尉，派了门生来选女婿。太尉有一个叫郗璿的女儿，才貌双全，已到了婚嫁的年龄。门生到了王家的东厢房，那些男青年都在，也都知道这位门生的来历，便都整理衣帽，笑容相迎。只有在东边的床上的一个青年，袒露着肚子在吃东西，完全没有在乎太尉的这位门生。门生回去后向太尉一描述，太尉说："就是他了！"

于是，这个袒腹青年就成了太尉的女婿，而"东床"，则成了此后中国文化对女婿的美称。

这个袒腹青年就是王羲之。

王羲之与郗璿结婚后，生了七个儿子，每一个都擅长书法。其中五

永和九年歲在癸丑暮春之初會
于會稽山陰之蘭亭修禊事
也羣賢畢至少長咸集此地
有崇山峻領茂林修竹又有清流激
湍映帶左右引以為流觴曲水
列坐其次雖無絲竹管弦之
盛一觴一詠亦足以暢敘幽情
是日也天朗氣清惠風和暢仰
觀宇宙之大俯察品類之盛
所以遊目騁懷足以極視聽之
娛信可樂也夫人之相與俯仰
一世或取諸懷抱悟言一室之內

个，可以被正式载入史册。除了最小的儿子王献之名垂千古外，凝之、徽之、操之、涣之四个都是书法大才。这些儿子，从不同的方面承袭和发扬了王羲之。有人评论说："凝之得其韵，操之得其体，徽之得其势，涣之得其貌，献之得其源。"（《东观余论》）这个评论可能不错，因为相比之下，"源"是根本，果然成就了王献之，能与王羲之齐名。

更让人瞠目结舌的是，这个家庭里的不少女性，也是了不起的书法家。例如，王羲之的妻子郗璿，被周围的名士赞为"女中仙笔"。王羲之的儿媳妇，也就是王凝之的妻子谢道韫，更是闻名远近的文化翘楚，她的书法，被评为"雍容和雅，芳馥可玩"。在这种家庭气氛的熏染下，连雇来帮助抚育小儿子王献之的保姆李如意，居然也能写得一手草书。

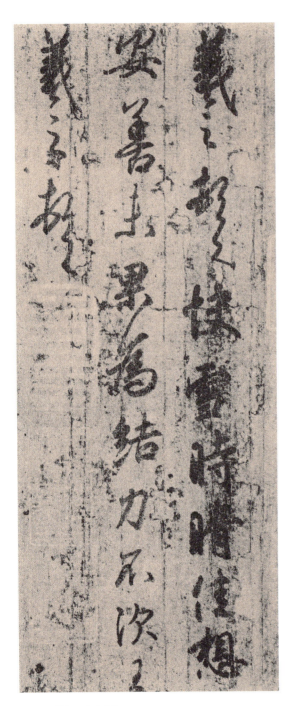

王羲之《快雪时晴帖》

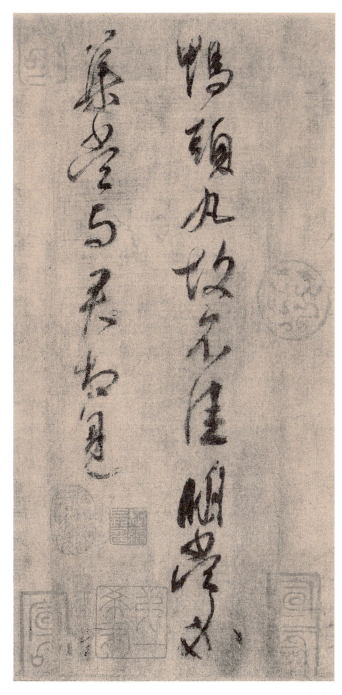

王献之《鸭头丸帖》

李如意知道，就在隔壁，王洽的妻子荀氏，王珉的妻子汪氏，也都是书法高手。脂粉裙钗间，典雅的笔墨如溪奔潮涌。

我们能在一千七百年后的今天，想象那些围墙里的情景吗？可以肯定，这个门庭里进进出出的人都很少谈论书法，门楣、厅堂里也不会悬挂名人手迹。但是，早晨留在几案上的一张出门便条，一旦藏下，便必定成为海内外哄抢千年的国之珍宝。

晚间用餐，王献之握筷的姿势使对桌的叔叔多看了一眼，笑问："最近写多了一些？"

站在背后的年轻保姆回答："临张芝已到三分。"

谁也不把书法当专业，谁也不以书法来谋生。那里出现的，只是一种生命气氛。

说了那么多，还应回过头来记一下东晋王家留下的名帖。

在大量名帖中，我最宝爱的是《兰亭序》、《快雪时晴帖》、《平安帖》、《丧乱帖》、《鸭头丸帖》、《中秋帖》六本。宝爱到什么程度？不管何时何地，只要一见它们的影印本，都会顿生愉悦，身心熨帖，阴霾全扫，纷扰顿除。

三段论结构

在王羲之创造书法奇迹后，江西出现了一个杰出诗人陶渊明，用一种竹篱黄花的隐逸生活，归结了魏晋时代。

远离官场的"田园"，是他所描述的"精神此岸"，而古风淳厚的"桃花源"，则是他所向往的"精神彼岸"。他为今后的整部中国文化史，设计了一个"世外桃源"的理想境界，因此名垂千古。但在当时，他也具有一种罕见的反拨之力。在他之前，魏晋名士看穿了以曹操、周瑜为代表的英雄时代，建立了一系列"后英雄时代"传奇，而陶渊明则把他们也看穿了。

陶渊明觉得魏晋名士的种种作为还有一点儿"作态"。因此，他要回归寻常生活，并在寻常中安然自立。

这一来，我们眼前就出现了从"英雄"到"名士"再到陶渊明的"三段论结构"，也就是——

第一段，慷慨激昂型的文化人格；

第二段，游戏反叛型的文化人格；

第三段，安然自立型的文化人格。

这"三段论结构"，后来反复出现在中外文化史上，成了一种通行模式。

我很喜欢第二段，但更接受第三段，即陶渊明的那一段。记得二十几年前我作为全国最年轻的高校校长决定辞职，上上下下都完全不理解，我就在辞职仪式上朗诵了陶渊明的《归去来兮辞》。那一天，是陶渊明帮我做了

采菊

黄叶初开白水面 采之何求方人

哉

陶渊明（陈洪绶《归去来图·采菊》）

解释。

　　说到这里，我要跳出这个三段论结构，做一个更宏观的整体扫描了。

　　中国文化因为诸子而成熟，因为秦汉而宏大，因为魏晋而凄美，但是这一切都没有能够让庞大的中国文化实体造成一种脱胎换骨的创新力度。

不管怎么说，显然是老了。到我前面讲的陶渊明，老子和孔子学说已经传承了九百多年。九百多年，这是多么漫长的岁月，如果历经九百多年还不老化，那就不是一个正常的生命体了，因为一切正常的生命体都会新陈代谢。

我们中国，虽然经常说创造、更新，但在文化上，总以为老就是力量，因此经常拿着老宅子、老庭院里的古书古董恣意显摆。其实，即使是老宅子、老庭院里的老主人，也已经无法掩盖整体疲惫，以及在疲惫中不合时宜的胡作非为。人是如此，文化更是如此。

幸好，三世纪、四世纪，中国文化在这种整体老化的危机中听到了别样的声音，居然是来自北方的马蹄声。

第 021 讲

北方的马蹄声

这些马蹄声的起点，是大兴安岭北部的东麓。

那儿有一个仍然处于原始游牧状态的民族——鲜卑族。鲜卑族中的拓跋氏一支，渐有起色。"拓"，是"开拓荒地"的"拓"；"跋"，是"长途跋涉"的"跋"。很巧，他们果然要开拓荒地，长途跋涉。他们曾在汉武帝的征战下西迁和南移，又曾与匈奴残部联合，战胜其他部落，称雄北方，并建立王朝。这个王朝，根据一位汉族人士的提议，称为"魏"，历史上叫作北魏王朝。经过半个多世纪的征战，它完成了对黄河流域的统一，成为强大的统治者。

这个鲜卑族，按照世界史学界的说法，叫"北方蛮族"；按照现代歌唱家的说法，是"一头北方的狼"。然而，正是这个又有蛮性又有狼性的族群，给中国文化带来了新的境界。

鲜卑族踏进文明门槛比较晚，当他们问鼎中原的时候，拥有文字的时间才一二百年。由这样一个民族来统治已经辉煌了两千多年的黄河流域，来统治高尚精雅的汉文化，能行吗？他们会不会让汉文化遭遇空前浩劫而彻底崩溃？

这种情况，在人类文化史上比比皆是，不胜枚举。也就是说，已经走向老化的中国文化，又面临着一个更大的危机。

但是，后来发生的事实证明了一个千古真理：更大的危机极有可能是转机。暴风雨后，云霞满天。

按照常规，蛮强的马队在征服已开发地区的过程中，极有可能大量屠杀、大量抢掠、大量奴役、大量驱逐。当年秦始皇、汉武帝为什么要花那么多力气对付匈奴？就是要防止这种情景的出现。

其实在鲜卑族统治集团中，也一直存在这样的"鹰派势力"，或曰"狼派势力"。其中有一批人竭力主张在中原废弃耕地，变成草原，因为那才能使他们的游牧健儿纵横驰骋，保持统治地位。

这中间出现的是一个沉重的文化选择题：选择游牧文化，还是选择农耕文化？

对鲜卑族来说，选择前者很容易，因为是轻车熟路，信马由缰；选择后者很困难，因为要改弦易辙，从头学习。

如果能够保留农耕文化，就会有大量稳定的赋税所得，即使不再征战也财源滚滚，这让游牧民族的首领们非常眼馋，但是要达到这个目的，必须实行均田制、户籍制、州郡制、赋税制，每个"制"的实行又必须依仗熟于此道的汉族官吏。这对游牧民族的首领来说，等于一下子掉进了一个完全陌生的世界，从精神价值到生活方式，彻底错位。因此在他们统治集团内部，为了这个文化选择一次次拔刀相向，血迹斑斑。有些汉人官吏如崔浩，更是死得很惨。

但是，在鲜卑王廷，终于站出来几个愿意改造自身文化的明智者，其中最著名的代表者是一个勇敢的年轻人，叫拓跋宏。他在历史书上的身份，叫作"北魏孝文帝"。

他有一个杰出的奶奶，一直培养着他，辅助着他。这位奶奶，是汉人，姓冯，人称冯太后，正式名号叫"文明太后"。当时鲜卑族有一个怪异的规矩，哪个孩子一旦被选定为接班人，也就是"储君"，他的母亲就活不了了，为的是避免以后"异姓干政"，即"外戚干政"。所以，孝文帝拓跋宏没有母亲，只有祖母，而这祖母，恰恰是一位知书达理、目光远大、娴于政坛的汉人。

拓跋宏四岁即位，朝政由祖母掌握。祖母去世时，他已经二十三岁，才独立执政，但他独立执政后才九年就去世了，享年三十二岁。因此，这是一个在我心目中永远年轻的中国帝王。

那么，我们还是来看拓跋宏在短暂的执政期间，做了哪些事。我关心的有这么几件——

一、官员禁止说鲜卑语，改说汉语；

二、官员放弃鲜卑服饰，穿汉族服装；

三、改变原始祭祀，改为汉族礼制；

四、主张由鲜卑贵族带头，与汉族通婚。

另外，他还决定把首都从现在的山西大同，迁到河南洛阳，以便实行汉族的"文治"。他规定，以后鲜卑贵族说自己的籍贯，只能说河南洛阳。

简单来说，他实行了相当彻底的"汉化"。当然遇到大量反弹，但他总是惩罚得非常干脆，即使是对家人也不留余地。

对于拓跋宏这个年轻的帝王，我曾在一本书中写下这么一段话：

这么多有关文化大选择的强硬命令，出自一个充分掌握了权力的少数民族统治者，而周围并没有人威逼他这么做，这确实太让人惊叹了。我认为，这不仅在中国，而且在世界历史上，也是极为罕见的。

这有点儿像莎士比亚戏剧中的角色了。作为鲜卑民族的后代，他不能不为自己的祖先感到自豪，却又不得不由自己下令放弃祖先的传统生态。对此，他强忍痛苦。但正因为痛苦，反而要把自己的选择贯彻到底，不容许自己和下属犹疑动摇。他惩罚一个个反弹者，其实也在惩罚另一个自己。

他的前辈，首先提出汉化主张的北魏开国皇帝拓跋珪，曾经因为这种自我挣扎而陷入精神分裂，自言自语，随手杀人。在我看来，这是文明与蒙昧、野蛮周旋过程中必然产生的精神离乱。这样的周旋过程，在一般情况下往往会以数百年甚至上千年的时间才走完，而他们则要把一切压缩到几十年，因此，连历史本身也眩晕了。

但是，孝文帝拓跋宏是清醒的。他在一次次剧烈争斗之后站在宫廷城头，遥望云雾间的北方。每次，他都能隐隐听到当年祖先们南下的马蹄声。我是叛逆的后代吗？我是不孝的子孙吗？我是鲜卑光荣的断送者吗？不。鲜卑的光荣就来自脱离故地，千里南下。如果至今还是窝在大兴安岭北部的东麓，还会有什么光荣吗？因此，一切光荣来自改变，而且是彻底改变。我，也在南下。

如此一想，他又转身回到了书房。他由于祖母的早年教育，已经精通汉文，因此从书柜里取下了几部经典，翻阅起来。

孝文帝拓跋宏的历史贡献，显而易见，既推动了鲜卑民族的文明进步，又保存了汉民族的文化传统，可谓相得益彰。但是，仅仅如此吗？不。

我认为，孝文帝拓跋宏对文化的最大贡献，是他自己也不清楚的，那就是拓宽了汉文化的生命气场。

这个问题很大，我们下一讲继续。

中国由此迈向大唐

上一讲讲到，以孝文帝为代表的北魏王朝，除了提升了自己的文化，还拓宽了汉文化的生命气场。

对于这个问题，我可以借一个比喻来说明：一群流浪汉闯荡一座大城市，很快变成了城里人，这是一件小事；但是，如果他们快速改变了这座大城市的气场和视野，那就是一件大事了。

顺着这个比喻，我们要说，让一个少数民族接受汉文化，这不太难；如果让汉文化借此接受辽阔而陌生的马蹄空间，这就太艰难、太伟大了。

以孝文帝拓跋宏为代表的鲜卑族智者们，为汉文化做了两方面的大事。换句话说，克服了汉文化的两大严重弊病。

哪两大弊病呢？

第一个弊病是，汉文化缺少在陌生空间中自由驰骋、收纵自如的豪气；

第二个弊病是，汉文化缺少对世界上其他文化的了解和深入。

两个弊病都与"陌生"有关：陌生的空间、陌生的文化。

孝文帝拓跋宏原来也算是一个骑马而来的陌生人，由陌生人解决陌生的问题，听起来很奇怪，却包含着深刻的文化哲理。

先讲第一个"陌生"。

作为中国文化主体的汉文化，历时悠久，精致高雅，也有较大的自我流转空间，因此对于周边的茫茫旷野不太关心、不太在乎，也不太看得起。

结果，心理的陌生范围比地域的陌生范围更大。

这在平常倒也不算什么，但是在中国文化走向衰老的情况下就不行了。中国文化已经在自己的老宅子、老庭院里寻找过多少遍了，仍然没有出现新生的气象。那么，要找的气象一定在老宅子、老庭院外面，而且可能在很远的地方。

很远的地方，有游牧民族的万里风光，这使汉文化深感陌生。例如这首民歌：

敕勒川，阴山下。天似穹庐，笼盖四野。天苍苍，野茫茫，风吹草低见牛羊。

一种对草原大地的强烈自豪感，却又自豪得那么平静。这种大气，正是汉文化所缺少的。

除了"天苍苍，野茫茫"的视野之外，还需要有这个视野里的人物和故事。在汉文化的思维习惯中，战争总是残酷的，战士总是痛苦的。这种追求和平的心理很不错，但是你能想象吗，在北方的旷野里，在战马的奔腾中，也会产生特殊美丽的人物和故事，例如，花木兰的故事。

"唧唧复唧唧，木兰当户织"，这首大家都能背诵的《木兰诗》，就是北朝民歌。与汉文化里常见的人物和故事相比，男女的界限，战争与和平的界限，全都成了可以轻松跨越的游戏。连原先固守汉文化围墙的文士学者也不得不承认，花木兰有资格成为中国文化中第一流的形象创造。这就证明，汉文化已经不得不向北方旷野汲取营养，来增加自身的力量了。

花木兰是女扮男装的，那么，北方旷野里真正的男子汉会是什么样的呢？对此，原先的汉文化更是深感陌生。

他们都是马背上的豪强之士。按照汉文化的传统观念，他们都是鲁莽之辈，与文化关系不大。其实，这些豪强之士所展现的人生气概，也是一种文化，而且是令人仰望的文化。他们骑马，不是自己骑着玩，而总是要放纵和收纳数量很大的羊群，总是要规避并战胜狼群的袭击，总是要谋划和设计迁徙的路线，总是要发现并追踪敌人的痕迹……。总之，汉族文士心目中的鲁莽之辈，其实是大空间中极为敏锐的战略家、极有效率的行动者。

在汉文化中，诸子百家的每一家都严重缺少执行力。他们到处讲学，到处劝告，还大多不受欢迎。现在出现了另一种集体人格：我不多说，只是行动，而且行动得万马奔腾，谁也难于阻挡。

我在讲述"文化的定义"时已经说过，文化的最终沉淀是集体人格。你看孝文帝拓跋宏带来的，不仅是一个陌生的辽阔空间，而且是一种陌生的集体人格。于是，文化有可能从根本上发生改变。

拥有了这种陌生的集体人格，历史必将翻开新的篇章，文化必将出现宏伟的奇迹。

接下来，我要讲第二个"陌生"了。

孝文帝拓跋宏和他的前辈，为中国文化引进了一批陌生的"远方同行"。也就是说，把中国文化置于世界文化大家庭之中了。

这么一件国际上的文化大事，居然由一个少数民族的首领在操盘？很奇诡吧，但确实如此。

在讲述理由前，我先请大家一定要到山西大同的云冈石窟去看一看。

大同，当时叫平城，北魏王朝的首都所在。那儿的云冈石窟，是五世纪建造的，主题是从印度传入的佛教。

来到石窟，你一定会惊讶，这么早的佛教石窟为什么出现了希腊、罗马式的廊柱？再一看，那些巨大的雕像，大多是高鼻梁、深眼窝，明显具有希腊雕塑的余风。如果看得更细一点儿，那就会在很多洞窟中发现巴比伦文化和波斯文化的一系列审美记号。

光从云冈石窟就可发现，世界各大文化融合了，融合在中国，融合在云冈。

为什么能产生那么大的融合？

我们在前面说过，佛教在汉代已经传入，生存状态比较低微，但到了魏晋南北朝，发展得非常蓬勃。

北魏王朝的多数君主，既崇尚汉文化，又崇尚佛教。他们想，既然已经向汉文化拜师了，那么，我们为什么不多拜几位老师呢？因此，他们通过一个从远方抢来的伟大雕刻家昙曜之手，把印度的佛雕艺术落户于云冈。

佛教原来并不主张造像，后来亚里士多德的学生亚历山大东征时，军队里带了一些希腊雕塑家。结果，在印度创造了一种以希腊功法雕塑佛像的犍陀罗艺术。犍陀罗的英文拼法，是 Gandhara。犍陀罗艺术不仅以希腊功法雕塑佛像，而且夹带了亚历山大一路东征所见到的巴比伦文化和波斯文化的一些元素。

中国的佛像一开始都是从犍陀罗传入的，为了深入了解这一世界文化融合的范例，我专程冒险去找了犍陀罗。那是在现在巴基斯坦一个叫塔克西拉（Taxila）的地方，有一个塞卡普（Sirkap）遗址。我建议喜欢旅行的朋友暂时不要去，因为一去可能要面对很多险情。

我们从犍陀罗绕回来，再回到云冈。你们在云冈一定能够发现，中国文化已经处于世界各大文化的宏大包围之中。对此，中国文化一点儿也不自卑，相反，它从域外同行的千姿百态中得了气。

说到这里，我必须赶快概括一下总体印象了。一群以拓跋宏为代表的少数民族政治家，不仅成功实现了鲜卑文化的"汉化"，而且使汉文化也发生了重大变革。当时世界上各大重要文化，也在这里汇聚了。

种种大手笔汇合在一起，必定要出大事。

什么大事？你们到云冈石窟参观完之后，会在西边石坡上发现我写的一方石碑。我写了八个字：中国由此迈向大唐。据说，现在每天在这个石碑前照相的人很多。大家看完石窟之后，就同意了我的这个结论。

是啊，诸子百家、秦汉帝王、三国英雄、魏晋名士，再怎么努力，也营造不出一个伟大的唐朝，因为他们各自都缺少一些重要条件。现在，重要条件在山西大同的云冈石窟聚集并展示了。

云冈石窟第 20 窟

唐朝的出现，还需要西边的一些故事，我后面会细讲。现在让我们暂时停留在云冈石窟之前，对孝文帝拓跋宏和他的前辈们，表示深切的感谢。

他们以特别的力度，把中国文化在萎靡不振中推向了健康，并为唐王朝的诞生做了前期准备。

我在连续担任八届"黄帝文化国际论坛"主席期间，有一年曾发起一次评选，即以黄帝的目光，来评选历代的帝王，哪几个无愧于华夏历史。我在发言中说，除了大家都会提的那些帝王之外，请考虑一下北魏孝文帝，一位只活了三十二年的鲜卑族英主。大家听我分析后，他以高票当选。

四年前，我在纽约又一次参观大都会艺术博物馆，无意中在一件古代群像浮雕中发现了孝文帝的形象，颇为兴奋，立即拉来妻子一起细看。外国朋友看到我们的激动表情也凑过头来端详，同时用询问的眼光看着我。我一想，怎么也不能用简短的语言说清这个人的重要性，便笑一笑，只在心底里说：正是这个年轻人，极大地提升了中国文化的世界形象。

中国由此迈向大唐（刻于山西大同云冈石窟）

第 023 讲

匈奴的踪迹

我如此兴高采烈地讲述五世纪的中国，一定会让大家产生一个强烈的印象，那就是中原以北的游牧民族，虽然打打杀杀做了很多坏事，但也在争抢文化的过程中使中国文化焕发了新的生机。

游牧民族中最残暴的那部分，如匈奴，被秦始皇的长城阻挡了，被汉武帝的军队战胜了。剩下的"北方蛮族"，反而被中国文化所陶冶，又以他们的力量改造了中国文化。因此，"蛮族"不"蛮"了，或者说，多了"强蛮"，少了"野蛮"。

正因为这样，"蛮族"和"乱世"都没有吞没中国文化。

那么，我们就必须提出下一个问题了：被汉武帝战胜的匈奴，到哪里去了？

他们一部分到了西方，到了欧洲。

在欧洲，伟大罗马帝国也一直受到周边蛮族的骚扰，如日耳曼部落就常常把罗马帝国当作进攻的目标，好在当时罗马军团还相当强悍。渐渐地，帝国衰落了，军团不强了，而更可怕的是，出现了极有战斗力的匈奴马队，罗马帝国对西部各省都失去了控制，日耳曼人可以长驱直入了。终于，四七六年九月四日，西罗马帝国灭亡。同样是五世纪，中国文化正在走向强健，而欧洲灿烂辉煌的古典文明时代结束了。

西罗马帝国灭亡之后，欧洲将进入漫长而黑暗的中世纪，而中国将进入大唐、大宋时代。两相对比，差异非常强烈。因此，四七六年九月四日，

罗马帝国遗址（西班牙梅里达）

是一个极其重要的日子。

我不小心读到了一位罗马历史学家对于匈奴的描述。他说，匈奴是"几乎粘在马上的人"，"体态奇形怪状，相貌奇丑无比，不由得使人认为，他们是双足野兽"。

这种描写包含着一种被吓坏了的心情，不可全信。但是，如果只信一部分，也会让我感慨，这就是汉朝名将卫青、霍去病长期面对的敌人。这些匈奴人是怎么走向西方的？是一条路线，还是几条路线，一路上发生过什么？我相信，这是很多具有全球视野的历史学家特别感兴趣的问题。

记得二十年前，我曾向香港的历史学家饶宗颐先生请教这个问题。当时，我正在香港中文大学任访问学者，香港《信报》问我香港是不是通常所说的"文化沙漠"，我说："香港只要有一个饶宗颐，就不是文化沙漠。"这句话迅速在香港传开，几乎人人知道了，饶宗颐先生就托了他的一位老友的后代找到了我。他亲自领着我到他最喜欢的一家饭店吃饭，还在他家里为我表演了全套武术。我想，按照他的研究路子，一定会对匈奴西行的路线有所注意，就问了他。他说，匈奴人都是文盲，又不存在要向他人表述的意识，因此几乎没有这方面的可信材料。有一些痕迹，但收集起来很困难，他已经分不出精力去做了。

后来，我在香港的另一位朋友——小说家金庸先生，居然以八十高龄去英国攻读博士学位。我几番劝阻无效，就问他："主要去研究什么课题？"他说："研究匈奴的西逃路线。"我一听就来劲儿了，问他的导师多大年龄，他说，四十多岁。后来遇到他，我们再也没有说起过匈奴。

现在，我所指导的博士生李健韬，也正以这个题目作为学位论文的主题。这个题目很难，但只要能够投入，就已经触及人类文明和野蛮周旋的历史，很有意义。

我顺便还要向大家介绍一部艺术作品，与四七六年九月四日西罗马帝国灭亡有关。那就是迪伦马特写的《罗慕路斯大帝》——一部"非历史的历史剧"。剧情是西罗马帝国的王宫被日耳曼人攻破之时，得胜者日耳曼首领看到西罗马帝国的皇帝罗慕路斯正在宫廷里养鸡。两人交谈之后才知道，西罗马帝国的君主深知西罗马已经无救，因此天天以无聊的事情促使它快速灭亡；而日耳曼君主则是因为发现自己的接班人是一个坏蛋，因此只得以进攻的方式来投靠西罗马。结果，胜败的关系颠倒了，败者是因为明智，胜者是为了投靠。

这部作品的作者迪伦马特并没有依据历史材料来写，一切都出于他的构想。据他说，只是在哪本书里见到过一句记载，说罗慕路斯喜欢养鸡。

仅仅根据这么一句随意的记载，他就写出了这么一部作品，这在中国文化界不少人士看来，太不严肃了。其实，这正体现了艺术创作的真正尊严。中国有一个毛病，总以为"历史真实"最重要。但是，亚里士多德在《诗学》里说，如果把艺术和历史做对比，那么艺术会比历史更真实，因为艺术追求的是人类普遍的人性人情，这是世间的第一真实。至于历史真实，用黑格尔的话来说,"只是历史的外在现象的个别定性",既"外在",又"个别",太不重要了。迪伦马特在《罗慕路斯大帝》中展现的历史悖论,是不是触及了最大的真实?

借着他的作品,我想,那些面目丑陋的匈奴人,与秦汉帝国干了一阵,干不过,跑到西方,却把西罗马帝国干掉了。一种极度的丑陋,改变了东、西方的文明均势,这也实在太幽默了。

迪伦马特的这部作品,曾被国际上评为"二十世纪最佳剧作"。对此,我产生了乐观的情绪,觉得世间明理的人还是不少。我一直坚称"艺术不是历史的奴仆",看来在国际上还有不少赞同者。一九九〇年,迪伦马特去世,我在报纸上发表了一段感言,说自己心中又一个艺术港湾被海水吞没了。

第024讲

文化大争抢

前面说到，北魏王朝的统治者不仅带来了北方旷野的"陌生"，而且带来了世界文化的"陌生"。那么，他们是经过一条什么样的通道，把印度文化、波斯文化、巴比伦文化带到山西大同来的呢？

这条通道很长，其中关键的一段是河西走廊，在现在的甘肃。但是，走廊并不是全部，它所联结的两端，更是广阔无垠。一端是中原大地，另一端联结了西域、印度、波斯、罗马。

我说过，北魏王朝在山西大同建造云冈石窟，与他们抢来的一个伟大雕刻家昙曜有关。那么，他们是从哪里把昙曜抢来的？又是用什么方法抢的？

在回答这些问题之前，我先要把昙曜这个名字介绍一下，因为他很重要。"昙曜"在古文中的意思，是在密布的云层中照下的一缕阳光。他，就是这缕阳光。

他是西域人，长期生活在凉州，也就是现在的甘肃武威，主持了天梯山石窟的建造。天梯山的石窟中，明显地引进了犍陀罗艺术。

四三九年，北魏王朝发动了一场战争，把昙曜抢走了，从现在的甘肃武威，抢到了现在的山西大同。按照当时的说法，是从凉州抢到平城。路，实在是非常遥远。

被抢的不仅仅是昙曜一人。北魏王朝用武力，把凉州的世家大族、佛

昙曜（吴为山雕塑作品，立于云冈石窟）

儒学者、著名工匠三万余人，全都抢到了平城，其中还包括了三千余名高僧。用今天的话来说，这是一次用军事手段完成的"精英大迁徙"。由于规模巨大，这也变成了一次文化中心的大移动。

我一直想象这支三万人的浩大迁徙队伍。他们在凉州过得很好，现在要到一个完全陌生的远方去定居，而且不得不去，因为有军队押送。但军人的态度并不凶，一路上对他们照顾有加，因为这三万人既是俘虏，又是客人，而且是北魏君主日夜思念的客人。

骑在马上的将军们明白了一个道理：一辈子打来打去，先抢财物，再抢土地，最后是抢文化。抢文化，很麻烦，你看这三万人，松松散散，各式各样，却骂不得，哄不得，重不得，轻不得，生活上还需多方照顾，押送很快变成了护送。朝廷有令，必须护送他们完好地到达京城。这件事关系到北魏王朝的文化重量，关系到他们的统治权威，更关系到他们入主中原的合法性。文化，是这支迁徙队伍要完成的唯一主题。

这支队伍，也给中国传统文化带来了重大的结构调整。这三万人中当然有不少儒家学者，但更重要的是有佛学家和雕塑艺术家。这也就是说，原来中国文化经典群落都不太重视的两大思维，宗教思维和审美思维，已经大踏步地登堂入室，改变了中国文化的主体结构。

这么一想，这支三万人的迁徙队伍就更重要了。

再过一些年，这支队伍中的一部分，以及他们的子女和学生，还要回过头来向西迁徙。因为孝文帝拓跋宏发现，文化中心的建立，还需要其他多种条件。在当时的情况下，大同还很难成为全国的文化中心。因此又出现了一场迁徙，目的地是洛阳。随之我们看到，云冈石窟的风采闪现在洛阳的龙门石窟之中了。

洛阳已经逼近了长安，因此不妨说，孝文帝所指挥的后一场迁徙，也就是在为中国文化寻找真正的中心。他很有眼光。

但是，不管是大同的云冈石窟，还是洛阳的龙门石窟，都被学者称为"凉州模式"。也就是说，起点都在凉州。那么，我们不能不追根溯源地询问，凉州是怎么成为文化争夺的目标的呢？

说来好笑，这居然也与以前的一场"文化大争抢"有关。

那就来好好看一看凉州。

凉州那一带成为"走廊"，首先是汉武帝做的事，他的年轻战将霍去病功劳最大。但是，生态高于政治，如果生态恶劣，即使一时成了走廊也会荒废。恰巧，河西走廊不是这样的。祁连山的冰川雪水十分丰沛，因此没有旱灾，但四周毕竟干燥，又没有涝灾，这就使农耕文明得天独厚。而且，这里又有水草丰美的畜牧场。汉武帝还要让这条走廊在良好天气之外再聚集人气，因此又实施了军事移民和屯垦移民。军事移民当然是指驻军，

马踏飞燕（出土于武威，即古代凉州）

特别要说的是屯垦移民。这种移民提出的原则是"无事则耕，有事则战"。这样，屯垦者很快多达十八万人。这十八万人中，有很多是中原来的士兵，他们把中原的农耕技术带了过来，因此此地很快农事发达，连这些中原来的人都不想走了。四世纪初，中原发生了"永嘉之乱"，民众纷纷南逃和西逃，西逃的重要目标就是河西走廊的重镇凉州。西逃者中，有很多殷实的大家族、深厚的大学者，带来了高层级的生活方式。于是这里就更繁荣了，甚至被称为"小长安"。

四世纪初，儒家学者张轨到凉州任"刺史"，这就使凉州成了西北地区研习和传播中华文化的中心，其后陆续有郭荷、郭瑀、刘昞等大学者聚集，文化浓度越来越高。现代史学家陈寅恪曾经称赞这里虽然地处偏远，却能在频频战乱中保存汉代中原文化学术，直至融入隋唐文明，功劳实在不小。

在凉州，比中原文化更令人瞩目的是佛教文化。佛教在凉州发生的故事，无论是精彩程度还是密集程度，都远远超过了儒学。这些精彩的故事，主要发生在四世纪和五世纪。如果要与中原文化做比照，那正是陶渊明和谢灵运的时代。那个时代在中原发生的事情都比较黯淡，但是如果把目光投向西北，景象就完全不同了。

先是一个叫苻坚的国君发起的一次文化大争抢。苻坚是"十六国"时前秦的国君，他在夺得政权后，很想统一中国，因此在南征北战间恭恭敬敬地请了当时的名僧释道安，作为自己的精神文化导师。但是，释道安在讲了几次课之后告诉他，自己的学问还有欠缺，真正懂得大乘佛教教理的，叫鸠摩罗什，应该向他求教。

苻坚看了一眼近七十高龄的学者释道安，心想，让这么一位老人钦佩的人，该是多大年龄了啊，就问鸠摩罗什多大岁数了。道安回答，三十多岁。

这让苻坚吃惊了。一位古稀学者居然推荐一位年轻学者，那位年轻学者必然是真有大本事了，就再问："您见过他吗？"

道安说："见不着，他住得太远了，在龟兹。"

龟兹，是一个重要的西域地名。龟，与"乌龟"的"龟"同样写法，但在这个地名上读 qiū。地方在现在的新疆库车，以当时看来，简直是远在天边了。

苻坚一想，再远也要把这位让古稀学者推崇的年轻人请来。但是，当时所谓的"请"，其实也就是"抢"。而且，这抢还不是一般的抢，因为苻坚打听到了，鸠摩罗什的母亲就是龟兹国王的妹妹，如此皇家要人，派几个黑衣侠客去抢肯定不能成功，唯一的办法是发动一场战争，派出一支庞大的军队去打龟兹，然后抢人。

他抢到了没有？下一讲再说。

第025讲

凉州风范

上一讲讲到，苻坚要用一场长途跋涉的战争去争抢一个文化人、一个佛教哲学家。

他派出吕光将军，作为这场抢人远征的司令。终于，在三八四年，吕光赢得了战争，抢到了鸠摩罗什。抢到了，就要送回长安，但路途确实是太远了，走了一半，才到凉州，就是现在甘肃武威。到了凉州，吕光将军听到一个惊人的消息，派他出来抢人的国君苻坚已经下台。苻坚先是惨败于著名的淝水之战，后又被杀。吕光想，既然这样，我们为什么还要回长安呢？干脆，在凉州住下得了。反正有军队，一切都能安顿下来，他就做起了凉州的统治者。

那么，被他抢来的鸠摩罗什该怎么处理呢？吕光对他的学问并不太懂，但知道他是人人争抢的宝贝，必须严加看守。就这样，鸠摩罗什在凉州住了整整十六年。

鸠摩罗什的父亲是印度人，母亲是龟兹国王的妹妹。他在龟兹，乃至整个西域，都是最高等级的佛教学者。这么一位大学者滞留凉州十六年，能做什么呢？除了继续精修佛理外，他还在汉语学习上下了极大功夫。正好吕光派到他身边看守的那些士兵，来自中国很多地方，鸠摩罗什也顺便学会了很多汉语方言。十六年，已使他成为一位精通汉文的语言学家，这为他后来在长安主持翻译工作，起到了极大的作用。他在中国历史上，是一位与唐代玄奘齐名的大翻译家。玄奘很多翻译，还要沿用他的经典译法，例如《心经》里的名句"色即是空，空即是色"，最早就是鸠摩罗什的译法，译得准确而又凝练，无法更改。

说到他到长安主持翻译工作，那又是另一场文化争抢大战了。原来，新的后秦君主姚兴突然想到前辈有一个稀世宝贝遗落在凉州了，就下决心要抢回来。凉州怎么肯放？因此姚兴派出十万雄师讨伐凉州。结果，四〇一年，鸠摩罗什被姚兴抢到了，来到了长安。

同样是由长安出发的争抢，第一次，鸠摩罗什还很年轻；但是，这条争抢的道路怎么这样长呢？当他真到长安时，已经五十七岁。

为了争抢一位文化人、一位哲学家、一位佛学家、一位翻译家，居然一次次派出重兵争抢，而争抢的路途又非常遥远。这样的中国，虽然有点儿荒唐，却让我感到骄傲。这样的中国，一定会孕育一个伟大的时代。

对凉州来说，几十年的马蹄，一会儿挟着一个文化大师来了，一会儿又挟着文化大师走了。但是，文化不像财富、权势那样，被抢走就没有了，文化有根，有气，有脉，只要来过就播下了种子。抢走了一位文化大师，却抢不走那里已经形成的文化氛围。没有了鸠摩罗什的凉州，依然是文化中心。

因此，在鸠摩罗什被抢走的三十八年之后，又有浩浩荡荡的军队来抢文化了，那就是我前面讲到的北魏王朝的军队。他们的胃口很大，一口气抢走了三万人。

这下，凉州总该空了吧？也没有。到这三万人被抢走八十年之后，浙江上虞出生的僧人慧皎（497—554）编的十四卷《高僧传》所载僧人，一半是凉州高僧。

被争抢走的凉州文化，在各地蔚然成风。首先是大同的云冈石窟，尤其是处于中心地位的"昙曜五窟"，接着是洛阳的龙门石窟，最终落脚于长安。几乎整个黄河流域，都被凉州渗透了。考古学家宿白先生曾把这种现象说成是"凉州模式"，我在北大讲课时把它改成了"凉州风范"。因为"模式"有点儿局限，其实它的变化很大。

"凉州风范"因为在文化上功劳巨大，竟然获得了不可思议的报偿，那就是出现了一个归结性的世界级盛典。

一百多年之后，隋炀帝在凉州举办了一次隆重的"世界博览会"。

隋炀帝在七世纪初期即位后，便接受裴矩关于进一步拓展西域商路的建议，让河西走廊和凉州又一次鲜明地进入朝野视线。

山西人裴矩目光远大，在我看来，他是当时少有的"宏观经济学家"。他以"互市"的观念来反对古代的贸易保护主义，而且编制《西域图记》标明丝绸之路的三条行经路线，因此是重新疏通国际通道的关键人物。在他的鼓动下，隋炀帝居然在六〇九年到河西走廊上与凉州并列又相邻的张掖，隆重举办了一场由西域二十七国参加的贸易盟会。

隋炀帝下令，凉州、张掖两地的仕女必须盛装出席。除了大量商品的展示外，凉州乐舞、西域诸艺和中原艺术家悉数会聚。参与的人群，摆出了延绵数十里的阵仗。西域各国使臣、商贾，再度为中国文化的宏伟气魄所震撼。

这是一次真正意义上的古代"世界博览会"。初看似乎以贸易为重点，其实是中原王朝与西域各国全方位交流的重新启动。

因此，这又是以最鲜明、最隆重的方式，展现了中国文化的世界身份。

隋炀帝是中国历史上唯一亲临河西走廊

设于甘肃武威的"凉州文化研究院"
（余秋雨题）

的中原帝王。他亲自重新疏通丝绸之路的壮举，让我联想到他的另一壮举——开凿大运河。一条横向的走廊，一条竖向的运河，这实在是中华文明的两大命脉。他在位仅仅十四年，竟然准确地握住了这两大命脉，实在很不容易。不少史书对他颇有贬抑，因为他过于好大喜功、奢靡无度，但是我对他的一些大思路，却颇为肯定。

隋炀帝一死，唐朝就建立了。唐朝的话题很多，但显然一直保留着浓重的凉州风范。在此，我们不妨看两首《凉州词》。

一首是王之涣的：

黄河远上白云间，一片孤城万仞山。羌笛何须怨杨柳，春风不度玉门关。

另一首是王翰的：

葡萄美酒夜光杯，欲饮琵琶马上催。醉卧沙场君莫笑，古来征战几人回？

这种豪放乐观的壮士情怀，正是唐文化的主调。那么多唐代诗人心中，怎么也放不下这个凉州。

我在北京大学讲授中国文化史的时候，有一位女学生希望我多讲一点儿凉州文化，因为她对这个"凉"字很有好感。我听她一问，就讲了一大篇，使得学生们都非常吃惊。其中，有几个学生读过我的《借我一生》，就问是不是与我作为"凉州后裔"的身份有关。

这个话题很有趣，我不妨顺便讲几句。

三年前，江苏一个地方请我题写"余阙庙"三字。我是世界余氏宗亲会的名誉会长，题写理所当然。

余阙是十四世纪的元朝将军，守卫着安庆城。一三五八年，安庆城被陈友谅所破，他当即自杀，妻子和子女皆投井而死。他的行动不仅受到敌人陈友谅的尊重，也被朱元璋表彰，宋濂还亲自为他写传。宋濂一动笔，立即就写到他是武威人，党项族。

　　记得很多年前，宁夏的一位西夏史专家告诉我，党项人建立的西夏王朝被成吉思汗所灭，其中部分人加入了成吉思汗的蒙古人部队。后来蒙古人失败时，很多人由"铁木氏"改姓"余"，其中不少人迁往浙江一带。

　　余阙也以党项人的身份成了元蒙将军，但他的姓氏似乎原来就有，不是临时改过来的。这些年，我多次收到大量论文和名册，作者都姓余，都自称由"铁木氏"改姓而来。看来，改姓这事不仅确实存在，而且规模不小。

　　如此推断，我极有可能是祖籍武威的党项人后裔，先辈由西夏而入蒙，蒙败后又改姓而入江浙。

　　当然，余姓另有支脉。但我曾多次戏言，在我们余姓中，只要见到亲近大漠、无惧长途、精力旺盛、不屈不挠的人物，多半具有在西北疆场上摸爬滚打的血缘。至少，我自己就有这样的特质。

　　现在DNA基因检测的技术正突飞猛进，"先祖"、"后裔"的血缘问题迟早会有更清晰的答案。但是，作为一个文化人，我更看重一种超越血缘的"文化基因"。

　　现在已经知道，连基因也可以改造。那么，不管怎么说，我的基因被凉州改造过。

　　让我感到愉快的是，现在武威市的很多民众都把我当作他们的"家乡人"。我去时，他们特地安排了我向余阙雕像献花的仪式，还邀请我为"凉州文化研究院"题名，甚至在研究院里专设了我的书房。我在参观种种古迹后，非常感谢他们把"鸠摩罗什寺"修得很好，只是对鸠摩罗什的雕像稍有异议，太像一个普通的汉族僧人了，这就冲淡了他作为世界文化和中国文化深度沟通者的身份，有点儿可惜。

第026讲

世界性的生活方式

终于要讲唐代了。

唐代是中国文化的最高荣誉所在，因此，也是中国文化取得世界身份的最高一级台阶。后来还有很多台阶，有高有低，但在整体高度上都没有超过唐代。

最高台阶，总是具有标志意义。因此，"唐"这个字，常常成为中国、中国人、中国文化的简单标记。世界各地的"唐人街"，以及"唐装"、"唐服"、"唐乐"，都是例证。

"唐人街"在欧美不少城市中大多是华人聚居区，但等级较低，展示出一种拥挤、杂乱、艳俗的文化图像，让人感到不太愉快，实在是让这个"唐"字蒙污了。其实在唐代屹立世界的时候，那些城市的所在地还是荒漠一片。而唐代的屹立状态，却是那么典雅高贵。不妨看看日本的京都、奈良，那只是对中国唐代城市风韵的局部模拟，至今还让人叹为观止。

唐代，不仅在中国是至高坐标，在世界也是至高坐标。

这并不是中国人做出的判断，而是世界共识。

记得我到国外一些著名古城的遗址参观时，总会遇到这样的讲解："这应该是七世纪世界上最壮丽的城市。"观众们好奇地等待着讲解员不能不说的下半句："当然，除了长安。"

在埃及的卢克索，一位胖胖的女讲解员在说，卢克索的古名叫迪比斯，是整个古代世界的顶端城市。刚说出这一句，她瞟到了几个中国人的脸，就赶紧笑着说："当然，我没有把中国唐代放在里边。"

国际上历史学家的论断就更多了，我作为一个中国人不好意思多加引述，但对一位着意构建"二十一世纪全球通史"的美国历史学家斯塔夫里阿诺斯（L. S. Stavrianos）有点儿兴趣，他在最新版的《全球通史》中做出这样的论断：罗马崩溃之后欧洲进入了中世纪时期，而中国则突飞猛进，一直是世界上人口最多、最富饶、最先进的国家。从六世纪到十六世纪，中国文明以其顽强的生命力和对人类遗产的巨大贡献，始终居于世界领先地位。

这位美国历史学家还特地说明，中国一千年间始终处于世界领先地位，还是保守的说法，因为"早在汉代，中国已成功地赶上了欧亚大陆的其他文明"。如果按照他的这种算法，那就要再加五六百年了。我们中国人不妨含蓄一点儿，就说一千多年吧。在这一千多年中，唐代无疑是制高点。

我们中国一直有一些学者认为唐代并没有那么好，隐藏着不少社会矛盾，而且军队也不是很强。其实说好说坏，都应该通过比较来衡量。我想提供一个特殊方位，以便横向比较。

七世纪，当长安城人口多达百万的时候，罗马城的人口还不足五万。即使是以前还没有衰落的罗马古城，在面积上也只有长安的七分之一。而西罗马帝国灭亡后的欧洲，处处弥漫着中世纪神学极端主义的阴云，经常燃起焚烧"异教徒"的火堆。例如我曾在西班牙当时的首都托莱多考察了不少时间，看历史档案，这座城市被宗教裁判所烧死的人数把我吓了一跳。

再从欧洲往东边看，曾经气魄很大的波斯帝国已经在七世纪中叶被阿拉伯势力占领。唐朝为了保护他们的王室，还设立过"波斯都护府"。印度，在差不多的时间因戒日王的去世而陷于混乱。当时世界上比较像样的首都，除了长安之外还有君士坦丁堡和巴格达。君士坦丁堡是拜占庭帝国的都城，是联结东、西方的枢纽；巴格达是当时气势如虹的阿拉伯帝国的中心。但是，把这两大都城加起来，还不到长安城的一半。

说到这里，我已经在担心，可能会在长安上引出太多的话题，耗费太多的时间，因此必须赶快回到文化上来。

古罗马城市广场遗址（意大利罗马）

回到文化上来，大家可能会产生误会，以为我马上要讲李白、杜甫了。但是我请他们两位老人家暂时休息一下，让我们先讲一些重要的前提，然后再把他们请出来。

大家记得，我在讲述"文化的定义"时已经表明，文化，首先是一种习惯了的精神价值和生活方式。那么，先说生活方式吧。我急于告诉大家，唐代长安已经习惯了一种世界性的生活方式。这恰恰是唐代文化的重要基础。

首先，当时的长安人过着一种没有国界的商业生活。

长安城占地八十多平方公里，其中有两个商市，一个叫东市，一个叫西市，各占一平方公里，加在一起占长安城的四十分之一，面积似乎不大。但是不管是东市还是西市，各有一个"井"字形的街道格局，划成九个商业区。相比之下，西市更集中了大量外国客商，比东市繁荣得多。

阿帕达纳宫遗址（伊朗波斯波利斯）

　　东市虽然没有西市繁荣，但也是够热闹的。我在《仰望长安》一文中曾经引用了一个日本和尚圆仁的日记。他到长安来研习佛法，住在东市。那天，他在日记里写道，六月二十七日东市在半夜失火，烧毁了曹门以西二十四行的四千四百余家商铺。

　　这个日记，是一份重要的经济资料。一场大火烧掉了东市曹门外二十四行的四千多家商铺，那么东市一共有多少行？据说有二百二十行。那请推算一下，一共应该有多少商铺？这还只是在不太繁荣的东市。西市会是什么样呢？

　　西市一派异域情调，而这种异域情调是长安城的主调。饭店、酒肆很多，最吸引人的是"胡姬酒肆"，里边的服务小姐都是从中亚和西亚过来的美艳姑娘。在酒肆周围，处处可见拜占庭风格的建筑、罗马的艺术、印度的杂技魔术，很多店铺喜欢装饰希腊的缠枝卷叶忍冬花图案。

　　我前面说过，波斯被阿拉伯人占领了，但在长安街上，既能看到波斯人，也能看到阿拉伯人。我在史料中并没有发现他们互相寻衅斗殴的记录，至少算是相安无事。波斯人在战场上是输家，但在商场上却是赢家。宝石、玛瑙、香料、药品，都是他们在经营。更让人耳目一新的是，波斯服装风靡长安。现在伊朗女性的服装有颇多限制，但在那个时代正好相反，她们因大胆、时尚而引领潮流。不仅衣料很薄又有美丽图案，而且紧身、低胸、经常变换，让各国女子，特别是中国女子大开眼界。现在我们在敦煌壁画中，还能看到波斯服饰的美丽踪影。

记得前些年有一些"国粹派"年轻人强烈呼吁，所有的中国人只要参加奥运会和其他国际活动，必须一律穿"汉服"。当时我正在北大讲课，有学生在课堂上问我怎么看。我的回答是两条：

一、以强制方式来统一普通百姓的服饰，不管用什么借口，都不是一件好事；

二、早在唐代长安，已经很少有人记得"汉服"的模样。

让我们再回到长安。

长安街头，外国人很多。三万多名留学生，其中日本留学生就前前后后来过一万多。留学生也能参加科举考试，仅仅在唐代晚期，得中科举的新罗（朝鲜）士子就有五十多名。科举制度实际上是文官选拔制度，因此这些外籍士子也就获得了在中国担任官职的资格。他们确实也有不少留在中国做官。

不仅有这么多外国留学生和外国考生，更难得的是，朝廷对他们极为重视。几年前，西安出土了一个方形的墓碑，上面刻有墓志铭。墓主是一个十九岁的日本留学生，他在长安去世了，中国皇帝居然亲自给这个外国留学生写了墓志铭。墓志铭中提到"日本国"，这是历史上第一次正式在汉文中出现"日本"两字。二〇〇五年，我去东京参加联合国世界文明大会，日本正在纪念唐代留学生墓志铭这件事，我也应邀参加了隆重的仪式。我在仪式中想，才十九岁的一个外国孩子，唐朝皇帝居然亲自写墓志铭，这是一

大明宫遗址

个什么样的朝代啊！

因此，十几年前西安市决定修复唐王朝皇宫所在地——大明宫遗迹，日本政府决定对基础工程出资援建。我是这一遗址修复工程的文化顾问，知道这是国外对唐朝的一种报恩。

有一位波斯人，被唐王朝派遣到拜占庭帝国做大使。请注意，他是波斯人，却是唐王朝的大使！他的名字，在中国史册中叫"阿罗喊"。当代日本学者羽田亨认为，"阿罗喊"就是"亚伯拉罕"，犹太人里一个常见的名字。既是波斯人，又是犹太名，极有可能是一个居住在波斯的犹太人。

为了这位阿罗喊，我曾亲自历险，到伊朗西部一座不太大的城市哈马丹，考察犹太人最早移居波斯的遗迹。我不仅看到了古代犹太人在这里安葬的坟墓，而且见到了还活着的伊朗犹太人。目前在国际政治中，伊朗和犹太人似乎关系很不好，但在古代却不是这样的。一个波斯犹太人居然担任了中国大使，去了拜占庭上任。由此也证明，唐朝由于处于世界性的生活方式之中，一切界限都有可能消除。

这种世界性的生活方式，又发生在一个世界级的城市环境中。长安的朱雀大街，宽一百五十五米，比巴黎的香榭丽舍大道还要宽三十多米。长安的街道两边都安置了下水道，下水道边上种植了榆树和槐树，旁边还有一米宽左右的人行道。

长安城里划分成一百零八坊。每当太阳下山之后，长安就宵禁了，把一个个坊关起来，市民只能在坊内活动。市民如果觉得不太自由，可以移居到东边的洛阳或四川的成都去。最自由的地方是南方的扬州，它已经是一个有大量外国船只来来往往的码头，而日夜的生活更是富裕放达、无拘无束。因此，"腰缠十万贯，骑鹤上扬州"，是很多唐代人的梦想。

就管理而言，长安城要比洛阳、扬州严厉得多，因为它是首都。同时也因为管理，它成了当时世界各国首都中最安全的一座。略做对比就可以知道，当时的世界非常动乱。

精神格局

我们已经明白，唐代长安普及了一种世界性的生活方式。这种生活方式中显然包含着精神价值，两者合在一起就构成了我所定义的文化。因此，今天要特别说一说精神价值。

大家都知道唐代拥有充分的精神价值，但奇怪的是，它没有主体信仰，在精神上非常开放。

儒家学者孔颖达，集中了儒学的礼法规范，又借鉴了道家和佛学的学理方式。而刘知几这样的"自由派"学者又提出了"疑古"、"疑经"的变易论，反对盲从古代经典。

唐太宗李世民本来并不怎么信仰佛教，他自称是老子后裔（都姓李），曾下令"道先佛后"。后来因为要欢迎玄奘从印度取经归来，并向玄奘请教，信仰发生了变化，还亲自为玄奘翻译的《瑜伽师地论》写了序言，那就是大家知道的《大唐三藏圣教序》。

唐代让我特别佩服的是，收容了不少已经被毁灭的外国宗教。不管是摩尼教，还是拜火教，在原来的流传地都遭遇了不幸。摩尼教的创始人摩尼，被处以死刑，死得非常惨，但在唐朝却建造了摩尼教的道场。拜火教，又叫祆教，也叫琐罗亚斯德教（Zoroastrianism）。大家还记得吗，十九世纪的德国哲学家尼采写过一本书叫《查拉图斯特拉如是说》，这查拉图斯特拉，就是琐罗亚斯德的另一种译法。这个教曾经迫害过摩尼教，后来被伊斯兰教消灭了，但在唐朝死而复生。仅仅在长安的朱雀大街上，就有拜火教的四座教堂，而且建得都很好。

记得二十世纪快结束的时候，我曾在伊朗南部的波斯波利斯考察古代波斯王宫，偶尔听说拜火教的发源地就在附近，便赶到那里做了考察。我看到的是夕阳下一片败落凄楚的景象。我站在那里想，这是它的起点，而终点却在中国，而且终结得那么像样，居然有四座教堂！

唐代更让我感动的是对于景教的接纳。

景教，在传入中国之前是基督教的聂斯脱利派教会（Nestorian Church）。早在四三一年，这个教会的领袖聂斯脱利在欧洲被教廷判为"异教徒"而革职流放，他的追随者就逃到了波斯。六三五年，这个教派的一位主教阿罗本（Olopen）来到长安传教。对于这个在欧洲故乡早已被摧毁了二百年的教派，长安深表欢迎。唐太宗派出丞相房玄龄率领仪仗到长安西部迎接，还亲自听了阿罗本的讲道。于是，在长安的义宁坊，就建起了一个景教教堂。

更惊人的是，唐太宗还为这个流亡教派下发了诏书。这诏书中有十六个字表达了唐太宗非常健康的宗教思想，那就是："道无常名，圣无常体，随方设教，密济群生。"

我把这十六个字翻译一下，大体意思是："大道没有固定的名称，圣人没有固定的体形，那就在各处多设一些教派吧，让它们周密地帮助百姓。"

这种思想很明智。天下的教义、教派各不统一，都应该给它们提供方便，让它们各行其是，目的就是"密济群生"。

想得到吗，这竟然是唐代国王写给基督教聂斯脱利派的诏书！

唐太宗这种照顾国内外各种教派的思想，也可称之为"共生宗教学"、"互补宗教学"、"多元宗教学"，在其他国家的历史上也有开明君主提出过。例如，印度莫卧儿王朝的第三代皇帝阿克巴（Akbar）提出过"联合宗教"的主张，还召开过联合宗教会议，但没有成功，因为实力最大的宗教不同意。阿克巴生活在十六世纪后期，比唐太宗晚了九百多年。阿克巴的问题在于，他想把所有的宗教联合成一个宗教，变成了"强扭的瓜"，当然做不成。唐太宗没有这种想法，他只想让各种宗教相邻而居，自由发展，互相关心，那就成功了。

既然提到了印度的阿克巴皇帝，那就顺便提一句，他的孙子倒是不错，建造了那座世界闻名的泰姬陵，名叫沙贾汗。

唐太宗在宗教上的成功，造成了一个极好的精神成果，那就是此后的中国一直没有产生过"一教独大"的现象，随之也没有产生过宗教极端主义。没有产生过宗教极端主义，这是中国文化一直没有湮灭和中断的主要原因之一，我会在以后的课程中仔细讲解。

这种情景，可能会解除现在文化界流行的一种误会。唐代既然是中国文化的最高一级台阶，那么它似乎应该天天都在弘扬着"国学"。怎么唐代居然没有这么做，好像也没有人知道什么叫"国学"？

不仅不知道什么叫"国学"，而且唐代也不在乎文化意义上的"精神主体"和"国家哲学"。它的"国家哲学"就是"道无常名，圣无常体，随方设教，密济群生"。

对此，我可以做一个散文化的比喻——
春天时节来到一个生机勃勃的山谷。
问山谷主人："你喜欢哪一种花？"
主人说："我喜欢每一种花。"
再问："难道不能精选出一种吗？"
主人说："选了一种，就没有了春天。"
——这就是唐太宗的精神价值，当然，也是唐代的精神价值。

青春勃发

前面讲过了生活方式，又讲过了精神价值，按照我的文化定义，可以深入到集体人格了。

从我前面的讲述，大家已经明白，唐代的集体人格在主调上不是那种满身"汉服"、满口"国学"、无视外部世界、无视时代变革的文化保守主义者。这样的人如果真有，一旦出现在当年长安的朱雀大街上，一定会让全街的中外人士惊恐万状、目瞪口呆，然后急急地把他送到医院，先用罗马医术，再试孙思邈的单方。

唐代的集体人格中，能够明显找到北方大漠狼烟的成分。还记得孝文帝下令，要求鲜卑族贵族与汉人通婚吗？现在看到最明显的血缘成果了：唐高祖李渊和唐太宗李世民的生母都是鲜卑人。李世民的皇后也是鲜卑人。结果，唐高宗李治的血统，四分之三是鲜卑族，四分之一是汉族。

这个让所有中国人世世代代都骄傲的唐朝，它的皇家血脉，居然是这样的构成。历史上最健全集体人格是怎么构成的？这里似乎隐藏着某种"另类答案"。

进入了集体人格，即便并无血缘，也被裹卷。如果说，包括鲜卑族在内的北方少数民族和西域人士，都被习惯地通称为"胡"，那么在唐代，"汉人胡化"盛极一时。大家不仅听胡乐，吃胡食，而且在人生格调上也转向轻健勇猛。用李白的诗句来概括，就是"儒生不及游侠人"。就连最文雅的王维，也十分赞赏这样的青春形象，他的诗中有这样的句子："少年十五二十时，步行夺得胡马骑。"

"胡化"，是在冲破狭小心理空间之后，对生命力的高度活化。这种活化，使中国文化的集体人格中，增加了"呼鹰"、"挥鞭"、"仗剑"、"杀虎"等强悍的气息。随之而来，衣服也开始流行小腰身，连女子化妆，也以"髻堆面赭"为时尚，也就是把发髻束起来，不再做鬓角装饰，也不再追求脸白唇红，反而故意以深色涂脸，还把嘴唇的颜色涂得更深，近似黑色。这一系列细节，都在崇尚豪爽刚健的野外行动风尚。

在这些外部形象之中，包裹着一种惊人的青春气息。

唐代集体人格最诱人的就是这种青春气息。这种青春气息，我们在诸子百家中没有见过，他们总是显得过于老成。在秦汉王朝也没有见过，在那里，即使是年轻人也被巨大的社会职能掩盖了年龄。在魏晋名士中倒是见过，但他们过于凄美而短暂，总是昙花一现。唯有在唐代，青春勃发成了主要的人格特征。

唐代集体人格中的青春气息，保留着很多天真的成分。睁大眼睛看奇妙的世界，一直保留着学习的心态，于是处处有

唐太宗

唐屏风绢画《胡服美人图》

发现，时时有好奇。

可以随手举一个最小的例子。我在《极品美学》中提到，唐太宗非常热爱书法，就拜了老师，跟着书法家虞世南认真学。写来写去，总觉得那个"戈"字偏旁的斜钩写不好，一写就钝。有一次他写了一幅字，又碰到了一个"戈"字偏旁的字，就干脆把右边那一半"戈"字空着。没想到正巧虞世南来了，没见到唐太宗，只见到那幅字，一看还少了几笔，就顺手把那个"戈"字填上去了。唐太宗回来，看到自己写的这幅字很满意，就拿到了魏徵面前，说："朕总算把虞世南学到家了，请你看看。"

魏徵看过后说："学得最像的是那半个字，'戈'字偏旁。"

唐太宗听了一惊，叹一声："真是好眼力！"

这件有趣的小事，让大家领略了初唐时候的文化氛围，唐太宗、虞世南、魏徵这三个当事人的心理都很健康。

我要特别说一说其中的唐太宗。堂堂一代皇帝，还谦虚地拜师，而且学到艰难处也不避讳，老师加了一笔还偷偷高兴，拿出去显摆露了馅又惊叹别人的眼力——这一切，全是一个学生的做派。

这种学生做派的最后成绩当然不错，我评他为中国历代皇帝中的第一书法家；第二名是宋徽宗赵佶；第三名是武则天，李世民的"儿媳妇"。

唐太宗的这种学生做派，还表现在他与玄奘的交往上。他见了取经回来的玄奘，总是以"老师"相称，一次次拽着玄奘的衣襟说："我与老师相见太晚了，没有来得及对佛教做更多的贡献。"他甚至不无天真地请玄奘做官，玄奘摇头，他也不勉强。这哪儿像一个权势盖天的皇帝呀？

由此可见，在唐代集体人格中，生命力高度活化。从表面看是"胡化"，从内里看是青春气息的勃发。

第 029 讲

整体诗性

在介绍唐代的集体人格时，我们把唐太宗李世民作为代表性的分析对象。上次讲到，这位皇帝一直保留着青春气息和学生心态，但是人总会老，我认为，唐太宗的墓葬，最能体现一代集体人格的极致状态。

世界上没有另一位帝王的陵墓会是这样精彩。什么话也不说，只用墓主骑过的六匹战马的浮雕来概括一生。须知，墓主是一位千言万语也说不尽的盛世开拓者，但他不要千言万语，只要这六匹马。

这个构思已经充分表明，墓主的人格核心是什么。

唐太宗的陵墓昭陵，比之于有着无数兵马俑守护着的秦始皇陵墓，有一种以小博大的智性、个性、灵性、诗性。六匹战马并不是人，却能产生对一个人的无限想象，而且能把这个人漫长的生平贯通，实在是充满诗意的构思。

这个构思能够成立，还取决于一种宏大的集体心理，那就是唐代朝野上上下下都要接受让六匹无言的战马来象征一个帝王、一个帝国。这似乎不太可能，但在唐代，大家竟然接受了。由此可知，六匹战马的浮雕，早已成为当时的"社会公共图像"，成为六首全民都可吟诵的"组诗"。

这六匹战马的浮雕，现在有四匹收藏在西安碑林博物馆，另外两匹则流落到了美国宾夕法尼亚大学博物馆。二〇一三年秋天，我在美国讲学，宾夕法尼亚大学有关部门派了三位中国籍的博士研究生来邀请我到他们学校

昭陵六骏之拳毛䯄

去讲课。我由于时间排不过来，没法去，却与三位博士研究生交谈了很长时间。我希望他们告诉美国同学，那两匹战马的浮雕，并不是陵墓的陪衬装饰，而是陵墓的主体，是创造过中国领先世界一千年的那位帝王的陵墓的灵魂所在。我想，这会让外国学生颇为讶异，然后领会中国文化的诗性和美丽。

你看，连陵墓都在写诗了，这就说明，唐代的集体人格，从生到死，都是创造性的，艺术性的，充满诗人情怀的。而且，鉴于大家都乐于接受，证明唐代出现了人类历史上十分罕见的"整体诗性"。

一讲到"整体诗性"，我们整个课程就会兴奋起来，因为显然要面对重点中的重点——伟大的唐诗了。

唐诗就像一个非常堂皇的古典庭院，我们不能急匆匆地随脚踏入，而应该稍稍停步，整理一下自己的衣衫，然后抬头仰望一会儿，想想此前对这个庭院有什么样的猜测和误会。

对象越伟大，越容易产生误会。

粗粗一想，现在的人们常常会对唐诗产生一些似是而非的理解，例如：

一、以为在唐代，大家都在背诗；

二、以为凡是唐诗都写得很好。

这些误会，把平庸混同于天赋，把记忆混同于创新，把流行混同于佳作，尤其是把惯性混同于诗性。

所谓诗性，其实是一种不可重复的创造敏感，敏感于自然和人性之美。如果把这种敏感变成了可以无限重复的搭建，这个误会就大了。

为此，我对目前社会上引导青少年大量背诵唐诗和其他古诗的风潮不太认同。对此我想多讲几句，因为听说我们这个课程的很多学员也进入了这个误会。

优秀的唐代诗人，并不愿意背诵太多别人的诗。因为他们心里都明白，优秀作品一旦产生，就变成了一种不可被别人介入的凝结体。它们已经占据了特定的表达方式，剥夺了别人再度运用的权利。也就是说，一个诗人背诵别人的诗，并不是提醒自己应该怎么写，而是提醒自己不应该再这么写。既然如此，一个处于良好创作状态下的诗人，怎么会让许许多多从外面捡来的障碍挡住自己的路？

读得太多的群体，一定是创作才华比较缺少的群体；同样，读得太多的时代，一定是创作思维比较僵化的时代。

那么，优秀的创作者会读一些什么呢？唐代诗人回答道，他们读山水、读天地、读人心、读自己。

因此，如果现在老师和家长要孩子们背诵一些古诗，让孩子们领略古代诗人"读山水、读天地、读人心、读自己"的美好成果，是一件好事。但是，如果老师和家长在背诵古诗的数量上提出了过分的要求，甚至要他们到外面参加比赛，那就应该警惕了。

不妨请孩子们回想一下，当你们一起结伴出去游玩的时候，有这样一位同学，他到任何一个地方都会背出与这里的风景有点儿近似的古诗，大家的感觉是什么？大家开始一定会觉得佩服，很快会觉得不合时宜，影响了当天无拘无束的心情，接下来，谁也不想跟他玩了。

那么，我要走到这位被大家抛弃了的孤独同学面前，劝告他：如果你真的热心于诗，那就应该挖掘自己内心深处的诗性，而不要对别人的作品"倒背如流"。这就像，你如果有志于做一名好厨师，那就不要在门口大声背诵历来的菜谱。谁都知道，能把菜谱背诵得抑扬顿挫、声情并茂、一字不差的，一定不是好厨师。

这就牵涉到另一个误会了，以为菜谱上的都是好菜，以为唐诗都是好诗。

很多年前，我曾在课堂上对学生说："不要以为唐诗就是好诗，就像不要以为懂英语的都是学者。"

唐朝到底出过多少诗？实在无法统计。但在一千年后的清代编的《全唐诗》，收了四万九千多首，作者两千八百余人。这是颠荡了一千年后的剩余，那么当时茂盛的景象就可以猜想了。这么庞大的体量，对艺术创作而言，绝大多数必定是平庸之作，值得后人吟读的比例很小。我倒是认真地翻阅过《全唐诗》，知道平庸之作具有古今中外类似的共通毛病，那就是一眼看去十分脸熟，却又吞吞吐吐地让人提不起精神。因此我坚信，要让唐诗保存一个好名声留之于历史，必须做的事情是一遍又一遍地精选。所以后来就有了《唐诗三百首》、《唐诗一百首》等选本。在这方面，贪多，就是让平庸埋没精彩。因此，本课程选出当代青年必背的唐诗，只有五十首。

下辈子投生的理由

上次讲到，唐诗数量极大，但优秀作品的比例极小。它在历史上的好名声，都是由那个极小的比例带来的。

在唐代结束之后，因为唐诗的好名声激发了后代中国人极大的写诗激情。只要稍通文墨，就哼哼唧唧、诗句滔滔。即便在现代，也有那么多人在写古体诗。

想起了乾隆皇帝。他一个人写的诗也多达四万多首，与《全唐诗》的数量差不多，这实在太惊人了。他天天写，大量写，周围的大臣中不乏饱学之士，都鼓掌叫好，把他自己也搞迷糊了。后来终于有一位叫李慎修的官员大胆上奏，劝他不必以写诗来展现自己的治国才能。乾隆是个聪明人，一看奏折就知道官员转弯抹角在说他的诗写得并不好，不要再写了。于是，他立即又写了一首，意思是：我知道诗不好写，但如果不写，闲下来的时候做什么呢？他很坦白，说写诗是为了打发无聊时间。一无聊，就闹出四万多首，那实在是无聊到了极点。

这样的诗，当然就没法看了。

现在很多年轻人以为，一个人能写古体诗和文言文，一定很有学问。然而大家应该知道，几千年来，那些等级最低的"文痞"、"文渣"、"文赖"，也能把古体诗和文言文写得十分顺手，就像伦敦郊区那些无业流氓也能把英语讲得十分流畅一样。

因此，我希望今天的年轻人不必勉强地学写古体诗和文言文，读读就行，而且只读好诗和好文。对于现在社会上那些装神弄鬼的"假古人"，笑着看一眼就可以了，不必认真。

现在，就让我们从误会返回到真正的唐诗。

我发表过一篇很长的文章叫作《唐诗几男子》。从这个标题就可发现，我是从诗人的角度来看唐诗的。这又牵涉到我对文化定义的理解：一切文化都沉淀为人格。

唐诗的最高意义，是为中国文化增添了几个辉煌的人格范型。我一定要把这个观念传达到下一代，因此就出现了我在北京大学讲课时举行的那项著名的民意调查。我让各系学生投票选出每个人心中最喜爱的唐代诗人，投十名，要排序。

我们的投票，没有候选名单。

让我高兴的是，北大的学生确实很认真，对于唐代诗人前十名的排序，没有两张选票是重复的，也就是每个投票者都各自动了脑筋，没有参考别人。

更让我高兴的是，如此各不相同的排序，前四名却相当集中，那就是李白、杜甫、王维、白居易。

这个排序会让不少教师稍感奇怪，一般文学史会把白居易排在第三名。我仔细研究了一下选票，发现投王维的以女学生居多。在下一次课堂上，我就问女学生们特别拉高王维的原因，她们的回答出乎意料，居然是因为王维长得帅，而且丧妻之后也不移情别恋。

王维确实长得很帅，这曾让李白心生嫉妒，因为李白长得比较矮，模样不太斯文。长得很帅的王维还精于乐器，又写那么一手好诗，确实很吸引人。

由于女学生们提到了王维没有移情别恋，我又问，她们是不是看到一个当代文人的文章，说白居易生活作风不太检点。女学生们笑了，说，没有看到，即使看到也不会上心。王维的忠贞和白居易的浪漫，她们都很欣赏。

白居易

北大学生的评选过程证明，人们接受文化，其实是在接受人格。

唐诗发展的几个时代，也是以人格划分的。我想对几个主要诗人的人格风貌和时代分工做一个简单的概括。

李白的主要作品，产生在"安史之乱"以前，他与王维，代表了盛唐时期两种互补的诗性人格，李白气势如虹，王维意气风发。

杜甫，则是在"安史之乱"中站出来的恂恂君子，以沉郁顿挫的声音感动了陷入灾难的土地。

白居易在李白去世后十年、杜甫去世后两年才出生，完全是另一个时代的诗人了，沉重的历史在他笔下变成了多情夜雨中的铃声和琴声。

比白居易小约四十一岁的李商隐，更是走了一条与前辈们完全不一样的路，他只探寻深幽的内心。

这样的名字还可以讲出不少，例如北大学生票选较多的杜牧、王之涣、刘禹锡、王昌龄、孟浩然。他们每个人的时间定位、空间定位和个性定位是那么不同，却都一一输入了中国人的集体人格。他们既像是我们的忘年老友，又像是我们自己的一部分。

记得二十几年前，日本的 NHK 电视台正在做特殊地形中远距离长时间直播试验，决定以长江上的一艘轮船作为几天几夜的直播对象。那么，轮船上有什么活动可以让日本观众几天几夜不厌倦呢？他们很有心，选了几位资深的日本汉学家与我谈唐诗，而且是谈与两岸风光有关的唐诗。这个构思很好，我就与几位日本教授一天天长谈起来。谈着谈着，发现谈得最多的还是李白、杜甫，因为他们写了不少与长江有关的诗，而且写得那么好，经得起谈。到最后，终于出现了逃不开的问题：更喜欢李白，还是更喜欢杜甫？

出现了争论。争论得很愉快，又很激烈，大家都举出了越来越多的证据。我几次走神，心想，这似乎是子孙后代在讨论曾祖父、太祖父的性格脾气，但坐在我对面的明明是外国人，讲的也是外国话。因此，就在长江三峡的层峦叠嶂、滔滔激流中，我切身领悟了唐诗的世界身份。

后来，两位日本老教授接受了我的"折中方案"：我们毕生追求大美，一定不能放过李白矫健的身影；但是，如果在追求大美的同时还想找一个朋友坐下来娓娓谈心，那就是杜甫了，没错。李白好是好，但坐不住，对朋友，也不会像杜甫那样用心。一般来说，温和、诚恳的气质很难通达伟大的创造，对此，杜甫是一个例外。

一位日本教授对我说：本来更喜欢杜甫，但是领略了三峡和整条长江之后，就更理解李白了。这山水，只有他这样的气势才配得上。

我对他们表示感谢。我想，每个中国人都有这种感谢的资格，因为我们身上都有唐诗的 DNA。

说到我们每个人身上都有唐诗的文化基因，忍不住又想为大家读一段我多年前写的一篇散文。我在前面反对年轻人过度地背诵唐诗，但是对于最优秀的那些唐诗来说，确实应该让它们成为我们的终身伴侣。它们既实现了中国文化的"世界身份"，又实现了我们自己的"中国身份"。

下面就是我写的一段散文：

生为中国人，一辈子要承受数不尽的苦恼、愤怒和无聊。但是，有几个因素使我不忍离开，甚至愿意下辈子还投生中国。

其中一个，就是唐诗。

这种说法可能得不到太多认同。不少朋友会说："到了国外仍然可以读唐诗啊，而且，别的国家也有很多好诗！"

因此，我必须对这件事情多说几句。

我心中的唐诗，是一种整体存在。存在于"羌笛孤城"里，存在于"黄河白云"间，存在于"空山新雨"后，存在于"浔阳秋瑟"中。

有时在异国他乡也能见到类似于"月落乌啼"、"独钓寒江"那样的情景，让我们产生联想，但是，那种依附于整体审美文化的神秘诗境却不存在。这就像在远方发现一所很像自己老家的小屋，或一位酷似自己祖母的老人，虽有一时的喜悦，但略加端详却深感失落。失落了什么？失落了与生命紧紧相连的全部呼应关系，失落了使自己成为自己的那份真实。

我们的"自己"，由于有唐诗参加了组建，因此又能够一次次被唐诗叩开。

第 031 讲

圣殿边冻僵的豹子

说到唐诗对每一个中国人的重要性，我心头除了喜悦之外还弥漫着一层悲凉。因为几位最有代表性的唐代文化创造者，个人命运都遭受了太多磨难，而唐代并没有救助他们，读者也没有救助他们。

创造了文化的最高荣誉，自己却一直惊慌失措、狼狈不堪。这难道是一种必然的宿命吗？

海明威在《乞力马扎罗的雪》中写道，在山顶圣殿边上，有一只冻僵的豹子。它是怎么被冻僵的？是它自己来寻找生命的终点，还是寒流来时来不及下山？不知道。

现在，我们的唐代文学圣殿边，冻僵的豹子远远不止一只。

也许正因为这些冻僵的豹子，雪山显得更高了，圣殿也更神圣了。

但对豹子本身，毕竟太残酷了。

唐代文学圣殿边的冻僵，都是因为一场突如其来的寒流。这场寒流就是"安史之乱"。

所谓"安史之乱"，也就是在唐王朝二百八十九年的半道上，军政要员安禄山、史思明发动叛乱，闹了八年才被平定，唐王朝从此走向衰落。

文化，不管是生活方式、精神价值还是集体人格，它的整体生命力呈现为一种气。"安史之乱"不管有多少具体罪恶，其中最大的罪恶是让唐王朝泄了气。随之，中国文化的生命力也减损了元气。

也许有人会问，敢于叛乱的将军照例也应该很有气势呀，甚至可以气吞山河，怎么能说他们"让唐王朝泄了气"呢？这就涉及一条重要的文化底线：是正面之气，还是负面之气？正面之气是创造之气、大爱之气，因此也就是"元气"；负面之气是破坏之气、大恶之气，因此也就是"戾气"。本来唐朝正气旺盛、元气蓬勃，而"安史之乱"却让这气转向了负面，从此再也无法收拾。

你看这支叛乱队伍，品质就很低劣，见人就杀，见物就抢，见城就烧，见房就毁，一看就知道是邪恶的一群人。邪恶的组合很难长久，安禄山自己才短短几年就被儿子安庆绪杀了，这个安庆绪又被史思明杀了，史思明又被儿子史朝义杀了，而史朝义最后又自杀。这些事实证明，这帮人连自己内部的伦理还没有建立，是真正的乌合之众。

在邪恶的追逐下，高贵的皇室也失去了高贵。唐玄宗弃宫出逃，在半道上牺牲了杨贵妃，还做了两个决定，一是让小儿子李璘守卫长江流域，封为永王；二是让大儿子李亨守卫黄河流域，封为太子。这又造成了后来两个儿子间的战争。除此之外，各地豪强也趁乱而起，使统一的大唐出现了条条门阀裂痕。

总之，戾气和邪气四处流窜，正气已越来越难于容身。这一来，诗人已经无处安顿。

提起诗人，记得我为他们写过一段话：

在巨大的政治乱局中，最痛苦的是百姓，最狼狈的是诗人。

诗人为什么最狼狈？

第一，因为他们敏感，满目疮痍使他们五内俱焚；

第二，因为他们自信，一见危难就想按照自己的逻辑采取行动；

第三，因为他们幼稚，不知道乱世逻辑和他们的心理逻辑全然不同，他们的行动不仅处处碰壁，而且显得可笑、可怜。

最典型的例子，首推李白。

"安史之乱"前夕，李白在河南商丘，因为妻子住在那里。叛军攻击商丘，他就带着妻子经安徽宣城，躲到了江西庐山。

李白深明大义，痛恨"安史之乱"，一心想为平叛出力。他所在的庐山属于永王李璘管辖，李璘读过李白的诗，就派人上庐山邀请他加入幕府做顾问。李白觉得，能够跟着永王去平叛，求之不得，立即就答应了，但是他的妻子出来阻止。

李白的这位妻子，是武则天时候的宰相宗楚客的孙女，深知政治的复杂性。她太了解自己这位可爱的丈夫了，虽然充满了正义感和自信心，却严重缺少判断力和执行力，一旦下山从政，一定坏事。

但李白还是下山了。他有一句诗写到当时的情景："出门妻子强牵衣……"当然，妻子没有把他的衣服牵住。

果然不出妻子所料，一身理想的李白，确实分辨不了政治形势。他所追随的永王李璘，虽然接受了父亲唐玄宗的指令，正在顺长江东下，但太子李亨已经即位，成了肃宗皇帝，下令李璘掉转方向西行。李璘没听，这就成了抗旨，成了另一种反叛，双方打了起来。

这一下李白蒙了，自己明明是来参加平叛的，怎么转眼成了另一种反叛？

更麻烦的是，永王的队伍受到新皇帝的讨伐，很快作鸟兽散了，却留下了一个天下名人李白。很快大半个中国都知道了，李白上了贼船。

李白狼狈出逃，逃到江西彭泽时被捕，押到了九江的监狱。妻子赶到监狱，两人一见面就抱头痛哭。李白觉得，自己最对不起的是妻子。

李白被判，流放到夜郎，那地方在今天的贵州，很遥远。七五七年寒冬，李白与妻子在浔阳江边流着眼泪告别。幸好，一年多以后，朝廷因为关中大旱，发布了大赦令，名单中有李白。

李白终于回来了。他在江船上写了那首所有的中国人都会朗诵的诗：

朝辞白帝彩云间，千里江陵一日还。两岸猿声啼不住，轻舟已过万重山。

朗诵者们不知道的是，写出这么美丽诗句的诗人，生命之舟已经非常沉重。诗中所说的"轻舟"，带向了他生命的最后年月。最后年月，他只能求得别人极其微薄的周济，六十一岁去世。

李白所遭遇的危难，有很多让人痛心的环节，而最让我痛心的是这样一个事实：天下大量痴迷他诗歌的人，不是想救他，而是想杀他。

只有一个人在怀念他，那就是杜甫。杜甫在一首怀念李白的诗中有这样两句："世人皆欲杀，吾意独怜才。"

李白（梁楷《太白行吟图》）

请听听"世人皆欲杀"这五个字。杜甫在这里所说的"世人"，当然不是指全天下、全中国的人，但至少是指当时朝野上下的多数政客、文人、读者。他们都知道李白一心只想平叛，分不清皇帝两个儿子的关系，将他入罪非常冤枉，而且也都知道他是一个稀世天才，千年难得。但是，他们异口同声要把他杀了！

也就是说，把"床前明月光"给杀了，把"举杯邀明月"给杀了，把"黄河之水天上来"给杀了，把"噫吁嚱，危乎高哉"给杀了!

这实在要给中国文化的社会接受心理，打上一个大大的问号。

也许有人会出来辩解，说他们只是害怕政治麻烦。其实，害怕政治麻烦，最多也就是不发言、不吭声罢了，为什么要大声喊杀呢？

我认为，这里包含着因嫉妒而生恨的成分，而且有一种企盼观赏杰出生命受难的不良癖好。

难道他们有资格来嫉妒李白？

原来，文化比权力和财富更能区分生命等级，因此一切著名文化人都会成为别人生命等级的潜在威胁。正因为这样，自古以来，不少同行很想看到他们伤痕累累，尽快消失；不少读者很想看到他们挣扎呻吟，求告无门。过后也会说一些好话，但那大多是在他们死亡之后。这种负面心态，严重地损害了中国文化的创造实绩。

但是，不管怎么喊杀，李白是不朽的。我说过，那些喊杀的人，如果还有灵魂留在历史上，那一定为自己曾经与李白生在同一个时代而扬扬得意。

二十年前，安徽马鞍山采石矶风景区找到我，说他们那里正是李白去世的地方，历代总要刻碑纪念，立于三台阁，但是缺少一个当代之碑，希望我来写，而且希望用我自己的书法。我立即铺纸磨墨，写了一个碑。很快这个碑就刻在万里长江边上了。

请允许我把这个纪念李白的碑文，朗读一下。既然是以书法写碑，当然适合用文言文，但我又希望一般游客都能读懂，一起来纪念李白，因此用的是浅近文言，大家一听就能够明白。

此为采石矶，李白辞世地。追溯三千里，屈原诞生地；追溯两千里，屈原行吟地；追溯一千里，东坡流放地。

如许绝顶诗人，或依江而生，或凭江而哭，或临江而唱，或寻江而逝，可见此江等级，早已登极。余曾问：在世界名山大川间，诗格最高是何处？所得答案应无疑：万里长江数第一。

细究中华诗情，多半大河之赐。黄河呼唤庄严，长江翻卷奇丽；黄河推出百家，长江托举孤楫；黄河滋养王道，长江孕育遐思；黄河浓绘雄浑，长江淡守神秘。两河喧腾相融，合成文明一体。

李白来自天外，兼得两河之力，一路寻觅故乡，归于此江此矶。于是立地成台，呼集千古情思，告示大漠烟水，天下不可无诗。

诗为浮生之韵，诗乃普世之寄。既然有过盛唐，中国与诗不离；既然有过李白，九州别具经纬。

采石矶碑（余秋雨文并书，镌刻于安徽马鞍山采石矶三台阁）

出为采石矶李白
薛世地连潮三千
里屈原诞生地连
滔滔千里屈原行吟
地连潮一千里东坡
沫放地如许绝顶
诗人或依江而生或
凭江而哭或临江而唱
或居江而逝 可见此
江举以甲于群芳者

王道长江第一首遐
思黄河浊绘之雄浑
长江清守神秘两
河宣携相执合成
文明一体李白由
天外兼得两河之力
赂寻觅于乡妇於
此口此矶於是主地
或台峰集千古峨思
主京大冀因以天

第 032 讲

以苦难抚摩苦难

李白遭遇大难，只有杜甫在怀念他，这就要说说李白与杜甫的友情了。

李白与杜甫相遇是在七四四年。那一年，李白四十三岁，杜甫三十二岁，两人相差十一岁。

很多年前，我曾对这个年龄产生疑惑，因为从小读唐诗时一直觉得杜甫比李白年长。李白英姿勃发，充满天真，而杜甫则温良敦厚，有长者之风。由此可见，艺术风格所投射的生命基调，会兑换成不同的年龄形象，与真实的年龄有很大差别。

李白与杜甫相遇的时候，彼此有一种特殊的感觉。李白当时已名满天下，而杜甫还只是崭露头角。杜甫早就读过李白的很多诗，一见其人，全然着迷。李白见到杜甫也眼睛一亮，他历来不太懂得识人，经常上当受骗，但如果让他来识别一个诗人，却错不了。他听杜甫吟诵了几首新写的诗，立即惊叹。当然，他不能预知，眼前这个年轻人，将与他一起共享中国诗歌的王者之尊且永远无人觊觎。

他们最早是在洛阳认识的，后来又在今天河南开封市的东南部，旧地名叫陈留的地方相聚。还与几个朋友一起，骑马到商丘以北的一个大泽湿地打猎。李白和杜甫的结交，甚至到了"醉眠秋共被，携手日同行"的地步。

但是，对友情，似乎杜甫更为专注。杜甫写了很多怀念李白的诗，而李白却写得不多。这里体现了两种不同的人生风格，却不影响他们在友情领域同样高贵。

对于他们的友情，我写过这样一段话：

这就像大鹏和鸿雁相遇，一时间巨翅翻舞，山川共仰。但在它们分别之后，鸿雁不断地为这次相遇高鸣低吟，而大鹏则已经悠游于南溟北海，无牵无碍。差异如此之大，但它们都是长空伟翼、九天骄影。

处于思念中的杜甫，自己的处境又怎么样呢？也不好，但麻烦比李白小一点儿。

"安史之乱"爆发时，杜甫刚做上一个小官，不在长安，却很快回来了。长安城被叛军攻陷后，年迈的唐玄宗逃到四川，新皇帝李亨在遥远的灵武即位，成为唐肃宗，准备反攻。杜甫想，自己官职虽小，灵武虽远，也要赶去参与皇帝平叛的大业，就把家人安置在陕西富县的羌村，自己则与其他人投入漫漫荒原，远走灵武。但是，他们很快被叛军的马队追上了，押回长安，被当作俘虏囚禁起来。

杜甫被囚禁八个月后，有一天在草木的掩蔽下又逃了出去。这时他听说，皇帝已经从灵武到了凤翔，那就近多了，他很快找到了朝廷和皇帝。皇帝见到这位大诗人脚穿麻鞋，衣衫褴褛，有点儿感动，就留他在身边做谏官，叫"左拾遗"。谏官，也就是提意见的官。

没想到，他卷入了"房党"事件。所谓"房党"，是指房琯的党羽。这个房琯是个高官，在唐玄宗和新皇帝交接的事情上立有大功，但有人向新皇帝挑拨，说他更忠于老皇帝，这就碰到了新皇帝内心的死穴。正好房琯进攻长安失败，就遭到了贬斥。

于是杜甫站出来了，上奏说，房琯这人是自己奋斗出来的，现在已经成了学养很好的高官，很有大臣的体面，希望皇上从大处着眼。皇帝一听很生气，觉得杜甫就是"房党"，下令治罪，"交三司推问"。

在当时，皇帝下令"交三司推问"，肯定凶多吉少。杜甫在这件事情上的遭遇，与司马迁几乎一样，由于替别人讲话而遭罪。这让人不能不后怕，想到在朝廷极权之下，中国文化有可能在顷刻之间失去杜甫。只是，有时也会出现偶然因素，使悲剧稍稍停步。杜甫那天遇到的偶然因素是，有人提醒皇上，杜甫的职务是"谏官"，专门用来提意见的。皇上一想也对，就放了他，但也不再信任杜甫。后来杜甫被贬为"华州司功参军"，他到华州一看，什么也干不了，就带着家属到甘肃投靠一个远房亲戚，但在那里又过不下去，只得回来，到处寻找生机。在成都草堂住的时间比较长，后来又继续流浪。他不可能向任何机构领取薪俸，只能找熟人接济，经常很多天都没有什么吃的，又患有严重的肺病、糖尿病、风湿性关节炎，后来耳朵也聋了，牙齿还掉了一半。七七〇年冬天，他病死在洞庭湖的一条船上，那年他五十八岁。

这个始终在战乱和饥饿中逃命的可怜流浪汉，居然是一个世界级的顶峰诗人。我曾在著作中一再论述杜甫——

他为苍生大地投注了极大的关爱和同情。再小的村落，再穷的家庭，再苦的场面，都逃不过他的眼睛。他静静观看，细细倾听，长长叹息，默默流泪。他无钱无力，很难给予具体帮助，能给的帮助就是这些眼泪和随之而来的笔墨。

一种被关注的苦难就不再是最彻底的苦难，一种被描写的苦难就不再是无望的泥潭。中国从来没有一个文人，像杜甫那样用那么多诗句描写苦难存在的方位和形态，以及苦难承受者的无辜和无奈。因此，杜甫成了中国文化史上最完整的"同情语法"的创建者。后来中国文人在面对民间疾苦时所产生的心理程序，至少有一半与他有关。中国文化因为有过了杜甫，增添了不少善的成分。

人世对他，那么冷酷、那么吝啬、那么荒凉；而他对人世却完全相反，竟是那么热情、那么慷慨、那么丰美。

杜甫（吴为山雕塑作品）

　　用感同身受的苦难来抚摩大地苦难的诗人，杜甫堪称第一。他流浪的地方多，流浪的线路长，构成了一幅饱含深情的"杜甫地图"。

　　他是什么地方人？很多人都会说四川成都，那是因为"杜甫草堂"。其实，要说祖籍，是在湖北襄阳，但祖父已经迁到河南巩县，因此一般都说他是巩县人。他的"心理家乡"，分布在中国很多地方。我真希望，他的足迹能被今人用诗化的方式好好纪念。只要是他写到过的地方，最好能立下一座座诗碑。"诗意地居住"，这是西方哲学家的理想，在中国却可以展开得更加饱满。因为除了诗化的自然环境外，还可以让诗作本身来做证。

　　在欧洲较早发达的国家，总会把哲学家、艺术家、文学家的居所和行迹尽可能地标注出来，借以显示这个地方的文化深度以及后人对这种文化深度的尊重。更夸张的是，后来欧美不少地方，甚至把海明威这样的现代作家逗留过半天，喝过一杯咖啡的记录也标示得清清楚楚，而各国游客也都将其当作一件大事，争相摄影。我们中国历史悠久、名家众多，当然不必做得那么琐碎，却也不能不做。

我多么希望，让李白、杜甫的诗，从课本走向旷野，从诗集走向山水。其实，这也是对后代的一种美学唤醒。

大大的侥幸

王维在"安史之乱"中也经历了不小的风险，却与李白、杜甫很不一样。

王维和李白，生卒年几乎一样。好像王维比李白大几个月，李白又比王维晚走一年。李白因为对仕途失望而四处漫游，王维却因为受到重视而被仕途左右。然而王维毕竟是王维，当信任他的宰相张九龄被李林甫所取代，而他又丧失了心爱的母亲和妻子之后，就在心中挥走了最后一丝豪情，过起了半做官、半隐退的生活。正是在这期间，他写下了我们今天还非常喜欢的那些诗。

"安史之乱"发生后，他被叛军俘虏。问题是，他的文化名声使安禄山也知道他，逼他做官。王维不知道如何反抗，先是服了大量泻药，号称生病，后来又假装嗓子哑了。但是安禄山不管，还是给了他一个"给事中"的官职，与他原先在唐王朝中的官职一样，位阶不低。这就算是在反叛的政权中担任"伪职"了。王维知道此事非同小可，壮着胆子出逃了一次，却又被抓了回来，被迫任职。

不管怎么说，这对王维来说，实在是牵涉到了政治大节。相比之下，李白只是在讨伐安禄山的大方向下跟错了人；杜甫连人也没有跟错，只是为一位大臣说了几句话；而王维，却硬是被逼迫成了安禄山手下的人，而且是个官职不小的要人。后来，唐王朝反攻长安得胜，所有在安禄山手下担任"伪职"的官员，全都成了朝野上下共同声讨的叛臣，必判重罪。可怜的王

王维

维也名列其中，而且由于他最有名，成了全国关注的焦点。

"安史之乱"太让人痛恨了，王维几乎没有活下来的可能。

但是，王维奇迹般地得救了。

救他的不是别人，而是他自己。

原来，就在王维担任伪职期间，曾发生一件事。那天，安禄山在凝碧池里举行庆功宴，逼迫梨园弟子伴奏，领头的乐工雷海青当场扔下琵琶，号啕痛哭。安禄山立即下令，处死雷海青，而且手段非常残忍。

我希望大家记住这位勇敢的唐代音乐家的名字，他当着安禄山的面宣告，艺术不与邪恶合作，为此可以付出任何代价。

王维听到了这件事，深受冲击，立即写了一首诗，题目叫《菩提寺禁裴迪来相看说逆贼等凝碧池上作音乐供奉人等举声便一时泪下私成口号诵示裴迪》。诗题冗长而曲折，但显而易见，他一下子就把安禄山称作了"逆贼"。诗的前两句是"万户伤心生野烟，百官何日再朝天？"意思是，在这万户伤心的日子里，这里的百官什么时候能够再一次朝拜真正的天子？

这首诗因为出自大诗人王维之手，立即悄悄传开了，而且传到新皇帝唐肃宗李亨的耳朵里，李亨由此知道了长安、洛阳城里的人对自己的深深期盼。因此，到了破城之日，王维被俘，皇帝凭着这首诗，示意对他从轻发落。

而且，王维有一个出色的弟弟叫王缙，是平叛战役中的有功将领。他向朝廷提出，要求削减自己的官职和功勋，来减轻哥哥的罪责。这一来二去，王维就没事了。

这不应该看成是王维的侥幸。因为当初他写的这首诗，既然传到城外了，那也极有可能传到安禄山的耳朵里。按照安禄山的脾气，他一定会说，既然你那么同情雷海青，那就一起到他那里去吧。因此，王维在敌营痛恨逆贼，而且有写诗的实际举动，是真实的。他的诗在当时产生了正面影响，也是真实的。有了这两度真实，他应该免祸。但是，如果那天他没有写这首诗呢？

不管怎么说，对我们这些后代读者来说，实在是一个大大的侥幸。试想，如果王维因为"投靠安禄山"而蒙罪，即使逃过了杀身之祸，也逃不过千古恶名，那么按照中国文坛历来的道义底线，他的诗作也就留不下来了。那就赶紧让我们再看一看他的那些美丽诗句：

> 空山新雨后，天气晚来秋。明月松间照，清泉石上流。

> 独坐幽篁里，弹琴复长啸。深林人不知，明月来相照。

> 红豆生南国，春来发几枝？愿君多采撷，此物最相思。

> 君自故乡来，应知故乡事。来日绮窗前，寒梅著花未？

当然，我们还不妨关注一下他在历尽风波之后的晚年心境。请看他的这首诗：

> 晚年唯好静，万事不关心。自顾无长策，空知返旧林。

说过了李白、杜甫、王维的遭遇，大家一定百感交集。

你们在各种文学史上读不到这些内容，那里也会说到一些生平事迹，但不会触及他们人生的痛切之处、尴尬之处。其实，正是这些痛切之处、尴尬之处，才能使我们真正地了解他们。

你们在各种历史讲坛中也听不到这些内容，那里只说皇帝、大臣、将军、妃子的事情，认为文人的遭遇很不重要。其实，真正贯穿我们历史的，恰恰不是宫廷争斗，而是这些文人留下的足迹、写下的诗句、创造的文化。

他们在创造文化的时候，既展现了自己的人格，也淬砺了自己的人格。例如王维，一定在乐工雷海青壮烈牺牲的事迹中，反思过自己的人格结构，因此拿起了笔。

其实，我在说雷海青事迹的时候，又想到了另一个更响亮、更宏伟的人格范型。在"安史之乱"中，他比李白、杜甫、王维都更强大，他也是一个文人。

记得我在北大讲课的时候，专门为他多加了一堂课，课程的题目叫"多记一个名字"。这个必须让大家多记的名字，就是颜真卿。

一般认为，他是一位著名的书法家。但我要讲的，是他的人格。

我认为，他是唐代文化人格的一个标杆。当他加入了唐代的集体人格，我们对这个时代就更敬重了。

我还认为，讲唐代文化，漏了他，就结束不了。

那就郑重地留给下一讲吧。

第 034 讲

人格地标

上一讲已经预告，今天要讲归结性的人物——颜真卿。

要讲他，还是要回到"安史之乱"。

"安史之乱"突然爆发时，唐玄宗毫无思想准备，朝廷上下毫无思想准备，整个军事行政系统毫无思想准备。那么，大家都在准备什么呢？准备当夜的乐府，准备明天的梨园，准备山间的论道，准备河边的小宴。

唐朝的三分之一军队都掌握在叛臣安禄山手里。当叛乱以迅雷不及掩耳之势横扫大地的时候，唐玄宗着急地问道："河北二十四郡，难道没有一个忠臣吗？"

有一个人站出来了，他就是颜真卿。但是唐玄宗对他不熟悉，问："这是谁呀？"

颜真卿站出来很不容易，因为他和他的哥哥颜杲卿，都是安禄山管辖下的太守。颜真卿的所在地是平原，也就是现在的山东德州。他哥哥的所在地，是现在的河北正定。颜真卿首先发表讨伐安禄山叛变的檄文，在一天之内就募集了一万多士兵。由于他的号召力，黄河以北的正义力量纷纷投向他，他很快集中了二十万军队，并被推举为主帅。

他最迫切的事是要与哥哥商量每一个环节，但彼此隔得太远，就选了一个年轻的联络员，那就是哥哥的儿子、自己的侄子颜季明。由于这个颜季明的奔走，颜真卿和哥哥的英勇行动就遥相呼应了。

但是不幸，哥哥在战斗中被安禄山逮捕。安禄山用最残酷的方式对付

颜真卿

颜真卿的哥哥，割下了他的舌头，剁了他的手，而且把颜家三十余口全部杀害，颜季明也被砍了头。

对于颜家的巨大牺牲，皇帝当然也很钦佩，但是朝廷老是打败仗，又退又逃，也就顾不上去纪念这个家族了。

朝廷不纪念，自己来纪念。颜真卿用文章祭祀自己的家人，其中祭祀侄子颜季明的那份《祭侄文稿》，满篇都蕴含着斑斑血泪和铮铮铁骨，成了中国书法史上除王羲之《兰亭序》之外的第二经典。

在这里我要插一段话，说说我与颜真卿《祭侄文稿》的联系。

我九岁时从浙江家乡来到上海，叔叔余志士先生不仅带我参观了各种展览，还领我到上海旧书店去感受书籍的魅力。就是在那里，他买下了一部由珂罗版印刷的颜真卿的《祭侄文稿》，而且给我讲了相关故事。十一年之后的一九六六年，叔叔在一场浩劫中为了抗议暴徒的恶行，三次切割动脉自尽，用鲜血捍卫了生命的尊严。我妈妈前去处理后事回来，我一次次询问，有没有见到一部颜真卿的《祭侄文稿》，我亲眼看到叔叔购买的。但妈妈说没有，什么都被暴徒们搜走了。

我当时想，字帖的名字叫《祭侄文稿》，现在反过来，要由我这个侄子来祭奠叔叔了。后来，我不管遇到多少灾难，包括前些年那些暴徒用谣言和诽谤反扑我，我都坚定不移，继续从事我的文化大业，因为我心中有颜真卿的血泪笔墨。后来，我把叔叔的事迹说给妻子马兰听，马兰就在叔叔去世二十五周年的日子里上演了黄梅戏《红楼梦》，进行心照不宣的隆重悼念。因为叔叔受迫害与《红楼梦》有关。

因此，我在这里要对我指导的博士研究生们说一句话："你们如果要更好地了解老师我，请再看一遍颜真卿的《祭侄文稿》，因为这是我的人生教材。"

说到这里，我们还是要赶紧回到颜真卿那里去，因为我还没有把他讲完。

颜真卿带着二十万兵马向安禄山进攻那一年，四十六岁。又过了二十八年，谁也没有想到，七十四岁高龄的颜真卿又接受了一项朝廷使命。

原来，"安史之乱"平定之后，那些地方军事势力因为也参与过平叛，似乎获得了扩张的理由。其中，河南许昌的李希烈与另一支部队联合起来，准备与朝廷唱对台戏，自己称帝。对此，已经很衰弱的朝廷除了派人去劝诚和安抚外，没有其他办法。那么，派谁去合适呢？皇帝想到了颜真卿。

皇帝的理由有两点：第一，李希烈现在这么张扬，是因为平叛有功，但平叛的第一功臣是颜真卿，他完全有资格居高临下地教训李希烈；第二，颜真卿已经七十四岁，又是全国敬仰的文化名人，李希烈能把他怎么样？

对这件事，朝廷也有过犹豫。宰相卢杞别有所图，但很多官员持有不同意见。不同意见无非两点：第一，长安到许昌路途遥远，老人家的身体折腾不起；第二，李希烈如果害了颜真卿，唐朝也就失去了国魂。

但是，颜真卿本人觉得义不容辞，还是上路了。一路上有各地官员和

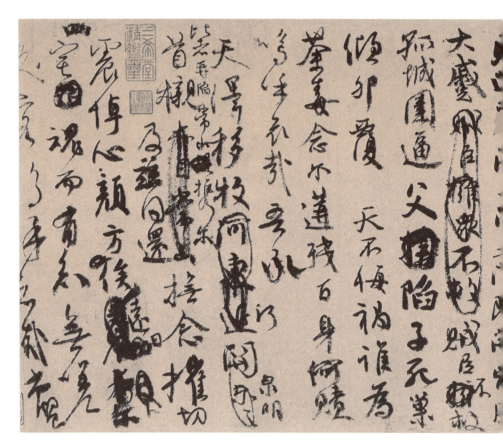

颜真卿《祭侄文稿》

将士在半道上劝阻，但都没有效果，老人还是继续前行。

　　到了许昌，李希烈指挥一千多个"干儿子"拔刀而立，面目狰狞。颜真卿举止自若，毫不畏惧。李希烈又放下笑脸，对颜真卿说："我做皇帝，你做宰相吧。"颜真卿立即怒斥，说分裂大唐是天大罪恶。

　　后来，李希烈用各种方式威胁老人，试图让他屈服。一会儿，挖了一个一丈见方的大泥坑，说如果再不听话，就推下去活埋。颜真卿回答说："生死有分，不用啰唆！"一会儿，又架起木柴，浇上油，点起大火，说立

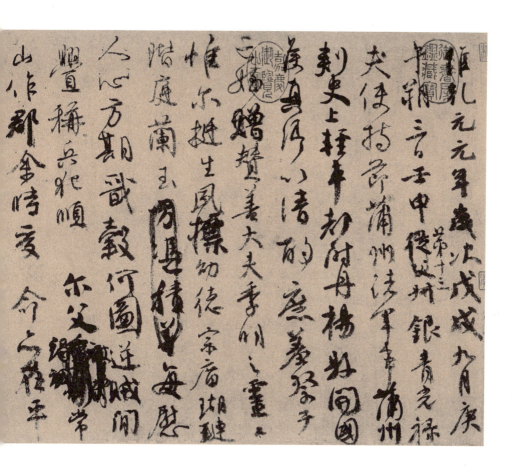

即要把颜真卿烧死。颜真卿觉得自己作为朝廷使臣已经把大是大非表明，决定以更壮烈的举动来告示天下，就自己跳进了火中，却被叛军拉了出来。

颜真卿被李希烈关在一个庙里。他自己觉得年事已高，不久人世，就给自己写了墓志和祭文，也向朝廷写了遗志，然后对着墙壁说："这儿就是我的葬身之地。"

但在此后，颜真卿只要看到李希烈再来动员，还是反复劝诫，阻止他继续谋反。没承想，朝廷的军队在其他地方杀了李希烈的弟弟，李希烈为了报复，就用绳子勒死了颜真卿。这时，老人已经七十六岁。

他终于走完了自己的一生。对于如此壮烈的生命，我实在不知道怎么来表达内心的敬仰。

唐代是美好的，但是一切美好都会被邪恶的目光觊觎，时时面临着分割的危险。你看唐代，先有安禄山，后有李希烈，还有其他一些人，一心想着破坏。颜真卿居然以文化人的身份，每次都站在危难的最前沿，用生命来捍卫唐代。为了战胜安禄山，他付出了整个家族三十余口的生命；为了战胜李希烈，他付出了自己苍老的晚年。每一次，他都不是偶然遭难，而是早就做好了牺牲的准备。

唐代，就是这样保卫下来的。或者说，正因为这样，唐代才叫唐代。

因此，中国文化的最高坐标，中国人的最大骄傲，与这位文人有关。记得那年我在讲授中国文化史的这一段时，对北大学生说过一番话：

> 最近媒体上几度出现有关"世界末日"的传言，很多年轻朋友问我："如果真到了这一天，你会做什么？"这个问题摆脱了末日传言的真伪，把我们推向了终极意义上的精神拷问，不能不回答。
>
> 我的回答是，如果真到了这一天，我会站在高处，指挥我的学生化解人们的最后混乱，然后以从容的微笑，为人类打下一个漂亮的句号。
>
> 为什么会这样？因为我心中有颜真卿。他总是在大混乱中站在最前面，然后用生命让世界安静。
>
> 其实，这也是文化的最高力量和最后力量。
>
> 同学们，你们也许为自己成了一个文化人而暗暗得意，想想颜真卿，你们就不会得意了。反过来，你们也许为自己成了一个文化人而暗暗沮丧，想想颜真卿，你们就不会沮丧了。

在颜真卿壮烈牺牲二百七十年后，宋代文学家欧阳修在《新唐书》里激动地写道："呜呼，虽千五百岁，其英烈言言，如严霜烈日，可畏而仰哉。"

我把它翻译成今天的文字，大体是：啊，不管是一千年，还是五百年，他的英烈行为高不可及，就像严霜烈日一样，人们除了敬畏，就是仰望。

欧阳修说得不错，颜真卿的人格高度难以重复。但是，既然出现了，也就证明，这里具有出现这种高度的充分可能。

集体人格最值得重视的是两种形态：一是广泛普及型，二是高标独立型。颜真卿显然属于第二种，虽不普及，却具有标志意义。

这就像我们现在常常所说的"地标"，高到了难以企及，却是整片土地向外部世界呈现的标记。地标不易攀登，却是一个城市、一个地域的代表。

颜真卿就是唐代文化人格的地标。当然，也是我们所有中国人的代表。

第 035 讲

以楷为法

颜真卿不仅是伟大的英雄，而且也是伟大的书法家。我在讲述他的崇高行迹之后，不忍心一下子跳到他的文化墨迹。但后来一想，跳过去也可以，让大家在巨大反差中领略一个无限丰富的唐代。

颜真卿引领了唐代行书和楷书的神脉。唐代从一开始，就是以楷书见胜。后来，草书也成就非凡。这几个不同书体，以笔墨形态概括了唐代美学。

受唐太宗影响，唐初书法主要是追摹王羲之。然而当时那些书法家所写的，更多是楷书，而不是行书。他们觉得行书是性灵之作，已有王羲之在上，自己怎敢挥洒。既然盛世已立，不如恭恭敬敬地为楷书建立规范。因此，临摹王羲之最好的欧阳询、虞世南、褚遂良等人，全以楷书自立。

虞世南是我的同乡，余姚人。褚遂良是杭州人，也算大同乡。但经过仔细对比，我觉得自己更喜欢的还是湖南人欧阳询。三人中，欧阳询与虞世南同辈，比虞大一岁。褚遂良比他们小了近四十岁，算是下一代的人了。

欧阳询和虞世南在唐朝建立时，已经年过花甲，有资格以老师的身份为这个生气勃勃的朝代制定一些文化规范。欧阳询早年曾在一方书碑前坐卧了整整三天。后来他见到王羲之指点王献之的一本笔画图，惊喜莫名。主人开出三百卷最细缣帛的重价，欧阳询购得后整整一个月日夜赏玩，喜而不寐。在这基础上，他用自己的笔墨为楷书增添了笔力，以尺牍的方式示范

欧阳询《九成宫醴泉铭》（局部）

坊间，广受欢迎。

开始还不是唐太宗李世民发现了他，而是唐高祖李渊。李渊比欧阳询小九岁，至于李世民，则比他小了四十多岁。李渊在处理唐皇朝周边的藩属关系时，发现东北高丽国那么遥远，竟也有人不惜千里跋涉来求欧阳询

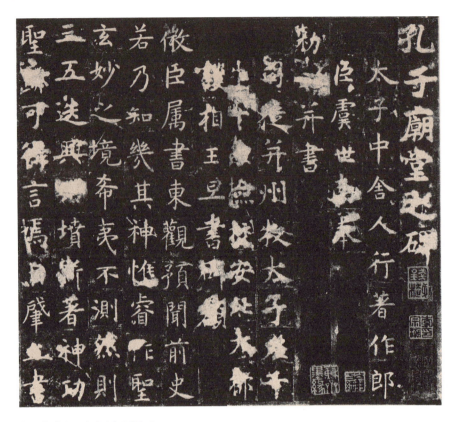

虞世南《孔子庙堂碑》（局部）

的墨迹，感到十分吃惊，才知道文人笔墨也能造就一种笼罩远近的"魁梧"之力。

欧阳询的字，后人美誉甚多，我觉得宋代朱长文在《续书断》里所评的八个字较为确切：纤浓得中，刚劲不挠。在人世间做任何事，往往因刚劲而失度，因温敛而失品，欧阳询的楷书奇迹般地做到了两全其美。他的众多法帖中，我最喜欢两个：一是《九成宫醴泉铭》，二是《化度寺碑》。

欧阳询写《九成宫醴泉铭》时已经七十五岁，写《化度寺碑》早一年，也已经七十四岁。他以自己苍老的手，写出了年轻唐皇朝的青春气息。

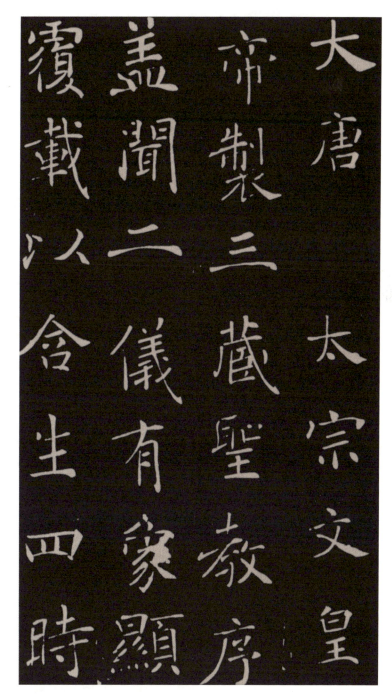

褚遂良《雁塔圣教序》（局部）

比欧阳询小一岁的虞世南，实实在在担任了唐太宗的书法老师，这是我前面提到过的。他的小楷《破邪论序》，颇得王羲之小楷《乐毅论》、《黄庭经》的神韵，但我更喜爱的是他的大楷《孔子庙堂碑》。恭敬清雅，舒卷自如，为大楷精品。我特别注意这份大楷中的那些斜钩长捺，这是最不容易写的，他却写得弹挑沉稳，让全局增活。

褚遂良被唐太宗看重，倒不仅仅是字写得好。在政治上，褚遂良也喜欢直谏不讳，唐太宗觉得他忠直可信，甚至在临终时把太子也托付给他。谁都知道，在中国朝廷政治中，这种高度信任必然会带来巨大祸害。褚遂良在一些朝政大事上坚持自己与武则天不同的观念，结果可想而知：逐出宫门，死于贬所，追夺官爵，儿子被害。

文化人就是文化人，书法家就是书法家，涉政过深，为大不幸。我想，褚遂良像很多文化人一样，一直记着唐太宗和虞世南的良好关系，误以为文化和权势可以两相帮衬。其实，权势有自己的逻辑，与文化逻辑至多是偶然重合，基本路向并不相同。尽管在特殊情况下也能建立以美为标准的人格平等，但是在历史长途中，美的力量很容易被别的力量剥夺。由此，造成大量美的创造者的悲剧。

当然，创造者的不幸并不是创造物的不幸。例如，褚遂良就留下了不少优秀的书法作品，这是他永不死亡的生命。现在到西安大雁塔，还能看到他写的《雁塔圣教序》。那确实写得好，与欧阳询、虞世南的楷书一比，这里居然又融入了一些隶书、行书的笔意，瘦瘦劲劲，又流利飘逸。在写这份《雁塔圣教序》的第二年，他又写了大楷《大字阴符经》。这份墨迹最让我开颜的，是它的空间张力。

第 036 讲

草书精神

对唐代还须认真留意的是草书。没有草书，会是唐代的重大缺漏。

为什么这么说呢？

这就牵涉到书法美学和时代精神的关系问题了。

伟大的唐代，首先需要的是法度。因此，楷书必然是唐代的第一书体。上上下下，都希望在社会各个层面建立一个方正、端庄、儒雅的"楷书时代"。这时，"楷书"已成了一个象征，以美学方式象征着社会需要。

但是，伟大必遭凶险，突然爆开了安史之乱的时代大裂谷，于是颜真卿用自己的血泪之笔，对那个由李渊、李世民、李治一心想打造的"楷书时代"做了必要补充。有了这个补充，唐代更真实、更深刻、更厚重了。

这样唐代是不是完整了呢？还不是。

把方正、悲壮加在一起，还不是人们认知的大唐。至少，缺了奔放，缺了酣畅，缺了飞动，缺了癫狂，缺了醉步如舞，缺了云烟迷茫。这一些，在大唐精神里不仅存在，而且地位重要。于是，也就产生了审美对应体，那就是草书。

想想李白，想想舞剑的公孙大娘，想想敦煌壁画里那满天的衣带，想想灞桥边上的那么多远行者的酒杯，我们就能肯定，唐代也是一个"草书时代"。

唐代的草书大家，按年次，先是孙过庭，再是张旭，最后是怀素。但依我品评，等级的排列应是张旭、怀素、孙过庭。

孙过庭出生时，欧阳询刚去世五年，虞世南刚去世八年，因此是一个书法时代的交接。孙过庭的主要成就，是那篇三千多字的《书谱》。既是书法论文，又是书法作品。这种"文、书相映"的互动情景，古代习以为常。

《书谱》的书法，是恭敬地承袭了王羲之、王献之的草书规范。但是一眼看去，没有拼凑痕迹，而是化作了自己的笔墨。

孙过庭的墓志是陈子昂写的，而比他小三十多岁的张旭，则开始逼近李白的时代了。当然，他比李白大了十六岁。

张旭好像是苏州人，但也有一种说法是湖州人。刚入仕途，在江苏常熟做官。有一位老人来告状，事情很小，张旭就随手写了几句判语交给他，以为了结了。没想到，才过几天，那位老人又来告状，事情还是很小。这下张旭有点儿生气，说："这么小的事情，怎么屡屡来骚扰公门？"

老人见张旭生气就慌张了，几番支吾终于道出了实情，他告状是假，只想拿到张旭亲笔写的那几句判语，作为书法精品收藏。

原来，那时张旭的书法已经被人看好。老人用这种奇怪的方式来索取，要构思状子，要躬身下跪，要承受责骂，也真是够诚心的了。张旭连忙下座细问，才知老人也出自书法世家，因此有这般眼光。

张旭曾经自述，他的书法根底也出自王羲之、王献之，通过六度传递，到了他手上。

因此，中国古代书法史也就出现了非常特殊的传递层次。一天天晨昏交替，一对对白髯童颜，一次次墨池叠手，一卷卷绢缣遗言……这种情景，放到世界艺术史上也让人叹为观止。

秘传之途，也是振新之途。到张旭，他毕生最耀眼的业绩是狂草。

狂草与今草的外在区别之一，是看字与字之间连不连。与孙过庭的今草相比，张旭把满篇文字联动起来了。这不难做到，难的是必须为这种满篇联动找到充分的内在理由。

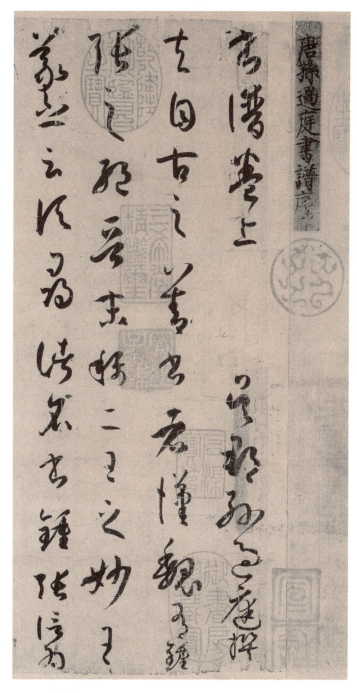

孙过庭《书谱》（局部）

这一点，也是狂草成败的最终关键。从明、清乃至当今，都能看到有些草书频繁相连，却找不到相连的内在理由，变成了为连而连，如冬日枯藤，反觉碍眼。张旭为字与字之间的联动创造了最佳理由，那就是发掘内在的生命力量，并释放出来。

这种释放出来的力量，孤独而强大，循范又破范，醉意加诗意，近似尼采描写的酒神精神。凭着这种酒神精神，张旭把毛笔当作了踉跄醉步，摇摇晃晃，手舞足蹈，体态潇洒，精力充沛地让所有的动作一气呵成，然后掷杯而笑，酣然入梦。

张旭不知道，他的这种醉步，也正是大唐的美学脚步。他把那个时代的酒神精神，用笔墨画了出来，于是立即引起共鸣。

尤其是很多唐代诗人从张旭的笔墨中找到了自己，因此心旌摇曳，纷纷亲近。

在唐代，如果说楷书更近朝廷，那么狂草更近诗人。

你看，李白在为张旭写诗了：

楚人每道张旭奇，心藏风云世莫知。三吴邦伯皆顾盼，四海雄侠两追随。

杜甫也在诗中说，张旭乃是"草圣"，"挥毫落纸如云烟"。

由此可见，张旭的那笔狂草，真把唐诗的天地搅动了。

唐代草书，当然还要说说怀素。

这位出生于长沙的僧人，是玄奘大师的门生。他学书法非常勤奋，我们历来喜欢说的那些故事，例如把用秃的毛笔堆起来埋在山下成为"笔冢"，为了在芭蕉叶上练字居然在寺庙四周种了万棵芭蕉，等等，都在说他。

他比张旭晚了半个世纪。在他与张旭之间，伟大的颜真卿起到了递接

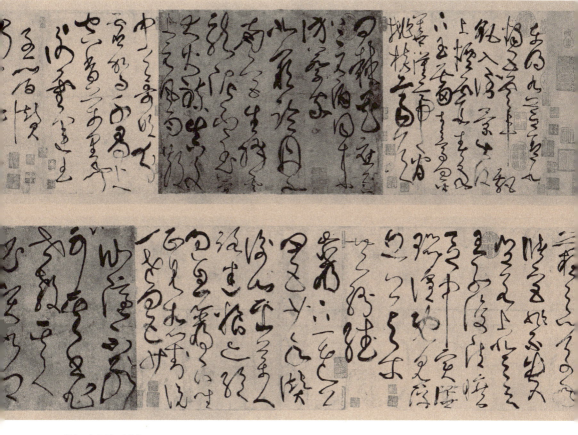

张旭《古诗四帖》

作用：张旭教过颜真卿，而颜真卿又教过怀素。这一下，我们就知道他的辈分了。

    李白写诗赞颂张旭时，那是在赞颂一位长者；但他看到的怀素，却是一位比自己小了三十几岁的少年僧人。因此他又写诗了：

    少年上人号怀素，草书天下称独步。墨池飞出北溟鱼，笔锋

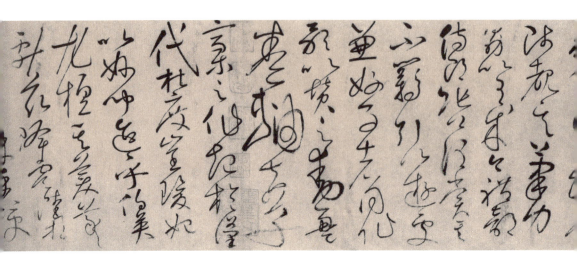

怀素《自叙帖》(局部)

杀尽中山兔。……起来向壁不停手，一行数字大如斗。恍恍如闻
神鬼惊，时时只见龙蛇走。

有了李白这首诗，我想，谁也不必再对怀素的笔墨另做描述了。

怀素的酒量比张旭更大。僧人饮酒，唐代不多拘泥，即便狂饮，怀素
也以自己的书法提供了理由。

对于怀素的作品，我的排序与历代书评家略有差异。一般都说，"素以
《圣母帖》为最"；而我则认为：第一为《自叙帖》，第二为《苦笋帖》，第
三为《食鱼帖》，第四才是《圣母帖》。

就像中国文化中的很多领域一样，唐代一过，气象大减。这在书法领
域表现得尤其明显。

书法家当然还会层出不穷，而且往往是书运越衰，书家越多。这是因
为文化之衰首先表现为巨匠寥落，因此也就失去了重心，失去了向往，失去

了等级，失去了裁断，于是"山中无老虎，猴子称大王"。而且，猴子总比老虎活跃得多，热闹得多。也许老虎还在，却在一片猿啼声中躲在山洞里不敢出来，时间一长，自信渐失，虎威全无。

我的文化史观，向来反对"历史平均主义"。这种平均主义体现在教学上，又可以称为"教科书主义"，也就是为了课程分量的月月均衡、年年均衡，总是章章节节等时等量，匀速推进。这种做法，必然会把巨峰削矮、大川填平，使中国文化成为一片平庸的原野，令人疲惫和困顿。

我之所重，是最具美学概括力的文脉、笔势、时气、诗魂。

从这个意义上说，中国书法的灵魂史，在唐代已经终结。以后当然还会有漫长的延续，不少人物和笔墨也可能风行一时，但在整体气象上，与魏晋至唐代的辉煌岁月已经不可同日而语。

俘虏楼里的奠基

讲了好几天的唐代书法，倒不是陷于一端，而是因为书法具有象征意义，可以让我们看到一种时代精神的可视图像。那么，现在就让我们回到历史主脉上来，继续宏观地审视中国文化史迹。

唐朝之后，有半个世纪的分裂局面，历史上称之为"五代十国"。一个"五"，一个"十"，两个数字一出来，就知道当时乱到什么程度了。幸好，时间不长。

在讲魏晋时代的时候，大家已经明白，乱世也会有大文化。但是，魏晋名士大多是远离朝廷、啸傲山林的"社会边缘人士"，他们有足够空闲的时间和心境来吟诗作文。有趣的是，在五代十国的乱世中，也出现了一个大诗人，但他不仅没有远离朝廷，而且是一个皇帝。

我想你们已经知道是谁了。对，就是李煜。

一个亡国之君，居然是文学史上的一个大诗人，这在世界上绝无仅有。

你们一定还记得，我在讲述奠基时代时，分析了齐国资助的稷下学宫的一个重要方针，那就是议政而不参政。为此我举了孟子的例子，滔滔议政而不被采纳，并没有影响他在稷下学宫的威望。我还提到，楚国的屈原曾到稷下学宫游历。后来屈原的经历，证明了文学大才并不是政治大才。前几天讲到的李白、杜甫、王维在一场政治危机中的狼狈相，进一步证明了文化逻辑和政治逻辑的巨大差异。

不仅如此，我还证明了，文化等级越高，这种差异就越明显。一般诗

李煜

人玩玩政治可能还行，但像屈原、李白、杜甫、王维这样的顶峰诗人来到政治领域，就一点儿也玩不转了。

这个规律，到了李煜，就变成了一种终极性的证明。

李煜做皇帝的糟糕程度，实在让人生气。他做的有些事情是不可容忍的，例如害死了很多直言的人。在军事上更是乱成一团，完全不知道如何去面对赵匡胤已经建立的宋朝。赵匡胤为了统一中国劝李煜归顺，并答应在汴京为他建造宫殿，李煜一会儿惊慌失措，一会儿自以为是；一会儿称臣，一会儿又自称"江南国主"，并没有北行的计划。赵匡胤发兵讨伐，李煜又两次派人到汴京，说自己没犯什么罪，请赵匡胤休兵。赵匡胤怎么能听他的？继续南下讨伐，在渡江的时候，把战船连在一起将长江贯通，但李煜身边的几个谋士说，查遍史书，没有这样打仗的先例。于是李煜也就放心了，直到被宋军包围，成为俘虏，丢尽脸面。

我们没有必要嘲笑这个可怜的亡国之君，但仔细分析，确实可以发现他身上那种烟云迷蒙的诗人心理，与金戈铁马的政治现实的重大区别。至少，有以下五条鸿沟，他跨不过去。

第一，他的高度诗文修养，使他有一种隐隐的文化自豪感，看不起一切粗鲁的人。在他心目中，夺取后周政权的赵匡胤只是一个没有太多文化素养的军人，称帝的过程也不太体面。这种"文化判断"，严重地影响了他对赵匡胤力量、智谋、宏图的认识。

第二，他的高度诗文修养，使他对国都江宁和周边地区历史文物的深深迷恋，又暗暗鄙视北方的一切，这种心理加重了他试图维持分裂状态的政治倾向，而对赵匡胤试图统一中国的正当选择产生了抵抗，违逆了历史的方向。

第三，他的高度诗文修养，使他对小智小谋的文字游戏产生了自我欣赏，例如赵匡胤要他北上共图大业，他却想出了一个"江南国主"的名号，似乎已经取消了原来的国号，却又显然以国自图，引起了赵匡胤的警惕。

第四，他的高度诗文修养，使他的"施政朋友圈"集中在文人圈子里。这些文人又以知识和文才互相欺骗，其实对军事和政治一窍不通。

第五，他的高度诗文修养，使他对生活中一些带有艺术性的细节特别敏感，例如春花秋月、宫女泪眼等等，这又严重地影响了他对大局的严峻判断。

我所说的这五条，反映了一种阴柔萎靡的诗化人格在铁血政治面前的必然破碎。此间责任，不完全在于李煜个人。

李煜投降的场面很屈辱，上身要全身裸露，跪下来接受宋军对国都江宁的占领，然后坐上船，在下雨天北行，到了现在河南的商丘一带，再转道汴梁，也就是现在的开封。在那里，赵匡胤举行了隆重的受降仪式。所有跟着李煜一起来投降的大臣、官员，全都穿上白衣服，慢慢地朝着受降台走去，齐齐下跪。

赵匡胤以非常高的姿态发表讲话。他说：我们现在终于走到了一起。宋朝在军事上是胜利者，但在文艺上还有点儿弱，李先生的诗词写得不错，需要你这样的人才来带动文化的发展。

赵匡胤让李煜在文化上出点儿主意，按照我们现在的说法，让他当了挂名的"文联顾问"。

赵匡胤还给李煜颁下了一个封号，叫"违命侯"，因为李煜违抗过他的命令。说起来，赵匡胤也算是中国历代统治者中特别尊重文化人的一位皇帝，他也知道李煜的文化价值，但他实在太不喜欢政治上的李煜了，因此要用政治手段加以鄙视和污辱。

李煜实在是受尽了无与伦比的屈辱。历史上很多学者也一直嘲笑他，但我却对这个时候的李煜，写下了这样一段话：

> 直到这个时候，在政治上已经彻底失败的李煜，仍然是雄视千年的文学家。他的有些句子，几乎所有的中国读书人都能随口吐出，成了极为珍罕的中文"语典"。例如"流水落花春去也，天上人间"、"春花秋月何时了，往事知多少"、"问君能有几多愁，恰似一江春水向东流"等。这些句子为什么有这么大的感染力？因为他善于捕捉最典型的图像，又善于运用最贴切的比喻，来表达一种苍凉的无奈。结果一气呵成，一字难改。

从李煜的词，我又联想到他在还没有败亡前，曾经派画家顾闳中去刺探韩熙载的生活情况，当时没有摄影设备和监控录像，顾闳中只能画了一幅《韩熙载夜宴图》呈报。这在政治上看，是一个愚蠢、可笑的举动，但不小心产生了绘画史上的千古杰作。这与李煜杰出的产生，出于同一个悖论。

在九天之上，很多权势和财富的流星早已纷纷陨落，只有一种星座长久引人仰望，其中有一颗是他。

此外，从文学史的角度看，他还有一个特殊地位。我曾在一部学术著作中这样写道：

> 在那个受尽屈辱的俘居小楼，在他时时受到死亡威胁而且确实也很快被毒死的生命余晖之中，明月夜风知道：中国文脉光顾此处。
>
> 而这个亡国之帝所奠定的那种文学样式"词"，将成为俘虏他的王朝的第一文学标志。
>
> 人类很多文化大事，都在俘虏营里发生。这一事实，在希腊、罗马、波斯、巴比伦、埃及的互相征战中屡屡出现。在我前面说到的从凉州到北魏的万里蹄声中，也被反复印证。这次，在李煜和宋词之间，又一次充分演绎。

赫赫宋朝哪里知道，它在历史上的最高文化光彩，将与这位俘虏密切相关。

乱而不乱

李煜在哀伤的俘虏楼里，孕育了宋代的第一文化标志"词"，但是我们必须赶紧说，李煜的贡献也仅止于此，不能太夸张了。因为宋代又是一个大朝代，中国文化的各个方面都会在这个朝代大放异彩。

如果说，唐代是中国文化的高扬期，那么宋代就是中国文化的精粹期。说到"精粹"，一般总认为是指典雅和精致，规模不会太大，但宋代文化的规模却非常之大。

我做过一个比喻，如果唐代文化像浩荡瀑布，那么宋代文化就像是承接瀑布的浩渺大湖。它没有瀑布那么壮观、有力，却把瀑布的道道流脉收纳了、汇聚了、融合了。

瀑布也会因为撞到半山岩礁而水花四溅，但毕竟高度犹在，气势犹在，力量犹在，总能喧嚣而下。而下面的大湖却失去了高度，失去了气势，失去了力量，虽然风光无限却鱼龙混杂、乱石嶙峋、浊流横注。而且，瀑布很难被骚扰，而大湖却可能随时被侵入。

因此，看似平静的大湖，必然比瀑布复杂得多、混乱得多、危险得多。

我们曾经反复讲到，从北魏通向唐代的过程中，以鲜卑族为代表的一些马背上的少数民族，既让自己"汉化"，又让汉人"胡化"，变成了相互激励、互相塑造的一个个双元结构，产生了辉煌的正面成果。但是事实证明，这种既"汉化"又"胡化"的双元结构也掩盖了很多必然的矛盾。例如那个安禄山，父亲是西域人，母亲是突厥人，应该算是一个胡人吧，他的行为让胡、汉之间重新审视，发现根本裂痕没有消除，而且远比想象的严重。到了宋代，一切都摆到桌面上来了。

你看北方契丹族建立的辽，立国时间早于宋朝，领土面积大于宋朝，宋朝哪里是它的对手？然后是西北方向党项族建立的西夏，一次次进攻宋朝，宋朝也屡战屡败。再后来，辽的背后女真族建立的金，领土也比宋大，先把辽灭了，又来灭宋。总之，几乎周边所有的力量都与宋朝过不去。

不仅过不去，而且这些力量已经不是一支支处于分散状态的游牧部落，而是早就从大唐、大宋学习了大国风范、统治结构、军事谋略。因此宋朝面对的已经不仅仅是呼啸的马队，而是一拨拨智商很高的强大对手。这样一来，宋朝，总是在听一份份触目惊心的战报，总是在找一支支"精忠报国"的队伍，总是在想一个个"拉谁打谁"的诡计，总是在发一声声"国破家亡"的感叹。这还是在说周边环境，如果再说由此引发的朝廷内讧、重重党争、奸臣忠臣、变与不变，没完没了，那就更是一团乱麻了。

对于宋朝的乱，我曾破例在一部严肃的著作中说过一句俏皮话："宋朝的乱，乱到连最不怕乱的历史学家也越讲越乱，却不知道自己已经讲乱，更不知道如何来摆脱乱。"

但是，宋代是我们大家的，它再乱，也像祖母头上的乱发，等待我们去梳理。我们没有理由让乱发长久地遮蔽了祖母，因为遮蔽祖母也就是遮蔽我们自己。

我一向认为，看待历史上的乱，就像我们看待邻里关系的乱，看待乡村纠纷的乱，首先是我们的观念乱了。

因此，首先要清理的是我们的观念。

可以用一个例子来以小比大。我调查过一百年前浙江中南部地区一些异姓村落间没完没了的械斗。各方都能讲出对方的万般罪恶，又都记得自己一方的悲壮事迹，而且械斗又从两方扩大为三、四方，前后左右打成了一团，永远也找不到一个调解者。在当时各个村落看来，这一本本怎么也理不清的烂账都是血泪账，必须代代铭记、代代复仇。但后来，由于一次次社会大变革带来的新观念、新产业、新迁徙，使一切烟消云散。

很多历史学家在说宋代的乱局时，也出现了观念上的错乱。最大的错乱是把军事得失、宫廷争斗，当作了历史的唯一主调，因此极度夸张。其实，真的历史主调并不在这里。

难道除了军事得失和宫廷争斗，历史还有别的主调？我知道，这个想法一定会让很多朋友感到诧异，因为他们早就习惯于在奏折、圣旨、战报中来看历史。要改变这种习惯很难，但我终于得到了一个帮手。

那是几年前，中国举办了一次盛大的世博会，作为主馆的中国馆，应该陈列一件最能概括中国历史的宏大作品，最后选中了《清明上河图》。展出之后，所有中外观众，没有任何异议。

《清明上河图》反映的就是宋代。但是请注意，这幅五米多长的画卷里，画了五百多个各色人等，却没有皇帝、皇后，也没有大臣、将军。

这是对宋代首都汴京一段河边街道的真实描绘，主要表现热闹的商业景象和市民生活，有饮食摊、杂货摊、茶座、酒店，还有大量卖花、卖刀、卖卦的各种小贩和拉船的纤夫。画中有大小船只二十几艘、车轿二十几辆、骡马五十余匹，真是一片繁华。

看到了没有？生态，也就是广大普通民众的基本生活方式，才是历史的主调。

大家还记得吗，我在讲述唐代长安的时候，曾经引用一位日本和尚的日记，六月二十七日半夜的一场火灾，烧掉了长安东市曹门之西的四千多家商铺。我说，这短短一句话，却成了一份重要的财经资料。可惜，这只是一个外国和尚在惊慌失措间写下的日记，而不是我们宫廷史学家的记录。我们宫廷史学家的目光，只集中在离东市不远的宫墙里边，那里哪怕发生一次再无聊的争吵，也会被郑重地写入史册，让后代学者全都跟着走，成了一部与宫墙之外的百姓生活没有多大关系的奇怪历史。

张择端《清明上河图》(局部)

因此，我今天要郑重地告诉大家，按照国际认可的现代历史哲学，全民生态史的地位远远高于宫廷斗争史。

我们更应关注的是生态变迁、人口增减、农业收成、自然灾害等方面的历史状况，连饮食方式、交通状况、婚丧礼仪也值得注意，而不能再把皇帝的笑、妃子的哭、大臣的阴、将军的狂，当作历史的主调。

感谢那位记日记的日本和尚，更感谢《清明上河图》的作者张择端，他们提供了正统史册之外的另一种历史。现在才知道，这才是更重要的历史。

历史观念转变了，我们就会发现，在整体生态质量上，宋代确实很好。抓住了这个龙头，宋代就不乱了。

　　而恰恰是这一点，更靠近我们对文化的理解。大家一定还记得，我在讲述唐代文化的时候，一开始就花费不少时间讲了长安城里的生活方式。然后，再从生活方式讲到唐代的精神价值和集体人格。那么，讲宋代文化，我们也会从生活方式开始。

第 039 讲

文化教养最高的时代

说宋代的生活方式，首先要与我们高度赞扬过的唐代来比一比。

与《清明上河图》里的汴京一比，唐代长安的西市和东市就太局促了。汴京没有"坊"的限制，完全开放，自由流通，仅仅手工业就比长安多了四倍。

作为一个农业大国，宋代的水稻种植面积比唐代扩大了整整一倍。种植技术更是迅速提高，江浙一带的水稻亩产量，已达到八九百斤。蚕桑丝织和瓷器烧制进入了高度专业化的生产阶段，产量和质量都突飞猛进。城镇总量已接近两千，城市人口占到了全国总人口的百分之十二。就是在宋代，中国人口突破了一亿大关。

据美籍历史学家黄仁宇先生的统计，当时的商品流通量，如果折合成现在国际上的价格，已达到六十亿至七十亿美元。毫无疑问，中国宋代的经济水平是当时世界之最。

生活方式的拓展和提升，也必然带动了精神价值的拓展和提升。宋代在科学技术上的创造力，达到了整个中国古代史的顶峰，让国际上一切研究人类科技史的专家称颂不已。

例如，宋代把雕版印刷推进到了活字印刷，把火药用于战争，把指南针用于航海。这些技术传到西方后，极大地推动了人类文明的进程。

在宋代，还出现了一系列重要的科技著作，像沈括的《梦溪笔谈》、秦九韶的《数书九章》、宋慈的《洗冤集录》等。各门学科都出现了一种认真研究的专业气氛。

我在三十多年前写作《中国戏剧史》时，曾花费不少时间研究宋代的市井生活，仔细地阅读过《东京梦华录》、《都城纪胜》、《梦粱录》、《武林旧事》等著作，知道了北宋都城汴京和南宋都城临安，都已经形成相当精致的市民社会。与此相应，教育也突破了唐代后期的门阀权势，呈现出平民化、普及化的趋势，科举制度扩充了规模。总体来说，宋代在中国古代史中，是文化教养最高的朝代。

说到这里，我又需要做一番国际比较了。

宋代历时近三百二十年，在这期间，西方依然陷落在中世纪的漫漫荒路中。只有意大利佛罗伦萨那几条由坚硬鹅卵石铺成的街道上，开始出现一点儿市民社会的清风。南宋王朝最终结束的那一年，被称作欧洲中世纪最后一个诗人的但丁才十四岁。直到一百七十三年后，文艺复兴的第一位大师达·芬奇才出生。由文艺复兴引起的欧洲社会大变革，更是以后的事情了。

这也就是说，在中国宋代，欧洲还无可比较。

宋代如此精彩，但在集体文化人格上似乎并不昂扬。

虽然生活得很好，却严重缺乏安全感。四周战事频频，而且败仗居多。国势、国运，明显地失落了"天地元气"。这种整体态势，使得多数文化人再也不可能像盛唐那样朝气蓬勃，而是普遍出现了迷惘、忧患的内向状态。这种状态在文化上显得稳重而沉着，显然已经告别了青春气息而踏入了中年时代。只要是宋代人创造的，即使出于青年人之手，也都带着成熟表情。

但是，处于迷惘、忧患中的宋代文化人又得到了朝廷格外的尊重。宋朝从一开始就重视文官而胜于武将，立下规矩不杀文官，给文官以空前的薪酬待遇。而且，可以让最高阶位的文人担任最高阶位的官职。这一切使宋代文化人与朝廷缩短了心理距离。再加上朝廷常常在外部征战中筋疲力尽、手忙脚乱，更让文化人产生了某种同情心理和介入心理。总的说来，在宋代，文化人虽然也会遇到不少苦难，但基本上处于比较自由、自立、自在的境界，这让其他时代的文化人颇为羡慕。

经常会有人询问近代文化人，愿意生活在哪个时代，多数回答是唐代。但在我看来，文化人最好的日子是宋代。

宋代的文化成就很多，我想从人格的角度着重讲述三种人物：

一、一位文化全才；

二、两位文化高官；

三、三位战乱诗人。

对宋代文化稍有熟悉的人，一看这三种人物就能猜出我要讲谁。

先讲第一项，一位文化全才。

你们应该都猜出来了：苏东坡。

苏东坡对于宋代的重要性，可以用一个虚拟的场景来说明。

设想哪一天，九天之上评选中国文化史上的顶级高峰，标准严而又严，名额少而又少，那么每个朝代的代表一定会发生激烈争吵，因为仅仅一个名字，就会决定那几百年是否具有公认的荣耀。争吵到后来，声音会越来越小，因为明确的等级出现了。先秦是屈原，秦代没有，汉代是司马迁，魏晋是陶渊明，唐代破例是两个——李白、杜甫，那么宋代就是苏东坡。仅他一个人，就把宋代的文化等级大大拉高，变得无愧于整个中国文化史的任何一个段落了。

每个朝代的文人很多，优秀文人也能数出一批，但是能够让这个朝代获得百世骄傲的，往往只有一个名字，也往往找不到。反讽的是，那些找不到名字的朝代，在文化上反而显得特别热闹。更反讽的是，那个被历史公认能为整个朝代带来百世骄傲的名字，总是在受苦，总是在流放。这在屈原、司马迁、陶渊明、李白、杜甫身上已经看到，苏东坡当然也不会成为例外。

对于苏东坡，我写过不少文章，而且读的人很多。不少读者说，我写苏东坡的那些句子，被他们抄下来放在写字台的玻璃板下面。这情景，我倒真是多次目睹。台湾《中国时报》创办人余纪忠先生生前亲自告诉我，他是在读了我的《苏东坡突围》之后，再去读林语堂先生的《苏东坡传》的，他同意我对林语堂先生的批评。而星云大师，竟然亲自指令，把我写苏东坡的文章转载到佛光山的佛教刊物上。那么长，居然全登了。更有趣的是，在马来西亚首都吉隆坡的远郊，一家小餐厅的服务员也是我的读者，与我讨论起苏东坡在思想上真正成熟的时间。由此可见，苏东坡直到今天，还是全球庞大中文领域的"通关密码"。

对于苏东坡的人格形象，我曾在《中国文脉》中写下一段话：

苏东坡（吴为山雕塑作品）

> 苏东坡是一位文化全才，诗、词、文、书法、音乐、佛理，都很精通，尤其是词作、散文、书法三项，皆可雄视千年。苏东坡更重要的贡献，是为中国文脉留下了一个快乐而可爱的人格形象。
>
> 回顾我们前面说过的文化巨匠，大多可敬有余，可爱不足。从屈原、司马迁到陶渊明，都是如此。他们的

苏东坡《寒食帖》

可敬毋庸置疑，但他们可爱吗？没有足够的资料可以证明。曹操太有威慑力，当然挨不到可爱的边儿。魏晋名士中有不少人应该是可爱的，但又过于怪异、过于固执、过于孤傲，我们可以欣赏他们的背影，却很难与他们随和地交朋友。到唐代，以李白为首的很多诗人名气太大，在那诗风浩荡、从者如云的社会风潮中，不容易让周围的人感到亲近。

谁知到宋代，出了一个那么有体温、有表情的苏东坡。他的笔下永远有一种美好的诚恳，让读到的每个人都能产生感应。他不仅可爱，而且可亲，成了人人心中的兄长、老友。这种情况，在中国文学史上几乎绝无仅有。

苏东坡是一种人格奇迹，以一种最诚实、最可爱、最正常的人格，打通了几乎所有华人读者的集体人格。

第 040 讲

一瓢温水

上次说到，苏东坡是中国文化史上可爱人格的典型。但是，你们一定会问，可爱人格能使他成为千年大家吗？当然未必，这就是今天要探讨的课题了。

苏东坡的可爱体现在生活上，是不摆架子，见人就熟，充满好奇，天天惊喜。再伤心的事情，难过一会儿就过去了，再不好的地方，住下一阵就适应了。而且，他完全不会掩饰真实心情，例如在海南岛流放时，天天在岸边盼望有海船过来，等着能买到他嘴馋的猪肉。

这种可爱体现在文学上，是不说空话、套话、老话、违心话，只凭着自己的直觉发掘最美的意象，只引领他人而不与他人重叠。

这些可爱如果加上学识和视野，就已经能够营造出美妙的文学天地了。但是，如果仅止于此，还不是稀世大家。有人问：是否还应该经历磨难？然而无数事实证明，磨难也未必有神奇的作用。只不过，苏东坡的磨难起作用了。

苏东坡经历的磨难确实够多，似乎经常在流放。正是在流放中，他这座文化山峦变成了文化巨峰。

这里边一定隐藏着产生文化巨峰的必要条件和必要程序，因此需要说得稍稍具体一点儿，以便我们进一步认识文化的特性。

苏东坡从监狱出来后，被贬谪到了黄州。这里的人不认识他，他经常穿着草鞋，坐着小舟，与樵夫、渔夫混在一起。那些喝醉酒的流浪汉，还会对他又推又骂。对这种生活他没有抱怨，只是偶尔也会写信给一些亲友，希望得到他们的片言只语，但是奇怪了，"平生亲友，无一字见及"。

如果是在刚被审问的一百多天时间里，亲友们怕受牵连而不闻不问，这还可以理解，现在事情已经大体过去，苏东坡流放到黄州来虽然不能参与公务，但在名义上还有一个"团练副使"的官职，用现在的概念相比，相当于"民兵助理"。也就是说，亲友如果来信，已经不会有任何麻烦。但是，苏东坡平生那么多亲友，那么多挽臂执手、信誓旦旦的朋友，居然没收到一个字的问候。苏东坡不甘心，亲自写信去，却没有一个回信。

苏东坡一度非常难过，但很快就想通了。既然他们那么狠心，那么以前的情谊就都一笔勾销吧。他说，他为这种勾销而感到幸运。只是我曾写文章深感不平。我的不平有两点：第一点，苏东坡的书法光照千年，用这样的书法写出去的信，收信人竟然完全不理，我为书法深感不平；第二点，当时没有邮局，苏东坡从流放地托人带信出去，难度很大，十分辛苦，我为这种辛苦深感不平。

苏东坡从来是一个爱热闹、好交友的人，现在整个朋友圈崩溃得一干二净，这使他再也不必在写作时悬想某几个朋友读到后的表情了，再也不必在乎他们的喜怒哀乐了。他内心的精神价值，一下子摆脱了亲友、文友、挚友的羁绊而变得海阔天空。

除此之外，他还有另一番摆脱。他发现，自己最大的毛病是才华外露，对着内心并不清楚的政策得失总喜欢议论滔滔，而不知道这正是自己的弱项所在。由此他联想到，一棵树木常常靠着长坏了的树瘤取悦于人，一块石头也会靠着长坏了的洞隙自以为是，而他也正像这种树木和石头。他觉得，今后的自己不能再炫耀，而应该变得更平静、更厚实，把所有的精神力量集中投放在自己喜爱又擅长的文学之上。

这两度摆脱，使苏东坡踏入了文化上的巨峰天门。他很快就写出真正的大作品来了。

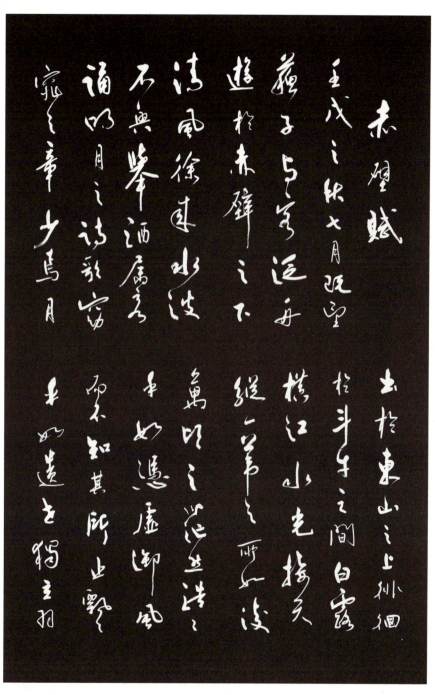

苏东坡《赤壁赋》(余秋雨行书,局部)

对于这个转折，我有过描写，不少朋友也许都还记得那些段落，我们一起重温。

> 这一切，使苏东坡经历了一次整体意义上的脱胎换骨，也使他的艺术才情获得了一次蒸馏和升华，他，真正地成熟了——与古往今来许多大家一样，成熟于一场灾难之后，成熟于灭寂后的再生，成熟于穷乡僻壤，成熟于几乎没有人在他身边的时刻。幸好，他还不年老。他在黄州期间，是四十四岁至四十八岁，对一个男人来说，正是最重要的年月，今后还大有可为。在中国历史上，许多人觉悟在过于苍老的暮年，换言之，成熟在过了季节的年岁，刚要享用成熟所带来的恩惠，脚步却已踉跄蹒跚；与他们相比，苏东坡真是好命。

> 成熟是一种明亮而不刺眼的光辉，一种圆润而不腻耳的音响，一种不再需要对别人察言观色的从容，一种终于停止向周围申诉求告的大气，一种不理会哄闹的微笑，一种洗刷了偏激的淡漠，一种无须声张的厚实，一种并不陡峭的高度。勃郁的豪情发过了酵，尖利的山风收住了劲，湍急的细流汇成了湖，结果——

> 引导千古杰作的前奏已经鸣响，一道神秘的天光射向黄州，《念奴娇·赤壁怀古》和前后《赤壁赋》马上就要产生。

作为散文，写到这里就可以结束了，但我还是忍不住要多讲几句。当真正的文化巨人屹然矗立的时候，周边还是一片冷漠。这对巨人无所损，但对于整个民族，却是一种道德欠亏。因为历史将证明，一个很大的时空坐标将会因为巨人的出现而增光添彩，而巨人脚边的冷漠，却是那样令人齿寒。

我并不要求普通民众能在第一时间认识巨人的高度，但总希望这个文明悠久的国度能对文化提供习惯性的帮助，哪怕搀扶一下也好。苏东坡还在狱中备受折磨的时候，有一名普通的狱卒，知道这是一位文化名人，因此在送洗脚水的时候还加了一点儿温水。我想，大家至少应该像这位狱卒，为文化加一瓢温水。

第 041 讲

两位文化高官

讲了苏东坡，我们也就完成了宋代文化第一方面的课程："一位文化全才"。接下来，当然是第二方面了："两位文化高官"。

这在情节上也很顺，因为这两位高官恰恰都与苏东坡有过交往，一位是王安石，一位是司马光。

王安石、司马光确实是高官，而且是高官中的高官，都拜过相，也就是先后担任了朝廷的行政首脑。他们担任宰相，都不是那种"太平阁老"，而是观点鲜明、敢作敢为、风风火火、惊动朝野的"铁腕能臣"。

王安石、司马光在担任最高行政首脑之前，已经是顶级文化星座。王安石是顶级文学家，司马光是顶级史学家。这就是说，行政上的"最高"和文化上的"最高"合成了一体，这在中外历史上找不到先例，也找不到后续。

按照中国的科举制度，历代高官都是有资格的文化人，但他们都不是顶级文化星座。反过来，有些文化大师也会做官，但一般做不到宰相来指挥全国。这两种情况，其实都是行政权力借用了文化，基本逻辑仍然是行政而不是文化。但是，当文化上的"最高"掌握了行政上的"最高"，情形就不同了。文化的系统性、完整性、明确性、号召性、鼓动性就会强悍地呈现出来，而一般行政运作中的协商、妥协、模糊、兼容，却大大减少。

王安石变法，就是按照完整的文化逻辑来实施经济改革的，带有极大的理想成分。他要宋朝摆脱沉重的经费负担而求得富裕，并取得了雷厉风行

王安石　　　　　　　　　　司马光

的效果，国家的财政状况果然大为改观。按照现代政治学的观点，他简直就是一个早期的社会主义者，已经把改革推进到金融管理，并且试图以金融管理来左右行政体制。司马光则从东方哲学的保守立场认为，天下的贫富必有定数，突如其来的国富举措必然会带来实质性的贫穷，而且会伤害社会的稳定秩序，因此他主张，祖宗之法不应变更。王安石则针锋相对，认为"天变不足畏，祖宗不足法，人言不足恤"，坚定不移。

在不同帝王的支持下，王安石担任宰相时，厉行变法；而司马光担任宰相时，废止新法。两人都干脆利落、文气饱满、响亮堂皇。

他们具体的历史功过，还可以不断研究，但他们都在国家行政的最高层级上，吐出了一口文化豪气，而且为宋代的文化打出了两面奇特的旗帜。

王安石和司马光，虽然政见对立、各不相让，但是人们很难指出他们在个人私德上有什么明显瑕疵，或者互相之间有落井下石、互相陷害的痕迹。这就是说，他们保全了自己的文化人格，都算得上是君子。

他们两人年岁相仿。司马光比王安石大两岁，而且在王安石去世后五个月也去世了。两颗文化巨星兼政治巨星几乎同时陨落的年份，是一〇八六年。王安石去世时，司马光已经病重，他对王安石的去世极感悲痛，命令必须厚葬之。可以肯定，如果事情颠倒过来，王安石得到了司马光的噩耗，也一定会如此，同样极感悲痛、下令厚葬。

他们中间还夹杂着另一个人的身影，那就是已经成为我们朋友的苏东坡。

苏东坡比他们小十几岁。他是反对王安石变法的，这也成了其他一些官僚迫害他的理由，但王安石没有参与迫害，反而希望皇帝保护苏东坡。后来司马光当政时废除了王安石新法，苏东坡又当面与司马光辩论。苏东坡觉得，他们俩都有偏差，又都有长处。当然，总的说来，他的观点更靠近司马光。

王安石晚年，曾在自己乡居的地方与苏东坡见面。他不仅亲自骑驴到码头迎接苏东坡，而且两人还一起住了一段时间。在苏东坡眼里，这个骑驴来迎接自己的长辈是一代宰相、文坛泰斗，而在王安石眼里，这个反对过自己的中年人是旷世天才。两人一起游了南京钟山，苏东坡写了一首记游诗，王安石看了就说："我一生写诗，也写不出这么好的句子。"

临别，两人还相约买地毗邻而居。苏东坡又写诗了："劝我试求三亩宅，从公已觉十年迟。"意思是早十年能追随王安石就好了。

其实两人都谦虚了。就诗词整体水平而言，当然苏东坡高得多，但那天在钟山游玩时写的两句却很随意，王安石说自己终身不及就太客气了。你看王安石这两句写得多好——

春风又绿江南岸，明月何时照我还？

在赞扬了王安石、司马光、苏东坡等人的"君子政治"之后，我还要加上另外的评述。

文化上的"最高"掌握行政上的"最高"，虽然处处体现出完整的文化逻辑和君子风范，但确实还存在不少根本性弊病。

首先，这样的文化大师虽然主张明确、说一不二，但要做成事情，还必须依赖庞大的行政架构。文化大师初来乍到，怎么可能有效而准确地推动这个行政架构来贯彻自己的主张呢？几乎没有可能。因此，必然会层层递减、层层变形。苏东坡开始反对王安石变法，就是因为在基层社会目睹了"青苗法"在执行时弄虚作假、谋取私利的事实。苏东坡看到的只是一小角，在整个国家，这样的弊端必定数不胜数，因此再好的主张也会走向反面。

其次，文化大师亲自执掌行政最高权力，虽很风光，却是孤家寡人。他们以前的文友一般都没有行政能力，而原来行政架构中立即表态支持的，大多是"小人"。这样的"小人"用起来特别顺手，因此实际操作权力大半落到了这样的人物身上。为了让主人舒心，他们执行起来一定雷厉风行、不留余地，但是如果皇帝的态度有变，最早反咬一口的也必然是他们。例如，王安石变法时最得力的助手是吕惠卿，但后来风向有变，最猛烈地攻击王安石的也是这个人。至于司马光手下，更有那个著名的奸臣蔡京，有一阵对司马光俯首帖耳，过一阵又对司马光毫不留情。

正因为以上这两大弊病，文化大师闯入政坛执掌最高权力，实在让人担心。这是两种不同人格诉求所产生的巨大偏差，因此必须谨慎。

第042讲

怎一个愁字了得

上一讲已经讲完了宋代文化的第二个方面"两位文化高官"——王安石和司马光。这两个人对中国文化的君子人格做了顶端试验。在行政上，他们都没有成功，但在文化上成功了。最大的成功在于他们把文化人格强硬地推入了历史，把历史吓了一跳。

他们能够登上国家行政的顶端，有赖于宋代的文官体制。但是，这种文官体制难以有效地处理来自四周的军事进攻，高雅的宋朝最不愿意听到的一些词语经常传遍朝野，那就是"战败"、"被俘"、"乞降"……。结果，连两个皇帝宋徽宗、宋钦宗都成了俘虏，朝廷不得不迁都临安，改为南宋，但仍然危机重重。

这些历史有太多的书籍写到，本课程就不重复了。我只想告诉大家，在一层层军事失败的愁云惨雾中，中国文化竟然选择了英雄主义，英雄得比将士还要英雄。这种文化上的英雄主义，并不是虚张声势，而是熔炼了一种高超的美学人格，创造了真正的文学。

因此，接下去的讲课内容是"三位战乱诗人"。

第一个战乱诗人，一定出乎大家的意料。因为粗一看，她的作品中并无刀剑之气，反而充满了无限优雅。她，就是女诗人李清照。

李清照怎么成了战乱诗人？因为她写出了一个最典雅的东方女子在经历家破人亡、离乱逃难时的心灵感受。

李清照

这也是宋代文学的一个骄傲：在战乱中的雨中黄昏，悄悄站立起了中国第一女诗人。

说起李清照，一开头就要与前面说到的"两位文化高官"联系起来了。因为在王安石、司马光都去世之后，又形成了复杂的党争，司马光被划入了所谓"元祐党人"，被新的朝廷所否定，而李清照的父亲李格非，也被指有牵连，罢职流放。这事本来已很悲哀，更悲哀的是，处理这个案件的恰恰是自已新婚丈夫赵明诚的父亲赵挺之。

李清照曾写信给自己的公公赵挺之，希望他能顾及儿子、儿媳、亲家的脸面。但是没有想到，公公赵挺之后来也受到了朝廷的打击。

这种肃杀的政治气氛，正说明北宋已处于自我倾轧的泥淖之中，显然无法对付周边的虎视眈眈，尤其是无力对付北方的金国。

李清照和丈夫赵明诚面对父辈的名誉重压，百口莫辩，只能回到故乡青州居住，过了十多年安静而又风雅的生活。赵明诚是一个远近闻名的鉴赏家，但身体不好，不久又犯了重病。在重病期间，曾有北方一位探望者带着一把石壶请他鉴定。不久，赵明诚不幸去世。很快就有谣言传来，说他直到临死还将一把玉壶托人献给了金国。

当时，宋、金之间正在激烈交战，这个谣言触及了中国文化人最喜欢挂在嘴上的所谓气节问题，这使李清照坐不住了。诬陷自己倒也罢了，居然诬陷到了刚刚去世的丈夫头上，这怎么能容忍？

李清照决心要为亡夫洗刷名誉。

想来想去，最诚实的女诗人想了一个最笨拙的办法，那就是带上夫妻俩多年来艰辛收藏的全部古董文物，跟随被金兵追赶的宋高宗赵构一起逃难。她想用这种方法说明：宋朝已经在逃难了，我还愿意带着自己的全部古董文物追随朝廷。那么，在宋朝还没有逃难的年代，我丈夫怎么会有二心？

古董文物不少，一路颠簸装卸非常艰难，可怜的李清照就天天辛苦地押运着，追赶着朝廷的背影。

宋高宗在东南沿海一带逃奔时，一度慌张地居住在海船上。可怜的李清照，远远地跟随在后面，从绍兴，到宁波，再经奉化、台州入海，又经温州返回绍兴。

宋高宗的这一路是狼狈的，李清照的这一路是荒诞的。她为什么会做这样的选择？我想只有一个答案：因为她是诗人，而且是单身女诗人。

终于，极其疲劳的李清照在路上遇到了一位脑子比较清楚的亲戚。亲戚力劝她立即终止这一毫无意义的颠沛流离。

这个时候，女诗人李清照已经年近五十。

她想来想去，决定告别过去，开始过一种安定的生活。那就应该找一个家，正好有一个军队的财务人员一直在向自己求婚，她想那就答应了吧。

她当然知道，在当时，一个出身官宦之家的上层女子再婚，一定会受到上上下下的指责和嘲笑。但李清照决定走自己的路，表现出一种破釜沉舟般的勇敢。

如果事情仅仅到此为止，倒也罢了，但是万万没有想到，这个丈夫竟然是不良之徒。他以一个奸商的目光，看上了李清照在逃难中已经所剩无几的古董文物。所谓结婚，只是诈骗的一个手段。等到古董文物到手，他立即对李清照拳脚相加、百般虐待。

这个奸商的名字叫张汝舟。

可怜到了极点的李清照，就在结婚三个月后，向官府提出上诉，要求离婚。

宋朝有一项怪异的法律，妻子上告丈夫，即使丈夫真的有罪，妻子也要被官府关押一阵。但是，李清照宁肯被关押，也要离婚。结果，离婚成功，张汝舟被问罪，李清照被关押，幸好没有被关押太久。

后来有不少学者为了保护李清照的名誉，否定李清照曾经再婚并离婚。但是，他们虽然出于好心，却很难掩盖李心传、王灼、胡仔、晁公武等人的记载，而且我们现在还能读到李清照写给亲戚的一封信，信中也提到了这件事。她在信中担心自己再婚、离婚这件事，一定难逃后世的讥笑和诽谤。

女诗人就这样悄悄地进入了晚年。

于是，我们能真正读懂她写于晚年的《声声慢》了。

寻寻觅觅，冷冷清清，凄凄惨惨戚戚。乍暖还寒时候，最难将息。三杯两盏淡酒，怎敌他晚来风急？雁过也，正伤心，却是旧时相识。 满地黄花堆积，憔悴损，如今有谁堪摘？守着窗儿，独自怎生得黑！梧桐更兼细雨，到黄昏、点点滴滴。这次第，怎一个、愁字了得！

这下，终于读明白了吧。

我把李清照的经历说得比较详细，是想借以表述两项文化特性。

第一项文化特性：一切世间谣传，看起来黑云森森，其实从文化的眼光来看都只是瞬间烟尘。因此，文化人千万不要为悠悠之口而心神不宁。

第二项文化特性：文化的最终声誉在于作品。即便是在混乱和沮丧中，也能提炼出第一流的审美范型，传之永恒。

堂堂男子汉

上一讲讲了宋代第一位战乱诗人李清照。那么，第二、第三位是谁呢？是陆游和辛弃疾，都是一心想打仗的堂堂男子汉。

如果说，李清照是战乱时代弱者的美学典型，那么陆游、辛弃疾就是战乱时代强者的美学典型。

强者的美学典型，并不一定是实际上的强者。陆游和辛弃疾没有资源，没有机会，没有身份，因此饥渴地向往着远方的沙场，动情地想象着疾驰的战马，焦急地关注着自己的鬓发，反复地擦拭着自己的眼泪。这就构成了一种如醉如梦的精神欲望，吸引了天下一切近似的心理流向，终于变成了美学典型。强者的美学典型比实际上的强者更有号召力、更有感应面、更有造型美。

我在十几岁时就深深地迷上了陆游、辛弃疾的铿锵诗句，而那时，我还不熟悉宋代的历史，而自己身边又没有战争。有一次去新疆，遇到了后来成为好朋友的散文家周涛，他从我的文章中已经判定我的美学迷恋，所以一见面就说："别给我提辛弃疾，一提我就脸红心跳。"原来他也与我一样。

可见，一种真正美学典型的出现，与当时产生的历史环境已经脱离，变成了一种超越时空的心理笼罩，俘获着一批批有相同心理结构的人。

因此，我一直控制着自己，少说陆游和辛弃疾。今天，我各选一首，来带入气氛。

陆游的是这一首：

陆游

辛弃疾

当年万里觅封侯，匹马戍梁州。关河梦断何处，尘暗旧貂裘。胡未灭，鬓先秋，泪空流。此生谁料，心在天山，身老沧洲！

辛弃疾的是这一首：

醉里挑灯看剑，梦回吹角连营。八百里分麾下炙，五十弦翻塞外声，沙场秋点兵。　　马作的卢飞快，弓如霹雳弦惊。了却君王天下事，赢得生前身后名，可怜白发生！

陆游和辛弃疾所提供的，是一种超越时空的男子汉风范。

男子汉风范有两种：一种以盛唐为标志，背景是明丽的塞外长空；一种以陆游、辛弃疾为标志，背景是阴郁的悲风战云。都很豪迈，但前一种意气飞扬，后一种凝重苍凉。

比较起来，对中国历史而言，前一种是罕例，后一种是常例。我更看重后一种，因为它更深地植入了中国人的集体人格。

在失败主义的气氛下，好像中国人已习惯于逆来顺受。但是，我们从李清照、陆游、辛弃疾笔下知道，事实并非如此。就连弱者美学典型李清照，也发出过"生当作人杰，死亦为鬼雄"这样英雄主义的心声。

这也是中国文化在宋代发出的重要信号。

根据现在的历史视野，当时的多数战争都发生在中华大家庭之内，各方都有自己的理由，很难判定绝对的是非。但是，就中国文化承袭的主体宋朝而言，都淬砺了英雄主义的文化精神。

我特别想从国际眼光说一件事：已经征服了亚洲、欧洲的成吉思汗蒙古骑兵，世界上谁也抵抗不了，却在宋朝遇到了有效抵抗。那就是重庆合川钓鱼城，居然抵抗了蒙古军接近四十年，这实在是世界奇迹了。

钓鱼城保卫战为什么会坚持那么久？历史会记住我们余家的一位将军，叫余玠。他针对蒙古骑兵的弱点，制定了一系列重要方针，苦守了十年后被朝中恶人所害，继任的守将又守了近三十年。在这期间，蒙古大汗蒙哥，死在钓鱼城下，蒙古帝国产生了由谁继位的问题，致使当时正在欧洲前线很快就要进攻埃及的蒙古军队万里回撤。从此蒙古帝国分化，军事方略改变，世界大势也因此而走向了另一条路，后来元朝的建立也大大减少了血腥气。因此有人说："钓鱼城独钓中原，四十年改变天下。"

一座孤城终于失去了继续固守的军事意义，最后一位主帅王立面临艰难抉择：如果元军破城，城中十几万百姓可能遭到屠城，而如果主动开门，就可以避免这个结果。在个人名节和十几万生灵的天平上，王立选择了后者。元军也遵守承诺，没有屠城。当然，南宋流亡小朝廷也随之覆灭了。

但是，就在这时，又站出来一位乱世诗人，他就是文天祥。

文天祥是宋代文化的终结者。

他是状元、学者、宰相，以誓死不屈的实际行动，展示了宋代文化的人格力量。

元朝统治者忽必烈对他十分敬佩，通过各种途径一再请他出任宰相，并答应元朝以儒学治国。但是，文天祥要捍卫的已经不仅仅是儒学，而是文化人格。

由于文天祥被关押在大都监狱中坚贞不屈，民间就有人试图劫狱起义，这对刚刚建立的元朝构成了威胁，忽必烈亲自出面劝文天祥不成，只得一再长叹："好男儿，不为我用，杀之太可惜！"文天祥刚就义，忽必烈又下达诏书阻止杀戮，却已经晚了一步。文天祥的遗书表明，他是在实践儒家"成仁"、"取义"的教言，因此，他的死亡是一个文化行为。

他的文化行为，还有一系列宏大的笔墨可以验证。他记述灾难的诗集《指南录》，被后人评为"一代史诗"；他更在狱中写了气势不凡的长诗《正气歌》，在中国代代传诵，成为一部精神教科书。《正气歌》以最明确的语言表述了"文化人格"与"天地元气"之间的密切关系，为中国文化重新注入了强大的魂魄。

一个国家的行政首脑，在主动走向死亡前，居然在监狱里写出了一部诗化的中国精神教科书，这在全世界都没有先例。中国文化在这种悲壮的历史关口，显得特别强大。

因此，我建议各位都要再读一遍《正

文天祥

气歌》。

《正气歌》太长，这里就不引述了，但必须听我再朗诵一遍他的那首《过零丁洋》，作为对宋代文化的归结。

　　辛苦遭逢起一经，干戈寥落四周星。山河破碎风飘絮，身世浮沉雨打萍。惶恐滩头说惶恐，零丁洋里叹零丁。人生自古谁无死，留取丹心照汗青。

第044讲

成吉思汗离不开他

前面讲到，整个宋代能够展示中国文化高贵结构的就是"一二三结构"——"一位文化全才"苏东坡，"两位文化高官"王安石、司马光，"三位战乱诗人"李清照、陆游、辛弃疾。

除了这个结构外，宋代还有一座哲学高峰，那就是朱熹。他很重要，但更大的影响发生在以后的元、明、清三代，被视为"儒学正宗"。而在他还活着的晚年，他的学问被当权者称为"伪学"。

朱熹是在十三世纪第一年去世的，此后十年内，辛弃疾和陆游相继去世。辛弃疾去世时不断喊着"杀贼"，而陆游去世时则给儿子留下了遗诗，希望等到王师平定中原的日子里，能在家祭中向自己报告。但这一天始终没有到来，在他们去世之后隔一代出生的文天祥，成了宋代最后一位诗人，宋代与他一起死亡。

他们都认为中国文化一定会随着宋代的灭亡而灭亡。确实，这是中国文化遇到的一个大危机。

但是事实并非如此。如果他们都活下来了，也会承认，情况远不是他们想的那么糟糕。

在汉族文人中，总有一些人固执地坚称，中国文化在宋代灭亡时就断灭了。这种想法出于宋代尚可理解，因为他们没看到以后。有趣的是，直到今天，还有人在跟着这么说，那就是一下子从宋代跳过来了，对中间的近八百年看也没看一眼。

大家从以前的课程中已经了解，我总是特别重视边缘方位的文化大动向，例如"汉人胡化"、"胡人汉化"之类。因为这些动向触及了各种异态文化在精神价值、生活方式、集体人格上的大冲撞、大融合、大提升，比局限于单一的文化重要得多。现在，我又必须引导大家把目光投向北方大漠了。那儿，在十三世纪，出现了一些重要的文化现象。

先要说说整体背景。大家记得，很多宋代诗人在去世前念念不忘的敌人是金国，但他们不知道，就在那些年，金国也遇到了强大的对手而不断败退。这个强大的对手，就是已经统一了蒙古的成吉思汗。

诗人和军人一样，容易把敌人看得比较固定。其实，所谓"敌人"，也会不断遇到别的对手，也会在其他战场上或胜或败。结果，在沙场烟尘中出现的"敌人"是变化不定、轮番更替的。

本来，女真族建立金国王朝，是为了推翻他们头上的统治者——契丹人的辽国。金国确实打败了辽国，但现在又被蒙古人打败了。

一二一八年，成吉思汗统一蒙古已经十二年，他在克鲁伦河畔的宫帐里召见了一个人。

当时，成吉思汗既要指挥长年的征战，又要领导庞大的朝廷，还要应付复杂的外交，每天都要处理内内外外大量问题，因此急于寻找一个有学问的助手。他到处派人打听，知道四年前在攻占金国中都时，有一个归顺过来的金国官员很有智慧，这个人叫耶律楚材。

耶律楚材？那就是出自耶律家族的了。成吉思汗知道，耶律家族并不属于女真族的金国，而属于契丹族的辽国。他虽然是金国官员，却是辽国后裔，而辽国正是被金国灭亡的。那么，他真正的敌人应该是金国。我现在把金国打败了，等于为他的辽国皇族报了仇，他一定能帮我。

随着一声通报，成吉思汗抬起头来，眼睛一亮。出现在眼前的人，二十七八岁，高个子，风度翩翩，声音洪亮，还留着漂亮的长胡子，非常恭敬地在向自己行礼。

耶律楚材

成吉思汗

成吉思汗高兴地叫一声："长胡子！"

从此以后，这就成了成吉思汗对他的唯一称呼。

寒暄了几句，成吉思汗说："我从你的名字，就知道你家是辽国的皇族。虽然你在金国做官，但是辽国与金国有世仇。你家的仇，我替你们报了！"

成吉思汗等着耶律楚材的感谢。但是没想到，耶律楚材的回答让他大吃一惊。

耶律楚材说："我们家与金国无仇。自从辽国被灭，我的祖父、父亲，都在金国做官。既然做了臣子，怎么会有仇恨？"

这个回答好像在反驳成吉思汗，说出来实在非常冒险。但是，成吉思汗毕竟是成吉思汗，他竟然微笑了。

成吉思汗想，一个人对于自己服从过的主子一直保持着尊敬，即使主子失败了，仍然保持尊敬，这实在不容易。更不容易的是，他的对面站着的正是打败原来主人的人，又是立即可以下令处罚他的人，居然还能这么回答，成吉思汗感到很震惊，又很佩服。

成吉思汗立即吩咐左右："把这个人安排在我身边，我随时都要向他咨询。"

就在这个时候，一个很偶然的事件改变了成吉思汗的军事方向，也改变了世界的命运。

天下最大的烈火总是由最小的草梗点燃的。

据记载，那年成吉思汗派出一支四百五十人的商队到中亚大国花剌子模进行贸易，不料刚刚走到今天哈萨克斯坦锡尔河边的一座城市就出事了。成吉思汗商队里有一个人是这座城市一位长官的老熟人，两人一见面，他就直呼其名，没有表示应有的尊敬，而且当场夸耀成吉思汗的伟大。那个长官很生气，下令拘捕商队，并报告了国王摩诃末。国王本来对成吉思汗就十分不满，就下令杀死商队里所有的人，没收全部财产。

成吉思汗从一个逃回来的骆驼夫口中知道了事情的始末，强忍怒火，派出使者前往质问。结果，使者又被杀。这下，成吉思汗泪流满面，独自登上一个山头，脱去冠冕，跪在地上绝食祈祷了整整三天三夜。他喃喃地说："战乱不是我挑起的，请保佑我，赐我复仇的力量！"

于是，人类历史上最大规模的一场征服战开始了。

耶律楚材跟在成吉思汗身边，很长时间是积极支持这一军事行动的。因为第一，他觉得这一军事行动的理由是"雪耻"，很正当；第二，他原来在金国见惯了腐败无能的朝廷，一见成吉思汗千钧霹雳，激起了他作为游牧民族后裔的内心激情；第三，他很感激成吉思汗对自己的信任。

成吉思汗也离不开他。因为与他可以讨论各种问题，他精通天文历法，能够预报天气，懂得占卜医疗。这一切在战争中太需要了。

但是，这种"两相依赖"背后，还有更深的文化背景。

耶律楚材虽然从血缘、出生、成长都不在汉族，甚至还处于与汉族对峙的状态，但从小接受的却是汉文化，年轻时已经是一名杰出儒生。后来又追随佛学大师万松老人，成了兼通儒、佛的学者。因此，他还想通过成吉思汗实现一个文化理想，那就是以战争手段使西边的野蛮地区归于儒家的"王化"，并由此"接通华夷"。

但是，他渐渐发现战争越来越残酷了，离自己的文化理想已经越来越远。

第045讲

文化劝导战神

战争一旦开启，很快就会失控。表面看，一切都由统帅控制着，但统帅已经被战争逻辑所摆布。

以成吉思汗的战争为例，开始只是为了"雪耻"，但为了追赶"雪耻"的对象花剌子模国王，一路上必定要消灭一切阻挡和反抗的力量。终于追到了首都，国王早已逃走，因此又必须追下去，后来听说国王已经死在一个岛上，安排了继位者，那还要追赶继位者。在追赶过程中，由于不愿分出力量来管理已占领的城市，因此总是毁城、屠城，越来越残酷。

这中间，还包括统帅个人激情的失控。成吉思汗觉得自己越来越精通打仗了，因此把战争当作了一节节攀高的自我竞赛和自我享受，这又变成了一种无法终止的强大动力。

在人类历史上的那些"战神"，像大流士、亚历山大、恺撒，都遇到过这种停不下来的战争逻辑，只不过成吉思汗遇到的最大，因此在规模上也超过了以前的任何战争。

对于这个过程，耶律楚材当然看不下去了。这从他一路所写的诗中就可以看出来。例如，当成吉思汗的部队终于攻下花剌子模国的首都"河中府"，也就是当时亚洲最富裕、最繁华的名城撒马尔罕之后，他进城一看，不由得惊呆了。他写道：

寂寞河中府，声名昔日闻。城隍连畎亩，市井半丘坟。

一座世界名城，居然城内大半成了墓地！他的很多诗，都以"寂寞"两字开头，我们可以想见他在一路上越来越孤独的心情。

他开始质疑万里西征的必要性了：

> 西行万余里，谁谓乃良图？

> 四海从来皆弟兄，西行谁复叹行程？

都是反问。而且，明确以儒家思维"四海之内皆兄弟也"作为反问的基点。

他每天都盼望着能够东归：

> 春雁楼边三两声，东天回首望归程。……天兵几日归东阙？万国欢声贺太平。

正在这时，成吉思汗听从一个汉族官员的推荐，决定邀请道教全真派掌门人丘处机，也就是"长春真人"来到军中，传授长生之道和治国之道。丘处机当时在山东，已经七十多岁，属于德高望重的辈分了。耶律楚材很希望他能来，一起规劝成吉思汗。但丘处机那么大年纪，光靠一个指令未必能从命，因此耶律楚材代表成吉思汗写了一份很诚恳而又很有学问的诏书。他写的是漂亮的文言，为了讲课之便，我且将其中一段翻译成口语。

他代表成吉思汗对丘处机说：您的大驾如果从山东蓬莱出发，那也就能够一游西天佛国。想当年达摩来到东方，带来了可以传心的经典；老子来到西方，教化了胡人而成道。您这一路过来虽然不近，但是只要远远望一望前贤们行走时的木杖，也就不觉得远了。

你看这份诏书，把丘处机的西行与传道连在一起，与老子和达摩连在一起，丘处机能不动心吗？

丘处机果然手持木杖上路了。路实在太远，他走了整整几年。当他终于到达撒马尔罕的时候，成吉思汗已经渡过西边的阿姆河又去战斗了，指令耶律楚材在撒马尔罕陪陪丘处机。这就使两位文化大师有了长时间深入的交谈。

耶律楚材立足的是儒学和佛学，丘处机立足的是道家学说，因此，中国文化三足鼎立的思维结构，就在成吉思汗的营帐边高浓度地组合了。一种大文化，以这样的方式直接面对人类历史上最大的战神，这是空前绝后的事，没有别的文化有过这样的经历。

丘处机终于在耶律楚材的陪同下见到了成吉思汗。丘处机以中国文化中的一些优秀理念劝导成吉思汗，例如"清心寡欲"、"不嗜杀"、"敬天爱民"等，耶律楚材也一起解释，对成吉思汗产生了正面的影响。这件事，我们在第三单元"大道·儒家佛家道家"中还会专门讲述。不管怎么说，这是一个重大的文化事件。耶律楚材是文化桥梁。

选择文化身份

成吉思汗是六十五岁去世的，与他同年去世的丘处机是七十九岁。而那一年，耶律楚材才三十七岁，春秋正盛。

成吉思汗的继位者是窝阔台。窝阔台任命耶律楚材为最高行政长官，叫"中书令"，相当于宰相。

耶律楚材遇到了七百多年前北魏孝文帝遇到的同样问题，只不过规模更大。蒙古贵族中有一批鹰派将领不尊重成吉思汗关于"不杀掠"的遗言，继续主张残酷对付汉人，驱逐汉人，使中原成为放牧之地。对于敢于抵抗的城市，破城后依然以屠城来实施惩罚。耶律楚材给窝阔台算了一笔账，说我们现在一年需要银两多少、布帛多少、粮食多少才可支撑。这么大的数字，只能依赖汉人的赋税，而要成功实行赋税制，又必须重用汉族官员。至于"屠城"，耶律楚材问窝阔台："我们只得到土地而没有人民，又为什么？"他的话，窝阔台听进去了。因此，曾经勇敢抵抗过蒙古军的汴京城一百四十七万民众，未被伤害。而且，窝阔台也确实按照耶律楚材的思路得到了大笔赋税和财产，对此非常满意。

为了实行赋税制，耶律楚材又推行了户籍制。户籍制使得被征服的人民不再变为奴隶，而都成了平民，这也符合儒家的社会观念。

在这个基础上，耶律楚材又提出了"制器者必用良工，守成者必用儒臣"的政策，并正式以儒家经典来办学招士，大大提高了政权的文化品质。

这里出现了一种重大的文化指引，也就是儒家文化对一个游牧民族政权所做出的整体指引。

遗憾的是，窝阔台死后，皇后摄政，反对汉化，反对儒学，与耶律楚材发生了剧烈争吵，结果把耶律楚材活活气死了。死的那年，他才五十四岁。

他死后，政敌对他的家庭财产进行了查抄，结果发现，除了数千卷图书、一些书画和几把琴，没有任何财产。作为宰相，他实在是太廉洁了。

幸好，在耶律楚材去世十余年后，忽必烈继位，重新启用耶律楚材的种种治国方略。

对于耶律楚材，我在一部学术著作中写过一段话。这段话，体现了我在中华文化周边地带长期思考的成果。

> 这位契丹皇族后裔，无论对于金国的女真人、成吉思汗的蒙古人，还是对于宋朝的汉人来说，都是陌生人。而且，他好像完全没有我们历来重视的所谓"民族气节"、"故乡情结"、"省籍情结"、"祭祖情结"。他一点儿也不想做"前朝遗民"、"复仇王子"。他从来没有秘藏过增添世仇的资料，谋划过飘零贵族的聚会。
>
> 但是，我们看到了，他有明确的文化身份。那就是，一生秉承儒家文化和汉传佛教。
>
> 有不少人说，文化是一种地域性的命定，是一种在你出生前就已经布置好了的包围，无法选择。我认为，无法选择的是血统，必须选择的是文化。正因为血统无法选择，也就加重了文化选择的责任。正因为文化是自己选择的，当然也就比先天给予的血统更关及生命本质。
>
> 反之，如果文化成了一种固定人群的被动承担，那么，这种文化和这种人群，都会失去生命的创造，因僵化而走向枯萎。
>
> 耶律楚材，这个高大的契丹族男子，背负着自己选择的中国文化，出现在自己选择的君主成吉思汗面前。

这一来，成吉思汗本人也开始进行文化选择了。对于位及至尊、叱咤风云的成吉思汗来说，这种文化选择已经变得非常艰难。但是，如细雨润物，如微风轻拂，成吉思汗一次次抬起头来，对耶律楚材和丘处机这两位博学的智者露出笑颜。

这一系列在西域大草原和大沙漠里出现的文化选择，今天想来还觉得气壮山河。

我在前面引述过耶律楚材写的几句汉诗。他确实写得不错，有几首词写得似乎更出色一点儿。据我的评级，在中国古代，少数民族人士能把汉诗、汉词写好的，第一是纳兰性德，第二是萨都剌，第三就是这位耶律楚材了。

我想在这里引用一首他的词，以便让大家领略一下，这位少数民族高官的汉文化功底——

花界倾颓事已迁，浩歌遥望意茫然。江山王气空千劫，桃李春风又一年。　横翠嶂，架寒烟，野花平碧怨啼鹃。不知何限人间梦，并触沉思到酒边。

当然这算不上第一流的作品，但是，一种在百里行军、千里劫难中茫然沉思的心情，表达得很清晰。

汉诗、汉词的写作，看上去只是他的公务余事，却最能体现他的人格归向。除了能写，还要看其中的节奏、韵味、腔调，是不是纯粹汉化了，这比讲一口流利的汉语更加艰难。我过去也曾以诗句的韵味来考察唐代那些波斯商人和西域人士的后代是否真正融入了中国文化。耶律楚材显然已经融入。

由此又要说到人格结构了。我认为，耶律楚材的人格结构比较复杂，契丹、女真、蒙古的因素都有，受成吉思汗的影响更大一些，但打底的还是儒家文化、佛教文化和道教文化。

最后需要提一句，耶律楚材也有一个不错的归宿。他的墓和祠，在北京颐和园的东门里。每次我都在夕阳灿烂的时候到达，总是寂寞无人。偶尔有人停步，几乎都不知道他是谁。

在颐和园留下他的遗迹，这件事，乾隆皇帝有功。乾隆皇帝晚了耶律楚材五百多年，与他也不是一个民族，竟然隆重纪念他，这使我对乾隆皇帝增添了几分敬意。

迟到的原因

我们已经讲到了元代。元代很短，但是文化的话题不少。其中特别重要的，是涌现了一种辉煌的文化。一涌现才发现，这种文化在中国是"迟到"了，而且"迟到"的时间很长。

多长？一千多年。

这迟到的文化，就是中国戏剧。

古希腊早在二千五百年前就有了永垂史册的悲剧，古印度早在二千年前就有了充分成熟的梵剧，中国本来在文化上什么也不缺，怎么就独独缺了戏剧？

不仅孔子、孟子没看过戏，屈原、曹操没看过戏，而且李白、杜甫也没有看过戏。这实在太说不过去了。

有人也许会说，不就是少了一项娱乐活动吗，有那么严重吗？

非常严重。

现在有了电影、电视、网络视频，人们可能很少到剧场看戏了，但在文化发展的历史上，戏剧的有无，实在是一件天大的事。

为什么是天大的事？

一般的艺术，要么动用视觉，像绘画和雕塑；要么动用听觉，像歌唱和奏乐；要么动用符号表述，像故事和诗歌。而戏剧，却把它们全都包罗了、综合了、交融了。这就是说，把人们的视觉系统、听觉系统、思维系统，全都调动起来了，让人不再以一个片断的人，而是以一个完整的人进入审美。这不仅是艺术史上的大事，也是人类史上的大事。

而且，戏剧的审美是一种群体审美，因此一个个完整的个人又扩大为社会群体。无数观众在同一个空间里与创作者进行着及时反馈，世道人心毕现无遗，有时甚至以群情激昂的声势显示文明的步履。

这样的盛事、好事、大事，居然长期与中国无缘？

不管怎么说，这都太让人纳闷了。

我在三十多年前写作《中国戏剧史》时，曾经花极大精力研究这个问题，却相当于白手起家，因为前辈戏剧史家们都绕过了它。他们说，怎么可以在没有戏剧的地方研究戏剧？

我恰恰要在没有戏剧的地方研究戏剧，研究它为什么没有。当然这很困难，必须调动戏剧学之外的大量人文科学和社会科学。

研究的成果比较复杂，有兴趣的读者可以读一读我的《世界戏剧学》、《中国戏剧史》和《观众心理学》等学术著作，只不过都太厚了。如果要用最简单的语言来概括，中国戏剧"迟到"一千多年，是出于两个原因：

一、中国人在生活上的"泛戏剧化"；

二、中国人在精神上的"非戏剧化"。

民众是习惯被引领的。引领者，大多是儒者、名士、君子。

君子在生活上的"泛戏剧化"，是指重礼仪。孔子为礼仪的全面复兴奔波了一辈子，结果，中国也常常被称为"礼仪之邦"。细说起来，礼仪实在太复杂了。那是一整套"程式化的拟态表演"，从服饰、身段、动作、步态、声音、表情，都进入了一系列虚拟仪式，并在仪式中夸张、渲染、固化。简单来说，他们必须处处演戏、时时演戏。"程式化的拟态表演"，其实也就是戏剧的基本特征。这一来，戏剧艺术立身的界限就模糊了。用美学语言来说，戏剧美在没有凝聚之前就四处散落，因此也难于凝聚了。如果要做一个通俗的比喻，那就像一个成天在吃大量零食的人，已经失去了对"正餐"的向往。直到今天，仍然满眼可见戏剧表演的"零食"，从官场作态到泼妇闹街，都生动极了。

戏剧的"正餐"，应该包含比较激烈的矛盾对立和情节冲突，但在这一点上，君子们又不配合了。君子要求"温良恭俭让"，要求"和为贵"，这就从根本上贬斥了戏剧冲突。当冲突无可避免地出现，君子又要求用中庸、节制、互敬的方法来处理，这显然又构不成戏剧冲突所必需的尖锐、紧张和灭绝了。希腊悲剧中那种撕肝裂胆的呼号、怒不可遏的诅咒、惊心动魄的遭遇、扣人心弦的故事，都不符合儒家的精神规范。在精神规范上，儒家君子必须处于"非戏剧化"状态。

我这么一解释，大家也许都明白了，生活上的"泛戏剧化"和精神上的"非戏剧化"，从两方面阻止了戏剧的产生和发展。用我们的日常语言来说，这地方"处处演戏"又"处处没戏"。戏剧就不来了。

这事对我这样的人来说，是一个大麻烦。因为我既喜欢君子，又喜欢戏剧，但它们两家不和，走不在一起，该怎么办？

没想到，解决这个问题的，是一次天崩地裂般的改朝换代。

宋代灭亡了。蒙古人的马队占领全国，元代开始了。新的统治者当然无法恭行儒家的礼仪，因此处处都在生活中演戏的"泛戏剧化"习惯散架了；他们长期在马背上冲击厮杀，君子们"温良恭俭让"的"非戏剧化"精神也消解了。结果，阻碍戏剧艺术成长的两大因素转眼就不存在了。

此外又出现两个辅助性因素。

第一，新的统治者不谙汉文，不亲典籍，却非常喜欢观赏歌舞演出和小品表演。于是，各路表演人才集中了。

第二，新的朝代废止了科举制度，中国文人无路可走，其中比较有艺术

元杂剧壁画（山西广胜寺水神庙）

才情的一部分人就混迹于越来越火热的表演团体之中，为他们打造各种本子。于是，剧作家队伍形成了。

少了两个阻碍因素，多了两个辅助因素，戏剧艺术自然就蓬勃而起、一鸣冲天。

在天地宇宙的力学天平上，一种长久的失落会引起强力反弹。中国在戏剧的事情上憋得太久远、太窝囊，于是在十三世纪"报仇雪恨"、全然平反。照王国维先生的说法，元剧已经可以进入世界坐标，而且毫无愧色。

于是，中国文化史中要增添一些名字了，例如关汉卿、王实甫、纪君祥、马致远……如果耐下性子再等一等，等到明清两代，又会有汤显祖、洪昇、孔尚任、李渔等一大串名字出现了。

而且，戏剧的地位越来越高，连最有文化等级的君子们，也不得不对它刮目相看。且不说后来明代高层文化界对昆剧的百年痴迷，仅说元代的《窦娥冤》、《西厢记》、《赵氏孤儿》，就已经让大批君子顶礼膜拜了。金圣叹曾这样写道：

> 《西厢记》必须扫地读之。扫地读之者，不得存一点儿尘于胸中也。
>
> 《西厢记》必须焚香读之。焚香读之者，致其恭敬，以期鬼神之通之也。
>
> 《西厢记》必须对雪读之。对雪读之者，资其洁清也。
>
> 《西厢记》必须对花读之。对花读之者，助其娟丽也。
>
> 《西厢记》必须尽一日一夜一气读之。一气读之者，总揽其起尽也。
>
> 《西厢记》必须展半月一月之功精切读之。精切读之者，细寻其肤寸也。

明代闵齐伋绘刻《西厢记》插图

　　文化史上还有哪些杰作，值得金圣叹如此恭敬呢？显然，戏剧在中国完全站住了脚。

顽泼的君子

上一讲说到，在元代，中国君子的"泛戏剧化"和"非戏剧化"都受到猛烈冲击，这对文化未必是坏事，至少扫除了戏剧成长的层层障碍，使中国文化弥补了历史的缺失。

但是，我必须立即补充：在万般冲击中，君子还在。他们在伤痕累累中，改变着自己。

他们当然憎恨那些破坏文明的暴力，但是被破坏的文明为什么如此不堪一击呢？他们不能不对原先自称文明的架构提出怀疑，并且快速寻找到了那些以虚假的套路剥夺健康生命力的负面传统。因此，在艰难的生存境遇中，他们首先要做的事情是撕破虚假，呼唤健康，哪怕做得有点儿鲁莽、有点儿变形也在所不惜。

简单来说，他们走向了顽泼，成了顽泼的君子。

顽泼的君子还是君子，因为他们心存大道、明辨是非、立足创造。如果没有这一切，顽泼就会滑到无赖。其实元代社会处处无赖猖獗，因此即便是"顽泼君子"也是少数，而且是英勇的少数。

正是这个少数，扶住了中国文化的基脉。

我要引一段自述，来说明何谓"顽泼的君子"。自述者是关汉卿，元代戏剧艺术的领军人物。

我是个普天下郎君领袖，盖世界浪子班头。愿朱颜不改常依旧，花中消遣，酒内忘忧。……

我是个蒸不烂、煮不熟、捶不匾、炒不爆、响珰珰一粒铜豌豆。恁子弟每谁教你钻入他锄不断、斫不下、解不开、顿不脱、慢腾腾千层锦套头。我玩的是梁园月，饮的是东京酒，赏的是洛阳花，攀的是章台柳。我也会围棋、会蹴鞠、会打围、会插科、会歌舞、会吹弹、会咽作、会吟诗、会双陆。你便是落了我牙、歪了我嘴、瘸了我腿、折了我手，天赐与我这几般儿歹症候，尚兀自不肯休。则除是阎王亲自唤，神鬼自来勾，三魂归地府，七魄丧冥幽。天哪，那其间才不向烟花路儿上走！

也就是说，整个美好的世界、全部娱乐的技能、所有艺术的门类，自己都能随脚进入，不想离开。如果要用刻板的教条来衡量、来训斥、来惩罚、来折磨，那就全然拒绝、永不回头。

这是一个强悍的生态告示，把那些陈腐理念所要责骂的话，自己全先骂了，而且立即由反转正，成了自己的生活主张。由于那些陈腐理念根深蒂固又铺天盖地，他必须以强烈反抗的方式，把话说得夸张、说得决绝、说得不留余地、说得无可妥协。

这副劲头，我们后来在二十世纪欧洲现代派艺术浪子身上见到过，同样落拓不羁，同样口无遮拦，而背后蕴藏的，总是惊世才华、一代新作。

为此，我在担任上海戏剧学院院长期间，只要知道有的学生由于顽泼行为而面临处分，总是出面予以保护。因为我当时已经完成《中国戏剧史》的写作，熟悉关汉卿这样的人物。那些学生很可能没有出息，但我要守护某种依稀的可能性。

我发现，像关汉卿这样的艺术家一顽泼，对于社会恶势力，也就从针锋相对的敌视，转向居高临下的蔑视。由敌视到蔑视，是一个重大变化，只有少数人实现了。

顽泼的君子，已经不会从政治上寻找对手。如果把对方看成是政治上的对手，那就看高了他们。即便他们是高官和政客，也只看成是痞子和无赖。以顽泼浪子身份来面对痞子和无赖，他觉得才门当户对，针尖麦芒，接得上手。低层就低层，混斗就混斗，我们就是要在低层混斗中，把那样的恶人制服。

如果是正经君子，总会寻找高层对手，用知性话语来抨击对方的政治图谋。我想，如果陆游、辛弃疾、文天祥能活到元代，就会这么做。在关汉卿身边的同行里，也不失这样的正经君子。例如，马致远故意把剧名定为《汉宫秋》，并在剧中反复强调一个"汉"字，这在汉人被奴役的时代，显然是一种高雅的"词语风骨"。纪君祥把剧名定为《赵氏孤儿》，让人直接联想到刚刚灭亡的宋代皇姓就是"赵"，因此大家都称得上是"赵氏孤儿"。这儿有一种勇敢的"密码潜藏"，让人佩服。但在关汉卿看来，暴虐的统治者既看不懂也不在乎这些文字游戏，如果只是以典雅的方式让自己解气，范围就太小了。因此，他寻找从整体上揭露痞子和无赖的方式。

他的《窦娥冤》，为什么能够"感天动地"？因为窦娥是民间底层一个只知平静度日的弱女子，没有任何理由遭到迫害，但迫害还是毫无逻辑、毫无缘由地来了，而且来得那么环环相扣、严丝密缝、昏天黑地。原因是，她生活在一个无赖的世界，上上下下全是无赖。

如果是政见之恶，那么不管是哪一拨政客，总会有前后左右关系的制约，总会有利益集团的暗规，总会有一点点矜持和掩饰。但是，无赖没有这一切，没有制约，没有暗规，没有矜持，没有掩饰。这就是窦娥们所遭遇的"无逻辑恐怖"。

这正是关汉卿的杰出之处。他不仅仅是逐一揭露独裁专制、贪官当道、无赖横行、司法纵容，而是综合成一个总体结论：整个社会就是一个无赖结构。

你看那对张家父子，居然要以"父子对"强娶"婆媳对"，又嫁祸于人；那个赛卢医，号称做过太医，不知医死了多少人却没有一天关门；那个审案的太守，把原告、被告都当"衣食父母"，一见就跪拜……总之，一切都在荒谬绝伦中进行。结果，面对死刑的窦娥居然连一个"加害者"都找不到，她只能责问天地了：

地也，你不分好歹何为地？天也，你错勘贤愚枉做天！

对于世间这么多无赖，关汉卿除了愤怒责问之外，觉得还应该用聪明的方法来处理一下。想象出一个包公来解气当然也可以，但关汉卿更主张用民间女性的慧黠来作弄一下，让那些无赖出出丑。于是，我们看到了《望江亭》和《救风尘》。

《望江亭》的女主角谭记儿太美丽了，居然让一个有权有势的花花太岁杨衙内虽未谋面就已经神魂颠倒，向皇上诬告谭记儿的丈夫，骗得了势剑、金牌、文书，前来捉拿。谭记儿看丈夫惊慌失措，便亲自行动了。她打扮成渔妇到杨衙内泊船的望江亭送鱼，贪杯又贪色的杨衙内见到如此美貌的渔妇方寸大乱、丑态百出。谭记儿边挑逗边把势剑、金牌、文书骗到手。第二天，杨衙内要提审谭记儿的丈夫时，自己反倒成了诈骗犯。

《救风尘》就更有趣了。妓女宋引章嫁给了花花公子官二代周舍，婚后受尽虐待却又无法脱离。小姐妹赵盼儿也是一个妓女，用风月手段狠狠地勾引和作弄周舍，终于骗得了"休书"而解救了宋引章。

这两个戏都是由绝色美女向权贵无赖设套，其间的情节、语言都让观众畅怀大笑，笑美女的聪慧，笑无赖的愚蠢。在观众的笑声中，关汉卿完成了对无赖世界的局部战胜。

靠着美女战胜，甚至靠着妓女战胜，靠着计谋、色相、调情、诱惑、欺诈、骗取、逃遁来战胜——这样的手段还合乎"君子之道"吗？在关汉卿看来，以正义的目的而采用非君子的手段来制服邪恶，正符合"君子之道"的本原价值。如果不符合，那么，要修改的应该是"君子之道"了。

用非君子的手段来制服邪恶，让剧场里的大量君子在欢笑中产生信心，这有什么不好？

这又牵涉到喜剧与悲剧的区别了。悲剧的灵魂是责问，喜剧的灵魂是笑声。这么黑暗的世道还笑得出来？对，这就是艺术的力量，高于世道、俯视世道、调戏世道，在精神上收拾世道。

关汉卿是一个完整意义上的戏剧家，大悲大喜都出自他的手笔。然而，在中国文化人格的推进上，我更看重他以顽泼的心态营造喜剧的那一面。

第 049 讲

孤立的里程碑

元代，不仅对戏剧具有里程碑意义，而且对绘画的意义也非常巨大。

我先不做理论概括，只需举出那幅在中国美术史上地位特殊的《富春山居图》来约略说明。

一六五〇年，江苏宜兴的一所吴姓大宅里发生了一次"焚画事件"。一位临死的老人太喜欢他所藏的《富春山居图》了，居然想以焚烧的方式让它伴随自己升天。幸好一个后辈从火堆里抢了出来，但画却已被烧成了两半。这两半，现在分别被收藏在台北和杭州。这幅画，创作于元代，作者是黄公望。

其实，《富春山居图》在遭遇这场大难和大幸之前，已经很有经历。我要不避啰唆地讲一讲，因为这种啰唆中埋藏着深刻的文化哲理。而且，这两半幅画终于在台北故宫博物院合展的时候，正是由我在那里开设了专题讲座，因此很熟悉它的历史过程。

明代成化年间，画家沈周曾经收藏它，后遗失，流入市场，被一位樊姓收藏家购得。一五七〇年到了无锡谈恩重手里，一五九六年被书画家董其昌收藏。转来转去二三百年间，大体集中在江苏南部地区，离这幅画作者的出生地和创作地不远。但是在被焚被救之后，流转空间猛然扩大，两半幅画就开始绕大圈子了。

两半幅画，一长一短，后长前短。长的后半段，在清代康熙年间曾被尚书王鸿绪收藏，到了乾隆年间一度落入朝鲜人安仪周之手，后来在乾隆十一年，也就是一七四六年，被一位姓傅的先生送入清宫。但是在这之前，已经有一幅同名的画作进宫了，乾隆皇帝还在上面题过词，因此就认定后来的这幅是赝品。

直到嘉庆年间，鉴定家胡敬等人才核定真伪。因此，乾隆皇帝至死都不明白自己上当了，让赝品堂而皇之地被悉心供奉着，让真迹在另一个拥挤的库房里暗自冷笑。

至于那前面小半段的经历，也很凄楚。一度曾被埋没在一堆老画的册页中，后被慧眼识别，却又被移藏得不见天日，有幸终于落到了画家吴湖帆手中。浙江省博物馆得以收藏，是时任馆长的书法家沙孟海在二十世纪五十年代诚意请吴湖帆转让的。

我认识吴湖帆晚年的弟子李先生，他在生前曾向我讲述了一段往事。那天，吴湖帆正在上海南京路的南京理发店理发，有一位古董商人寻迹而来，神秘兮兮地向他展示一件东西。才展开几寸，吴湖帆立即从理发椅上跳起身来，拉着古董商赶往他在嵩山路的家取钱。这位画家没见过《富春山居图》，但一眼扫及片段笔墨，就知道这是那另一半。尽管，这个拉着古董商人急匆匆奔走的男人，理发也只理了一半。但他，哪里等得及理完？

看到了没有，从明清两代直到现代，凡是与《富春山居图》有关的人，都有点儿疯疯癫癫。

正是这种疯疯癫癫，使作品濒临毁灭，又使作品得以延续。现在大家可以明白我把一幅画的收藏过程讲得如此具体的用心了，我是想用一个范例证明，中国文化的最精致部分，就是这样延续的。

那是几处命悬一线的暗道，那是一些人迹罕至的险路，那是一番不计输赢的押注，那是一副不可理喻的热肠，那是一派心在天国的醉态，那是一种嗜美如命的痴狂。

当然，并不是一切优秀作品都能引发数百年的痴狂。那么，《富春山居图》为什么有这般魔力？

这件事说来话长，牵涉到顶级艺术作品中所包含的神秘力量。

黄公望《富春山居图》(局部)

　　大家似乎有一种共识,认为艺术杰作的出现必须有一些良好的客观条件,例如经济的保障、官方的支持、社团的组建、典仪的热闹、社会的重视、民众的关注等等。正是这些条件,组成了"文化盛世"的自诩。根据这样的自诩,宋代设立了宫廷画院,称为"翰林图画院",由宋徽宗赵佶亲自建制并不断完善。不少民间画家被遴选为御用画师,从社会地位到创作生态,都受到充分宠信和照料。宫廷画院里也出现过一些不错的作品,但是很奇怪,没有一件能够像《富春山居图》那样引起人们的痴狂。

　　当宋朝终于灭亡之后,宫廷画院当然也不存在了。南方的汉族画家被贬斥到了社会最底层,比之于前朝的御用画师,简直一个在天上,一个在地下。但是,正是在远离官方、远离财富、远离地位、远离人群、远离关注的困境中,《富春山居图》出现了。

　　当它一出现,人们就立即明白,宋朝宫廷画院所提供的一切优渥条件,

大半是艺术创作的障碍。

其实，这个教训岂止于宋代。上上下下在呼唤的，包括艺术家们自己在呼唤的，往往是创作的反面力量。

诚然，宫廷画院的作品是典雅的、富贵的、严整的、豪华的、细腻的，什么都是了，只缺少"一点点"别的什么。别的什么呢？那就是，缺少了独立的自我，缺少了生命的私语，缺少了生态的纯净，缺少了精神的舒展，缺少了笔墨的洒脱。《富春山居图》正是有了这"一点点"，便产生了魔力。

说到这里，我们终于可以引出这幅画的作者黄公望了。由于他是彻底个人化的艺术家，因此他的生存特征比任何一个宫廷画家都重要。他无帮无派，难于归类，因此也比他身后的"吴门画派"、"扬州八怪"重要。

大家早已发现，本课程的特点是"以人带史"，也就是从人格来提挈文脉。因此，讲一个黄公望，足以使我们鸟瞰中国美术史的前前后后了。

说得难听一点儿，黄公望是一个籍贯不清、姓氏不明、职场平庸，又入狱多年的人。出狱之后，他也没有找到像样的职业，卖卜为生，过着草野平民的日子。中国传统文化界对于一个艺术家的习惯描述，例如"家学渊源"、"少年得志"、"风华惊世"、"仕途受嫉"、"时来运转"之类，与他基本无关。

有人曾经这样描述黄公望：

> 身有百世之忧，家无担石之乐。盖其侠似燕赵剑客，其达似晋宋酒徒。至于风雨塞门，呻吟槃礴，欲援笔而著书，又将为齐鲁之学，此岂寻常画史也哉。（戴表元《黄公望像赞》）

忧思、侠气、博学、贫困、好酒。在当时能看到他的人们眼中，这个贫困的酒徒似乎还有点儿精神病。

有人说他喜欢整天坐在荒山乱石的树竹丛中，那意态，像是刚来或即走，但他明明安坐着，真不知道他要干什么。有时，他又会到海边看狂浪，即使风雨大作，浑身湿透，也毫不在乎。

我想，只有真正懂艺术的人才知道他要干什么。很可惜，他身边缺少这样的人。

晚年他回到老家常熟住，被乡亲们记住了他奇怪的生活方式。例如，他每天要打一瓦瓶酒，仰卧在湖边石梁上，看着对面的青山一口口喝。喝完，就把瓦瓶丢在一边。时间一长，日积月累，堆起高高一坨。

更有趣的情景是，每当月夜，他会乘一艘小船从西城门出发，顺着山麓来到湖边。他的小船后面，系着一根绳子，绳子上挂着一个酒瓶，拖在水里跟着船走。走了一大圈，到了"齐女墓"附近，他想喝酒了，便牵绳取瓶。没想到绳子已断，酒瓶已失，他就拍手大笑。周围的乡亲不知这月夜山麓何来这么响亮的笑声，都以为是神仙降临。

为什么要把酒瓶拖在船后面的水里？是为了冷却，还是为了在运动状态中提升酒的口味，就像西方调酒师甩弄酒瓶那样？

夜、月、船、水、酒、笑，一切都发生在"齐女墓"附近。这又是一座什么样的坟茔？齐女是谁？现在还有遗迹吗？

黄公望就这样活了很久。他是八十五岁去世的，据记述，在去世前他看上去还很年轻。对于他的死，有一种很神奇的传说。李日华《紫桃轩杂缀》有记：

> 一日于武林虎跑，方同数客立石上，忽四山云雾，拥溢郁勃，片时竟不见子久，以为仙去。

难道他就是这样结束生命的？但我想也有可能，老人想与客人开一个玩笑，借着浓雾离开了。他到底是怎么离世的，大家其实并不知道。

黄公望不必让大家知道他是怎么离世的，因为他已经把自己转换成了一种强大的生命形式——《富春山居图》。

其实，当我们了解了他的大致生平，也就更能读懂这幅画了。

人间的一切都洗净了，只剩下了自然山水。对于自然山水的险峻、奇峭、繁叠也都洗净了，只剩下平顺、寻常、简洁。但是，对于这么干净的自然山水，他也不尚写实，而是开掘笔墨本身的独立功能，也就是收纳和消解了各种模拟物象的具体手法，如皴、擦、点、染，只让笔墨自足自为、无所不能。

正是在黄公望手上，山水画成了文人画的代表，并引领了文人画，结果又引领了整个画坛。

没有任何要成为里程碑的企图，却真正成了里程碑。

不是出现在"文化盛世"，而是出现在元代。短暂的元代，铁蹄声声的元代，脱离了中国主流文化规范的元代。这正像中国传统戏剧的最高峰元杂剧，也出现在那个时代；被视为古代工艺文物珍宝的青花瓷，还是出现在那个时代。

相比之下，"文化盛世"往往反倒缺少文化里程碑，这是"文化盛世"的悲哀。

里程碑自己也有悲哀。那就是在它之后的"里程"，很可能是一种倒退。例如，以黄公望为代表的"元人意气"，延续最好的莫过于明代的"吴门画派"，但仔细一看，虽然回荡着书卷气，但里面的气质却变了。简单来说，元人重"骨气"，而吴门重"才气"，低了好几个等级。

又如，清代"四僧"画家对于黄公望和吴门画派的传统也有继承，在绘画史上达到了很高的水准。他们很懂黄公望，但在精神的独立、人格的自由上，离黄公望还有一段距离。

再如，"四僧"的杰出代表者八大山人朱耷，就多多少少误读了黄公望。他把黄公望看作了自己，以为在山水画中也寄托着遗世之怨、亡国之恨，因此他说《富春山居图》中的山水全是"宋朝山水"。显然，黄公望并没有这种政治意识。政治意识对艺术来说，是一种"似高实低"的东西，朱耷看低了黄公望。

由此可知，即便在后代相同派别的杰出画家中，黄公望也是孤立的。孤立地标志在历史上，那就是里程碑。

文化被奴役

大家已经认识了关汉卿和黄公望。我想，你们光凭这两人也已经相信，元代的文化并不黯淡。

元代的中国，还获得了一副来自远方的陌生目光。陌生、好奇、热情，而且这目光变成了叙述，让欧洲第一次了解了中国的山水风土、生态文化，并产生了巨大影响。

这就是马可·波罗的目光。由此，中国文化取得了更感性、更具体的世界身份。在马可·波罗的叙述中，元代成了中国文化的代表。仅仅为此，我们也应该对元代高看一眼。

元代之后，是长达五百多年的明、清两代。不管从哪个角度来判断，都应该是中国文化的繁荣期，但事实并不是这样。

而且，如果做世界对比，正是在明代，欧洲从中世纪的梦魇中彻底苏醒了。苏醒之后精力旺盛，文化灿烂，中国文化的世界身份，开始产生了尴尬。中国文化的整体格局和气度，在明、清两代显得弱了，散了。

文化气氛与社会气氛有关。气压总是那么低，湿度总是那么高，天光总是那么暗，世情总是那么悬，禁令总是那么多，冷眼总是那么密。连最美好的事物，也总是以沉闷为背景。

造成这一切的起点，是朱元璋开始实施的文化专制主义。

与秦始皇的焚书坑儒不一样，朱元璋的文化专制主义是一种系统的设计、严密的包围、整体的渗透、长久的绵延。

由草根起家而夺取了全国政权，朱元璋显然有一种强烈的不安全感。他按照自己的政治逻辑汲取了宋朝和元朝灭亡的教训，废除宰相制度，独裁全国行政，滥用朝廷暴力，大批诛杀功臣，强化社会管制，实行特务政治。这么一来，国家似乎被严格地掌控起来了，而社会气氛如何，则可想而知。

不仅如此，他还直接问津文化。他在夺权战争中深知人才的重要，又深知掌权后的治国更需要文官。他发现以前从科举考试选出来的文官问题很大，因此经过多年设计，为科举考试制定了一套更严格的规范。那就是文官必出自科举，考生必出自学校，考题必出自经书，阐述必排除己见，文体必符合八股，殿试必面对皇帝。这么一来，皇帝和朝廷，不仅是政治权力的终端，也是学位考试的终端，更是全国一切文化行为和教育事业的终端。

这一套制度，乍一看没有多少血腥气，却把中华文化全盘捏塑成了一个纯粹的朝廷工具、皇家仆役，几乎不留任何空隙。

当文化本身被奴役，遭受悲剧的就不是某些文人，而是全体文人了。因为他们存身的家园被围上了高墙，被划定了路线，被锁定了出口。时间一长，他们由狂躁、愤怒而渐渐适应，大多也循规蹈矩地进入了这种"文化—官僚系统"。也有一些人会感到苦闷，发发牢骚。尽管这些苦闷和牢骚有时也能转化为不错的作品，但无可讳言，中国文人的集体人格已经从根子上被改造了。

与此同时，朱元璋对于少数不愿意进入"文化—官僚系统"的文人，不惜杀一儆百。例如，有的文人拒绝出来做官，甚至为此而自残肢体。朱元璋听说后，就把他们全杀了。更荒唐的是，他自己因文化程度很低而政治敏感极高，以匪夷所思的想象力制造了一个又一个的文字狱，使中华文化笼罩在巨大的恐怖气氛之下。

文字狱的受害者，常常不是反抗者，而是奉承者。这个现象好像很奇怪，其实很深刻。

例如，有人奉承朱元璋是"天生圣人，为世作则"，他居然看出来，"生"是暗指"僧"，骂他做过和尚，"作则"是骂他"做贼"。又如，有人歌颂他是"体乾法坤，藻饰太平"，他居然看出来，"法坤"是暗指"发髡"，讽刺他曾经剃发，而"藻饰太平"则是"早失太平"。这样的例子还能举出很多，那些原来想歌功颂德的文人当然也都逃不脱残酷的死刑。

恐怖培养奴才，当奴才也被诛杀，那一定是因为有了鹰犬。

一个极权帝王要从密密层层的文翰堆里发现哪一个字有暗指，多数不是出于自己的批阅，而是出于鹰犬的告密。例如前面所说的由"法坤"而联想到"发髡"，就明显地暴露出那些腐朽文人咬文嚼字的痕迹，而不太符合朱元璋这么一个人的文字感应。

当文化鹰犬成为一个永恒的职业，文字狱自然得以延续，而恐怖也就大踏步走向了荒诞。

朱元璋在发展经济、利益民生、保境安民等方面做了很多好事，不失为中国历史上一个有能力、有作为的皇帝，但在文化上，他用力的方向主要是负面的，留下的遗产也主要是负面的。

他以高压专制所造成的文化心理气氛，剥夺了精英思维，剥夺了生命尊严，剥夺了原创激情，后果非常严重，就连科学技术也难以发展了。明代建立之初，中国的科技还领先世界，但终于落后了，这个转折就在明代。

到了清代，文字狱变本加厉，又加上一个个所谓"科场案"，文化气氛更加狰厉。一个庞大国家的文化灵魂如果长期处于哆哆嗦嗦、趋炎附势的状态中，那么它的气数必然日渐衰微。鸦片战争以后的一系列惨败，便是一种必然结果。

由朱元璋开始实施的文化专制主义，以儒学为工具，尤其以朱熹的理学为旗帜。看上去，这是大大地弘扬了儒学，实际上，却是让儒学产生了严重的质变。因为与专制暴虐联系在一起了，它呈现出了一种恃强凌弱、仗势欺人的霸气。其实，这并不是儒学的本来面目。

朱元璋

在朱元璋之后，明成祖朱棣更是组织人力编辑《四书大全》、《五经大全》、《性理大全》，并严格规定，在科举考试中，"四书"必依朱熹注释，"五经"必依宋儒注释，否则就算是异端。不仅如此，在社会生活的各个方面又把宋儒所设计的一整套行为规范如"三纲五常"之类也推到极端，造成很多极不人道的悲剧。

朱棣在如此推崇儒学的同时，又以更大的心力推行宦官政治和特务政治，如臭名昭著的东厂。这也容易让儒学沾染到一些不好的味道。

由此，产生了两方面的历史误会。

一方面，后代改革家出于对明清时期极权主义的愤怒，很自然地迁怒于儒学，甚至迁怒于孔子本人，提出要"打倒孔家店"。五四时期就出现过这种情况。

另一方面，不少人在捍卫、复兴儒学的时候，也不做细致分析，喜欢把它在明清时期的不良形态进行装潢，强迫青少年背诵、抄写、模拟，营造出一种背离时世的伪古典梦境。

其实，早在明代中期，儒学因朝廷过度尊崇而走向陈腐的事实已经充分暴露，于是出现了王阳明的"心学"。

王阳明和他的学说都很优秀，充分展示了中国知识分子有可能达到的人格高度。我们在第三单元"大道·儒家佛家道家"中，将会系统地分析他的人生宣言。但是，即使是他，对中国文化的整体格局也无能为力。

当时中国知识分子的集体人格是什么样的呢？直到明代灭亡之后，有些智者才做出了反思。例如，大家常常以"最有气节"的方孝孺作为分析对象。方孝孺一直被世人看成是旷世贤达、国家智囊，但当危机发生，要他筹谋时，他却每一步都走错了。大家这才发现他才广意高、好说大话，完全无法面对世事实情。但是等到发现已经来不及了，他与朝廷顷刻灭亡。

明代高层文化人的生态和心态，被概括为一副对联："无事袖手谈心性，临危一死报君王。"也就是大家都在无聊中等死，希望在一死之间表现出自己是个忠臣。平时即便不袖手旁观，最关心的也是朝廷里边人事争逐的一些细节，而且最愿意为这些细节没完没了地辩论。有时好像也有直言抗上的勇气，但直言的内容、抗上的理由，往往不值一提，甚至比皇帝还要迂腐。

笔锋犀利的清初学者傅山更是明确指出，这种喜欢高谈阔论又毫无用处的文化人，恰恰是长久以来养成的奴性的产物，因此只能称之为"奴儒"。他说，"奴儒"的特点是身陷沟渠而自以为大，无感世事而满口空话，一见英才便联手扼杀。傅山实在恨透了这么一大帮子人，骂他们是咬啮别人脚后跟的货色。

反思得最深刻的是黄宗羲、顾炎武、王夫之这些思想家，他们从最终根源上揭示了君主专制的弊病，振聋发聩。但是，究竟应该怎么办呢？他们

傅山

却不知道了。之后，我们会对他们三人做专门介绍。

当这些思想家对明代的政治文化做出尖锐批判的时候，民间的艺术文化还是产生了不少实绩。一讲民间的艺术文化，我的心情就会愉快起来。那些思想家也许看不上，而我们却应以公平的态度给予评价。例如，就在顾炎武的家乡昆山，发生了艺术文化上不小的事件：昆曲的改革。

匪夷所思的剧场

之前我们讲述过中国戏剧的"迟到"和"爆发"，认识了那个顽泼的关汉卿。现在，要用昆曲的改革来承接脉络了。

中国戏剧史的研究者多是文人，他们的着力点往往是剧本。其实，决定一个剧种存废兴衰的关键，主要是它的音乐，特别是唱腔曲调。这在当代仍然如此，现今各地的"戏曲改革"为什么几乎没有成果？原因是很多从业者把主要精力放在剧本、题材、导演、舞台美术上，而独独没有在唱腔曲调的改革上有大作为。

伟大的元杂剧所裹卷的"北曲"、"北音"为什么日趋衰落？除了水土不服外，主要原因是整体上开始被厌倦。越是伟大，越容易被厌倦，原因是传播既强，倾听既多，也就最容易碰撞到观众审美心理的边界。所谓边界，就是因厌倦而抛弃。正是在"北曲"、"北音"的被厌倦中，"南曲"、"南音"渐渐获得了新的生命机遇。

"南曲"、"南音"中，原有一些地方性声腔，如弋阳腔、余姚腔、海盐腔、昆山腔等等。相比之下，昆山腔流传地区最小，但最为好听。怎么好听？徐渭在《南词叙录》中用了四个字：流丽悠远。

仅仅是汲取了一些地方性曲调，远不能完成一种重大变革。真正的大变革，必须等待一位既在唱腔曲调上有深厚修养，又有变革之志的大音乐家来领军。

这个大音乐家，就是魏良辅。

魏良辅（苏州中国昆曲博物馆塑像）

对于他的生平，我们知之甚少。从零星史料的互相参证中约略可知，他大概生于十五世纪末，是一个高寿之人，活了七八十岁。他在六十岁左右已经是曲界领袖，并以这个身份成了昆腔改革的发轫者。

在改革南昆的过程中，他虚心地向北曲、北音学习。其中，北方人王友山的唱曲，对他刺激很大。他把自己关在房子里很久，一次次面向北方雕镂南曲。正在这时，一个年轻人出现了。

这个年轻人叫张野塘，寿州人，因为犯事，被发配到江苏太仓。他一定是一个快乐的人，即便是发配远行，也带着唱曲时伴奏的弦索。

那天，魏良辅听到了张野塘唱曲。他到底是内行，一听就停住了脚步。魏良辅拉着张野塘，让他整整唱了三天。听完，赞不绝口，两人就成了忘年之交。

当时魏良辅已经年过半百，家里有一个出色的女儿，也善于唱曲，嫁给了这位身上还有罪名的张野塘。我想，这是日夜切磋唱腔所结下的姻缘。于是，这一家三个唱曲家，便成了昆曲改革的最佳组合。

前面说过，昆腔改革的美学重心在音乐，但是作为一门综合艺术，昆腔还是需要由一些完整的作品来体现。这就需要在魏良辅、张野塘之外，再出现一位能写剧本的戏剧家了。这个人，就是创作了《浣纱记》的梁辰鱼。

梁辰鱼在当时，是一位名声显赫的"达人"。他身材高大，模样俊朗，留着好看的胡子。他是官宦子弟，却不屑科举。他富于收藏，喜游好醉。他结交高人，连著名文史学家王世贞、抗倭名将戚继光，也曾到他家做客。当然，他的主要身份是戏曲音乐家，深得魏良辅真传，善于唱曲，又乐于授徒。远近唱曲者如果未曾拜会过他，就会觉得没有面子。

梁辰鱼完成《浣纱记》的创作，大概在五十岁，而那时魏良辅已是古稀之年。魏良辅领导昆腔改革的成果，在这部戏里获得了充分的体现。

这样的昆曲演出，收纳了元杂剧没有完全征服的一大片南方山河。南方山河中，原来看不起南曲、南音之俗的大批文人、学士，也发现了一种让他们身心熨帖的雅致，便一一侧耳静听，并撩起袍衫急步走进。

于是，几千年来一直不倡导纵情歌舞的汉族君子，一下子获得了释放。一释放，很多君子才发现自己原来也有不错的歌舞天赋。

因此，昆腔火了，昆曲火了，而且大火特火，几乎燎烧了半个中国的审美莽原，燎烧了很久很久。

多久？居然，二百多年。

这二百多年，突破了中国文人的审美矜持，改写了中国文人的集体风貌。

昆曲演出后来所出现的盛况，简直让人匪夷所思，几乎成了世界戏剧史上的奇迹。

有一位叫祁彪佳的朝廷御史，在明代崇祯年间曾巡按苏松。从他无意留下的一本日记中可以发现，当时很大一批京官，似乎永远在赴宴，有宴必看戏，形成了一种生活习惯。我翻到他在一六三二年三个月的部分记录：

五月十一日，赴周家定招，观《双红》剧。

五月十二日，赴刘日都席，观《宫花》剧。

六月二十一日，赴田康侯席，观《紫钗》剧至夜分乃散。

六月二十七日，赴张溶之席，观《琵琶记》。

六月二十九日，同吴俭育做主，仅邀曹大来、沈宪中二客观《玉盒》剧。

七月初二，晚赴李全峨席，观《回文》剧。

七月初三，赴李佩南席，观《彩笺记》及《一文钱》剧。

七月十五日，晚，邀呦仲兄代做主，子随赴之，观《宝剑记》。

再翻下去，发觉八月份之后看戏看得更勤了，所记剧目也密密麻麻，很少重复。由于太多，我也就不摘录了。

请注意，这是在北京，偌大一个官场，已经如此绵密地渗进了昆曲的旋律，日日不可分离。这种情况，就连很爱看戏的古希腊、古罗马政坛，也完全望尘莫及了。

北京是如此，天津也差不多，自然更不必说昆曲的发祥地苏州及其周边的扬州、南京、杭州、上海了。

除了在家里或别墅里演出外，明代更普遍的演出是在公共空间。这种演出分固定和不固定两种。

公共空间的固定演出，较多地出现在庙会上。庙中有戏台，可称"庙台"。在节庆、拜神、祭典、赶集时到庙台看戏，长期以来一直是广大农村主要的文化生活。我们现在到各处农村考察，还能经常看到这类庙台的遗址。

除了庙台，各种会馆中的戏台也是固定的。会馆有不同种类，有宗族会馆，也有在异地招待同乡行脚的商旅会馆。

比固定演出更丰富的，是临时性的不固定演出。这种演出的舞台是临时搭建的。虽为临时，也可以非常讲究。一般是，选一通衢平地，木板搭台，平顶布棚。更多地方是以席棚替代布棚，前台卷翻成一定角度，后台则是平顶。这种舞台很像后来在西方突破"第四堵墙"之后流行的"伸出型舞台"和"中心舞台"，观众从三面围着舞台看戏。

我本人最感兴趣的，是江南水乡与船舫有关的几种演出活动。我认为，它们完全可以成为人类戏剧学的特例教材。

第一种，戏台搭在水边，甚至部分伸入水中，观众可以在岸上看，也可以在船上看。当时船楫是江南最重要的交通工具，船上看戏，来往方便，既可自如地安顿女眷，又可舒适地饮食坐卧。这情景，有点儿像现在西方的露天汽车电影院，但诗化风光则远胜百倍。

第二种，建造大型楼船演戏，吸引无数小船前来观看。演戏的大型楼船与看戏的小船一起在水中，共同承载着自然气象，一会儿可以辉映明月星云，一会儿可以随着风浪摆动，一会儿又可以呈现真实的雨中景象。

第三种，也是在船上演戏，观众在岸上观看。有趣的是，如果演得不好，岸上的观众可以向戏船投掷东西来表达不满，于是一船退去，另一船又上来。这种由观众以强力选择演出的动态景象，我想不起在世界其他地方出现过。

演出是这样，那么，剧本又怎么样呢？

昆曲的剧作家队伍很大，在明万历年间，吕天成在《曲品》中把当时的剧作家以不同等级进行排列，在"上等"里边，又分为"上之上"、"上之中"、"上之下"三个小等。在"上之上"中，他排出了沈璟、汤显祖两名。在吕天成之后，剧作家越来越多，如果把后来一代代的昆曲作家也加在一起，那就是一个浩浩荡荡的庞大名单了。

在那么多昆曲作家中，我选出的前三名，一为汤显祖，二为孔尚任，三为洪昇。而在汤显祖的四部作品中，《牡丹亭》又遥遥领先，甚至可享唯一性的尊荣。他写的其他几部戏，失去了与《牡丹亭》的可比性。对于这几位剧作家，我在《中国戏剧史》、《昆曲美学》中均有长篇论述。在《中国文脉》中，我又简略分析了他们之间的高低利钝，学员如果有兴趣，可以找来一读。

我没有把那位被吕天成排为"上之上"第一名的沈璟排入，是从戏剧文学的"器格"着眼。沈璟的戏剧努力，主要集中在曲词的格律、唱法上，到了"按字模声"而不怕"不能成句"的地步。他主张"宁律协而词不工，读之不成句，而讴之始协，是曲中之巧"。这就把剧本当作了演唱的被动附庸，以戏剧的音乐价值贬低了文学价值，极为不妥。怪不得，他的剧本都写得不好，那么多数量，却没有一个传得下来。

与他产生明显对立的，是比他大三岁的江西人汤显祖。汤显祖的《牡丹亭》从根本上改变了中国戏剧文学的套路。为了爱，可以出生入死，这对于当时占统治地位的宋明理学，也构成了挑战。而且，这样的挑战又是如此美丽，充分展现了美学对于哲学的特殊力量。

一种过度的文化流行，时间一长，一定会渐渐背离初创者们的激情，一步步走向美的钝化、退化、僵化，背着往日的记忆和今

汤显祖

日的抱怨，成为沉重的社会负担。后代学人经常会片面地激赞远去的审美现象，把它们正在承受的衰败、伤痕、羞辱全然抹去。其实这种做法是不对的，只能使九天之上的文化祖先们老泪纵横。

在过度的流行中，真正的艺术不可能不寂寞。越流行，越寂寞。

在流行浪潮中，即使有才华的人，也都在东张西望、察言观色，结果，大量的作品越来越走向公式化、老套化、规制化。这种情形，古今中外都差不多。

对于这样的流行，就连创作水平比较平庸的李渔，也在不断抱怨。他在《闲情偶寄》中说：

> 吾观近日之新剧，非新剧也，皆老僧碎破之衲衣，医士合成之汤药。取众剧之所有，彼割一段，此割一段，合而成之，即是一种"传奇"。

李渔还说，他看了那么多年的戏，只听到过不熟悉的姓名，没见到过不熟悉的剧情。

对于昆曲剧本的公式化、老套化，戏剧家吴梅揭露得最为有趣。他说，那么多戏，竟然都逃不出好几个"必"：

> 生必贫困，女必贤淑，先订朱陈，而女家毁盟。当其时，必有一富豪公子，见色垂涎，设计杀生。女父母转许公子。而生卒得他人之救，应试及第，奉旨完姻，置公子于法，然后当场团圆。十部传奇，五六如此。(《词余讲义》)

请注意吴梅所统计的比例：所有的昆曲剧本中，十分之五，甚至十分之六，都是这么一个老套，这实在是有点儿恐怖了。

长久地痴迷一种老套，对于普通观众而言，是出于一种浅薄而又惰性的追随心理，迟早会厌倦和转移，但对文人和官员来说就不一样了。他们痴迷老套，有一系列艺术之外的原因，说起来颇为悲哀。原来，他们在社会大变动中产生了种种不安全感，试图借助于文化来摆脱。但是一进入文化又发现，最大的不安全感恰恰在于文化。因此，要用一种故意的陈旧和重复，来筑造一道心理慰抚之墙。

不管在什么时代，当一大批官僚和文人都竞相沉溺于老腔老调了，基本上都是这个原因。

正由于此，昆曲的悠扬曲调，一再在兵荒马乱中成为自欺欺人的安神汤、麻醉剂。也由于此，它总是被冤枉地看作"世纪末的颓唐之音"。

为此，我要以尽可能公平的态度，为昆曲说几句话。

昆曲的繁荣期，恰恰是数千年中国文化的衰微期，也是中国文化开始落后于西方文化的转折期。那么，它在这一过程中究竟充当了什么角色？它在中国文化的整体兴衰历程中，所起的作用是以正面为主，还是以负面为主？我认为，它确实没有能力为社会发展做出更积极的美学选择，但它的作用还是以正面为主，而不是那些激进评论家所说的"颓唐之音"和"亡国之音"。中国文化的兴衰，源于一系列更大的历史原因。艺术和美学，并不是扭转乾坤的枢纽，却可以在兴衰过程中滋润人心，使人们在不同的生活境遇中都有权利与美相伴。以魏良辅、汤显祖为代表的昆曲艺术，正是发挥了这样的功能。后来在越来越严重的社会危机中，昆曲的形象有点儿尴尬，那是由它的疲惫和无奈所致。不管怎么说，中国文化在自己的衰微期有昆曲相伴，是一件幸事。

第 052 讲

小说的反叛

讲了戏剧，当然要讲小说了，因为这是明、清两代的两大文学主干。

但是，要讲小说，我就隐隐有些担心，因为这些小说篇幅都很长，人物众多，故事复杂，如果要认真展开来一一讲述，必然要花费不少篇幅，这就会严重影响课程的整体节奏。而且，那几部小说大家都很熟悉，历来论述它们的著作已经汗牛充栋，我如果再凑上去，就违背了本课程"不与他人重叠"的原则。

这实在是个难题。

我面对难题，总喜欢试着从相反的方向解决。

如果说，那些小说像是文学干道上的一重重山丘，大家都不得不进去攀越、探寻、蹀躞，那么，我何不站在山口的坡台上简单提示几句，让大家从容地进去，再从容地出来呢？

这也就是说，用极简来对付极繁，用三言两语来解脱千言万语。

这个方法我曾在北大讲课时用过，学生与我建立了一种"闪问闪答"的环节，把很多怎么也说不清的大问题解决在顷刻之间。这个环节不仅在课堂上大受欢迎，后来讲课记录出版，读者评价最高的也是这个部分。

于是，我也想用这个方式来完成有关明清时期小说的课程。预先请了几位学生设计了一些简短的问题，由我做简短回答。虽然算不上"闪问闪答"了，也算是"短问短答"吧。

把这样的问答方式引入本课程，是一个尝试，我很高兴。

短问：中国四部古典小说，产生的时间顺序如何排列？文化的等级顺序又如何排列？

短答：时间顺序是《三国演义》、《水浒传》、《西游记》、《红楼梦》。很巧，文化的等级顺序也这样排列，一阶阶由低到高。

短问：那就先问第一台阶，《三国演义》。您认为这部历史小说的文化价值何在？

短答：第一次以长篇故事和鲜明人物，强烈地普及了最正宗的"中国观念"，即大奸、大义、大智。大奸是曹操，大义是关羽，大智是诸葛亮。这种普及，社会影响巨大。

短问：那么《水浒传》呢？

短答：与正宗观念反着来了，"流寇"被看作了英雄，认为他们是在"替天行道"，这就颠覆了天理和道统。英雄人物武松、鲁智深、李逵、林冲写得很生动。宋江则是一个在"江湖道德"和"正统道德"之间的徘徊者。

短问：金圣叹为什么把聚义之后的情节砍了？

短答：砍得好。英雄们上山了，施耐庵就下不了山了。一个总体行动已经结束，他无法继续，只能硬拖。

短问：您觉得英雄上山后，小说还能写下去吗？

短答：能。更换一个方位，加上悲剧意识和宗教意识。我有过几个具体设想，这儿就不说了。

短问：难道闹闹腾腾的《西游记》也算上了一个台阶？

短答：对。《西游记》出现了一种寓言式的象征结构，这在小说中很是难得。鲁迅说它"实出于游戏"，我不同意。

短问：有哪些象征？

短答：第一象征是，自由本性，纵横天地，必受禁锢；第二象征是，八十一难，大同小异，终能战胜；第三象征是，师徒四人，黄金搭配，处处可见。

短问：终于要面对《红楼梦》了。我们耳边，有"红学家"们的万千声浪，您能用一句话来概括这部小说的意涵吗？

短答：这部小说通过写实和象征，探寻了人性美的存在状态和幻灭过程。

曹雪芹（吴为山雕塑作品）

短问：在小说艺术上您最赞叹它哪一个方面？

短答：以极为恢宏的大结构，写出了五百多个人物，其中宝黛、王熙凤、晴雯可谓千古绝笔。这么多人物又分别印证了大结构的大走向，那就是大幻灭。

短问：红学家们对作者曹雪芹的家族有大量研究，您能用最简单的语言说两句吗？

短答：在清代"康雍乾盛世"中，曹家在康熙初年发达，雍正初年被查，乾隆初年破落。曹雪芹过了十三年的贵族生活后，辛苦流离。三十八岁开始写这本书，四十八岁就去世了。

短问：有些红学家对高鹗续书评价极低，您认为呢？

短答：这不公平。高鹗当然比不上曹雪芹，但他保持了全书的悲剧走向，写出了黛玉之死和宝玉婚礼的重叠情节，难能可贵。见过几种续书，他的最好。没有续书，很难流传。

短问：您曾多次论述，这四部小说不能并列，因为《红楼梦》高出太多，是吗？

短答：是的。

短问：除了这四部，还有几部小说也比较著名，您能约略说几句吗，例如《金瓶梅》？

短答：《金瓶梅》很重要。《三国演义》中的历史人物、《水浒传》中的英雄好汉、《西游记》中的神仙鬼怪都不见了，只写日常市民，这些人也没有像样的故事，因此情节淡化。这样的作品当然不会来自说唱艺术，是第一部由文人独立创作的小说。

短问：内容有意义？

短答：有。它表现了暴发商人如何让传统社会结构崩塌，崩塌时看不到一个好人。

短问：《金瓶梅》后来最受诟病的，是露骨的色情描写。这种诟病是否出自封建保守思想？

短答：文学天地很大，色情描写应该容忍。不怕露骨，只怕粗鄙。《金瓶梅》在这方面粗鄙了，甚至肮脏了，跌破了美学的最后底线，因此很难为它辩护。

短问：还有一本短篇小说集影响也很大，《聊斋志异》。这本书内容很杂，又荒诞不经，为什么会这么出名？

短答：《聊斋志异》的各种故事中，有一抹最亮眼的异色，那就是狐仙和人的恋爱。很多读者都把这些狐仙看作了幻想中的恋人，因为她们生气勃勃，非常主动，机智任性，无视规矩，这是人世间的女友很难具备的。

短问：您是说，这些故事突破了现实题材的各种限制？

短答：要弥补现实，当然必须突破现实。一突破，连情节都变得艳丽奇谲、不可思议了。于是，一种特殊而陌生的美，压过了恐惧心理。为了美，人们宁肯拥抱不安全。为什么戏曲、电影都喜欢在《聊斋志异》中取材？因为它在弥补现实的同时也弥补了艺术。

短问：您的回答已经开始有点儿长了，要不要继续下去？

短答：一长就违背了我们的约定，那就结束吧。

——以上，就是有关中国古典小说的"短问短答"。

一部部厚厚的小说，我们竟然用这么简洁的语言来评说，其中包含着一种故意的逆反心理。这也有好处，通过远视、俯视、扫视，我们发现了这些文学丘壑的灵窍所在。如果反过来，采用近视、逼视、久视，很容易一叶障目。

正是在匆匆扫视中我们发现，仅仅这几部小说，也都在不长的时间里完成了勇敢的文化背叛。你看，《三国演义》首先以浩荡的情节和鲜明的形象，反转了历来儒家的道义传扬方式；《水浒传》则以一座梁山，反叛了三国的道义；到了《西游记》，一座梁山已经不够玩的了，从花果山、天宫到一个个魔窟，都是孙悟空反叛的连绵梁山；《金瓶梅》反叛三国型、水浒型、西游型的各类英雄，以彻底非英雄化的平民腐烂方式，让人别开眼界；《聊斋志异》则把人间全都反叛了，送来夜半狐仙的爽朗笑声；《红楼梦》的反叛就更大，对繁华、人伦、情爱，全都疑惑，又决然地拔身而去……

由此可见，创造就是反叛，反叛得有理有据，又有声有色。如果把文化创造仅仅看成是顺向继承，那一定是艺术生命的"穷途"。

正是在一层层反叛的过程中，艺术创造日新月异。你看，仅仅这几部小说，仅仅在人物塑造上，《三国演义》的类型化，《水浒传》的典型化，《西游记》的寓言化，《金瓶梅》的群氓化，《聊斋志异》的妖仙化，实在是琳琅满目，更不必说《红楼梦》在幻灭祭仪中的整体诗化了。

面对如许美景，我们不能不心生敬佩。与欧洲艺术界形成一个个流派不同，中国的这些小说作家没有流派，而是一人成派，一书成派，不求追随，拒绝沿袭，独立天地，自成春秋。

更让我们敬佩的是，他们所处的时代并不好，个人的处境更潦倒，却能进入如此精彩的创作状态，实在不可思议。我常想，不必去与楚辞、唐诗、宋词比了，只需拿出古典文化衰落期的这几部小说，就会令我们现代文学和当代文化深深羞愧。知道羞愧还好一点儿，问题是我们总不知道羞愧，永远自信满满，宏词滔滔。

第 053 讲

黄昏时分三剑客

在讲述戏剧和小说的课程时，我们的心情很愉悦，常常忘了当时十分沉闷的社会气氛。这就是文学艺术的特殊力量，以审美超越来关照大地人生。

在戏剧和小说的附近，还有一些思想家在承担着不同的精神使命。他们忧郁而深刻、勇敢而尖锐，大大加重了时代的分量，焕发着文化的高贵。

现在，我要郑重向大家介绍三个非常了不起的文化人格典型。我先不说他们的名字，只说他们的几个共同特征。

第一，他们都对中国历史做出了特别深刻的反思；

第二，他们都在改朝换代之际亲自参与了实际战斗；

第三，他们都是博通古今的大学者，成为后世学术的开启者；

第四，他们"读万卷书，行万里路"，长期奔波在山川大地之间。

这四个特征，拥有其中一项就极不容易，要四项具备，那实在是凤毛麟角了。但是，在中国的十七世纪，居然同时出现了三位，这实在让中外智者叹为观止。

更特别的是，他们彼此的年龄十分接近，相差不超过十岁。

相同的年龄使他们遇到了相同的历史悖论。大明王朝已经气息奄奄，而造成这个结果的祸根，却远远超越一个朝代。因此，几乎同时，他们拔出了佩在腰间的精神长剑。

这实在是出现在中国文化黄昏地平线上的"三剑客"，斗篷飘飘，很有魅力。

现在我可以公布他们的名字了，那就是：黄宗羲、顾炎武、王夫之。社会上对他们还有一些习惯称呼，黄宗羲又叫黄梨洲，顾炎武又叫顾亭林，王夫之又叫王船山。

先说黄宗羲，因为他稍稍年长一点儿，比顾炎武大三岁，比王夫之大九岁。

黄宗羲不到二十岁就已经名震朝野，不是因为科举诗文，而是因为他在北京公堂上的一个复仇行动。

黄宗羲

原来，在黄宗羲十七岁那年，他父亲黄尊素被朝廷中的魏忠贤党羽所害，死得很惨，他祖父就在他经常出入的地方贴了字句，要他不要忘了勾践，提醒他不能忘了复仇。第二年，冤案平反，奸党受审，黄宗羲来到刑部的会审现场，拿出藏在身上的锥子，向着罪大恶极的官吏许显纯、崔应元等猛刺，血流满地。这个情景把在场的审判官员都吓坏了，但他们并没有立即阻止，可见那些被刺的官吏实在是朝野共愤。而那个首先被刺的许显纯，还是万历皇后的外甥。当堂行刺之后，黄宗羲连那些直接对父亲施虐的狱卒也没有放过。做完这些事情，他又召集其他当年屈死忠魂的子女，举行祭奠父辈的仪式。凄厉的哭声传入宫廷，把皇帝都感动了。

据历史记载，这件事情之后，"姚江黄孝子之名震天下"。为什么说是"姚江黄孝子"呢？因为，他与王阳明先生一样，都是我的同乡余姚人。

家乡的地理位置，证明他是一个典型的"江南文人"。但是，他在北京朝堂之上的举动，太不符合人们对"江南文人"的印象了，似乎应该是"燕赵猛士"、"关西大汉"、"齐鲁英豪"所做的事。

黄宗羲并没有停留在为父报仇的义举上，后来还亲身参加过反清战斗。面对浩荡南下的清军，他曾与两个弟弟一起，毁弃家产，集合了家乡子弟六百余人组成义军，与其他反清武装一起战斗，黄宗羲还指挥过"火攻营"。兵败后率残部五百余人进入四明山，后又失败，遭到通缉。直到南明政权覆亡，黄宗羲才转向著作和讲学。

黄宗羲的讲学活动，从五十四岁一直延续到七十岁，创建了赫赫有名的浙东学派，一反学术文化界流行的空谈学风，主张"经世致用"，培养出了一大批在经学、史学、文学，以及天文、地理、六书、九章等领域的大学者。我曾在《姚江文化史》的序言中写道，从王阳明到黄宗羲，再到黄宗羲的学生万斯同、全祖望、邵晋涵、章学诚等一代大师，当时小小姚江所承载的文化浓度，一时几乎超过了黄河、长江。

他的学说，严厉批判君主专制体制是天下唯一之大害，主张以"天下之法"来代替。为了证明自己的观点，他还重新梳理了宋、元、明三代的思想文化流脉，学术精深，气魄宏伟。在七十岁之后，他停止讲学，专门著书立说。结果，他毕生的著作可谓经天纬地。例如大家都知道的《明夷待访录》、《明儒学案》、《宋元学案》、《明文案》、《南雷文案》、《今水经》、《勾股图说》、《测圆要义》等等。后面三种，已属于自然科学著作。总计起来，他的著作多达一千三百多卷，两千万字以上。如果用当时木刻版的线装本一函一函地叠放在一起，简直是一个庞大的著作林。很难想象，这是由一个单独的生命完成的。

这么一位大学者，引起了康熙皇帝的重视。康熙皇帝当然知道他曾经武装组织反清，还遭到通缉，但康熙皇帝毕竟是康熙皇帝，只看重他作为大学者的身份，以及他背后的汉文化，完全不在乎他与朝廷武装对立的往事。康熙皇帝搜集黄宗羲的著作，读得很认真。

黄宗羲作为中国文化的顶级代表，一直活到八十五岁高龄。这在当时，算是罕见的长寿了。就在临死前四天，他给自己的孙女婿写了一段告别人世、迎接死亡的话，很有趣味。我发现别的书里很少提及，就把它翻译成现代白话。黄宗羲说——

> 总之，可以死了。
>
> 第一，年龄到了，可以死了；
>
> 第二，回顾一生，说不上什么大善，却也没有劣迹，因此，可以死了；
>
> 第三，面对前辈，当然还可以做点儿什么，却也没有任何抱歉，因此，可以死了；
>
> 第四，一生著作，虽然不一定每本都会流传，却也不在任何古代名家之下，因此，可以死了。
>
> 有了这四个"可以死了"的理由，死，也就不苦了。

他说自己一生的著作不在任何古代名家之下，好像口气有点儿大，但仔细一想，并不错。历史上，有哪一位古代学者，既拥有如此浩大的著作量，又全都达到高峰的呢？可以一比的，是两位"司马"，也就是司马迁和司马光，但是，黄宗羲对历史的横向断代分析和纵向专题分析，都超越了他们。更何况，他有两位"司马"未曾经历的历史变迁所带来的一系列重大思考。

黄宗羲在临终前悄悄告诉孙辈的这段话，在我看来就像一座寂寞的孤峰向身边的一朵白云轻声笑了一下。他自信，山坡可以更换季节，但高度不会失去。

"三剑客"的第二名顾炎武，是江苏昆山人。昆山本来有一个亭林湖，所以大家都尊称他为亭林先生。现在昆山有一个亭林公园，那就完全是纪念他的了。他具体的家乡，在昆山一个叫"千灯"的地方。千灯，似乎是在一片黑夜中的遍地星斗，这是多么有诗意的地名。那里有他的故居和坟墓，大家旅行时如果到了昆山、苏州、周庄，可以弯过去看一看。

顾炎武对黄宗羲评价很高，他在读完黄宗羲的《明夷待访录》后曾写信给黄宗羲，说您的书我读之再三，才知道天下并非无人，才知道中国可以在历朝的阴影中复兴。顾炎武又告诉黄宗羲，自己著了《日知录》一书，其中观点，与他不谋而合的至少有六七成。

顾炎武虽然高度评价了黄宗羲，但在我看来，他有三方面超越了黄宗羲。

第一方面，他在信中提到的《日知录》，在中国知识界影响极大。书中所说的几个字"天下兴亡，匹夫有责"，在中国的文化界人人皆知，并在民间广泛传扬，简直可以与孔子、孟子的格言等量齐观。相比之下，包括黄宗羲在内的其他学者，都没有留下这种感染全社会、激励普天下的格言、警句。

第二方面，他在《日知录》、《天下郡国利病书》、《肇域志》、《音学五书》、《韵补正》等著作中，对历史、典制、政治、哲学、文学、天文、地理、经济、军事等各方面的创见，全都言必有据、疏通源流、朴实无华，成为后来

顾炎武

乾嘉学者建立考据学的源头。乾嘉考据学也就是"朴学"，对中国历史文化进行了一次大规模的清理、纠错、疏通，功劳很大，而顾炎武应荣居首位，理所当然地受到后代一批批饱学之士的虔诚敬仰。

第三方面，他的路，比黄宗羲走得更远。他化了名，带着两匹马、两匹骡，驮着一些书籍，走遍了山东、河北、山西、陕西、甘肃等地。一边寻找自己未读之书，一边考察山川地理、风土人情，尤其是考察了山海关、居庸关、古北口、昌黎、蓟州等战略要地，询问退休的老兵，探索宋代以来的兵阵结构以及败亡的原因。这也是当时其他优秀知识分子所未曾做到的。

与黄宗羲一样，顾炎武早年有抗清的背景。家乡昆山在抗清时，死难四万余人。顾炎武的两个弟弟被杀，生母重伤，嗣母绝食而死。顾炎武一直与反清武装保持着秘密联系，因此遭人告发，被拘留，被击伤。直到目睹反清无望，才投身于旅行考察和学术研究。

我本人对顾炎武最为着迷的，是他在长途苦旅时的生命状态。他骑在马背上，一直由沿途所见所闻对比着古代经典。他记性好，很多经典都能默诵出来。有时几句话忘了，就下马，从那匹骡子驮着的书袋中找到原文来核查。这种在山川半道上核查书籍的情景，令我十分神往。他有一句诗，很早就打动了我的心，叫作"常将汉书挂牛角"。把一部《汉书》挂在牛角上，这牛也就成了一个移动图书馆，这人也就成了一个没有终点的旅行者。那么，此时此刻的中国文化正与一个伟大灵魂一起，在山川间流浪。

记得二十年前香港凤凰卫视的台长王纪言先生找到我，希望由我任嘉宾主持，来考察世界各大古文明遗址。我要面对一个个陌生的遗址，天天在镜头前讲述。王台长说："我们准备在国内为你设立一个由一群博士生组成的资料秘书组，每天通过网络电信传送你所需要的当地材料。"我立即拒绝了，说："最重要的是现场发现。"

我在说这话的时候，想到的就是顾炎武，他身后也没有秘书班子。他不是用书来证明路，而是让路来反证书。我因为走到了全世界最荒昧的地区，更是无书可寻。因此，只要有人问我书和路的关系，我总是说没有关系，因为我的路，就是我的书。

顾炎武最后在山西曲沃骑马时失足坠地而生命结束。这真是一个毕生的旅行者，连死都死在半路，死在马下。

我去昆山的顾炎武故居，总会默默地念叨，这正是你万里行途天天思念的地方，但是，你已命定，只能把人生的句点，画在遥远的半路上。我在他的故居里突然想起了他的那句名言，"天下兴亡，匹夫有责"，也就顺着感叹一句："天下无涯，匹夫有家。"

"三剑客"的第三名王夫之与黄宗羲、顾炎武一样，一直在改朝换代之际寻找着抗清复明的机会，屡屡碰壁，满心郁愤。他一次次长途奔走，例如在酷暑中到湘阴，调解反清武装力量内部的矛盾，后来又向辰溪、沅陵一带出发，试图参加反清队伍，只不过没有走通。他甚至在清政权建立后参加过"衡山起义"，溃败而脱逃。后来，他看到反清复明已经无望，而反清的队伍内部又矛盾重重，就改名换衣，自称瑶人，独自讲学和著作。

王夫之对社会历史的批判，与黄宗羲、顾炎武很接近，同样是对君主专制提出了明确的否定。在批判儒家的理学和心学上，他可能比黄宗羲和顾炎武更彻底。

但是，大家一定已经感到，我对他们"三剑客"的介绍已经花费太长时间了，使课程的其他部分产生了体量上的不平衡，那就只能委屈这第三位"剑客"了，点到为止吧。其实我对王夫之还是有很多话可讲的，例如我很赞成他关于"气"重于"理"的观点，以后有机会再好好论述。

王夫之遇到的致命障碍，也与"三剑客"里的其他两位一样。

第一，他们为社会看病、把脉，把病情说得很准，但找不到医病的药方。他们也开了一些药方，却不知道药从哪里找，怎么配，怎么吃。

第二，他们承担了启蒙的责任，但找不到真正的"被启蒙者"。他们也有不少读者，但与全社会的整体启蒙，还有漫长的距离。

前不久，王夫之的家乡湖南衡阳，要建造一幢高大壮丽的楼宇来纪念

夫之楼题额（余秋雨题）

他，当地很多文人学者选来选去，选中我为"夫之楼"题名。我在接到邀请的三天之内，就写了"夫之楼"三字送去。很快就有照片传来，夫之楼确实非常雄伟，中间牌匾上刻着的，正是我写的那三个字。这也就让我表达了对这位杰出思想家的崇拜。

由此我产生一个小小的联想，山西和陕西的朋友，能不能再考证一下，找到顾炎武跌马而亡的地方，为他立一个塑像？塑像上，可以刻下他的名言"天下兴亡，匹夫有责"。他因为胸怀天下，才远离故乡死在这里。

记得在欧洲，但丁的家乡佛罗伦萨一直想把但丁的墓从他的逝世地迁回。逝世地在哪里？在佛罗伦萨东北部的城市拉文纳。但是，拉文纳坚决不同意把但丁墓迁走，只允许故乡佛罗伦萨在墓前点一盏长明灯，灯油由佛罗伦萨提供，来表达故乡对没有留住这位大师的歉意。因此我曾一再建议，只要是中国文化第一流巨人留下脚印的地方，都应该表示一个看得见的态度。这就可以让他们的漫漫苦旅，变成中国文化的一线景观。

在这"三剑客"之后，中国的精神思想领域，就很难找到这样的血性男儿了。在他们身后，清代出现过"康雍乾盛世"，后来又必然地走向衰弱。但是，即使是所谓"盛世"，也不是他们几位愿意看到的模样。"文字狱"变本加厉，言论自由被全面扼杀，再有学问的文人学士，也只能投身在考据学中整理古籍，或者参与国家级的"盛典"《古今图书集成》、《四库全书》的编修。这种文化工程当然也很有意义，但在整体文化走向上，已陷入"以保守取代创新"、"以国粹对峙世界"的迷途。在"三剑客"相继谢世的一个半世纪之后，整个中华民族和中国文化，几乎陷于灭顶之灾。直到以鸦片战争为标志的千年败局终于横亘在眼前的时候，我想，九天之上的历历英魂都在悲呼长啸。"三剑客"身上的佩剑还未生锈，佩剑边上的披风还在翻卷。

"三剑客"的余风，投射到这场历史性灾难的前后，就出现了一些新的名字，例如龚自珍、林则徐、魏源。他们的诗句和著作感天动地，甚至对日本的明治维新也起到了推动作用，但中国朝野基本上没有接受他们。他们苍凉的呼吁，飘散在混乱的枪炮声中。再过半个世纪，人们才又关注到精神思想领域的另一些响亮名字，那就是康有为、梁启超、谭嗣同、严复、章太炎、孙中山。这是一群新的文化剑客，他们拼尽全力，要把中国拔离出陈腐、专制的老路。他们秉持独立而又自由的思想人格，焕发着睥睨权势、纵横天下的壮士之风，今天想来还由衷敬佩。

神秘的歌声

各位，我们的课程正面临着一个重要转折点，也就是五十多讲的"史迹·悠悠文脉"，已经基本完成。

我们是从五千年前四大古文明的比较讲起的，截止于十九世纪到二十世纪的交界口。大家和我一起经历了令人永远怀念的春秋战国、秦汉文明、魏晋时代、大唐大宋，直到元、明、清。这一番漫长的回顾，使我们产生了作为一个中国文化子民的充实。

其他古代文化早就陨落、中断，而中国文化一直活着，这确实是人类发展史上的一个奇迹。但是，我们不能回避，到十九世纪末、二十世纪初，它面临着一个重大生死关头。

十九世纪末，列强兴起了瓜分中国的狂潮。文化像水，而领土像盘。当一个盘子被一块块分裂，还怎么盛得住水？但是，大家对于这个趋势都束手无策。

更麻烦的是，即使盘子不裂，水质本身也早已发生了变化。由于长久的保守、极权、腐败，中国文化也已经散发出一阵阵让人皱眉的气息。

我曾经写道：

> 中国文化有一万个理由延续下去，却又有一万零一个理由终结在十九世纪末。因此，这一个"世纪末"，分量很重。

如果中国文化真的终结于十九世纪末，在世界文化史上，它也是一个巍巍长寿者了，而且还是唯一的。

但是显而易见，中国文化不情愿，所有的中国人都不情愿。

中国文化的生死关头，一个明显的拐点就是八国联军入侵中国的首都北京。这八国，就是英、美、法、俄、日、德、意、奥。一九〇〇年八月十四日，北京陷落。这次入侵的结果之一，就是订立了《辛丑条约》，除了承担种种"无与伦比"的勒索外，中国还必须赔偿四亿五千万两白银。当时的中国人口，正好是四亿五千万。

毫无疑问，这是人类史上最大的屈辱，而屈辱恰恰属于文化范畴。中华民族的集体人格，被碾碎，被唾弃。我们反复讲述的"中国文化的世界身份"，也被彻底践踏。

人们终于看到了，一种悠久的文化，正面临着死亡时的全部症候。

即便最乐观的人，至此也只会念叨两个字：无救，无救，无救。

那么，此后的历史将记载，中国文化在公元前二十一世纪跨入成熟文明的门槛，到十九世纪末灭亡，存世四千年。

一个悲怆老人倒地，居然要集中当时世界上最先进、最密集的军事暴力，他也算够有气魄的了。

然而，就在这个濒临灭亡的关口，一些不可思议的怪事出现了。

第一件怪事是，八国联军进入北京的时候，"京师团练大臣"王懿荣壮烈自杀。他自杀，是为了不让中国首都的防卫官员束手就擒而成为外国侵略者证明胜利的道具。但是，历史留给他的更重要的身份是：他是甲骨文的发现者。三千多年前的伟大商朝，将因为他，以完整的文化形态震撼世人。

第二件怪事是，稍稍早几天，也就是八国联军从大沽口出发向北京进军的关键时刻，敦煌藏经洞被发现，七世纪的伟大唐朝，将以极丰厚的文化形态震撼世人。

敦煌藏经洞

　　两个都是重大文化事件，但为什么，不迟不早，恰恰出现在那几天？更奇怪的是王懿荣，把"自杀"和"发现"合于一体，为什么恰恰是他？

　　我坚定地认为，这不是巧合，而是中国文化背后的"天地元气"，在关键时刻发威了。

　　这两度发威的力量够大，因为一个代表着商代，一个代表着唐代。一个是世界古文明中最强大的朝代，一个是全部中国文化史中处于高峰期的朝代。

而且，这两度发威的规模都够大。并不仅仅是几件文物出土，而是两个取之不尽的宏伟宝藏的面世，直到百年后的今天，人们还无法穷尽它们的深度和力度。

这两个重大文化事件充分证明：中国文化不甘就此灭亡，中国文化不愿就此终结。

我在北京大学讲授中国文化史时，故意把顺序颠倒过来，从中国文化濒临灭亡的时刻开始讲起。我说，当时的中国，已经被一群强人围殴之后倒地不起，奄奄一息。看来是没有什么希望了，但是，它突然听到了自己童年时代和青年时代的歌声。

那歌声来得很远，却带来了强大的生命信息，他浑身一抖，睁开了眼睛。然后，扶着墙，他慢慢地站起来了。

童年时代的歌声，就是甲骨文带来的商代文化。青年时代的歌声，就是藏经洞带来的唐代文化。

这两种歌声，都是文化。文化，在平时显得那么隐蔽，甚至躲藏在地下、躲藏在洞中，但是一到生死关头就出来了。在铁骑将军、君王大臣都束手无策、狼狈不堪的时候，文化却挺身而出，让苍茫大地认清自己是谁。

从甲骨文认起，从藏经洞认起，从商代和唐代认起。认清了自己的身份，一切都有了可能。

最后我要说，中国文化居然在世界强权的集体围殴中奇迹般地活了下来，在万方注目中，在差一点儿失去全部身份的时候，取得了更确实的"世界身份"。

这就像一个非凡的人，他的最重要身份，一定来自悲剧遭遇，以及在悲剧遭遇里听到的歌声。

我把这两件怪事的发生，归诸我们无法理解的神秘力量。仰望苍天，冥冥之中真有一种无形的力量执掌着我们的兴衰吗？我在年轻时是不相信的，但越是年长，越是相信。这不是思维后退，而是思维的扩大，扩大到另一些维度，然后自认渺小，自认皈服。

中国文化终于没有败亡于世纪之交，这当然有很多其他因素，但是文化本身用一种特殊的方式发言了，这实在非常惊人。

在生死存亡的关口又活了过来，这是中国文化从近代走向现代的真正大事。很多研究者无视这件大事，只认为中国文化一直很好，越来越好，那实在是闭目塞听、胡言乱语了。也有一些极端保守的研究者认为，辛亥革命和五四运动把中国传统文化斩断了，他们把辛亥革命前国破家亡时的中国，当作了汉唐时代。他们的问题，是实在太不用功，把一些道听途说、浮光掠影的表面印象当作了文化主脉。

其实，古今中外一切真正有学问的人都不可能采取极端保守的立场。中国传统文化的最高代表，在二十世纪初应该是章太炎先生吧？然而他却是一个坚定的革命者，甚至不同意折中主义的改良。与他相反，那些保守主义者却因失学而失态，因无知而无状。

中国文化在现代也做了不少事情。我在北京大学的课堂上曾对学生们说，若从文化本体的角度来看，最有意义的是两件事：一是破读了甲骨文，二是推广了白话文。前者是验证中国文化仍有唤醒元典的能力，后者是验证中国具备自我更新的可能。只有既唤醒元典，又自我更新，中国文化才是中国文化，而且是生气勃勃的文化。

死而复生的中国文化，并没有像欧洲文艺复兴时期那样做出一系列光彩的大事。原因是，破碎的山河一直处于兵荒马乱之中，社会的主题一直围绕着军事和政治，而没有为文化让出更多的地位。文化在夹缝之中勉力做一点儿事，实属难能可贵，我们不应有过多的责备。

无法否认，中国近现代的文化完全无法与古代相比。我曾说过，即便在古代文化明显下行时期的明、清两代，也出现过哲学家王阳明和小说家曹雪芹。但在近现代，没有一个哲学家和小说家能够望及他们的项背。

中国现代文学和现代学术，严重缺少杰出创造。即便是现代文学中的所谓"现实主义"和"浪漫主义"，也是西方概念。至于后来被传媒界过度渲染的所谓"民国学人"，也是以西方学历为标志。但是，只要稍稍熟悉西方自十九世纪到二十世纪的文化演进，就知道中国作家和中国学人的严重落伍。他们几乎不知道精神分析学、文化人类学、存在主义、象征主义、表现主义、结构主义和相关的现代派创作。对于传统国学，在王国维、陈寅恪之后更是日渐寥落。

我列举这些事实，一点儿也不是看低前辈。他们就像我们尊敬的祖父和曾祖父，在烽火连天的艰难岁月咬着牙齿做了一点儿力所能及的事情，筚路蓝缕，让人感动。但是，如果把他们描述得不像他们，或者干脆不是他们，那又怎么面对他们九天之上委屈的眼神？

我之所以在此处要说这一番话，是想呼吁，中国文化要想取得当代的创新态势和世界身份，必须破除虚假的伪饰，找回真正伟大的时间坐标和空间坐标。是否找回，只看今天和明天的创造。

如果不能在这些根本问题上达成起码的共识，那么中国文化的前景并不乐观。这是一个大问题，我们在以后的课程中还会讲到。

章太炎

第三单元

大道·儒家佛家道家

中国文化的理想人格

从今天开始，我们进入课程的第三单元，总标题是"大道·儒家佛家道家"。一听就知道，要攀越一系列思想高峰了。

作为中国传统的思想高峰的儒家、佛家、道家，各自又包括很多宗主和流派，我们即使提纲挈领地介绍，也要花费不少时间。希望大家能够静下心来，以庄严的态度进入这一单元。

这是因为，正是这一单元，使中国文化有了高尚灵魂，并与天地接通。大道之行，是一切文化行为的起点和归结。哲学和宗教，在任何一种大文化里都具有"高山仰止，景行行止"的崇高地位。

在这一单元，我们不再执着于历史过程，而只是疏通一个个跨越时空的精神结构，然后探索历代中国人的心灵皈依。

我在第一单元讲述文化定义时就已经指出，儒家所设计的集体人格是"君子"，因此君子之道也成了中国文化的思想重心。

中国文化所设计和追求的这种集体人格，显然与其他民族很不一样。

我可以借一个外国人来说明这个问题。

这个人我说过多次，就是那位十六世纪到中国来的耶稣会传教士利玛窦。他对中国文化进行了数十年精深的研究，很多方面已经一点儿也不差于中国文人。但我们读完长长的《利玛窦中国札记》（*China in the Sixteenth Century：The Journals of Matthew Ricci*）就会发现，最后还是在人格上差了

利玛窦

关键一步。那就是，他暗中固守的，仍然是西方的"圣徒人格"和"绅士人格"。

与"圣徒"和"绅士"不同，中国文化的集体人格模式，是"君子"。

中国文化的人格模式还有不少，其中衍生最广、重叠最多、渗透最密的，莫过于"君子"。这也可以说是一个庞大民族在文化整合中的"最大公约数"。

世界上的其他民族，在集体人格上都有自己的文化标识。除了利玛窦的"圣徒人格"和"绅士人格"外，还有"酒神人格"、"日神人格"、"骑士人格"、"朝觐人格"、"灵修人格"、"浪人人格"、"牛仔人格"等等。这些标识性的集体人格，互相之间有着巨大的区别，很难通过学习和模仿全然融合。这是因为，所有的集体人格皆如荣格所说，各有自己的"故乡"。从神话开始，埋藏着一个个遥远而深沉的梦，积淀成了一个个潜意识、无意识的"原型"。

"君子"作为一种集体人格的雏形古已有之，却又经过儒家的选择、阐释、提升，结果就成了一种人格理想。

儒家谦恭地维护了君子的人格原型，又鲜明地输入了自己的人格设计。这种在原型和设计之间的平衡，贴合了多数中国人的文化基因和文化选择，因此儒家也就取得了"独尊"的地位。

这种理想设计一旦产生，中国文化的许许多多亮点就都向那里滑动、集中、灌注、融合。因此，"君子"二字包罗万象，非同小可。儒家学说的最简捷概括，就是"君子之道"。

这也就是说，人格在文化上，收纳一切，沉淀一切，预示一切。

任何文化，都是前人对后代的遗嘱。最好的遗嘱，莫过于理想的预示。

后代应该成为什么样的人？中国文化由儒家做了理想性的回答：做个君子。

做个君子，也就是做个最合格、最理想的中国人。

我一直认为，中国文化没有沦丧的最终原因，是君子未死、人格未溃。

中国文化的延续，是君子人格的延续；中国文化的刚健，是君子人格的刚健；中国文化的缺憾，是君子人格的缺憾；中国文化的更新，是君子人格的更新。

既然君子之道是中国文化的思想重心，那么，古人心中的君子应该是什么样的呢？

这是我多年来特别想做的一件事，那就是为今天的中国人介绍君子之道的简单轮廓。

不要看不起简单，请相信，任何祖先遗嘱都不会艰深复杂。艰深复杂了，一定不是最重要的遗嘱，也不值得继承。

我选出的君子之道，有这样九项：

一、君子怀德；

二、君子之德风；

三、君子成人之美；

四、君子周而不比；

五、君子坦荡荡；

六、君子中庸；

七、君子有礼；

八、君子不器；

九、君子知耻。

接下来，我会对这九项一点点解释。

第 056 讲

君子怀德

今天先讲君子之道的第一项：君子怀德。

如果要把君子的品行简缩成一个字，那个字应该是"德"。因此，"君子怀德"，是君子之道的起点。

德是什么？说来话长，主要是指"利人、利他、利天下"的社会责任感。用通俗的话说，君子首先必须是一个好人。历来说到"君子"二字，人们立即会联想到学问和风度，而孔子却坚持，品德第一。

"利天下"是孟子说的，在《孟子·尽心》中以"摩顶放踵利天下"来阐释"兼爱"，意思是只要对天下有利，不惜浑身伤残。

当然，这是太高的标准，一般人达不到，因此还是回过头去，听听孔子有关"君子怀德"的普遍性论述。

孔子说：

> 君子怀德，小人怀土；君子怀刑，小人怀惠。（《论语·里仁》）

对这句话的注释，朱熹《四书章句集注》做得最好。朱熹是这样注的：

> 怀，思念也。怀德，谓存其固有之善。怀土，谓溺其所处之安。怀刑，谓畏法。怀惠，谓贪利。君子小人趣向不同，公私之间而已。

"怀德"，指心存仁德；"怀土"，指心存占有；"怀刑"指心存法禁；"怀惠"，指心存利惠。按照朱熹的说法，君子、小人的差别，根子上是公、私之间的差别。以公共利益为念，便是君子；以私自利益为念，则是小人。

因为这里所说的小人是指普通百姓，所以"怀土"、"怀惠"也是合理的，算不上恶。但是，即使是普通百姓，如果永远地思念立足的自家乡土而不去守护天良仁德，永远地思念私利恩惠而不去关顾社会法禁，那也就不是君子。

孔子把"德"和"土"并列为一个对立概念。"土"，怎么会成为"德"的对立面呢？这是现代人不容易理解的。对于这个问题，我们不妨先看一看儒家经典《礼记·大学》中有一个很有意思的排列。在这个排列中，君子心目中的轻重关系分五个等级：第一是德，第二是人，第三是土，第四是财，第五是用。结论是，德是本，财为末。原文如下：

孔子（吴为山雕塑作品）

> 君子先慎乎德。有德此有人，有人此有土，有土此有财，有财此有用。德者本也，财者末也。（《大学》第十章）

这段话，如果用我的语言方式来说，就会是这样：

作为君子，放在最前面的必须是道德。有了道德，才会有真正的人；有了人，才会有脚下的土地；有了土地，才会产生财物；有了财物，才能有所享用。因此，道德是本，财物是末。

原来，"土"是作为"物"的滋生者而出现的。现在国际上有人喜欢把中国那些只重物、不重德的有钱人称为"土豪"，甚至有可能成为一个新的英语词汇，这中间的"土"，倒恰恰与孔子所说的"小人怀土"是同一个意思。

还有一种说法更彻底，不赞成把"土"、"物"平列地与"德"比先后，而认为它们之间是承载和被承载的关系。那就得出了《周易》里的那句千古名言：

君子以厚德载物。（《周易·象传》）

"厚德载物"可以有两种解释，那就是把"厚"看成动词，还是形容词。

如果看成动词，意思就是：先要培植、加重德性，然后可以承载万物；

如果看成形容词，意思就是：只有以厚重、稳固的道德为基座，才能承载万物。

这两种解释，都以一个"载"字，来说明"德"和"物"之间的主、属关系。

历来也有很多富豪行善，可惜他们往往是"厚物载德"，也就是厚积大量财物，然后浮现一些善行。他们的居所里，很可能也挂着"厚德载物"的牌匾，但在行动上却把主、属关系颠倒了。

颠倒还算好，更要防范的是完全没有德。

那将会如何？《潜夫论》认为，"无德而贿丰，祸之胎也"。

对"德"产生侵扰的，除了物，还有力。其实，很多人追求物，目的还是在追求力。

直到今天，在很多人心目中，炫耀财物比较庸俗，而炫耀力量却让人羡慕。因此，古往今来，更能消解"德"的，是"力"。应该佩服荀子，他那么及时地说了八个字：

君子以德，小人以力。（《荀子·富国第十》）

这是在说立身之本。君子立身于德，小人立身于力。

即使君子拥有了力，那也要以德为归，以力弘德。总之，万物之间，德是主宰。

西方近代社会，主要着眼于力。我国当代很多人片面地模仿，又变本加厉，把德和力的关系颠倒了。他们崇尚"成功"，甚至从童年开始，就始终弥漫着"输赢"的符咒，一直贯穿终生。他们所说的"成功"和"赢"，也就是荀子所警惕的"力"。按照儒家哲学，这是一条背离君子之道的"缺德"路。

不妨设想一下，多少年后，我们居住的城市和街道，拥挤着一个更比一个"成功"的"力士"，摩肩接踵，我们还敢继续住下去吗？我们真正企盼的，究竟是什么？

在中国古代经典中，德，是一个宏大的范畴。在它的周边，还有一些邻近概念，譬如仁、义等等。我们可以把它们当作德的"家庭成员"，当作"君子怀德"这一基本命题的延伸。它们都用近似的内涵说明了一个公理：良好的品德，是君子之魂，也是天下之盼。

虽然同属于"德"，但是"仁"、"义"的色彩不太一样。一般说来，仁是软性之德，义是硬性之德。

孔子对"仁"的定义是"仁者爱人"。于是，以后人们说到"仁"，总是包含着爱。例如《盐铁论》所说"仁者，爱之效也"；《淮南子》所说

"仁莫大于爱人"；等等。

至于"义"，孔子则斩钉截铁地提出"君子喻于义，小人喻于利"(《论语·里仁》)。那么，什么是义？大致是指由德出发的豪侠正道。相比之下，"仁"显温和，"义"显强劲，正如《扬子法言·君子卷第十二》所说：

君子于仁也柔，于义也刚。

一柔一刚，合成道德，然后合成君子。

这也就是说，君子怀德，半是怀柔，半是怀刚，面对着广泛不一的对象。如此广德，便是大德。

只有大德，才能巍然屹立，与更广泛的小人行径构成系统性的对比。

对于这个问题，唐朝的魏徵做了简明的概括，他在《十渐不克终疏》中说：

君子之怀，蹈仁义而弘大德；小人之性，好谗佞以为身谋。

这种划分，早在屈原的作品中就已经出现，而到了唐代这么一个诸般生命力一起勃发的时代，对文化品性的重新裁划就显得更加重要了。因此，屈原的个人评判变成了一种社会共识。例如，"好谗佞"这三个字，显然已经成为中国文化法典中的大恶条款。把这三个字翻译成现代话，句子会长一点儿，就是"习惯于用谣言毁人，热衷于以媚态奉迎"。这种人，当然应该被判定为缺德的小人。

与之相反，君子的本质也在对比中展现得更明确了："蹈仁义而弘大德。"

君子之德风

现在讲君子之道的第二项：君子之德风。

在说了"君子怀德"之后，立即跟上"君子之德风"，有一种紧密的逻辑理由。尽管，这几个字对当代读者来说已经比较陌生。

来源，是孔子在《论语·颜渊》中的一段话：

> 君子之德风，小人之德草。草上之风，必偃。

可以这样翻译：

> 君子的道德像风，民众的道德像草。风吹向草，草就随风倾伏。

这一论述，指出了君子的德行必须像风一样影响大众。孔子在这里所说的"小人"，仍然是指社会地位上的小民。因为有了他的这个说法，小民也经常被称作"草民"。

把民众比之为草，并非贬损。草，这种依附大地的广泛存在，一旦生根就难于挪移，一切动静、荣枯，只能依凭外在力量。风，就是让草进入动态的外在力量。但是，风来自何方，却是一个问题。

孔子主张，左右民众动态的风，应该是道德之风、君子之风。

这个观点又引申出了另一番意义：凡是道德，便应成风；凡是君子，便应成风。

社会上，不管是风尚、风范，还是风俗、风情，这些"风"的起点，都应该包含着"君子之德"。

这一来，既涉及了社会走向，又涉及了君子职责。

在社会走向上，儒家反对放任负面力量。孔子所说"小人怀土"，正是指出了普通民众的草根性、狭隘性、黯昧性、占据性。对他们，君子必须把自己高贵的生命能量变成风气，进行传播和梳理。

一个君子，如果自认为具有仁义大德，却默而不语，不做传播，那么，他对社会的仁义何在？对民众的大德何在？

仁义大德是一种有对象的"他向行为"，关及的对象越多，就越有价值。所以荀子说"仁者好告示人"（《荀子·荣辱第四》）。在儒家看来，不"告示人"的仁德，就不是真正的仁德。

儒家的这一思想，如果用现代话语来表达，那就是：崇尚精英主义，否定民粹主义；主张道德传扬，反对君子自闭。

遗憾的是，历代总有不少官僚玩弄"民瘼"、"民情"、"乡愿"等概念，利用民众的草根性、狭隘性、黯昧性、占据性来讨好、取悦、委顺、放纵，以赚取"官声"。儒家要求用道德之风来吹拂草，这些人却借草扬风，结果只能沙尘满天，使得一个个君子埋在草丛之中灰头土脸。

这一来，连很多具有社会责任感的君子，也很难相信道德之风的生命力了。

是啊，在那么多上上下下的干扰中，君子的道德之风还能吹得远吗？

对于这个问题，《尚书》的回答气象非凡：

惟德动天，无远弗届。（《尚书·虞书·大禹谟》）

《尚书》认为，道德本是天意，不必寻找它能够传播开去的具体原因。只需立德，便能动天，一旦动天，天下尽归。

这一古老的话语，乍一听带有开天辟地时代不容争议的霸气，却能让我们联想到德国哲学家康德关于道德是"第一命令"、是"天律"的论述。

从天上回到地下，道德能够广泛传播，还由于人心。人心之中埋有固有之善，往往缺少召集。就像我们经常在自然灾害的现场看到的那样，一旦面对伤残对象，许多素昧平生的人立即同时伸出援手。这才发现，人与人之间的道德居所并不遥远，而是非常邻近。那又要让人想起孔子的名言了：

德不孤，必有邻。（《论语·里仁》）

在这一点上，孔子是"道德乐观主义者"。他相信普遍人性，随之相信天下君子不会孤独。他把《尚书》所说的"动天"，与"动心"连在一起了，又把"动心"看作是一种密集的集体现象。

孔子的这个说法非常温暖，使很多弘德行善的君子即使一时感到孤独，也会保持信心。他们渐渐明白，即使是荒僻的村舍，即使是陌生的街市，都可能是道德载体。

一时孤独了，一定别有原因，而不能归因于自己对道德的承担。道德不会孤独，那么，承担者也不会孤独。

老子与孔子不同，并不是"道德乐观主义者"，而且也不希望真正有德之人过于自得（"上德不德，是以有德"）。但是，即便是他，也认为不断地积累道德就能无往不胜。他说：

重积德则无不克。（《道德经》五十九章）

墨家不喜欢儒家宣讲道德的方式，但在实践行为上，却是树立了令人感动的大德形象。他们的"德风"，往往以群体性的侠义壮举来传扬，令人振奋。

总之，积极传扬仁义大德，是中国文化对于君子品行的一个重要共识。

在数千年之后，我们必须用历史的眼光做一个重要补充。无论是孔子所说的"君子之德风"，还是《尚书》所说的"无远弗届"，都是在弘扬德的空间力量。没想到，德还有强大的时间力量。中国文化正因为一直以德为帜，居然延绵久远。我们在下一个单元讲述中国文化长寿的原因时，还会专门分析。

君子成人之美

今天讲君子之道的第三项：君子成人之美。

这话是孔子说的，整句如下：

> 君子成人之美，不成人之恶。小人反是。（《论语·颜渊》）

"成人之美"，也就是促成别人的好事。这里的"人"，并不仅仅指家人、友人、认识的人，其范围极大，广阔无边。

孟子在《公孙丑》中所说的"君子莫大乎与人为善"，以及后来唐代《贞观政要》中所说的"君子扬人之善，小人讦人之恶"，等等，都让人联想到孔子"成人之美"的说法。但是细细辨析，这里的"美"和"善"还是有区别的。

例如救穷、赈灾、治病、抢险，只能说是"与人为善"，而不便说是"成人之美"。"成人之美"更多的是指促成良缘、介绍益友、消解误会、帮助合作等等。总之，"成人之美"偏重于锦上添花的正面建设，而且具有一定的形式享受。

这里也体现了"君子"与"好人"的微妙差别。"好人"必然会"与人为善"，但"君子"除了"与人为善"之外，还会"成人之美"。在灾难面前，"君子"与"好人"做着同样的事；但在无灾的日子里，"君子"更会寻找正面意义的形式享受。为此，他们比"好人"似乎更高雅一点儿。

接下来，还应该辨析一下这个命题的对立面："成人之恶"。

"成人之恶"的"成"有三种可能：

第一种可能，恶已开始，帮其完成。例如，为殴人者提供木棍，为造谣者圆了谎言。

第二种可能，恶未开始，从头酿成。例如，怂恿少年吸毒，挑拨夫妻反目。

第三种可能，攻善为恶，伪造而成。这主要是指用谣言、诽谤等手法玷污他人，造成一个传说中的"恶人"。

三个"成"，哪一个是"成人之恶"中的"成"？我觉得，都是。与这三个"成"字相对应，那个"人"字也就有了三种含义。如前所述，为"半恶之人"、"被恶之人"、"非恶之人"，结果，都成了"恶人"。因此"成人之恶"是一项"多方位的负面社会工程"。

如此仔细地辨析了"成人之恶"，那么，我们也就能进一步对"成人之美"理解得更深入一点儿了。

"成人之美"也是一项多方位的社会工程，只不过都是正面的。大体上也分为三种可能：

一、使未成之美尽量完成；

二、使未起之美开始起步；

三、化非美为美，也就让对方由污淖攀上堤岸。

"成人之美"和"与人为善"，都具有明显的"给予"主动，都体现为一种带有大丈夫气质的积极行为。

一个人，究竟是"成人之美"还是"成人之恶"，这种极端性的是非选择，显现在日常生活中，很可能是非常细微的。例如，这边在中伤一个无辜者，你知道真相而沉默，那就是成人之恶；那边在举行一个婚礼，你素昧平生却投去一个祝贺目光，那就是成人之美……

这么说来，任何人在任何时刻都有选择做君子的机会，那是一种"水滴石穿"的修炼。不必等待，不必积累，君子之道就在一切人的脚下。而且，就在当下。

既然渗透到了日常生活中，那么，如何在细微事件中快速评判善恶是非呢？孔子相信，评判的标尺就藏在我们自己的心底。那就是，自己不想碰到的一切，绝不要强加到别人身上去。这个标尺很简捷，也容易把握，因此，几乎所有的中国人都知道下面八个字：

己所不欲，勿施于人。（《论语·颜渊》）

这就为"成人之美"、"与人为善"找到了每一个人都可以自行把握的内心依据。

孙中山先生曾说，西方文化习惯于把自己的理念通过很霸道的方式强加在别人头上；而中国文化则认为，天伦大道藏在每个人的心底，只要将心比心就可以了。

第059讲

君子周而不比

今天讲君子之道的第四项：君子周而不比。

原文见《论语·为政》。孔子说：

> 君子周而不比，小人比而不周。

"周"和"比"的意思，与现代语文有较大的距离了，因此需要做一些解释。

这两个字，到朱熹时代就已经不容易解释。朱熹注释道："周，普遍也。比，偏党也。"当代哲学家李泽厚根据朱熹的注解，在《论语今读》中做了这样的翻译："君子普遍厚待人们，而不偏袒阿私；小人偏袒阿私，而不普遍厚待。"

这样的翻译，虽然准确却有点儿累，李泽厚先生自己也感觉到了，因此他在翻译之后立即感慨孔子原句的"言简意赅"、"便于传诵"。

其实，我倒是倾向于一种更简单、更顺口的翻译：

> 君子团结而不勾结，小人勾结而不团结。

两个"结"字，很好记，也大致合乎原意。因为征用了现代常用语，听起来还有一点儿幽默。

不管怎么翻译，一看就知道，这是在说君子应该如何处理人际关系的问题了。

其实，前面几项都已涉及人际关系。但是，无论是"怀德"、"德风"，还是"成人之美"，讲的都是大原则。明白了大原则，却不见得能具体处理。有很多君子，心地善良，却怎么也不能安顿身边人事。因此，君子之道要对人际关系另做深论。

"周而不比"的"周"，是指周全、平衡、完整；而作为对立面的"比"，是指粘连、勾搭、偏仄。对很多人来说，后者比前者更有吸引力，这是为什么？

这事说来话长。人们进入群体，常常因生疏而产生一种不安全感，自然会着急地物色几个朋友，这很正常。但是，接下来就有鸿沟了：有些人会把这个过程当作过渡，朋友的队伍渐渐扩大，自己的思路也愈加周全，这就在人际关系上成了君子；但也会有不少人把自己的朋友圈当作小小的"利益共同体"，与圈子之外的多数人明明暗暗地比较、对峙。时间一长，必然延伸成一系列窥探、算计和防范。显然，这就成了小人行迹。

这么说来，"周而不比"和"比而不周"之间的差别，开始并不是大善大恶、大是大非的分野。但是，这种差别一旦加固和发展，就会变成两种截然不同的人格系统。

在人际关系中的小人行迹，最明显地表现为争夺和争吵。这应该引起君子们的警惕，因为不少君子由于观点鲜明、刚正不阿，也容易发生争吵。一吵，弄不好，一下子就滑到小人行迹中去了。那么，为了避免争吵，君子能不能离群索居、隔绝人世？不能，完全离开群体也就无所谓君子了。孔子只是要求他们，入群而不裂群。因此，他及时地说了这段话：

君子矜而不争，群而不党。（《论语·卫灵公》）

这次李泽厚先生就翻译得很好了："君子严正而不争夺，合群而不偏袒。"

作为老友，如果要我稍稍改动一下文字，我会把"争夺"改成"争执"，把"偏袒"改成"偏执"。两个"执"，有点儿韵味，又比较有趣，而且意思也不错。

那就改成了这样一句："君子严正而不争执，合群而不偏执。"

孔子所说的这个"矜"字，原来介乎褒贬之间，翻译较难，用当今的口头语，可解释为"派头"、"腔调"、"范儿"之类，在表情上稍稍有点儿作态。端得出这样的表情，总不会是"和事佬"，免不了要对看不惯的东西说几句重话吧？但孔子说，君子再有派头，也不争执。这句话的另一番意思是，即使与世无争，也要有派头。那就是不能显得窝囊、潦倒，像孔乙己。是君子，一定要有几分"矜"，讲一点儿格调。

"群而不党"，如果用现代的口语，不妨这样说：可以成群结队，不可结党营私。甚至还可以换一种更通俗的说法：可以热热闹闹，不可打打闹闹。

"党"这个字，在中国古代语文中，是指抱团、分裂、互损，与君子风范相悖。

只要结党营私，小团体里边的关系也会日趋恶劣。表面上都是同门同帮，暗地里却处处不和。这种情况可称之为"同而不和"。与之相反，值得信赖的关系，只求心心相和，不求处处相同，可称之为"和而不同"。这两种关系，何属君子，何属小人，十分清楚，因此孔子总结道：

君子和而不同，小人同而不和。（《论语·子路》）

这句话也描绘了一个有趣的形象对比：君子，是一个个不同的人；相反，小人，一个个都十分相似。因此，人们在世间，看到种种不同，反而可以安心；看到太多的相同，却应分外小心。

由此，我们已经涉及了君子和小人的整体气貌。

第060讲

君子坦荡荡

今天讲君子之道的第五项：君子坦荡荡。

这就是上一讲最后提到的整体气貌了。

从上面的分析可以知道，在人际关系中，小人要比君子劳累得多。

小人的劳累至少有以下几个方面。

第一，小人要"结党营私"，必须制造敌人，窥探对手，敏感一切信息，终日战战兢兢。

第二，小人要"成人之恶"，必须寻找恶的潜因、恶的可能。随之，还要寻找善的裂纹、美的瘢痕。

第三，不管是"结党营私"还是"成人之恶"，都必须藏藏掖掖、遮遮掩掩、涂涂抹抹，费尽心机。

第四，如前所说，即便在自己的小团体内，他们也在彼此暗比、互相提防。比了、防了，又要表现为没比、没防，在嘻哈拥抱中伪装成生死莫逆、肝胆相照，这该多劳累啊。

这么多劳累加在一起，真会使任何一个人的快乐被扫荡、轻松被剥夺、人格被扭曲。结果如何，可想而知。人们历来只恨小人天天志得意满，却不知他们夜夜心慌意乱。

君子当然也劳累，但性质完全不同。君子要怀德、行仁、践义、利天下，即便缩小范围，也要关顾到周围所有的人，达到"周"的标准，能不劳累吗？只不过，这种劳累，敞亮通达，无须逃避质疑的目光，无须填堵已露的破绽，无须防范种下的祸殃。这一来，劳累也就减去了一大半。剩下的，全是蓝天白云下的坦然畅然。

正是面对这种区别，孔子说话了：

君子坦荡荡，小人长戚戚。（《论语·述而》）

这句话，在中国非常普及。它纠正了民间所谓"做好事受罪，做坏事痛快"的习惯性误解，说明一个人究竟是"受罪"还是"痛快"，需要从心境上去寻找答案。"戚戚"，就是一种忧惧的心境。

小人很想掩盖"戚戚"，因此总是夸张地表演出骄傲、骄横、骄慢、骄躁。什么都能表演，唯独不能呈现坦然、泰然。这正如，变质的食品可以用各种强烈的调料来包裹，唯独不能坦白地展示真材实味。

这个意思，孔子用另一句话来表明：

君子泰而不骄，小人骄而不泰。（《论语·子路》）

在这里，"泰"，就是"坦荡荡"；而"骄"，就是为了掩盖"戚戚"而做出的夸张表演。

"泰"、"坦荡荡"，都是因为自己心底干净、无愧无疚，没有什么好担忧的，更没有什么好害怕的。这样的君子，无论进入什么情形都安然自得，即《礼记·中庸》所说的"君子无入而不自得焉"，"上不怨天，下不尤人"，真是一种自由境界。

由此孔子得出了又一个重要结论："君子不忧不惧"。为什么能够不忧不惧？理由是："内省不疚，夫何忧何惧？"

这个重要结论，出现在《论语·颜渊》里，让人欣喜地感受到一种因光明磊落而产生的爽朗和豪迈。

当然，君子也会有忧虑，那就是在面对更高的精神目标的时候。例如，孔子所说的"君子忧道不忧贫"（《论语·卫灵公》）；孟子所说的"君子有终身之忧，无一朝之患"（《孟子·离娄下》）。也就是说，君子对每天的得失，可以全然不忧不惧，但对大道的沉浮，却抱有一辈子的担忧。

孔子、孟子所描述的这种君子形象，似乎只是一种很难实现的人格理想。但是，我们只要闭目一想，中国历史上确实出现过大批德行高尚又无所畏惧的君子，世代传诵，成为中华民族的精神支撑。由此可见，这样的君子不仅可敬可仰，而且可触可摸。孔孟教言，并非虚设。

君子中庸

今天讲君子之道的第六项：君子中庸。

除了是思维杠杆，儒家还把中庸看作是君子应有的美德。孔子甚至不无激动地说：

中庸之为德也，其至矣乎！（《论语·雍也》)

这就把中庸说成了最高道德。

"中"是指避开两头的极端而权衡出的一个中间值；"庸"，是指一种寻常实用的稳定状态和延续状态。这明明属于方法论的范畴，怎么会成为一种最高道德呢？

其中原因，与文明的艰难历程有关。

人类在拓植之初，时时危及生存，不得不处处用力过度。面对荒昧、野蛮、邪恶，若不超常用力，怎么能够活下来？终于，活下来了，那又必定加倍地动用重力、暴力、武力进行自卫和惩罚。既然一切都以超常的形态出现，当然又会引发更加超常的报复。时间一长，以暴易暴，成了人类生活的第一规则，几乎谁也免不了。连不少仁慈的宗教，也发动了一次次宗教战争。强大、威武、雄蛮，变为多数权势者和庇荫者的人格企盼，也成为大家的生存方略。在这种情况下，谁都不敢承认，却又不能不承认，人类正由愈演愈烈的杀伐程序走向自毁自灭。

一切都起之于过度用力，又以道义的借口让那些过度之力走向了极端主义。极端主义，听起来好像是一个现代命题，其实在遥远的古代就已经是一个广泛渗透的意识形态。

明白了这么一个整体背景，我们也就懂得，孔子为什么要把中庸思想说成是最高道德了。

他很清楚，如果种种极端不受控制，人类的灾难必将无穷无尽。那么，靠什么来控制极端呢？一定不是另一种极端方式，而只能是中庸。

中庸思想要求，"执其两端，用其中于民"（《礼记·中庸》）。"执"，是指执行和掌控，那也就是说，把两端掌控住了，只取用两端之间的"中"，才可能有利于万民。这个"中"，就是处于中间部位的一个合适支点。这个支点不同于两端，却又照顾着两端、牵制着两端，使两端不要"悬崖滑落"。因此，这个"中"，不仅避免了两端的祸害，也挽救了两端，所以成了最高道德。

孔子对这种思维的概括是四个字：允执厥中。

这里边的"厥"字，在古文中是代词，与"其"字同义，因此这四个字也可以说成"允执其中"。允，是指公允、实在。连在一起，就是好好地执行中庸之道。

孔子坦承，这个说法不是他自己发明的，而只是在复述古代尧帝对舜帝的嘱咐。

那天，尧对舜说：

咨！尔舜！天之历数在尔躬，允执厥中，四海困穷，天禄永终。（《论语·尧曰》）

翻译一下，大体是：

咳，你，舜啊！上天的命数已经落到你身上，好好地执行中庸
之道吧。要是四海困穷，你的天命也就永远终结了。

那么，舜是怎么做的呢？他的做法，就是上文提到的"执其两端，用其
中于民"，完全没有辜负尧的嘱咐。

你看，尧、舜以及其他伟大的创建者，都把天道命数、四海生机与中庸
思想紧紧相连，可见其重要。

"允执厥中"这四个字，我们还能在《尚书》中看到：

人心惟危，道心惟微，惟精惟一，允执厥中。（《尚书·虞
书·大禹谟》）

用通俗一点儿的话来说就是：人心崩溃，大道难见，唯一可行的，是好
好地执行中庸之道。

这也就是说，之所以会产生"人心惟危，道心惟微"的困局，全是因为
脱离中道，走了极端。

把中庸看成是至高无上的天理、天命、天道，这与"天人合一"的基本
思维有关。中华民族生存的基础是农耕文明，紧紧地依赖着四季循环、日
月阴晴，因此很清楚一切极端主义都不符合天道。《周易》用一贯神秘的语
气宣布：

刚中而应，大亨以正，天之命也。（《周易·彖传》）

一"中"一"正"，实为天命，不该违背。

现代社会有一个重大误会，常常以为中庸是平庸，激烈是高尚。进一
步，又把中庸者看成是小人，把激烈者看成是君子。但是，伟大的古代哲

人告诉我们，事实正好相反。

那些在两个悬崖之间为普遍民众找一条可行之路的，一定是君子；相反，那些在悬崖顶端手舞足蹈、大喊大叫、装扮勇猛的，一定是小人。所以又可回到《礼记》的论断："君子中庸，小人反中庸。"

这个论断的另一种说法是："小人极端，君子反极端。"

环视全人类，这种中庸思想，或者说这种从属于君子之道的中庸之道，为中华民族所独有。国外也有"取中间值"的方法论，但不像中华民族那样，把中庸奉为至高，不可或缺。

中国的古代哲人把中庸看成是存亡的关键，而事实证明，中国文明确实成了人类古文明中唯一没有中断或湮灭的幸存者。这个问题，涉及了中庸的时间力量，本课程在下一个单元讲述中国文化长寿原因时还会做更充分的论证。

君子有礼

今天讲君子之道的第七项：君子有礼。

君子的种种思想品德，需要形之于约定俗成的行为规范，这便是礼。由礼构成仪式，便是礼仪。

精神需要赋形，人格需要可感，君子需要姿态。这不仅仅是一个"从里到外"的过程，也能产生"从外到里"的反馈。那就是说，当外形一旦建立，长期身体力行，又可以反过来加固精神、提升人格。

君子的品德需要传播，但在古代，传播渠道稀少，文本教育缺乏，最有效传播途径，就是君子本身的行为方式。那些让人一看就懂并产生彼此尊重的行为方式，就是礼仪。礼仪是君子们身体力行传播品德的主要渠道。

正因为这样，历代君子没有不讲究礼仪的。

普普通通的人，有礼上身，就显出高贵。这种高贵，既尊敬人，又传染人。正如《左传》所说：

> 君子贵其身，而后能及人，是以有礼。（《左传·昭公二十五年》）

也有说得更强烈的。在某些哲人看来，有没有礼，不仅是君子和小人的区别，而且是人和禽兽的区别。例如：

> 凡人之所以贵于禽兽者，以有礼也。（《晏子春秋·内篇·谏

上二》)

说得有点儿过分，但我明白其中意气。看了生活中太多无礼的恶相，不得不气愤地骂一句：一个人如果无礼，简直就是禽兽。

如果换一种语气说，也就更容易让人接受。还是《左传》里的话，虽也斩钉截铁，倒是听得入耳：

> 礼，人之干也，无礼无以立。(《左传·昭公七年》)

把礼比喻成一个人站立起来的躯干，这种说法很有文学性，我喜欢。扩而大之，《左传》还进一步认为，当礼变成一种集体仪式，也有可能成为一个邦国的躯干：

> 礼，国之干也。(《左传·僖公十一年》)

当然，这是讲大事。君子之道中的礼，大多是指个人在日常生活中的行为规范。

这种行为规范，主要出自两种态度：一是"敬"，二是"让"。

先说"敬"。

孟子说"有礼者敬人"(《孟子·离娄下》)；墨子说"礼，敬也"(《墨子·经上》)。这就表明，一个有礼的君子，需要表达对他人的尊敬。敬，是高看他人一眼，而不是西方式的平视。

中国几千年都受控于家族伦理和官场伦理，到今天仍然如此，所以习惯于把恭敬的态度交付给长辈、亲友、上级、官员。但是，这里所说的君子之敬，并不是家族伦理和官场伦理的附属品，它具有一定的独立性。

一个君子，如果对偶然相遇的陌生人也表示出尊敬，那么这种尊敬也就独具价值。因此，我常常在彼此陌生的公共空间发现真君子。一旦发现，

孟子（吴为山雕塑作品）

就会驻足良久，凝神注视，心想：正是他们对陌生人的尊敬，换来了我对他们的尊敬。

在这里，互敬成为一种互馈关系，双向流动。公共空间的无限魅力，也由此而生。

这种互馈关系，孟子说得最明白：

> 敬人者，人恒敬之。（《孟子·离娄下》）

再说"让"。

简单说来，那就是后退一步，让人先走；那就是让出佳位，留给旁人；那就是一旦互堵，立即退让；那就是分利不匀，率先放弃……

这一切，都不是故意表演，做给人看，而是在内心就想处处谦让，由心赋形。

还是孟子说的：

> 辞让之心，礼之端也。（《孟子·公孙丑上》）

所谓"礼之端"，就是礼的起点。为什么辞让能成为起点？因为世界太拥挤，欲望太密集，纷争太容易。唯有后退一步，才会给他人留出空间。敬，也从后退一步开始。

辞让，既是起点，也是终点。人们随口都能说出的君子风度"温良恭俭让"，辞让就成了归结。可见，一个"让"字，足以提挈两端。

辞让，是对自己的节制。一人的节制也能做出榜样，防止他人的种种不节制。这是《礼记》说过的意思：

> 礼者，因人之情而为之节文，以为民坊者也。(《礼记·坊记》)

这个"坊"字，古时候与"防"相通。这个句子用白话来说是这样的：

> 什么是礼？对人的性情加以节制，从而对民间做出防范性的示范。

也就是说，节制性情，防止失态，做出样子，彼此相和。

在孔子看来，为什么要礼？为什么要敬？为什么要让？都是为了一个目的：和。君子之责，无非是求人和、世和、心和。他用简洁的六个字来概括：

> 礼之用，和为贵。(《论语·学而》)

那也就形成了一个逻辑程序：行为上的"敬"、"让"，构成人际之"礼"，然后达成人间之"和"。

对于礼，我还要做一个重要补充：君子有了礼，才会有风度，才会有魅力，才会美。正是谦恭辞让之礼，正是"温良恭俭让"的风范，使君子风度翩翩。这是中华民族理想人格的最佳标识，也是东方人文美学的最佳归结。

现代很多人在这一点上误会了，以为人格魅力在于寸步不让，在于锐目紧逼，在于气势凌人。其实，正好相反。

为此，我很赞赏荀子把"礼"和"美"连在一起的做法。他在《礼论》里为"礼"下了一个定义，说是"达爱敬之文，而滋成行义之美者也"。这个定义告诉我们，在设计礼的时候，不管是个人之礼还是集体礼仪，都必须文、必须美。

这个提醒非常重要。后来在君主专权的体制中，把尊敬和辞让的礼仪推向了极度自贬、自辱的地步，例如动不动就自称"奴才"、"贱妾"，而动作又更加过分，这就非常不美了。直到今天，我们也经常可以看到大量"不美的礼仪"。诸如在上司前过度畏葸，在同事前过度奉迎，争着付款时形同打架，等等。

应该明白，丑陋本身就是"非礼"。不管是真是假，如果礼仪要以拉拉扯扯、推推搡搡、大呼小叫、卑躬屈膝、装腔作势的方式表现出来，那就完全走到了反面。

君子之礼，与美同在。

君子不器

今天讲君子之道的第八项：君子不器。

这四个字，出自孔子之口，见之于《论语·为政》。

意思很简洁：君子不是器具。

当然不是。但为什么还要特别拿出来强调呢？因为世间之人，常常成为器具。一旦成为器具，孔子就要把他们开除出君子队伍。

这个命题有点儿艰深，但在刚刚说过礼仪之后，可以借着那个话题找到一个比较通俗的入口。礼仪虽然非常重要，但是如果人们成了礼仪的器具，只知像器具一样做出刻板的体态和手势，只知重复着完全一样的话语和笑容，那么，这就成了"器具之礼"，而不是君子之礼。因为，君子不器。

礼仪只是一例，由人变器的事情，到处可以看到。

我们应该见过不少这样的教师，年年月月用完全一样的语句和口气复述着同一本陈旧的教科书。虽然毅力可以称道，但未免太"器"了，因为他们让多彩的生命变成了复制之器。

我们应该见过更多刻板的官员，他们在会议上重复着上司的文书，在办公时扮演着自己的官职，连下班回到家里还不把架子放下来。那也"器"了，把活生生的血肉之躯，僵化成了官僚体系中的一个构件。

德国哲学家黑格尔认为人世间最重要的是"这一个"，亦即独立生命的自我把持，因为人的生命不可重复。法国哲学家柏格森认为生命的真实在于冲动和绵延，而机器化的行为只是喜剧嘲笑的对象。他们的种种理论，都与两千五百年前的中国哲学"君子不器"遥相呼应。

黑格尔和柏格森是在目睹欧洲工业化、机器化所产生的弊病后做出这个论述的，而中国古代提出"君子不器"却没有这种背景，因此更为难能可贵，更像圣哲天语。

中国古代文字的优点是凝练，缺点是多义。例如这个"器"字，概括了多少现象，却也可能歧义丛生。器具、器物、器皿等等，表明了它的物化方向，但如果是器识、器宇、器质呢？显然又从物化转向了生命。老子所说的"大器晚成"，比喻大材须精雕、伟人须等待。也就是说，老子所说的"器"是一个可以慢慢增长和优化的活体。既然是活体，就与孔子所防范的非活体的"器"，有方向上的差异。孔子所不喜欢的"器"，永远成不了老子所说的"器"。因此，他们两位其实都是在倡导活体。

"君子不器"，在当代思维中又可引申为"抵抗人的异化"、"防止全面工具化"等等。即便什么时候机器人大幅度地替代了真人的工作，人对人性的坚守还会持续。

机器人再精巧，也不能成为君子。这是中国文化在人格意义上的最终节操，可能会坚守到最后。

这把事情说远了。如果放到日常生活中，"君子不器"的教言主要会给我们两方面的帮助：

第一，尽量不要成为器物的奴隶。管子所说的"君子使物，不为物使"（《管子·内业》），说明了君子对于器物的主动性。环视四周，现在有很多人过度追求器物之盛，其实早已远远超过生命的实际需要，这就使自己成了器物的奴隶。他们成天陷身收藏、拼比奢侈器物，追求琳琅满目，乍看是生命的扩充，其实是生命的奴化。而且，奴化了的生命要伺候的，竟是那么多冷若冰霜的"主人"。须知，哪怕是积器如山、堆物成城，也比不过你简囊远行的身影。

第二，尽量不要使自己变成器物。这比成为器物的奴隶更为严重，其实也更为普遍。这种异化过程，在开始的时候还很难自觉。当你在某一职业、头衔、角色上粘住了、僵化了、风化了，那就要当心了。因为异化过程已经开始，与君子的活体渐行渐远。

班固在《汉书》中说"君子直而不挺"（《汉书·盖宽饶传》）。我几次读到，都会为那个"挺"字哑然失笑。君子需要正直，当然不错，但再往前走一步，"挺"了，那就带有了刻意表演的成分。一直"挺"下去，就渐渐从有机体变成了无机体，最后变成了一种造型和雕塑。造型和雕塑是"器"，不是人。

由此我产生一个有趣的联想。当今中国文化传媒界一直有一批数量不小的"伪斗士"，老是在整人毁人、造谣诽谤、诬陷无辜。我知道他们中有不少人早就想收手不干，而且在法律上也有越来越多的担忧，但他们还是"挺"在那里。为什么？因为他们想成为新时代的"匕首、投枪、迫击炮"。但他们不明白的是，那些都是"器"，而且大多是"凶器"。

无论是不做器物的奴隶，还是不做器物本身，都有一个最简单的防身术，那就是坚持做一个有体温、有弹性、不极端、不作态的平常人。这又与前面所说的"君子中庸"联系到一起了，可谓：君子因中庸而不器。

君子知耻

今天讲君子之道的第九项：君子知耻。

有人说，君子之道也是"知耻之道"。因为，君子是最有耻感的人，而小人则没有耻感。

为此，也有人把中国的"耻感文化"与西方的"罪感文化"做对比，觉得"耻感文化"更倚重于个人的内心自觉，更有人格意义。

不错，孔子在《论语·子路》里说过，君子，包括"士"，必须"行己有耻"。也就是时时要以羞耻感对自己进行"道义底线"上的反省和警惕。当然，孔子在这里所说的"耻"，与我们现在所说的"可耻"、"无耻"相比，程度要轻得多，范围要宽得多。

耻的问题，孟子讲得最深入。首先要介绍一句他的近似于"绕口令"的话：

人不可以无耻，无耻之耻，无耻矣。（《孟子·尽心上》）

前半句很明确，也容易记，但后半句在讲什么？我想用现代口语做一个游戏性的解释。

这后半句的大意是：为无耻而感到羞耻，那就不再耻了。

我的这种阐释与许多"古注"不一样，这不要紧，我只在乎文字直觉。孟子的言语常有一种故意的"拗劲"，力之所至，打到了我。我在《中国文脉》一书中把他的文学地位排到了孔子之前，即与此有关。

孟子用一个缠转的短句表明，耻不耻的问题是人们心间的一个旋涡，幽暗而又易变，必须由自己清晰把握，拔出旋涡。

接着我们来读读孟子的另一番"耻论"：

> 耻之于人大矣，为机变之巧者，无所用耻焉。不耻不若人，何若人有？（《孟子·尽心上》）

我的意译是：

> 羞耻，对人来说是大事。玩弄机谋的人不会羞耻，因为用不上。他们比不上别人，却不羞耻，那又怎么会赶上别人？

这就在羞耻的问题上引出了小人，而且说到了小人没有羞耻感的原因。

孟子的论述，从最终底线上对君子之道进行了"反向包抄"。立足人性敏感处，由负而正，守护住了儒家道义的心理边界。

你看，他又说了："羞恶之心，义之端也。"（《孟子·公孙丑上》）这就把羞耻当作了道义的起点。把起点设在对立面，在理论上，既奇峭，又高明。

如此说来，耻，成了一个镜面。由于它的往返观照，君子之道就会更自知、更自守。敢于接受这个镜面，是一种勇敢。

> 知耻近乎勇。（《礼记·中庸》）

知耻，是放弃掩盖，放弃麻木，虽还未改，已靠近勇敢。如果由此再进一步，那就是勇敢的完成状态。

"知耻近乎勇"这个说法在中国流传了千年，人们每次读到都会怦然心动，由此证明"知耻"这个最低要求很不容易做到。不少人宁肯"认败"，也不愿"知耻"。我原来以为他们心底已经知耻，只是在面子上不愿承认。后来发现，即使在心底知耻，也非常艰难，因为这会摇撼自身的荣辱系统。

以上所说的羞耻感，都涉及道义大事，符合"耻之于人大矣"的原则。但是，在实际生活中，人们常常把这个问题倒逆过来，在不该羞耻的地方感到羞耻，在应该羞耻的地方却漠然无羞。

因此，并不是一切羞耻感都属于君子。君子恰恰应该帮人们分清，什么该羞耻、什么不该羞耻。

既然小人没有羞耻感，那么多数放错羞耻感的人，便是介乎君子、小人之间的可塑人群。他们经常为贫困而羞耻，为陋室而羞耻，为低位而羞耻，为缺少某种知识而羞耻，为不得不请教他人而羞耻，为遭受诽谤而羞耻，为别人强加的污名而羞耻……太多太多的羞耻，使世间多少人以手遮掩、以泪洗面，不知所措。其实，这一切都不值得羞耻。

在这方面，孔子循循善诱，发布了很多温暖的教言。即便在最具体的知识问题上，他也说了人人都知道的四个字：

不耻下问。（《论语·公冶长》）

意思很明白：即使向地位比自己低的人请教，也不以为耻。

这么一来，在耻感的课题上，"不耻"，也成了君子的一个行为原则。因此，真正的君子极为谨慎，又极为自由。谨慎在"有耻"上，自由在"不耻"上。

"耻"和"不耻"这两个相反的概念，组成了儒家的"耻学"。

对此，具有总结性意义的，是荀子。我想比较完整地引用他的一段话，作为这个问题的归结。他说：

荀子（吴为山雕塑作品）

　　君子耻不修，不耻见污；耻不信，不耻不见信；耻不能，不耻
不见用。

　　是以不诱于誉，不恐于诽，率道而行，端然正己，不为物倾
侧：夫是之谓诚君子。（《荀子·非十二子》）

　　这段以"耻"和"不耻"为起点的论述，历久弥新。我自己在人生历
程中也深有所感，经常默诵于心。因此，我要用今天的语言译释一遍：

　　君子之耻，耻在自己不修，不耻别人诬陷；耻在自己失信，不
　　耻别人不信；耻在自己无能，不耻别人不用。

因此，不为荣誉所诱，不为诽谤所吓，遵循大道而行，庄严端正自己，不因外物倾侧，这才称得上真正的君子。

"耻"和"不耻"，是君子人格的封底阀门。如果这个阀门开漏，君子人格将荡然无存；如果这个阀门依然存在，哪怕锈迹斑斑，君子人格仍会生生不息。

小人：君子的对立面

上一讲，我把君子之道的九个项目全部讲完了。

中国历史上有关君子的论述非常丰富，这九项当然不能全然概括，但是大家已经从中可以领略基本脉络了。为了避免重大遗漏，我在历代重要儒家学者对君子之道的论述中，又选了一批名句，与前面课程提到的名句加在一起，编成《君子之道六十名言》，会在本课程第五单元中补充介绍。

但是，仅仅是六十名言还远远未能穷尽中国君子的特征。大家一定还记得，在特别混乱的社会，有的君子走向了"顽泼"，为君子之道增加了生命。更具有学理意义的是，儒家在受到佛教的启示和时间的冲击后，出现了"新儒学"，并涌现出一批新型君子的典型，如王阳明、曾国藩等等，以自己的生命形态对君子之道进行了重要补充和纠正。这些，我们在以后的课程中还会提到。

但是，有一件事情实在是等不及了。我们在讲述君子的时候已经反复涉及一种对立面人物，那就是"小人"。如果不对他们做系统论述，那么，君子之道就会显得不太完整。

其实，"小人"的出现，是以孔子为代表的儒家所做出的一种理论设计。

简单说来，儒家在对"君子"进行阐述的时候，采取了一种极为高明的理论技巧。那就是，不直接定义"君子"，只是反复描绘它的对立面。"君子"的对立面，就是"小人"。

用一系列的否定，来完成一种肯定。这种理论技巧，也可称为"边缘裁切法"，或称"划界确认法"。这种方法，在逻辑学上，是通过确认外延，来包围内涵。

因此，"小人"的出现，对"君子"特别重要。其实不仅在理论概念上是这样，即使在生活实际中也是这样。如果没有小人，君子就缺少了对比，显现不出来了。

"小人"，在古代未必是贬义，而是指向低微社会地位的生态群落。诚如俞樾在《群经平议》中所说："古书言君子、小人，大都以位言，汉世说如此。后儒专以人品言君子、小人，非古义也。"

但是，生态终于积淀成了人品。这组生态对比，也就渐渐变成了人品对比。

君子和小人的划分，使君子这一人格理想更坚硬了。

在汉语中，"人格"之"格"，是指由一系列拒绝、摆脱、否决，来实现自己的框架和筋骨。在君子边上紧紧贴着一个小人，就是提醒君子必须时时行使推拒权、切割权，这使君子有了自立的规范。

君子和小人的划分，并不一定出现在不同人群之间。同一群人，甚至同一个人，也会有君子成分和小人成分的较量。连我们自己身上，也潜伏着不少君子和小人的暗斗。这也就构成了我们自己的近距离选择。唐代吴兢在《贞观政要·论教戒太子诸王》中说：

君子、小人本无常。行善事则为君子，行恶事即为小人。

这就说得很清楚了，其间的区分不在于两个稳定的族群，而在于我们内心的一念之差，我们行为的一步进退。我觉得这种思想，与萨特（Jean-Paul Sartre，1905—1980）存在主义哲学中有关"由选择决定人的本质"的论述颇为相近。

儒家让君子和小人相邻咫尺，其实也为人们提供了自我修炼长途中的一个个岔道，让大家在岔道口一次次选择。

君子，是选择的结果。小人，是儒家故意设定的错误答案。设定错误答案的目的，不是让你选错，而是让你选对。

不管怎么说，为了理论设计，为了君子，为了选择，我们必须把"小人"加入课程。

尽管大家都不喜欢"小人"，但是这是中国文化的重大发现，也是中国历史的真实存在，我们应该耐下性子，认真地看看这批人。因此，我也会尽量讲得仔细一点儿。

孔子用一系列对比句式，把君子和小人之间的界线划得清清楚楚。面对这种划分，小人的办法很简单，那就是把自己伪装成君子，再把君子推到小人一边。结果，孔子的那些名言，居然常常从小人口中吐出。这是大君子孔子没有想到的。孔子也许想到了一点，但总觉得众人无可欺，但他不知道，众人太有可能受到欺骗了。

因此，在孔子之后，中国历史上永远活跃着大批奇特的人物。他们作用很大，让人很不愉快，却很难被辨识、被清除。

造成这样的结果，有一个学术上的原因，那就是，小人虽然被一次次对比性提及，却几乎没有被系统深入地研究。因为这是一个捉摸不完的群体，研究起来很难，而且，很多君子也不愿意长时间地陷入这么一个让人不愉快的泥潭。

今天，就让我壮着胆子，皱着眉头，来弥补这一历史缺漏。

这群人物不是英雄豪杰，也未必是元凶巨恶。他们的社会地位可能极低，也可能很高。就文化程度论，他们可能是文盲，也可能是学者。很难说他们是好人坏人，但由于他们的存在，许多鲜明的历史形象渐渐变得瘫软、迷顿、暴躁，许多简单的历史事件一一变得混沌、暧昧、肮脏，许多祥和的人际关系慢慢变得紧张、尴尬、凶险，许多响亮的历史命题逐个变得黯淡、紊乱、荒唐。

他们起到了如此巨大的作用，但他们并没有明确的主张，绝不想对什么负责，而且确实也无法让他们负责。他们是一团驱之不散又不见痕迹的腐浊之气，他们是一堆飘忽不定的声音和眉眼。

你终于愤怒了，聚集起万钧雷霆准备轰击，没想到这些声音和眉眼也与你一起愤怒，你突然失去了轰击的对象。你想不予理会，掉过头去，但这股腐浊气却又不绝如缕。

我相信，历史上许多钢铸铁浇般的政治家、军事家最终悲怆辞世的时候，最痛恨的不是自己明确的政敌和对手，而是曾经给过自己很多腻耳的佳言和突变的脸色，最终还说不清究竟是敌人还是朋友的那些人物。

处于弥留之际的政治家和军事家颤动着嘴唇艰难地吐出一个词："小人……"

不错，小人，这正是接下来几讲的主角。

小人的行为特征

在一本书上看到欧洲的一则小事。一个数百年来一直亲如一家的和睦村庄，突然产生了无穷麻烦，本来一见面都要道一声"早安"的村民们现在都怒目相向。没过多久，几乎家家户户都成了仇敌，大家都准备逃离这个恐怖的地方。

教堂的神甫产生了疑惑，花了很多精力调查缘由。终于真相大白，原来一年前刚来的一位巡警的妻子是个长舌妇，全部恶果都来自她的窃窃私语。村民知道上了当，不再理这个女人，她后来很快搬走了。

但是没有想到，村民间的和睦关系再也无法修复。解除了一些误会、澄清了一些谣言，表层关系不再紧张，然而从此以后，人们的笑脸不再自然，即便在礼貌的言辞背后也有一双看不见的疑虑眼睛在晃动。大家很少往来，一到夜间早早地关起门来。

我读到这个记述时，事情已过去了几十年。作者写道，直到今天，这个村庄的人际关系还是又僵又涩、不冷不热。

对那个窃窃私语的女人，村民们已经忘记了她讲的具体话语，甚至忘记了她的容貌和名字。说她是坏人吧，看重了她，但她实实在在地播下了永远也清除不净的罪恶的种子。说她是故意的吧，那也强化了她，她对这个村庄未必有什么企图。说她是言辞失当吧，那又过于宽恕了她，她做这些坏事带有一种近乎本能的冲动。对于这样的女人，我们所能给予的还是那个词：小人。

小人的生存状态和带来的社会后果，由此可见一斑。

这件小事因为有那位神甫的艰苦调查，居然还能寻找到一种答案。然而谁都明白，这在"小人事件"中属于罕例。绝大多数"小人事件"是找不到这样一位神甫、这么一种答案的。我们只要稍稍闭目，就能想到古往今来、远近左右，有多少大大小小、有形无形的"村落"被小人糟蹋了而找不到事情的首尾。

幸亏，真正伟大的历史学家不会放过小人。司马迁在撰写《史记》的时候就发现了这个历史症结，于是在他冷静的叙述中时时迸发出一种激愤。

例如，司马迁写到过发生在公元前五二七年的一件事。那年，楚平王要为自己的儿子娶一门媳妇，选中的姑娘在秦国，于是就派出一名叫费无忌的大夫前去迎娶。费无忌看到姑娘长得极其漂亮，眼睛一转，就开始在半道上动脑筋了。

——我想在这里稍稍打断，与大家一起猜测一下他动的是什么脑筋，这会有助于我们理解小人的行为特征。

看到姑娘漂亮，估计会在太子那里得宠，于是一路上百般奉承，以求留下个好印象。这种脑筋，虽不高尚却也不邪恶，属于寻常世俗心态，不足为奇，算不上我们所说的小人。

看到姑娘漂亮，想入非非，企图有所沾染，暗结某种私情。这种脑筋，竟敢把一国的太子当作情敌，简直胆大妄为。但如果付诸实施，倒也算是人生的大手笔。为了情欲无视生命，即便荒唐也不是小人作为。

费无忌动的脑筋完全不同，他认为如此漂亮的姑娘应该献给正当权的楚平王。

尽管太子娶亲的事已经国人皆知，尽管迎娶的车队已经逼近国都，尽管楚宫里的仪式已经准备妥当，费无忌还是骑了一匹快马，抢先直奔王宫。他向楚平王描述了秦国姑娘的美貌，说反正太子此刻与这位姑娘尚未见面，大王何不先娶了她，以后再为太子找一门好的呢。楚平王好色，被费无忌说动了心，但又觉得事关国家社稷的形象和承传，必须小心从事，就重重拜托费无忌一手操办。三下两下，这位原想来做太子妃的姑娘，转眼成了公公楚平王的妃子。

费无忌的所作所为，就是典型的小人行径。

从这个人，我们已经可以分析出小人的几条行为特征了。

其一，小人见不得美好。小人也能发现美好，有时甚至发现得比别人还敏锐，但不可能对美好投以由衷的虔诚。他们总是眯缝着眼睛打量美好事物，眼光时而发红时而发绿，时而死盯时而躲闪，只要一有可能就忍不住要去扰乱、转嫁，竭力作为某种隐潜交易的筹码加以利用。

美好的事物可能会遇到各种各样的灾难，但最消受不住的却是小人的作为。不懂美好的蒙昧者可能致使明珠暗投，懂得美好的强蛮者可能致使玉石俱焚，而小人则鬼鬼祟祟地把一切美事变成丑闻。因此，美好的事物不能让小人染指或过眼。

其二，小人见不得权力。不管在什么情况下，小人的注意力总会拐弯抹角地绕向权力的中心。在旁人看来根本绕不通的地方，他们也能飞檐走壁绕进去。他们敢于大胆损害的，一定是没有权力或权力较小的人。他们表面上是历尽艰险为当权者着想，实际上只想着当权者手上的权力。但作为小人，他们对权力本身未必迷醉，只迷醉权力背后自己有可能得到的利益。因此，乍一看他们是在投靠谁、背叛谁、效忠谁、出卖谁，其实他们压根儿就没有稳定的对象概念，只有实际私利。

其三，小人不怕麻烦。上述这件事，按正常逻辑来考虑，即便想做也会被可怕的麻烦所吓退，但小人是不怕麻烦的。怕麻烦做不了小人，小人就在麻烦中成事。小人知道，越麻烦越容易把事情搞浑，只要自己不怕麻烦，总有怕麻烦的人。当太子终于感受到与秦国姑娘结婚的麻烦时，当大臣们也明确觉悟到阻谏的麻烦时，这件事也就办妥了。

其四，小人办事效率高。小人急于事功又不讲规范，有明明暗暗的障眼法掩盖着，办起事来几乎遇不到阻力，能像游蛇般灵活地把事情迅速搞定。他们善于领会当权者难以启齿的隐忧和私欲，把一切化解在顷刻之间。所以在当权者眼里，他们的效率更是双倍的，费无忌的效率便是例证。

暂且先讲这四项行为特征吧，司马迁对此事的叙述还没有完，让我们继续看下去——

费无忌办成了这件事，既兴奋又慌张。但静心一想，在这件事上受伤害最深的是太子，而太子是迟早会掌大权的，那怎么办？

他开始在楚平王耳边递送小话："那件事情之后，太子对我恨之入骨，我自己倒也算不得什么，问题是他对大王您也怨恨起来，万望大王戒备。太子已握兵权，外有诸侯支持，内有他的老师伍奢帮着谋划，说不定哪一天就会发动兵变呢！"

楚平王本来就觉得自己对儿子做了亏心事，儿子一定会有所动作，现在听费无忌一说，心想果然不出所料。于是立即下令杀死太子的老师伍奢、伍奢的长子伍尚，进而又要捕杀太子。太子和伍奢的次子伍员，只得逃离楚国。

从此之后，连年的兵火就把楚国包围了。逃离出去的太子是一个拥有兵力的人，自然不会甘心；伍员则发誓要为父兄报仇，曾一再率兵伐楚。残酷的军事征战，此起彼伏。

终于，人们把费无忌处死了，但整个国土早已满目疮痍。

——在这儿我又要顺着事件的发展，把小人的行为特征延续几项了：

其五，小人不会放过被伤害者。小人在本质上是胆小的，他们的行动方式使他们不必害怕具体操作上的失败，却不能不害怕报复。设想中的报复者当然是被他们伤害的人，于是他们的使命注定是要连续不断地伤害被伤害者。小人不会怜悯，不会忏悔，只会害怕，但越害怕越凶狠，一条道走到底。

其六，小人总是把自己打扮成无辜者。他们反复向别人解释，自己是天底下损失最大的人，职位所致，无可奈何，一头是大王，一头是太子，我小小一个侍臣有什么办法？——这样的话语，从古到今听到的还少吗？

其七，小人永远离不开造谣。小人要借权力者之手或起哄者之口来卫护自己，必须绘声绘色地谎报敌情。费无忌谎报太子和太子的老师企图谋反攻城的情报，便是引起以后巨大灾祸的直接诱因。小人多数是有智力的，他们编织的谎言要取信于权势和舆情，必须大体上合乎浅层逻辑，让人一听就立即产生反应。

其八，小人最终控制不了局势。小人精明而缺少远见，因此他们在制造一个个具体的恶果时，没有想这些恶果最终组接起来将会酿成一个什么样的结局。当结局终于出现的时候，他们已经完全控制不了局面，只能在人们的憎恨中快速毁灭。

小人的社会土壤

上一讲，我们通过解析一个费无忌，约略触摸到小人的一些行为特征。

值得深思的是，有不少小人并没有费无忌这样的权力背景和办事能力，为什么正常的社会群体对他们也失去了防御能力？如果我们不把责任全部推给别人，那么，在我们自己身上是否也能找到一点儿原因？

好像能找到一些。

第一，观念上的缺陷。

长久以来，让我们特别反感的，往往不是小人。大家痛恨跋扈、妖惑、酸腐、固执，痛恨这痛恨那，却不会痛恨那些没有立场的游魂、转瞬即逝的笑脸、无法验证的美言、无可检收的许诺。

人们习惯于以某种立场决定自己的情感投向，而小人在这方面是无可无不可的，因此容易同时讨好两面，被两面都看成中间状态的友邻。

人们鄙视愚昧，小人智商不低；人们厌恶野蛮，小人在多数情况下不干血淋淋的蠢事。结果，人们苛刻地警惕着各色人等，却独独把小人给放过了。

第二，情感上的牵扯。

小人是善于做情感游戏的，这对很多劳于事功而深感寂寞的好人来说，正中下怀。

在这个问题上小人与正常人的区别是：正常人的情感交往是以袒示自我

的内心开始的，小人的情感游戏是以揣摩对方的需要开始的。小人往往揣摩得很准，人们很容易进入他们的陷阱，误认他们为知己。小人就是那种没有一个真正的朋友却曾有很多人把他误认为知己的人。

到后来，人们也会渐渐识破他们的真相，但既有旧情牵连，不好骤然翻脸。

第三，心态上的恐惧。

小人和善良人往往有一段情谊上的"蜜月期"。当善良人开始有所识破的时候，小人的撒泼期也就来到了。

在很多情况下，小人不是与你格斗，而是与你死缠。他们知道你即使发火也有熄火的时候，只要继续缠下去总会有撑不住的那一刻。这情景，就像古希腊的著名雕塑《拉奥孔》，那对强劲的父子被滑腻腻的长蛇终于缠到连呼号都发不出声音的地步。

有没有法律管小人？很难。小人基本上不犯法。这便是小人更让人感到可怕的地方。《水浒传》中的无赖小人牛二缠上了英雄杨志，杨志一躲再躲也躲不开，只能把他杀了，但犯法的是杨志，不是牛二。

小人用卑微的生命粘贴住一具高贵的生命，高贵的生命之所以高贵就在于受不得污辱，因此常常付出生命的代价。

这种失衡又倒过来在社会上普及着新的恐惧：与小人较劲犯不着。中国社会流行的那句俗语"我惹不起，总躲得起吧"，实在充满了无数次失败后的无奈。谁都明白，这里所说的"躲"，不是躲盗贼，不是躲灾害，而是躲小人。好人都躲着小人，久而久之，小人被一些无知者羡慕，他们的队伍扩大了。

第四，策略上的失误。

中国历史上很多不错的人物在对待小人的问题上常常产生策略上的失误。失误的起点，是在"道"与"术"的关系上。他们虽然崇仰"道"，却不能不垂青于"术"，采取政治实用主义，用小人的手段来对付政敌。这样做初看颇有实效，其实后果严重。因为这在某种意义上，是利用小人扑灭政见不同的君子，在文明构建上是一大损失。

如果是利用小人来对付小人，那么，被利用的那拨小人就会处于被弘扬的地位。一旦成功，小人的思维方式和行为逻辑将邀功论赏。

中国历史上许多英明君主、贤达臣将往往在此处失误。他们获得了具体的胜利，但胜利果实上却充满了小人灌注的毒汁。他们只问果实属于谁而不计果实的性质。因此，无数次即便是好人的成功，也可能是小人的节日。

第五，灵魂上的对应。

有不少人，就整体上不是小人，但在特定的情势下，灵魂深处也会渗透出一点儿小人情绪，这就与小人产生了局部对应。

一切正常人都会有失落的时候，失落中很容易滋长嫉妒情绪，一听到某个得意者有什么问题，心里立即获得了某种窃窃自喜的平衡，也不管起码的常识和逻辑，也不做任何调查和印证，立即一哄而起，形成围谏。

更有一些人，平日一直遗憾自己在名望和道义上的干瘪，一旦小人提供一个机会，能使自己获得这种补偿，也会在犹豫再三之后探头探脑地出来，成为小人的同伙。

如果仅止于内心的隐秘需要，这样的陷落也是有限度的，良知的警觉会使他们拔身而走。但也有一些人，一旦与小人合伙成事后便自恃自傲，良知麻木，越沉越深，那也就成了地地道道的小人而难以救药了。

从这层意义上说，小人潜藏的地窖，在我们每个人的内心。即便是吃够了小人苦头的人，一不留神也会在自己的某个精神角落，为小人挪出空地。

第 068 讲

应该怎么办

面对那么多明明暗暗的小人，到底应该怎么办？

显然没有消解小人的良方。在这个问题上，我们能做的事情很少。

我认为，最根本的是要不断扩大君子的队伍，改变君子和小人的数量对比。尤其需要有一批比较纯粹的君子，不受小人生态的诱惑。

做比较纯粹的君子，是一种美好的人生体验。只要认真投入，很快就能发现，自己什么也不害怕了。过去想做君子而犹豫，不就是害怕小人吗？一旦成了纯粹的君子，这种担忧就不再存在。

不再害怕我们害怕过的一切。不再害怕众口铄金，不再害怕招腥惹臭，不再害怕群蝇成阵，不怕偷听，不怕恐吓，不怕狞笑，只以更纯粹、更响亮的方式，昭示出高贵和低贱的界线。

此外，有一件具体的事可做。我主张大家一起来认真研究一下从历史到现实的小人问题，把这个问题集中谈下去。用各种方式来谈，用戏剧、电影、小说、论文、讲座，细细地分析，生动地展示，这对全社会认识小人，总有好处。

想起了写《吝啬鬼》的莫里哀。他从来没有想过要根治人类身上的吝啬，但他在剧中把吝啬解剖得那么透彻、那么辛辣、那么具体，使人们以后在心底再产生吝啬的时候，猛然觉得在哪里见过，于是，剧场的笑声也会在他们耳边重新响起。

吝啬的毛病比我所说的小人问题轻微得多。鉴于小人对我们民族昨天和今天的严重荼毒，我们能不能像莫里哀一样把小人的行为举止、心理方式用最普及的方法袒示于世，然后让人们略有所悟呢？

　　研究小人是为了看清小人，给他们定位，以免他们继续以无序的方式出现，使人们难以招架。研究仅止于研究，尽量不要与他们争吵。争吵使他们加重，研究使他们失重。

　　虽然小人尚未定义，但我看到了一个与小人有关的定义。一位美国学者说：

　　　　所谓伟大的时代，就是谁也不把小人放在眼里的时代。

　　这个定义十分精彩。一个社会如果能出现一种强大的精神气氛，使小人在社会上从中心退到旁侧、从高位降到低位、从主宰变成赘余，这个时代已经在问鼎伟大。

　　最后我必须补充一个观点，那就是：尽管小人在整体上祸害久远，但就他们的个体生命而言，大多也是可怜人。他们，还有被拯救的可能。

　　冷落他们，搁置他们，然后拯救他们，这便是当今君子的责任。

　　说到底，他们是在一个缺少关爱的环境里长大的一群，因此也应该受到关爱。

　　这又回到了君子之道。

新一代君子代表

我用了几堂课讲述小人，内心一直盘旋着一个巨大的矛盾。

为了仰望中国文化在精神领域的"大道"，必须恭敬地陈述儒家、佛家和道家；在陈述儒家时，又必须展示它的思想核心——君子之道；在展示君子之道时，又不能不透视君子的对立面小人；一讲小人，又必须明白这是首度剖析中华文化的负面人格，应该鞭辟入里、完整系统……

这都没错，但是，让小人占据了那么大的篇幅，君子之道的崇高气象是否会受到损害？如果多少已经受到损害，那么，我们又怎么能够自然地过渡到佛家和道家？

因此，必须挽救。

我想到的挽救之法，就是推出一个特别健全的君子。而这个君子对于种种小人，有一种居高临下的战胜气势，足以把前面几讲的内容全都凌驾了。那么，这个特别健全的君子是谁呢？

是王阳明。

君子之道到了王阳明身上，出现了全新的力量。王阳明本人，展示了一种无比强大的生命结构，让人们看到了新一代君子的极致状态。

如果我们的课程像一艘航船，那么，王阳明就是安放在船舱后部的一方"压舱石"。

好，那就让我们请出王阳明。

我要请大家先看看他的特殊性，在社会影响力和历史影响力上的特殊性。

王阳明（吴为山雕塑作品）

王阳明的影响力之大，令人吃惊。

他有很多学生，后来还分成了不同的学派，其中有几位还颇为出名。这种情况，在其他大学者中还能约略找到几个。但是，下面的情况，只能属于他一个人了——

明代灭亡后，不止一个智者说过：如果王阳明还在，这个朝代就不会这样了；

日本著名将军东乡平八郎并不是学者，却写了一条终生崇拜王阳明的腰带，天天系在身上；

蒋介石败退台湾，前思后想，把原来的草山改名为阳明山；

王阳明是我家乡余姚人，当地恭敬地重修了故居，建立了纪念馆。但是，全国凡是他活动过的地方，都在隆重纪念，而且发起了一次次"联动纪念"；

……

——这种盛况，完全超出了人们的正常想象。前不久我在电视上看到贵州省对他的纪念典礼，参加人数之多、延续时间之长、仪式规模之大，让我瞠目结舌。

当然，他是明代一位杰出的哲学家，但中国绝大多数民众历来对哲学家兴趣不大。事实上，除他之外也没有另外一位哲学家享此殊荣，包括远比他更经典、更重要的老子在内。很多朋友出于对他的这种巨大影响力的好奇，去钻研他的著作和一部部《中国哲学史》，却仍然没有找到足够的原因。

在哲学史上，他并不是横空出世的孤峰。他的一些哲学观念，例如"心学"的思维逻辑，比他早三百多年的陆九渊也曾有过深刻的论述。在宋明理学的整体流域中，还有周敦颐、张载、程颢、程颐、朱熹、薛瑄、胡居仁、陈献章等一座座夺目的航标。总之，如果纯粹以哲学家的方位来衡量王阳明，他就不会像现在这样耀眼。

而且，按照学术惯例，要安顿这样一个哲学家，一定还会发现他在某些理论范畴如心、理、意、物、事、无、本等概念上的不周全。读者如果陷入相关的讨论，很快就会头昏脑涨。在头昏脑涨中，还怎么来崇拜他呢？

因此，王阳明产生如此巨大的影响，一定还有超越哲学史的原因。

有些历史学家认为，他善于打仗，江西平叛，却又频遭冤屈，这个经历提高了他的知名度。

当然，这一些都很重要，也很不容易。但细算起来，他打的仗并不太大，他受的冤屈也不算太重。

我认为，王阳明的最大魅力，在于把自己的哲思和经历，变成了一个生命宣言。这个生命宣言的主旨，是做一个有良知的行动者。

一般说来，多数君子并不是行动者，多数行动者不在乎良知。这两种偏侧，中国人早已看惯，却又无可奈何。突然有人断言，一个人的生命可以克服这两种偏侧，达到两相完满，这就不能不让大家精神一振了。

而且，他提出的行动是重大行动，他提出的良知是普遍良知，两方面都巍然挺拔。他自己，又是一个重量级的学者兼重量级的将军，使这种断言具有了"现身说法"的雄辩之力。

不仅如此，他还以一个哲学家的分析能力和概括能力，把这种断言付之于简洁明了的表达。于是，"断言"也就变成了"宣言"。

这既不是哲学宣言，也不是军事宣言，而是有关如何做人的宣言，也就是人生宣言。这样的人生宣言在历史上很少出现，当然会对天下君子产生巨大的吸引力。

在王阳明看来，一个有良知的行动者，已经不是一般的君子，而是可以叩开圣人之门。因此，这个宣言也就成了入圣的宣言。这一点，对于一切成功或失败的大人物，都形成了强大的磁铁效应。

至此，我可能已经实现了自己的一个心愿，那就是解析王阳明产生巨大影响的主要原因。

王阳明的人生宣言

这一讲,我们要具体论述王阳明的人生宣言了。

一共只有三条。

第一条:"心即是理"。

不管哲学研究者们怎么分析,我们从人生宣言的层面,对这四个字应该有更广泛的理解。

在王阳明看来,天下一切大道理,只有经过我们的心,发自我们的心,依凭我们的心,才站得住。无法由人心来感受、来意会、来接受的"理",都不是真正的理,不应该存在。因此王阳明说,"心外无理","心即是理"。

这一来,一切传统的、刻板的、空泛的、强加的大道理都失去了权威地位,它们之中若有一些片段要想存活,那就必须经过心的测验和认领。

王阳明并不反对理,相信人类社会需要普遍的道德法则,但是他又明白,这种普遍的道德法则太容易被权势者歪曲、改写、裁切了。即使保持了一些经典话语,也容易僵化、衰老、朽残。因此,他把道德法则引向内心,成为内在法则,让心尺来衡量,让心筛来过滤,让心防来剔除,让心泉来灌溉。对理是这样,对事也是这样。

他所说的"心",既是个人之心,也是众人之心。他认为由天下之心所捧持的理,才是天理。

有人一定会说,把一切归于一心,是不是把世界缩小了?其实,这恰恰是把人心大大开拓了。把天理大道、万事万物都装进心里，这就出现了一个无所不能、无远弗届的伟大圣人的心襟。

试想，如果理在心外，人们要逐一领教物理、学理、地理、生理、兵理、文理，在短短一生中，那又怎么轮得过来？怎么能成为王阳明这样没有进过任何专业学校却能事事精通的全才？

在江西平叛时，那么多军情、地形、火器、补给、车马、船载等专业需求日夜涌来，而兵法、韬略、舆情、朝规、军令又必须时时取用，他只有把内心当作一个无限量的仓库，才能应付裕如。查什么书、问什么人，都来不及，也没有用，唯一的办法，是从心里找活路。

于是，像奇迹一般，百理皆通，全盘皆活。百理在何处相通？在心间。

由此可见，"心即是理"，是一个极为重要的人生宣言。

依凭着这样的人生宣言，我们看到，一批批"有心人"离开了空洞的教条，去从事一些让自己和他人都能"入心"的事情。这就是王阳明时代的君子。

第二条："致良知"。

心，为什么能够成为百理万事的出发点？因为它埋藏着良知。这就引出了王阳明人生宣言的第二条："致良知"。

良知，是人之为人、与生俱来的道德意识，不学、不虑就已存在。良知主要表现为一种直觉的是非判断，以及由此产生的好恶之心。

王阳明所说的良知很大，没有时空限制。他说：

> 自圣人以至凡人，自一人之心以达四海之远，自千古之前以至于万代之后，无有不同。是良知也者，是所谓天下之大本也。（《书朱守谐卷》）

把超越时空、超越不同人群的道德原则，看成是"天下之大本"，这很符合康德和世界上很多高层思想家的论断。所不同的是，"良知"的学说包含着"与生俱来"的性质，因此也是对人性的最高肯定。

良知藏在心底，"天下之大本"藏在心底，而且藏在一切人的心底，藏在"自圣人以至凡人"的心底。这种思维高度，让我们产生三种乐观：一是对人类整体的乐观，二是对道德原则的乐观，三是对个人心力的乐观。

把这三种乐观连在一起，也就能够以个人之心来普及天下良知了。

把"致良知"作为目标的君子，自觉地担负着把内心的良知扩充为"天下之大本"的责任，因此一定不会遇到困难就怨天尤人，而只会觉得自己致良知的功夫尚未抵达。这样，他一定是一个为善良而负责的人。

在这个问题上，王阳明曾经在天泉桥上概括了四句话：

> 无善无恶心之体，有善有恶意之动。知善知恶是良知，为善去恶是格物。

从浑然无染的本体出发，进入"有善有恶"、"知善知恶"的人生，然后就要凭着良知来规范事物（格物）了，这就必须让自己成为一个行动者。于是有了人生宣言的第三条。

第三条："知行合一"。

与一般君子不同，王阳明完全不讨论"知"和"行"谁先谁后、谁重谁轻、谁主谁次、谁本谁末的问题，而只是一个劲儿呼吁：行动，行动，行动！

他认为，"知"和"行"并不存在彼此独立的关系，而是两者本为一体，不可割裂。他说，"知是行之始，行是知之成"，"未有知而不能行者，知而不行只是未知"。

对这个判断，我需要略做解释。

先讲"未有知而不能行者"。我们在日常工作中总能听到这样的话：

"我知道事情该那样办，但是行不通。"王阳明说，既然行不通，就证明你不知道事情该怎么办。因此，在王阳明那儿，能不能行得通，是判断"知否"的基本标准。他本人在似乎完全办不到的情况下办成了那么多事，就是不受预定的"知"所束缚，只把眼睛盯住"行"的前沿、"行"的状态。他认为，"行"是唯一的发言者。

王阳明不仅没有给那些不准备付之于行的"知"留出空间，也没有给那些在"行"之前过于得意的"知"让出地位。这让我们颇感痛快，因为平日见到的那种大言不惭的策划、顾问、研讨、方案实在太多，见到的那种慷慨激昂的会议、报告、演讲、文件更是多得难以计算。有的官员也在批评"文山会海"、"空谈误国"，但批评仍然是以会议的方式进行的，会议中讨论空谈之过，使空谈又增加了一成。

其实大家也在心中暗想：既然你们"知"之甚多，为何不能"行"之一二？王阳明先生让大家明白，他们无行，只因为他们无知；他们未行，只因为他们未知。

为此，我曾斩钉截铁地告诫学生：千万不要听那些"文艺评论家"的片言只语。转头我又会质询那些"文艺评论家"：你们从来连一篇小说也没有写过，连一篇散文也没有写过，连一首诗也没有写过，何以来谈论怎么创作？如果你们还想问津文艺，那就动手吧，先创作几句短诗也好。

一定有人怀疑：重在行动，那么有谁指引？前面说了，由内心指引，由良知指引。这内心，足以包罗世界；这良知，足以接通天下。因此，完全可以放手行动，不必有丝毫犹豫。

说了这三点，我们是否已经大致了解一个有良知的行动者的生命宣言？与一般的哲学观点不同，这三点，都有一个明确的主体：我的内心、我的良知、我的行动。这个稳定的主体，就组合成了一个中心课题：我该如何度过人生？王阳明既提出了问题，又提供了答案，不能不让人心动。

因此，王阳明的影响力，还会长久延续。

虽然意蕴丰厚，但王阳明词句却是那么简洁："心即是理"、"致良知"、"知行合一"，一共才十一个汉字。

这实在是君子之道的新形态、新境界。

第071讲

佛教传入中国

讲了王阳明，我们终于可以松一口气，对儒家文化和君子之道有了一个像样的交代。

那么，接下来，就要面对佛教文化了。

佛教在中国，信奉者、朝拜者多得难以计数，但其中究竟有多少人能够领会佛法、读懂佛经呢？比例非常之低。据我所知，即便在佛门之内的僧侣团体中，比例也不高。

这就给我们的课程带来了沉重的使命，那就是要改变这种状态。

通观我们的全部课程，佛教文化一定是最艰深、最复杂、最难讲的部分。因此，我已经培植了足够的敬畏之心，肃然端然地准备与大家一起进入这一神圣而险峻的秘境，希望大家也能做好足够的思想准备。

我想从以下三个层次来讲述佛教：

一、论述中国文化为什么会接受佛教文化，为什么使它在普及度上几乎超过了原本的自己？

二、解析佛教的本义，从《心经》开始，进入一系列关键命题，如"缘起性空"、"度己度人"、"无常无我"。

三、介绍中国佛教的各个宗派，重点是禅宗。

要完成这三个层次，所需篇幅不小。佛门重重，如群山逶迤，让我们一步步攀越。

我们可以进入起点性的讲题了：中国文化为什么会接受佛教文化？

这是一种纯粹的外来文化，与中国本土隔着"世界屋脊"喜马拉雅山脉。在古代，本来它是无法穿越的，但它却穿越了。

这还不算奇迹。真正的奇迹是，它进入的土地，早就有了极其丰厚的文化。从尧舜到秦汉，从《周易》到诸子百家，几乎把任何一角想得到的精神空间都严严实实地填满了。面对这样超浓度的文化大国，一种纯然陌生的异国文化居然浩荡进入，并且有效普及，这实在不可思议。

不可思议，却成了事实，这里有极其深刻的文化原因。

研究佛教具体的传入过程，是一个小课题；研究佛教怎么会传入，才是一个大课题。

最初，东汉和魏晋南北朝的多数统治者是欢迎佛教的，他们一旦掌权就会觉得如果让佛教感化百姓静修向善，就可以天下太平。正如南朝宋文帝所说："若使率土之滨，皆纯此化，则吾坐致太平，夫复何事？"（见《弘明集》）其中，六世纪前期的南朝梁武帝萧衍态度最为彻底，不仅大量修建佛寺、佛像，而且四度脱下皇帝装，穿起僧侣衣，"舍身为奴"，在寺庙里服役。每次都要由大臣们出钱从寺庙里把他"赎回"。而且正是他，规定了汉地佛教的素食传统。

与南朝相对峙的北朝，佛教场面做得更大。据《洛阳伽蓝记》等资料记载，到北魏末年，即五三四年，境内佛寺多达三万余座，僧尼达二百余万人。光洛阳一地，寺庙就有一千三百多座。大家不妨闭眼想一想，这是一个多么繁密的景象。唐代杜牧写诗怀古时曾提到"南朝四百八十寺，多少楼台烟雨中"，人们读了已觉得感慨万千，而北朝的寺院又比南朝多了几倍。

但是，正是这个数量，引起另外一些统治者的抗拒。他们手上的至高权力又使这种抗拒成为一种"灭佛"的灾难。

几度"灭佛"灾难，各持理由，概括起来大概有以下几个方面：

一、全国出现了那么多自立信仰的佛教团体，朝廷的话还有谁听；

二、耗巨资建造那么多金碧辉煌的寺院，养那么多不事生产、不缴赋税的僧侣，社会的经济压力太大了；

三、更严重的是，佛教漠视中国传统的家族宗亲关系，无视婚嫁传代，动摇了中国文化之本。

第一个灭佛的，是北魏的太武帝。他在信奉道教后对佛教处处抵触，后来又怀疑长安的大量寺院处于朝廷控制范围之外，可能与当时的盖吴起义有联系，便下令诛杀僧众，焚毁佛经、佛像，在全国禁佛。幸好，他一死，新皇帝立即解除了他的禁佛令。其实，生根于中国本土的道教本身也是深厚善良、重生贵生的宗教，太武帝借道灭佛，只是出于一种非宗教的权力谋略。

一百三十多年后，信奉儒学的周武帝以耗费民众财力为由，下令同时禁绝佛、道两教。其中又以佛教为最，说它是"夷狄之法"，容易使"政教不行、礼义大坏"。

又过了近二百七十年，在唐代的会昌年间，唐武宗又一次声称佛教违反了中国传统的伦理道德，大规模灭佛，后果非常严重，在佛教史上被称为"会昌法难"。

三次灭佛，前后历时四百多年，三个庙号都带有一个"武"字的皇帝，把中国传统的政治文化对于佛教的警惕发泄得淋漓尽致。后来在五代时期，后周世宗还采取过一次打击佛教的行动，但算不上灭佛。

由于警惕的根基在文化，有些文化人也介入了。例如唐代大文人韩愈在"会昌法难"前二十几年就以一篇《谏迎佛骨表》明确表示了反佛的立场。他认为佛教、道教都有损于儒家"道统"，有害于国计民生。他说，佛教传入之前的中国社会，比佛教传入之后更平安，君王也更长寿。他最后还激动地表示：如果佛教灵验，我在这里反佛，一定会受到惩罚，那就让一切灾祸降到我头上吧！

韩愈因此被皇帝贬谪，在半道上写下了"云横秦岭家何在？雪拥蓝关马不前"这样杰出的诗句，这是大家都知道的了。

但是，事实证明，佛教不仅没有被灭，反而生生不息。刚刚灭过，新的继任者又提倡了，势头更猛。至于文化人，在"安史之乱"之后为了摆脱生活痛苦，追求精神上的禅定，更是迷醉佛教，兴起了一股"禅悦"之风。渐渐，佛教文化已经与中国文化融成一体，它本身也越来越走向中国化。

佛教能够深入中国大地，说到底，是因为它以一系列特殊的魅力弥补了原有中国文化的不足。

佛教的第一特殊魅力，在于对世间人生的集中关注、深入剖析。

其他学说也会关注到人生，但往往不集中、不深入，没说几句就"滑牙"了，认为人生问题只有支撑着别的问题才有价值，没有单独研究的意义。例如，儒学就有可能转移到如何治国平天下的问题上去，法家就有可能转移到如何摆弄权谋游戏的问题上去，诗人文士有可能转移到如何做到"语不惊人死不休"的问题上去。唯有佛教，绝不转移，永远聚焦于人间的生、老、病、死，探究着摆脱人生苦难的道路。

乍一看，那些转移过去的问题辽阔而宏大，关及王道社稷、铁血征战、名节气韵，但细细想去，那只是历史的片面、时空的截面、人生的浮面，而且升沉无常，转瞬即逝。佛教看破这一切，因此把这些问题轻轻搁置，让它们慢慢冷却，把人们的注意力引导到与每一个人始终相关的人生和生命的课题上来。

正因为如此，即便是一代鸿儒，听到经诵梵呗也会陷入沉思；即便是兵卒纤夫，听到晨钟暮鼓也会怦然心动；即便是皇族贵胄，遇到古寺名刹也会焚香敬礼。佛教触及了他们的共同难题，而且是他们谁也没有真正解决的共同难题。这便是它产生吸引力的第一原因。

佛教的第二特殊魅力，在于立论的痛快和透彻。

人生和生命课题如此之大，如果泛泛谈去不知要缠绕多少思辨弯路、陷

北齐佛像

入多少话语泥淖。而佛教则干净利落，如水银泻地，爽然决然。一上来便断言，人生就是苦。产生苦的原因，就是贪欲。产生贪欲的原因，就是无明无知。要灭除苦，就应该觉悟：万物并无实体，因缘聚散而已，一切都在变化，不可虚妄执着。

我想，就从这么几句随口说出的粗疏介绍中，人们已经可以领略到一种鞭辟入里的清爽。

这种痛快感所散发出来的吸引力当然是巨大的。恰似在嗡嗡喤喤的高谈阔论中，突然出现一个圣洁的智者，三言两语了断一切，又仁慈宽厚地一笑，太迷人了。

中国传统文化的主流形态，往往过多地追求堂皇典雅，缺少一种精神快感。偶有一些快人快语，大多也是针对社会的体制和风气，却失焦于人生课题。

佛教的第三特殊魅力，在于切实的参与规则。

大家一看就明白，我是在说戒律。佛教戒律不少，有的还很严格，照理会阻吓人们参与，但事实恰恰相反，戒律增加了佛教的吸引力。理由之一，戒律让人觉得佛教可信。这就像我们要去看一座庭院，光听描述总是无法确信，直到真的看到一层层围墙、一道道篱笆、一重重栏杆。围墙、篱笆、栏杆就是戒律，看似障碍却是庭院存在的可靠证明。理由之二，戒律让人觉得佛教可行。这就像我们要去爬山，处处是路又处处无路，忽然见到一道石径，阶多势陡，极难攀登，却以一级一级的具体程序告示着通向山顶的切实可能。

相比之下，中国传统文化大多处于一种"写意状态"：有主张，少边界；有感召，少筛选；有劝导，少禁忌；有观念，少方法；有目标，少路阶。这种状态，看似方便进入，却让人觉得不踏实，容易退身几步，敬而远之。

佛教的戒律步步艰难却步步明确，乍一看与佛学的最高境界未必对应，但只要行动在前，也就可以让修习者慢慢收拾心情，由受戒而学习入定，再由入定而一空心头污浊，逐渐萌发智慧。到这时，最高境界的纯净彼岸就有可能在跟前隐约可见了。佛教所说的"戒、定、慧"，就表述了这个程序。

由此我想到了弘一法师。他从一个才华横溢的现代文化人进入佛门，照理最容易选择禅宗或净土宗，但他最终却选择了戒律森严的南山律宗。我想，这是他在决意违避现代文化人过于聪明、过于潇洒的毛病。这种选择使他真正成为一代高僧。

佛教的第四特殊魅力，在于强大的弘法团队。

中国的诸子百家，本来大多也是有门徒的。但是，如果从组织的有序性、参与的严整性、活动的集中性、内外的可辨识性、不同时空的统一性这五个方面而论，没有一家比得上佛教的僧侣团队。

自从佛教传入中国，广大民众对于佛教的认识，往往是通过一批批和尚、法师、喇嘛、活佛的举止言行、服饰礼仪获得的。一代代下来，僧侣们的袈裟、佛号成了人们感知佛教的主要信号，他们的德行善举也成了人们读解信仰的直接范本。从释迦牟尼开始，佛教就表现出人格化的明显特征。

西方基督教和天主教的神职人员队伍也非常庞大，但佛教的僧侣并不是神职人员，他们不承担代人祈福消灾、代神降福赦罪的使命。佛教僧侣只是出家修行者，以高尚的品德和洁净的生活向广大佛教信徒做出表率。

他们必须严格遵守不杀、不盗、不淫、不妄语、不恶口、不蓄私财、不做买卖、不算命看相、不诈显神奇、不掠夺和威胁他人等戒律，而且坚持节俭、勤劳的集体生活，集中精力修行。

与广大佛教信徒相比，出家人总是少数，因为出家既要下很大的决心，又要符合很多条件。一旦出家，就有可能更专注、更纯净地来修行了。

这样的僧伽团队，由于日常行为是劝善救难，又不强加于人，因此常常以一种感人的形象深受民众欢迎。

佛教的以上四大特殊魅力，针对着中国传统文化的种种乏力，成为它终于融入中国的理由。

"空"的哲学

从这一讲开始，我们就要直接面对佛教经典了。

在这宏大的精神构建中，最为精练、简短的经文要数《心经》。我曾经恭敬地抄录过《心经》很多遍，中国佛教胜地普陀山、宝华山的入门之处，都镌刻着我书写的《心经》。我想从中取用一些关键词汇，来描述佛陀的重大指点，以及这种指点的现代意义。感谢鸠摩罗什和玄奘法师，把这些汉字选择得那么准确，又灌注得那么宏富。

《心经》的"心"，指的是核心、中心，说明这部经文在整个佛教中的重大意义。我们就从《心经》的那些关键词汇说起。

《心经》的第一个字"观"，是指直接观察，可谓之"直观"。"直观"也就是"正视"，经由"直观"和"正视"，产生"正见"和"正觉"，那就叫"观自在"。

玄深的佛教居然从"直观"和"正视"开始，可能会让后代学者诧异。但是，天下真正深刻的学说，本应该具有最直接的起点。深刻，不是因为纠缠，而是因为"看破"。因此，"看"是关键。

上一讲已经提到，佛陀"直观"人生真相，发现人生的本性是"苦"。为了躲避苦，人们不得不竞争、奋斗、挣扎、梦想、恐惧，结果总是苦上加苦。所有的苦，追根溯源，都来自种种欲望和追求。那就必须进一步直观了：欲望和追求究竟是什么东西？它们值得大家为之而苦不堪言吗？

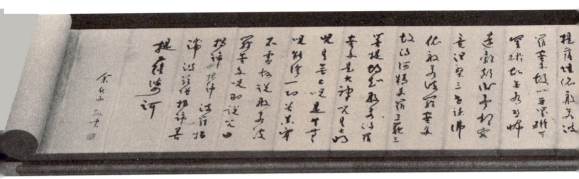

镌刻于宝华山的《心经》（余秋雨书）

　　在这个思维关口上，不同等级的智者会做出三种完全不同的回答。低层智者会教导人们如何以机谋来击败别人，中层智者会教导人们如何以勤奋来实现追求，高层智者则会教导人们如何来提升追求的等级。

　　佛陀远远高出于他们。既高出于低层、中层，也高出于高层。他对追求本身进行直观，然后告诉众人，可能一切都搞错了。大家认为最值得盼望和追慕的东西，看似真实，却并非真实。因此，他不能不从万事万物的本性上来做出彻底判断了。

　　终于，他用一个字建立了支点：空。

　　空，对佛教极为重要。

　　空，是一个常用汉字，很容易被浅陋理解。佛陀的本意很深刻，他认为，世间的一切物态现象和身心现象，都空而不实，似有实无。

　　《心经》用一个"色"字来代表物态现象，又用一个"蕴"字来代表身心现象的汇集。"色"有多种，"蕴"也有多种，但都是空。

　　《心经》一上来就说："五蕴皆空。"这就囊括了各种蕴集。

　　《心经》最著名的回转句式："色不异空，空不异色；色即是空，空即是

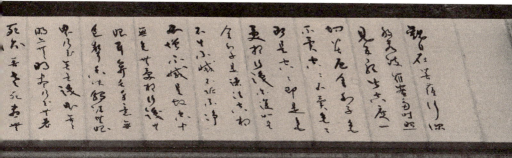

色。"来回强调，让人不能不记住，一切物态现象与空无异。《心经》紧接着又说"受想行识，亦复如是"，那是在包抄身心现象了。

从这样的语言方式，可以知道佛教在这个根本问题上的果决透彻，不留缝隙。

为什么人们看重的一切都是空？对此，佛教并不满足于宣布结论，而是进入了深层解答，表现出一种少有的学理诚恳。

佛教认为，万事万物都是远远近近各种关系的偶然组合。佛教把关系说成是"缘"，把组合说成是"起"，于是有了"缘起"的说法。

由于种种事物都是这么来的，而不存在各自独立的原生实体，因此不可能具有真实而稳定的自我本性。所有的本性，都只能指向空。把这两层意思加在一起，就构成了四个重要的字：缘起性空。在汉传佛典中，这四个字具有透视世界的基础地位。

缘起性空，从根本上改变了人们的固化思维，把僵滞的世界图像一下子激活了。

我想借用一个美好的例子，来加以说明。

例如，我们到一个山谷，看脚边有一脉水，那么请问：它是怎么产生的，又从何而来？它的"缘起"，就有无数偶然的关系。来源，是一条条山溪，越过了一重重山坡；但山溪里的水又是怎么生成的？那就会追及一阵阵雨、一朵朵云。那么，云从何而来？又如何变成了雨？而这山坡又是怎么产生的？……

随之而来，更深刻的问题是：这水会一直保持自己的本性吗？它会被树木吸收，也会因天气蒸发，那它还算是水吗？吸收它的树木，可能枯朽成泥，也可能砍伐成器。器迟早会坏，变成柴火，一烧而汽化。那么，以前每一个阶段的"性"，又在哪里？那些"性"，其实全是空的。

这个过程，大致能说明"缘起性空"的部分意涵。

世间绝大多数民众由于身心局限，只习惯于从"缘起性空"的大过程中截取一些小小的片段，将它们划界定性，然后与其他片段切割、对比、较劲、争斗、互毁、互伤，造成一系列障碍和恐怖。世界的灾难，都由此而生。因此，"缘起性空"的惊醒，有救世之功。

但是，这种惊醒很难，因为多数民众已在固化片段中安身立命、自得其乐。他们把暂且的"拥有"当作了天经地义，听说是"缘起"已经觉得失去了历史，听说是"性空"更觉得失去未来了。

"缘起"？他们摇头。难道此刻实实在在握在手上的一切，不是家传、命定、天赐，而只是云霓乍接、天光偶合？

"性空"？他们摇头。难道此刻确定无疑归于自己的一切，不是实体、实价、实重，而只是一种暂挂名下的心理安慰？

我看到不少书籍在解释"空"和"性空"的时候，喜欢用这样一些词语：转瞬即逝、多而必失、富而难守、高而必跌、时过境迁、物换星移……这并没有完全说错，却是浅解。照佛陀的意思，即便在未逝、未失、未跌、未迁之时，就已经是"空"了。这就叫"性空"，本性之"空"。

佛教对于一位巨富，并不是预告他"财产不永"，而是启迪他此时此刻也不是实有。同样，佛教也不是告诫一位高官会"空"在退休或罢免之后，而是提醒他，在未退未罢的今天，权位的本性也是"空"。

我们不妨用一个最温和的例子，来说明"拥有"之空。

且说一位教师，他对学生的"拥有"就很不真实。

第一，任何学生，一生都重叠着无数社会角色，"学生"只是他们早年的一个薄薄片段，而且他们总会面对很多学校、很多教师、很多课程。

第二，这个教师教了这门课，但他用的是什么教科书？这教科书是谁编的？内容有多少与编者本人有关？教师和编者又有什么关系？

第三，教的内容，学生接受了多少？丢弃了多少？接受的，后来忘记了多少？没有忘记的，对他的人生是障碍还是助益？……

这一连串浅浅的问题，说明教师对学生的"拥有"，在极大程度上是"假有"。教师的职业，在社会依存度和信赖度上都远远高于富人和官员，连这个职业都是如此，更不待说其他了。

以一个"空"字道破一切，是不是很悲哀呢？

不是这样。

空，是一种无绳、无索、无栏、无墙、无羁、无绊的自由状态。好像什么都没有了，又好像什么都有了。在空的世界，有和没有，是同一件事。只不过，以空为识，获得洞见，就不一样了。有和没有，也都进入了觉者的境界。

我想用中国古人的一句名言"四海之内皆兄弟"，来解释空。你看，既然是"四海之内"，那就把地域放空了，把邦国放空了，把故乡放空了，把家庭也放空了。这一系列的放空，使胸襟无限扩大，可谓气吞山河。好像是一层又一层的失去，却是一层高一层的俯视。空，因撤除界限而通向了伟大。"四海之内皆兄弟"这话，在佛教传入之前就在中国流传了，却符合了佛教精神。

中国还有一句俗语，叫"退一步海阔天空"。在各种对峙、冲突中，这句话的效果百试不爽，而对人的心理慰藉更是无与伦比。"海阔天空"中的"空"，虽是文学修辞，却符合佛教本义。试想，仅仅"退一步"就能如此开阔了，那么，多退几步又会如何呢？应该明白，这里所谓的退，并不是消极的退让，而是对事物空性的逼近。原来那种鼻子对鼻子、剑戟对剑戟的"狠劲"，其实都是迷误。在这个意义上，空，是一种因放弃、删除、减负而产生的美好境界。

对于这一点，我忍不住还要从美学上加添几句。东方诗画中的"空境"，是"上上胜境"。"空即是色"的道理，在东方美学中获得过最佳印证。但这不仅仅属于东方，属于中国。英国戏剧家彼得·布鲁克（Peter Brook）所著《空的空间》（*The Empty Space*），正是在呼唤一种新世纪的"性空美学"。这种美学，主张让出无边的空间，创造无边感受。

无边界，无束缚，无限制，流动不定，幻化无穷。此为美学大道，在当代功利世界已经很难见到。

由于"空"是佛教中的第一概念，因此我讲得有点儿长了。这个概念，与我们在社会日常生活中建立的一系列习惯思维有根本性的差别，真正要立之于心，有很大的难度。但是领会了它，也就进入了"空门"，具备了佛教的关键性素养。

空门大扫除

空，是一个坐标。由它一比，世间很多重大的物态、心态、生态，都由重变轻、由大变小，甚至变得没有意义了。

因此，要阐释空、仰望空、逼近空、触及空，必须运用一系列的减除之法、断灭之法、否定之法。

《心经》虽然简短，却用了大量的否定词，例如"不"和"无"的整齐排列。确实，只有经过"不"和"无"的大扫除，才能真正开拓出"空"的空间。

先说"不"。

《心经》说，在空相中，"不生不灭、不垢不净、不增不减"。我在《〈心经〉今译》中，把这几个"不"，都翻译成了"无所谓"，即"无所谓诞生和灭亡，无所谓污垢和洁净，无所谓增加和减少"。这里的"无所谓"，不是没有。事实上，生和灭、垢和净、增和减还是存在的，但没有绝对意义，也没有固定差异。

生是灭的开始，因此生中隐含着灭。反之，灭中又包含着生，或启动着另一番生。因此，没有纯粹的生，也没有纯粹的灭。它们之间，并不是彻底对立。

垢和净也是一样。"水至清则无鱼"，净和垢历来并存，只是比例变动而已。而且，大净中很可能潜伏着大垢，大垢中也可能隐藏着大净。

增和减更难判定。似增实减、似减实增的情形，比比皆是。结果，增也无所谓增，减也无所谓减，非增非减，不增不减，归之于空。

总之，空门，就是打通之门。把生和灭之间的门打通，把垢和净之间的门打通，把增和减之间的门打通，打通了，也就进入了"空门"。

空的最常见障碍，是一座座关着的门。关着的门，就是强行切割之门、互相觊觎之门、自寻烦恼之门。因此，《心经》对这些关着的门，说了那么多"不"，要它们全部打通。

《心经》用得最多的否定字，是"无"。

在空的世界，各种障碍都要接受"无"的荡涤。大致有以下几种——

第一种，荡涤感觉障碍。人们常常会相信"眼见为实"、"亲耳听到"、"亲口尝过"，而佛教则对人的感觉保持怀疑。直接感觉到的一切，极有可能是表象、暂象、假象。因此《心经》指出，从受、想、行、识、眼、耳、鼻、舌、身、意、色、声、香、味、触、法等感觉系统所带来的不同心理感受，都不可完全信赖，都不要过于在乎，甚至都可以视之为无。这也说明，"看破"之"看"，与一般的视觉，并不相同。

第二种，荡涤界限障碍。人们走上感觉误区之后，又会设置很多界限，作为认识世界的栏杆和台阶。其实这些界限都是心造的，实际并不存在。《心经》里所说的"无眼界，乃至无意识界"，也就是指从最初的视觉到最后的意识，人们划出很多界线，都应该撤除。世上很多学者和行政官员一直以"划界"作为自己的行为主轴，其实都是在做分化世界的事情。在佛教看来，所有的划界有时是需要的，但说到底还是在设置障碍。因此，也要视界为无。

第三种，荡涤生存障碍。很多智者和哲人，老是在研究人类生存的很多麻烦课题。例如，明白和愚黯、衰老和死亡、痛苦和灭亡、机智和收获等等。佛教认为，这些问题没有归向，无从解决，因此也就无法成立。《心经》说"无无明，亦无无明尽，乃至无老死，亦无老死尽，无苦集灭道，无智亦无得"，可见佛陀把那么重要的一系列人类生存的大课题，都归之于"无"。这也就把普遍社会最看重的一切，引向了空的境界。

那么多"无"，概括起来也就是"无常"。"无常"二字，对世上的种种固定性、规律性、必然性、周期性、逻辑性，都提出了根本的怀疑。因此，正是"无常"，可以排除一系列障碍。无常，初一听让人心神不定。但是，当它宣布，原来让人心神安定的那些"规律"和"必然"都不可靠，人们的心神也就会在搁置"小安定"后获得"大安定"。

既然整体是无常，那就不要那么多预测、判断、分析了。来什么就是什么，当下面对，即时处理。这也就是说，从"失去依靠"走向了"不必依靠"。

因无常而不必依靠，那就叫"自在"。

如果这一系列障碍都得以排除，那么，由这些障碍带来的精神恶果也可以避免了。这就是《心经》所说的"心无挂碍"、

敦煌佛像

"无有恐怖"。正是这两个"无",可以使人"远离颠倒梦想,究竟涅槃"。

只可惜,以上一系列被"无"所否定的东西,世人常常不舍得丢弃,那么,随之也就无法丢弃那些挂碍、恐怖、颠倒梦想了。

一连串的否定,组成了一场"空门大扫除",为的是挣脱种种相状,达到没有障碍的"如来"境界。

说"度"

这一讲，我们要阐述佛教中另一个基本概念："度"。

度，是脱离苦海到彼岸。小乘佛教，重在个人解脱；大乘佛教，重在众生度化。个人解脱的理由和程序都已经说得很清楚，那么，从逻辑上，为什么还要拓展成众生度化呢？

有人说，大乘佛教的这种主张，是随从了普世道德，不在乎自身逻辑。对此，我不能同意。我认为，佛教由"度己"而导致"度人"的自身逻辑，很清晰。下面，且让我略加梳理。

如前所述，佛教在阐明"空"的学说时，着力排除种种界定，拆卸道道门槛。很快就碰到了最重要的一个界定，那就是"他我"之间的界定；遇到了最后一道门槛，那就是"人己"之间的门槛。

在现代西方思维中，"我"是一切的出发点。我的存在、我的权利、我的成败、我的性格……这便是欲望的渊薮、冲突的本体、烦恼的根源。

佛教以很大的力度，对"我"提出了质疑，质疑"我"这个概念本身的存在基点。质疑的结果，是主张放弃对"我"的执着，也就是破除"我执"。

我前面说到，《心经》里包含着那么多"无"，都可以概括为"无常"；其实，在"无常"后面还隐藏着一个最根本的"无"，那就是"无我"。

历来有不少佛教学者把**"缘起性空，无常无我"**八个字当作佛教的精髓，我很赞成。

在世界各大宗教派别和哲学派别中，佛教明确地提出了对自我个体的放弃、消融和超越，显示出非同一般的成熟等级。

西方的一些学说主张个体完满、个体成功，而佛教却不能不指出，一切"完满"和"成功"都不可能真实。一个世界如果真的存在着很多"完满的个体"和"成功的个体"，或者企图"完满"或"成功"的个体，那他们一定会与周边的世界天天产生区隔和争斗，因此这个世界必然是一个喧闹和恐怖的天地。而这些以"完满"、"成功"自许者的下场，也一定是苦，而且是难言之苦。

佛教正是因为破除"我执"，主张"无我"，才让那些争取"完满"、争取"成功"的欲望真正断灭。简言之，因"无我"，才"灭苦"。

需要说明的是，后来禅宗中有"我即是佛"的说法，这里所说的"我"，只是"人人"的代称，说明"人人皆有佛性"。对于这个问题，我在本书第五单元简释《坛经》时会有专门论述。

"人人皆有佛性"，但人人又不能单独完满，因此任何一个人都不应该企求单独解脱。如果单独解脱了，而周围的众人还困于重重障碍之中，那么，这个自以为"解脱"了的个人还是会寸步难行。如果别人没有解脱，那么，为了守护自己的解脱，就必须筑墙锁门，严格地划出人我之界。这么一划界，空境便顿时消失，解脱也无从说起。

诚如谚语所说，一滴清水无救于一缸污水，而一滴污水却能把一缸清水毁坏。一个修行者即便把自己修炼成了一滴最纯净的清水，而周边却是滔滔污水，那么，这滴清水怎么存在？同样，如果大家都成了纯净的清水，却还有一滴仍然污浊，那么，大家的纯净还能保持吗？因此，佛教必然指向整体关怀、普世行善、无界救助。要解脱，也要大家一起解脱。

而且，佛教既然"无我"，也就无所谓"度己"。"度己"之说，不符合"无我"的宏旨。总之，佛教从"度己"跃升为"度人"，思路十分清晰。

正因为如此，《心经》最后那个咒语，呼唤得那么恳切："揭谛，揭谛，波罗揭谛，波罗僧揭谛，菩提萨婆诃。"我的翻译是："去吧，去，到彼岸去，赶快觉悟！"

对于这几句咒语，《心经》自己还反复推崇"是大神咒，是大明咒，是无上咒，是无等等咒"，而且"能除一切苦，真实不虚"。可见，在佛教看来，头等重要的大事是"度人"。

于是，作为佛教修行最高、最后目标的"涅槃"，也与"到彼岸去"连在一起了。《大智度论》在阐释"波罗蜜"时说："涅槃为彼岸。"度人到彼岸的修行者称为"菩萨"，他们的"大誓愿"就是"度一切众生"（见《大智度论》卷四）。

在中国民间，菩萨常常被看作偶像。其实，他们只是修行者，因觉悟而大慈大悲、救苦救难、护佑众生、反对伤害。菩萨把佛教本义和民间企盼融成一体，组成了**"无缘大慈，同体大悲"**的高尚信仰。

"无缘大慈，同体大悲"，这八个字很好，意思是，号召一切不认识、不相关的人，都应该视若一体，感同身受，互相救助，共抵彼岸。彼岸，就是没有世俗羁绊的净土。

天台十二字

我们阐释了从"空"到"度"等基本命题，让大家概略地领悟了佛教的基本精神。从今天开始，我们要参拜中国佛教的一个个宗派了。依次，有天台宗、唯识宗、华严宗，以及特别重要的禅宗。禅宗里边也有一些宗派需要了解，例如：沩仰宗、临济宗、曹洞宗、云门宗、法眼宗。

这里要介绍的第一个佛教宗派，是**天台宗**，与浙江的天台山有关。

天台宗的实际创始人是六世纪的著名僧人智颉，但在名义上，还有始祖龙树、二祖慧文、三祖慧恩，智颉是四祖。智颉在湖南出家，毕生游历各地名山，天台山是其重要一站。

天台宗又称**法华宗**，因为《法华经》是其主要经典。

天台宗的教义比较烦琐，而我最上心的，是"圆融三谛"、"止观双修"和"一念三千"这十二个字。

把一个庞大的教义系统减缩为十二个字，是不是有点儿过分？可能有一点儿，但这十二个字，已经很不简单。

先说"圆融三谛"。

谛，一般是指本质意义，而且是"不虚诳之实义"。我们在日常文字中用"真谛"二字，近于真理、真义。

前面已经说过，佛教认为天地万物的真谛是"空"。但世俗民众看到

天台山国清寺

的，恰恰是"有"，也就是"万有世界"。因此，在"空"这个"真谛"之外，还有一个"俗谛"，那就是"有"。

以"空"的目光来看，一切"有"在本性上都是"假有"。但是，本性虽是"假有"，在相状上还是实实在在地存在着。这种特别存在的相状，可以称为"别相"。

既然如此，我们的思考能不能进入一种包容状态，也就是容纳一种既不执着于"空"，也不执着于"有"的"中间之谛"，即"中谛"呢？于是，天台宗提出了"空"、"假（有）"、"中"这"三谛"。有了这"三谛"，世事集合了，连俗见也进入了，一切就可以平和地讨论、比较了。最后，"三谛"还是会归结为"真谛"——"空"，但是，有了这个包容世俗的情怀，把"空"和"有"一起纳入思考范围，毕竟是一种宽厚、通达的思维态度。

这不能不让人想起被天台宗尊为始祖的龙树。这位三世纪的印度佛学大师认为：世俗之有，毕竟是空。但"毕竟空"存在于"世俗有"之中，因此，"中"很重要。天台宗让这三"谛"圆融成一体，让佛教教义更加走向了温和、丰盈，避免了"一锤定音、八方噤声"的状态。

既然是"圆融三谛"了，怎么才能让"三谛"渐渐归于"真谛"——"空"呢？那就要"止观双修"了。可见，圆融之后，还要有引导、有方向。

"止"，是止息散心，收拢分心，回归本心，让本心"静如止水"。这样，就可以深入观想外界种种明色，种种"别相"。越是观想，心源越是集中。这就像挖一个池，让池水宁静无波，且又映照四际。这个过程，既需要"止息"，又需要"观想"，谓之"止观双修"。"止观双修"，是智颛最重要的学说，也是天台宗的立宗基础。

表面上看，要"止"的心很小，要"观"的世界很大。但是，一切的归宿都在乎心。智颛在天台山口授的《观心论》就详述了这个道理。心念的起落，足以搅动大千世界，而大千世界本来就在心中。因此，心中一念也就与大千世界产生了呼应关系。这么一说，"一念三千"的意思也可以明白了。"三千"，就是大千世界。

天台宗的好处，是把"三谛"、"双修"、"一念"、"三千"，全都圆融一体了，彼此和合，互济互生，绵绵不息。因此，天台宗给人印象最深的，也就是圆融、和合。

天台宗告诉我们：深知要坚持真谛，却也要照顾俗谛；深知要固守静寂，却也要明观世事；深知要止息心念，却也要融涵世界。

万法唯识

这一讲要说的佛教宗派是**唯识宗**。

这是玄奘和他的弟子窥基创立的佛教宗派，又是他伟大的取经之旅的成果，字字句句都让人联想到千里沙漠、白骨驼影，不能不恭敬万分。

唯识宗又叫**法相宗**，也叫**慈恩宗**。它的中心话语，就是"万法唯识"。意思是，世间万千事物和现象都没有实性，都只是心识。除了"心境"，不存在一切外在的境界，因此又提出"唯识无境"。

但是，人们总喜欢普遍地"设计"各种事物的自性来执守。其实这种执守都依仗着"他因"。只有明白了这个道理，才能圆满地达成事物的实际空性。——我的这几句浅显表述，已经大致概括了唯识宗"遍计所执性"、"依他起性"、"圆成实性"这三个被称为"三性"的深奥概念。

既然人们的设计是空的，追根溯源找到的种种"他性"因缘也是空的，一切只在心识，于是，唯识宗就对心识做了细致的解析。

简单说来，心识的前提是眼、耳、鼻、舌、身等感觉，可称为"前识"。在这基础上，产生意识，而意识又受"自我"的内心所控制。再进一步，在"自我"的内心背后，又有一个神秘的暗仓，称之为"藏识"，各种心识的"种子"就藏在这里。"种子"当然会受到"自我"活力的熏习，变成各种行为，但要记得，各种行为的背后都只是藏着的心识而已。

唯识宗有关"藏识"的论述，常常让我联想到现代欧洲文化人类学所说的潜意识蕴藏。

西安大慈恩寺大雁塔

唯识宗又对意识过程进行了划分。例如，发现、确定、验证、认知这四段，又以"四分"来表述："相分、见分、自证分、证自证分"。这一些概念说明，各种对象外物，其实都是意识自身运动的结果。

我在很多年前写作《观众心理学》时曾研究过西方心理学对意识过程的论述。相比之下，唯识宗对"自证分"和"证自证分"的提出，是一种独特的发现，为后世所不及。

唯识宗并不否认外物的存在，却又强调认识主体的判断才具有根本意义。例如，面对一个美人，应该明白"美人"这个判断的形成完全出于人们的心识，没有心识，就没有美人。所谓公认的参照坐标，其实也就是不同时空的"集体心识"。如果要进一步论及美人的风度、气质，那就更是心识了。天下万事万物，皆是如此，因此"万法唯识"。

唯识宗认为，既然"万法唯识"，那么，种种境遇都应该归之于无，即"唯识无境"。因此，"我"对于境遇的所知、所求都属虚妄。只有灭"我见"、断"所知"，才能去除烦恼，使心性由"染"而"净"，由"迷"而"悟"，通达如来涅槃。

我这个简单的介绍，极大地省略了自己在研读唯识宗时的辛苦。这个佛教宗派实在是太烦琐、太细密了，我每每从典籍中抬起头来，遥想当年玄奘在印度那烂陀寺跟随戒贤学习时"晨夕无辍"的惊人毅力，更佩服他回到长安后在译场要裁定那么多汉语概念的无比艰难。

我的介绍，避开了很多更复杂的内容，尤其是玄奘以因明学来论证唯识论的部分。还有，作为唯识论基本教义之一的"五种姓"说，也没有涉及。这种教义是根据心识的"种子"和阶段对人类进行划分，直接来自玄奘在印度的宗师戒贤，玄奘又授予窥基。据我比较，确实很接近我曾深入研究过的古印度婆罗多牟尼的学术格局。唯识宗的这个教义，后来又衍生出"众生能不能成佛"的分歧，成了玄奘门下的不同派系。总的说来，确实是过于复杂。

我一直相信，再精彩的教义，如果太复杂、太烦琐，就很难在中国流传。唯识宗在唐中期之后几乎完全被简约的禅宗所替代，是有理由的。我甚至认为，即便在印度，佛教后来的消亡当然与战乱和异教的打击有关，但它本身渐渐趋于沉重、艰涩、臃肿、老迈，也是重要原因。

华严气度

这一讲要介绍**华严宗**了，顺便说几句**净土宗**。

华严宗起得很早，从东汉末年到南北朝已形成学派，到唐宋大盛，中心由陕西而流传全国。

在佛教的各大宗派中，我对华严宗特别尊敬的地方，是它宏大的气度。正是这种气度，解决了我在领悟大乘佛教时的一些基本课题。

华严宗的核心理论，是"法界缘起"。这四个字，与我们在前面专门论述过的佛教主旨"缘起性空"很近似，但还有特别之处。那就是，在"缘起"前面所加的"法界"二字，所包含的范围极大，是指万千世界，宇宙本体。

因此，说"法界缘起"，就出现了一种体量无限的互创状态：凭着无穷无尽，生发无穷无尽。正因为这样，"法界缘起"又可以称作"无尽缘起"。

相比之下，"缘起性空"的归结是性空，而"法界缘起"的归结是无限。

对于无限世界的种种相状，华严宗做了一种巧妙的排列。一叫"事法界"，指的是各种不同的"事"；二叫"理法界"，指的是不同的事所蕴含的共同的"理"，也就是本性、佛性；三叫"理事无碍法界"，指的是不同的事与共同的理之间，相通无碍；四叫"事事无碍法界"，指的是世间各种事都相通无碍。

这个"四法界"，说起来有点儿绕，其实意思倒是明白：世间各种不同的事，本性相通，因此互相都有关联。

山西大同华严寺

　　为了说明这个道理，华严宗用了一个著名的比喻。

　　宇宙就像一个大海，永远翻卷着不同的波浪；但是，各种波浪都是水，因此本性相通；因为本性相通，所以每个波和每个浪之间，也相融无碍。

　　如果把这个比喻进一步伸发，那就可以直接阐释"法界缘起"了。大海就是"法界"，它由波浪组成，又生起了所有的波浪。这就是凭着无穷无尽，生发无穷无尽。

　　华严宗进一步用分类法分析各种"波浪"，也就是世间的各种相状。例如，总相、别相、同相、异相、成相、坏相等等。每一种相都可以细加论述，但它们都可以互相缘起、互相生发、互相包涵，终究又能融成一体。于是，任何一体都能代表分体和全体，而任何全体也都能代表一体和分体。

　　用同样的思维，华严宗在分析各"相"之外，还分析了各"门"，提出过"十玄门"的概念。这十个门，也都能互相贯通。而且，也是"十即一"，"一即十"，每个局部都联通整体，一切整体都渗入局部，不可分割。

华严宗的这种论述，从宏观上回答了大乘佛教的一个根本问题：一个修行者，为什么在自我解脱之后还要"引渡"众生？

这是因为，天地宇宙本为一体，万事万物圆融贯通。任何失漏，都会通过复杂的线索而影响整体；任何补益，也都会通过曲折的管道而滋养全局。

基于这么一种思想，一个觉悟者怎么可能不去救援和帮助别人呢？如果不去救援和帮助，又怎么称得上真正的觉悟者呢？

因此，佛教也就把一艘艘孤单飘逸的小舟变成了负载众生的"大乘"，把独门独户的洁身自好变成了人人企盼的醒世大雄。

解答了"引渡"众生的问题，接下来，触及一个更加根本的佛法主旨：既然宇宙一体，万事相融，那就应该放弃"我执"，进入"无我"境界。

在华严宗看来，既然宇宙一体，万事相融，那么，世间的各种异事怪相，都与"我"相关，甚至就是"我"的一部分，只不过或近或远、或亲或疏罢了。若能耐心地梳理层层因缘，寻探追索，必定能发现世间很多自己不喜欢的负面形态也与自己脱不了干系。那么，这个无限叠加、无尽组接的"我"，还是"我"吗？当然不是。"我"的自性，只能是空。

由此可见，佛教里的"无我"，并不是道德上的"公而忘私"，而是表达了一种宇宙真相。不必经过道德克制而忘我，"我"，本不存在。

前面在介绍天台宗时曾经赞扬其圆融，但在整体上，更圆融无碍的，是华严宗。它历久不衰，正与这个优点有关。缺点也是由优点引起的，由于圆融，它吸取其他宗派的内容过多过杂，又由于与皇家过往较密，打上了无法掩饰的政治印痕，染上了高谈阔论的贵族气息。

与华严宗的贵族气息完全不同，另一种佛教宗派**净土宗**，却以最简易的理念和方式吸引了广大下层民众。净土宗只要求人们虔诚地向往一个与世俗世界对立的"净土世界"，观想几尊慈悲的佛像，专心地诵念"阿弥陀佛"，就可以进入佛门，走向人间净土了。净土宗认为，唯有念出声来，才能得到佛力的帮助。

净土宗的实际创立者是唐代的善导，传教地是长安光明寺，后来风靡各地。 这个宗派用一种最简易的方式，去追求一种最洁净的目标。 由简致简，由净致净。

这条路子，因方便易行，最容易帮助那些失学少文、生计艰难、走投无路的贫困百姓燃起生活的希望，社会效果很好。

在信仰上，简易，往往也是一种拯救。

慧能的禅

好，这下可以真正面对禅宗了。

中国佛教在这之前，已经积累了很多精神资源，也面临着很多坎坷泥泞。我们现在觉得烦琐的，历史也感觉到了；我们现在觉得沉重的，历史也感觉到了；我们现在觉得衰滞的，历史也感觉到了。既然历史感觉到了，那么，也就构成了一种全方位的呼唤，呼唤更新。

呼唤来的，是**禅宗**。

但是，禅宗并非横空出世。谁都知道，当初在灵山法会上，"释迦拈花，迦叶微笑"的故事，就很有禅味。为何拈花，为何微笑，都说不清，也不必问，一切最微妙的感觉尽在不言中。虽不问不言，却无比美好。这种神秘而美好的刹那，就是禅的最初踪影。

由菩提达摩传入中国后，禅宗很少立有正式文字，由此产生很多传说和故事。那就听听吧，追究不得，执拗不得，这就是禅的态度。

禅的态度，来自禅的本义。但是，禅并没有严格的本义，如果放松地说，禅，原文"禅那"，是指一种"静虑的修心方式"。因为功夫都在个人内心，因此就不需要太多集体仪规了。

这种修心方式，不理会种种规则和传统，具有一种发自个人天性的自由自在，又带有一些从魏晋名士到陶渊明式的飘逸诗情，因此渐渐就在中国传播开了。

那就必须认真说一说那个慧能。

严格说起来，慧能是中国禅宗的真正创立者。尽管禅宗按习惯把宗谱排得很远，算到慧能就成了"六祖"。在他前面，有初祖达摩、二祖僧可、三祖僧璨、四祖道信、五祖弘忍。

慧能出生于岭南，于六六一年到湖北黄梅向弘忍法师学佛，后继承衣钵。这位禅宗的真正创立者居然不识字，这是一个让人震撼的信息。不是震撼于他"由失学到博学"的刻苦，而是震撼于禅宗的一个重大本性：不依赖文字。

不依赖文字，也就是不依赖一切以文字代代相传的理念、传统、成见、定规。禅宗讲究"直指人心，见性成佛"，那就是要排除重重遮蔽本性的雾霾，看到真正的人心和本性。

禅宗并不一概排斥文字。它的很多活动、会讲、传播都会利用文字来实行。但是，头号首领不识字，恰恰是摆定了文字应处的恰当地位。显然，地位并不太高。

在慧能他们看来，文字就像一群满肚子规则的老学究，只会把人们带入时间和空间的迷魂阵；而禅宗却要让人们返回无瑕的童年，找到未受种种污染的洁净人性。

说到慧能，几乎所有的人都会想起他的那两个著名故事，我想你们一定在别的地方听过很多次了吧？本来我是不愿意重复别人的，但后来发现，大家把那两个故事讲油了，已经缺少禅意，因此我今天要多费一点儿口舌，做一点儿补充。

先说第一个故事。那是在湖北黄梅的东禅寺，弘忍法师为了传衣钵而考察弟子，要他们作偈词。最被看好的弟子神秀写在廊壁上的偈词是：

身是菩提树，心如明镜台。时时勤拂拭，勿使惹尘埃。

不识字的慧能听人读了一遍，便口述一偈请人写在壁上，偈词是：

菩提本无树，明镜亦非台。 本来无一物，何处染尘埃？

当然，慧能比神秀高明多了，弘忍也由此决定了将衣钵传给谁。 但是，这并非是一场诗歌比赛，而是在表述对本性和自性的领悟。 因此，我要分析一下慧能在这方面为什么高于神秀。

首先，神秀用比喻的方式把人的身心定型化、物像化了。 菩提树、明镜台，都是物像，而一切物像都是对本性的掩盖和阻挡。 在我们当代，也经常看到把人比喻成青松、玫瑰、雄鹰、利剑、后盾之类，也都是把局部功能夸大，定型成了物像。 若要探知本性，必须撤除这种固化的物像。 所以，慧能一上来就说："菩提本无树，明镜亦非台。"

禅宗并不排斥比喻，但所用的比喻不能伤及禅意。 神秀伤及了，慧能拆解了。

其次，神秀把人心的修炼，看成一个不断除垢去污的过程。 慧能对此更不同意，他认为人心的本性洁净明澈，又空无一物，怎么惹得尘埃？ 在慧能看来，每天在洁净的心灵上拂拭来、拂拭去，反而会弄脏了心灵。 拂拭者判别尘埃的标准是什么？ 这个标准来自哪里？ 拂拭的掸帚、抹布，是否真正干净？

这可以让我们联想到现今社会的很多颠倒现象。 不少家长用恶语暴力"教育"着牙牙学语的小孩，却不知真正至高无上的，是小孩圣洁的心灵。 更多的官员喜欢用大话、套话训斥属下和民众，其实，应该被训斥的，正是训斥者。 按照慧能的意思，尘埃恰恰是拂拭者带来的。 童真和民心，本来就很干净。

归结以上两点，神秀认为人心应该被定型，应该被拂拭；慧能则相反，认为人心不应该被定型，不应该被拂拭。

再说第二个故事。那是慧能在获得衣钵后隐遁十几年，来到广州法性寺。在一个讲经现场，见到风吹幡动，便有一僧说是风动，另一僧说是幡动，构成对立。慧能听了一会儿，便走到前面说：不是风动，也不是幡动，是我们的心在动。

他的说法，使全场大惊。为何大惊？因为他推示出了一种更高的哲理。

风动，可以感到，也可以听到；幡动，可以看到，也可以听到。但是，这只是感觉到的现象，佛教从来就不重视。风随时可停，停了的风就不是风。风停了，幡也飘不起来了，飘不起来的幡就不叫幡。因此，风动、幡动，只是一种暂相、别相、变相、幻相。大千世界，此动彼动，起伏生灭，如过眼云烟。值得注意的是，为什么有这么多人在讲经的时候都看到了？为什么在看到之后还争论起来了？……答案是，大家心动了。

不错，风在动，幡在动，引起了心动。但是真正值得注意的，是心动。因为只有心动，才会与人相关。如果没有心动，外界所有的动静都无足轻重。

慧能的这两个故事虽然浅显，却是我们步入禅宗的台阶。

第 079 讲

顿悟：蓦然苏醒

由慧能大师开新局，禅宗表现出对于人的天性、本性的高度信赖，并成为立论的唯一倚重。

人的天性、本性，大致是指人人皆有、关及人人的清净心性，可以用佛教用语称作"真如"。

慧能说："万法尽在自心，何不从心中顿见真如本性？"

在慧能看来，这种真如本性，就是佛心。

佛心的最大特点是空寂而洁净，甚至到了几乎"无心"，于是慧能又说了，对心也不要执着，应该"直下无心"。

对于"无心"，慧能又以其他三个"无"来伸发，那就是"无念"、"无相"、"无住"。大意是：心念不陷落于任何想法、任何相状、任何去处。

用现在的话来说，慧能是在拒绝一切意识干扰，拒绝一切固化可能，追求一种被称为真如本性的"纯粹意识"。

慧能一再表明，这种真如本性其实人人都有。那也就是说，佛心人人都有，人人都可能成佛。但是，为什么多数人还是不能成佛？只因为被一重重烦恼、愚痴、迷妄掩盖了天性，压抑了本性。换言之，佛心蒙雾。因此，禅宗引导人们从迷妄中觉悟，让天性、本性刹那苏醒，让佛心重见天日。

这种刹那苏醒的方式，被称为"**顿悟**"。

顿悟，本来不应该成为一个奇罕的概念，因为人生中很多重大转折和飞跃，都起自思想的陡然贯通，如瞬间云开，如蓦然瀑泻，如顷刻冰裂。但是，世上按部就班的教育传统，使我们习惯于一个台阶、一个台阶地亦步亦趋，反而对顿悟产生疑虑。世俗民众也许更容易接受神秀"时时勤拂拭"的"渐修"方式，却不知道这样是找不到天性、本性的。

已经告诉你了，你要的东西就在你身上，却为什么要绕那么大的圈子到别处寻觅？阻挡本性的那些披披挂挂，也在你身上，你一把拉下丢弃就是了，为什么还要说那么多话、磕那么多头、费那么多手脚？

一把拉下丢弃，霎时发现自己赤裸的本性竟然那么洁净，能够无牵无挂、无欲无私地融入宇宙天地，这就是顿悟时的心境。

这种顿悟，也就是发现自己一无所有、一无所得、一无所求，因此不再有任何困厄，一步走向心灵的彻底自由、彻底解放。

这种顿悟，是一种看似没有任何成果的最大成果。

顿悟能够让人进入一个"一无所有、一无所得、一无所求"的世界，说的是精神层面，而不是否定世俗生活。

世界还是原样，依然是日出日落、衣食住行，但经由顿悟，你的高度变了。世俗生态成了你可以幽默笑看的对象。

在禅宗看来，当世俗生活不再成为你的束缚而成了你的观照对象，那么，世俗生活可能比重重礼仪更接近佛心。这是因为，最寻常的世俗生活看似"无心"却袒示着天性，而这种天性又直通广泛的生命。例如，顿悟后的你，看到一丛花草竹木，就会体味真如天性的包容、生机和美丽；喝到一杯活泉清茗，就会感受宇宙天地的和谐、洁净和甘洌；即使面对一堆垃圾，也会领悟平常人间的代谢、清除和责任。这种领悟，都像风过静水，波泛心海，其修行之功，有可能胜过钟磬蒲团间的沉思冥想。

即使没有什么特别领悟，只是在世俗生活中无思无虑地过日子，也算是把自我本体融入了宇宙天地。这也不失为一种禅意生态，或者说，一种被佛心观照的人世寻常。

禅宗把人世间一套套既成的逻辑概念看成是阻挡真如本性的障碍，因此，禅师总是阻止人们过多地深究密虑、装腔作势，而是提醒人们去过最凡俗的生活。例如，"吃茶去"，"饿时吃饭，困时睡觉"，等等。对禅对佛，越是深究密虑，也就离得越远。

一切平凡生息，才是天地宇宙最普通的安排。

当然，能够领会这种普通，还是顿悟的结果。

宋代著名禅师青原惟信说过一段有趣的话，常被历代哲学家和艺术家引用。其实，他是在说禅学观照世界的"三段论"。禅，让日常生态提升，又在提升后回归，回归得似乎与原来无异，却又保留了提升的高度。他说：

> 老僧三十年前未参禅时，见山是山，见水是水。及至后来，亲见知识，有个入处，见山不是山，见水不是水。而今得个休歇处，依前见山只是山，见水只是水。(《五灯会元》第十七卷)

青原惟信说得有点儿神秘，我可以用最日常的经验加以说明。我们少年时在路边看到一些老人，老人就是老人。后来长大后，觉得每一个老人都是历史、都是传统，有时很尊重这种历史和传统，有时又觉得非常厌恶。等到真正觉悟，才知道这些老人并不代表什么，而历史和传统也无所谓善恶。老人，只是生命的自然过程。于是再看路边，老人又成了最普通的老人。与少年时所见不同的是，我们由此看到了生命，因此，老人变得更本真了。

由老人，又可联想到我们自己的父亲。小时候，父亲就是父亲。后来慢慢知道，父亲是一个官员，或者是一个专家，或者是一个富豪，于是，父亲这个概念也就渐渐被一大堆级别、职称、身价、关系所取代。直到最后，父亲终于退休了，摆脱了中间插进去的这一切，又成了夕阳下、饭桌前的一个地道的父亲，一个比童年时所感受的父亲更真实的父亲。

是啊，一切都回到原样。而且，有可能比三十年未参禅时见到的，更原样。因为领悟了真如本性，生命和山水就会在天地间显得更加自在。

处于这种生命和山水之间的禅师，是一个通体明澈之人。

我们，也有可能这样。

顿悟，就是悟得回归本真后的天性和自然。转了一圈终于摆脱了一切让我们筋疲力尽的假象，于是在平常层次上蓦然醒来。这并不是一种法术的运用，而是大道的微笑。

锋断常规

上一讲讲了顿悟，今天还需要说一说禅宗的**"机锋"**。

机锋，是指禅师或学人之间互相勘辩时，一种出乎意料、超乎常理的迅捷回答。在南方禅宗中，这几乎成了主要的教学方式和修行方式。

这种迅捷回答，常常切断一般逻辑，故意逆折话语已有的走向，让人惊诧不已。

很多人常常把这种"机锋"当作禅学的基础教材，使人颇觉刺激，却又深感神秘。在国外更是如此，禅学，极有可能因机锋的难解，被看作是一种"东方神秘主义"。

随手举几个例子吧，也不一一标明出处了。

学人问："佛法的大意是什么？"
禅师答："蒲花柳絮，竹针麻线。"

学人问："什么是佛法大意？"
禅师答："虚空驾铁船，岳顶浪滔天。"

学人问："万法归一，一归何处？"
禅师答："老僧在青州作得一领布衫，重七斤。"

学人问："祖祖相传，传下来的是什么？"

禅师答："一二三四五。"

学人问："什么是古佛之心？"

禅师答："三个婆子排班拜。"

学人问："祖师为什么从西方过来？"

禅师答："昨夜栏中失却牛。"

学人问："什么是实际之理？"

禅师答："石上无根树，山舍不动云。"

要领悟这些"机锋"，难度确实很大。

也有一些大致能够理解，例如——

学人问："什么是自己？"

禅师答："你在问什么？"

学人问："怎么才能走出三界？"

禅师答："你现在在哪里？"

学人问："什么是道？"

禅师答："车碾马踏。"

学人问："佛祖还没有出世的时候，情形如何？"

禅师答："云遮海门树。"

学人问："佛祖出世之后又如何？"

禅师答："擘破铁围山。"

学人问："和尚的家风应该如何？"

禅师答："云在青天水在瓶。"

学人问："如何来说明祖师之禅？"

禅师答："泥牛步步出人前。"

学人问："怎样才能灭去六根？"

禅师答："轮剑掷空，无伤于物。"

对于机锋，人们最感兴趣的是难于理解的部分。因为容易理解的部分只是用了反问句式和比兴手法，虽然巧妙却并不惊人。难于理解的部分就厉害了，那是对一般逻辑的故意击碎，引领人们挣脱习惯的思维套路。

禅宗认为，妨碍人们获取自身天性的，就是重重叠叠的常规。依着常规，说得平滑，想得浮浅，答得类似，看似没有错误，却阻挡了天性的呈现。因此禅师们要做一点儿"坏事"了，在问、答之间挖出一条条壕沟，让平滑和浮浅的常规无法通过，让学人在大吃一惊中产生间离，并在间离中面对多义、歧义、反义、旁义而紧张地做出选择。而且，选得对不对还无法肯定，甚至永远无法肯定。

大家都认为，这是一种高超的思维谋略和话语谋略。但是，我作为一个曾经深潜西方现代艺术的研究者却另有判断：主要不是谋略。

那些禅师在做出怪诞回答的时候，非常快速。一问刚到，一答便出，不容片刻思索。他们再灵敏，也不存在动用谋略的时间。因此，我相信，那些答语，以及答语里的图像和词句，是确确实实迸现于禅师们头脑中的。这种情景，很像西方现代派文艺中的"意识流"和"荒诞派"；而那些图像，则让人联想到印象派和毕加索。

把禅师们的怪诞答案与西方现代派艺术一联结，人们就会明白其间蕴藏着突破常规后的大哲和大美。不错，打破的是小哲，获得的是大哲；打破的是小美，获得的是大美。

当然，我认为除了大哲大美之外，那些古怪回答中也一定挤入不少末流禅师的故弄玄虚。对此，我在阅读禅门典籍时常有所感。

禅宗为了获得真如本性而打破种种世俗常规的时候，居然也对佛祖、佛法、佛经、佛仪的崇拜表现出某种不屑，对佛像、佛规、坐禅更是不太尊重。禅宗认为，如果拜佛也成了一种集体行为，那就应该被质疑了。如果佛祖成了缥缈在云端的神圣，那么众生还能平等吗？既然人人都有佛性，那么任何一尊佛都不应该超然于凡俗之外。此外，禅宗因尊重天性而轻视文字，也就不怎么崇尚一部又一部厚厚的佛经了。

禅宗是佛教，但它不徇私、不护短，先从佛教开刀，甚至故意"呵佛骂祖"，这实在是一种惊人的坦荡。禅宗承认，若横一佛一祖，尚存凡圣差别；若尊经籍文字，尚存外在名相。它要割舍崇高，致歉先祖，让佛心与众生平等，与世界相融，达到圆满俱足。禅宗不允许一教独裁，一宗独裁，一祖独裁，一师独裁。一旦探头探脑，立即指责嘲笑。

我平生对精神领域里居高临下、颐指气使的腔调最为厌烦，就是因为自己早早地受了禅宗的深刻影响。

禅宗分支

前几讲我们已领略了禅宗的概貌，接下来，要讲讲禅宗的几个宗派了。

第一是**沩仰宗**。

因为湖南宁乡的沩山和江西宜春的仰山住着两位禅师，就有了这个名字。沩山的禅师叫灵祐，仰山的禅师叫慧寂，慧寂是灵祐的弟子。如果再往上排，那么，灵祐又是怀海的弟子。当初怀海曾以深拨炉灰能得火的例子，启示灵祐，人人皆有佛性。沩仰宗最有名的，是列出了人世间的三种尘垢："想生"、"相生"、"流注生"。用现在的语言来说，"想生"是指胡乱幻想，"相生"是指物欲成相，"流注生"是指前两种生态的变幻流注。这三种生态，"俱是尘垢"，必须抛弃，才能洁净解脱，获得真如天性。

简单说来，所谓"红尘"的尘垢，一是想出来的，二是看出来的，三是又想又看变出来的。有了这三种分类，也就有了三种检视、三种洗涤、三种防范。这个宗派的修行门径，就是洗尘得真。

在禅宗中，沩仰宗衰落得最早，宋代以后就湮没了。

第二是**临济宗**。

前面所说的沩仰宗只传了一百五十多年，临济宗却在传播上又广又久，打开了一个很大的局面。经由唐末五代的迅捷传扬，到宋代以后就有了一种说法：佛寺多是禅林，禅林多是临济。这可能有点儿夸张吧，但我认识的当代佛教高人，确实多半自认版属临济宗。

临济宗于九世纪由义玄禅师在镇州（今河北正定）临济院创立。此宗历来以机锋峻烈、单刀直入、不避打喝而著名，形成了"虎骤龙奔，星驰电激"的门风，让人钦佩。

首先，义玄倡导"一念心"，其中包括"清净"、"无分别"、"无差别"三个特征。"清净"的意思是独自超脱，不驰外求，不拘外物。"无分别"和"无差别"看似近义，其实，"分别"是指前后左右之别，"差别"是指上下等级之别。他主张把这两者都取消，达到天下无别。概括起来，他的"一念心"，是指一种纯净的自心，不受外界控制，不使人间有别。

这两方面，看起来很平衡，但他更强调的是不受外界控制的一面。不受外界控制的前提，是"不受人惑"。

顺着"不受人惑"，义玄又主张"随处作主，立处皆真"。也就是说，只要抓住了自性，那就随时随地都能顿悟。他认为，顿悟了的人，与佛没有区别。

义玄对学道之人提出了很高的要求，希望他们能有自立自信的真正见解，在身上潜伏一个超越界位而真正悟道的"无位真人"。这"无位真人"的说法颇有趣味，有时又被学人称为"临济真人"。

对于接引各路学人的方式，临济宗又创建了所谓"四料简"、"四宾主"、"四照用"等套路。简单说来，就是根据初来学人的执着重点，来相应排除。有的是内心的执着多，有的是对外的执着多，有的是两头都多，应该即时做出判断，对症下药。他的"药"，常常是智慧而简捷的断喝，一声两声便让人大汗淋漓。

临济宗的格局，既完整又别致，既明确又痛快。为此，我还特地到河北正定去拜访，见到了禅院的几位蔼然长者。我还应他们的要求，为临济寺题写了好几幅书法。

第三是**曹洞宗**。

这名称，据说来自江西的两座山，曹山和洞山。还有人说，与广东的

河北正定临济寺澄灵塔

曹溪有关。创立者，是唐代的洞山良价，以及他的弟子曹山本寂。

曹洞宗着力最多的，是讨论"事"与"理"的关系。他们所说的"事"，是指个别的物态相状；他们所说的"理"，是指共同的真如天性。

曹洞宗认为，作为佛教，当然归于共同之"理"，但也不要鄙视个别之"事"。"理"，只有触碰到"事"才能显示出来。这就是所谓"即事而真"、"即相即真"。这一点，显然与有些佛教门派"只要真如不要相状"的偏向有很大差别。曹洞宗在姿态上周到中和，不仅汇通了禅门南北两宗的思维资源，还汲取了儒家和道家的一些思想，显现了"随机利物，就语接人"的平衡之风。

曹洞宗喜欢讲"宝镜三昧"，把"理"比作宝镜里的映象，把"事"比成是宝镜外的实相，说明映象来自实相。但是，这个比喻造成了他们在主次、真幻上的失度，因为不小心把天性说成是镜中幻影了。而按佛家原旨，相状才是幻影。

这就产生了一段有关"真幻"的机锋。

> 僧问："于相何真？"
>
> 师答："即相即真。"
>
> 僧问："幻本何真？"
>
> 师答："幻本元真。"
>
> 僧问："当幻何显？"
>
> 师答："即幻即显。"

这位禅师在说"即相即真"的时候，已经走到思维悬崖的边沿，幸亏他说了"幻本元真"，扶住了天性的本位。这么一来，相状是"真"，幻影却是"元真"，而这种"元真"也要"显"之为相。

这在理论上就有点儿绕了，但禅师们又为这种"绕"提供了一种理论，叫作"回互"。"回互"，指的是事理之间互相回馈、彼此相融。他们很赞同希迁禅师在《参同契》里表述的意思：陷于事相固然是迷雾，陷于佛理也未必是彻悟。因此，只能让事、理结合，真、幻参同，个性和共性回互。

为此，曹洞宗还用了"五位"的理路，也就是用五位不同身份地位的人，来比喻"有理无事"、"有事无理"、"背理就事"、"拾事入理"等偏向，认为不偏于一边的"兼带回互"才是正道。在这方面，曹洞宗有点儿用力过度，既写偈颂，又画图形，还要追求五五齐整，虽然显得周密，却又未免烦琐。这就使它在生命力上，不及临济宗。

上文一段有关真幻的"曹洞机锋"，又让我联想到了另外一段，确实体现了一种"互回"关系，颇有迂回归圆的神秘乐趣。这可能会让现代派艺术家眼睛一亮，那就忍不住想给大家也读一读。

问："该行何道？"

答："行鸟道。"

问："如何是鸟道？"

答："不逢一人。"

问："如何行？"

答："直须足下无私。"

问："莫便是本来面目？"

答："认奴作郎。"

问："然则如何使本来面目？"

答："不行鸟道。"

不管懂不懂，都很棒。像在森林里寻路，每一步都跨得很有哲理，结果却绕到了原点，而且是相反方向的原点。我对曹洞宗最大的向往，居然在这里。

曹洞宗后来传承和变易的谱系非常复杂，那就不去讲它了。

第四是**云门宗**。

得名于广东云门山，创立者是文偃禅师。

刚刚说了，曹洞宗企图在物相之"事"与天性之"理"之间搞平衡，云门宗则不想这么麻烦，干脆利落地倚重于天性之"理"。而且，倚重得当机立断，颇有气势。

为什么这样？文偃禅师做了明快的表述。他认为，真如天性足以涵盖宇宙万物，只要把它揭示出来，别的众多流派就会立即截断，冰消瓦解。一般民众不容易理解，我们可以随波逐浪地跟着他们，等他们觉悟。

根据这个思想架构，他发布了"云门三句"，那就是"涵盖乾坤"、"截断众流"、"随波逐浪"。

这三句，是从真如天性的核心含义伸发出来的。然而，如果暂时放下核心含义，只看这三句的词语气象，就有一种执掌万象的雄风。一个人，不管信奉哪种宗教，如果有涵盖乾坤的精神源、截断众流的决断力、随波逐浪的传播心，那就一定能发挥惊人的能量，伫立于天地之间。

从"截断众流"这一句，我们已经能够体会云门宗斩钉截铁、不肯妥协的门风。云门宗在这方面的一些词句，给人印象极深，例如："堆山积岳，一尽尘埃"，"不消一字，万机顿息"，等等。

云门的这种排他气势，既来自对真如天性的深刻领会，又来自禅师群体的高超智慧。他们的思绪跃动于宇宙之间、民众之上，跃动得傲然悄然。在云门山上，他们是一群与云共眠的智能精英。

他们在山上的机锋对话，更能反映他们离世拔俗的怪异高度。

　　问："如何是清净法身？"

　　答："花药栏。"

　　问："就恁么去时如何？"

　　答："金毛狮子。"

　　问："又如何透身法句？"

答："北斗里藏身。"

在更多的情况下，他们只愿意用一字回答，被称为"一字关"。

问："如何是云门剑？"

答："祖。"

问："如何是禅？"

答："是。"

问："如何是云门一路？"

答："亲。"

问："如何是正法眼？"

答："普。"

问"三身中那身说法？"

答："要。"

这种回答，我并不欣赏，因为一字之义模糊而浮泛，需要凭借猜测加注杂义，中间不存在智慧的力量。我认为他们也是掉进了一种执着，"一字关"可以改称"一字执"了。但是，尽量调动最少的词句来回答，确实表现了一种简捷和爽利，让大家领略了"截断众流"的风格示范。

他们的这种风格，不难想象，也会在"呵佛骂祖"上有突出表现，这就不多讲了。

云门宗兴于五代，盛于北宋，衰于南宋。

第五是**法眼宗**。

这个宗名与山无关了，是从创立者文益禅师的谥号而来。

文益是十世纪五代时的禅师，早年活动在浙江，后到福建漳州，拜谒桂琛禅师。嗣法后又到临川、金陵等地弘法，谥号"大法眼禅师"，所以就叫了"法眼宗"。

给我印象最深的，是他初到漳州。

因大雪所阻而栖宿地藏院，与桂琛法师有一番对话。

> 桂琛：你到什么地方去？
>
> 文益：行脚。
>
> 桂琛：行脚何以为生？
>
> 文益：不知。
>
> 桂琛：不知最亲切。

过了一会儿，桂琛又开问了。

> 桂琛：常说三界唯心，那么庭下这片石头，在心内，还是在心外？
>
> 文益：在心内。
>
> 桂琛：你这个行脚人怎么搞的，放一片石头在心里？

这一来文益发窘了。一个月后，桂琛又邀文益讨论佛法，文益对桂琛说："那天我词穷理绝了。"桂琛说："若论佛法，一切现成。"

从此，法眼宗以"佛法现成，一切具足"作为起点。例如，石头究竟是在心内还是心外的问题，佛法早有多方论及，文益以一个简明的结论了断："理事不二，贵在圆融。"

虽然万事"圆融"了，却不能不问创造的源头何在。文益果断地说："不着他求，尽由心造。"

因此，"唯心"和"圆融"，成了法眼宗的宗旨。当然，他们反复声明，这宗旨来自佛法。

法眼宗比别的宗派更着眼于人间，不希望弟子们离世而悟，而主张"接物利生"。法眼宗认为，对佛理需要顿悟，但对世事却需要"渐证"。世事以多种方式展开，即使建一个门庭，也有各种方案。而在各种方案中，"接物利生"的佛心却是统一的。为了接应各种世事，法眼宗提出了"对病施药，相身裁缝，随其器量，扫除情解"的十六字方针。

　　文益的弟子德韶禅师，为了劝门生不要疏离人间太远，曾写过一首很好的诗偈：

　　　　通玄峰顶，不是人间。心外无法，满目青山。

　　文益读到这首诗偈很高兴，超迈、简约、顺口，颇为难得，便说：此偈"可起吾宗"。

　　文益是懂诗的。那次南唐君主命他咏牡丹，一首五律中有四句就写得不错：

　　　　……发从今日白，花是去年红。……何须待零落，然后始知空。

　　朴素，却颇得禅意。

　　这样，我也就把禅宗五家讲完了。

第 O82 讲

讲不完的老子

　　儒家和佛家都已经讲过，接着当然是要让道家出场了。

　　道家，我们准备分两条路线来讲。第一条叫"老庄路线"，第二条叫"道教路线"。由于第二条路线的道教也把老子追认为教主，因此两条路线的起点是重叠的。

　　这两条路线，风景很不相同。

　　第一条路线，非常安静，任何人进去，都要把步子放轻。这条路线上有老子之峰和庄子之峰，沿途疏疏朗朗，偶尔有鲲鹏的翅膀从山头掠过，却也没有声音。低头看到一些溪流、一些蝴蝶，也都没有声音。这里的一切像混沌初开、天籁方醒，处处渗透出一种神圣的气氛。这条路线，就是"老庄路线"。

　　第二条路线，非常热闹，任何人进去，都会兴高采烈。一座座炼丹炉在熊熊燃烧，一个个似人似仙的方士在排算着阴阳五行，这儿有几场谶纬仪式正在同时进行，那儿有几位道家神医正要上山采药……。这条路线上颇多大大小小的山头和驿站，有张道陵的，魏伯阳的，葛洪的，寇谦之的，陆修静的，陶弘景的，丘处机的……。山头上还刻有石碑，标示着各个道教宗派，例如上清派、灵宝派、全真道、净明道、正一道……，琳琅满目。这条路线，就是"道教路线"。

　　两条路线，两番风光，两种生态，加在一起，就合称为道家。本来老、庄在诸子百家中也叫道家，但我们现在这么叫，就把道教包括在里边了，可称为广义的道家。

虽然有了一个共名，但路还要分头走。

先看"老庄路线"吧。

老子比庄子大了两百多岁，那就长者为上，先把他请出来。其实，不管从哪一个角度说，中国人应该对老子有更多的理解，尽管他是那么艰深。

老子确实不易理解。我只能说说《道德经》中最让我上心的几个词组，顺便谈谈自己的感想。由于他的语言过于简单，我就稍稍多讲几句，以便大家理解。对老子，我是永远讲不完的。

第一个词组：**行于大道。**

"行于大道"这四个字，出自于《道德经》第五十三章。原文是："使我介然有知，行于大道，唯施是畏。"我翻译一下，大意是："我明确认知，必须走大道，就怕走斜路。"

其实，走路只是一个比喻，老子所说的"道"，带有本原性、终极性的意义。

甚至可以说，老子哲学的最大贡献，就是《道德经》所迸出来的第一个字：道。

他就像古代极少数伟大的哲人，摆脱对社会现象的具体分析，而是抬起头来，寻找天地的母亲、万物的起始、宇宙的核心。他找到了，那就是"道"。

他所说的道，先于天地，浑然天成，寂寥独立，周行不怠，创造一切。用现代哲学概念来说，那就是宇宙本源。

道的出现，石破天惊。以前也有人用这个字，但都无涉宇宙本源。老子一用，世间有关天地宇宙的神话传说、巫觋咒祈、甲骨占卜，都被提升到一个前所未有的高度。原来天地宇宙有一个统一的主体，看不见、听不到、摸不着，却又无处不在、无可逃遁。道，一种至高思维出现了，华夏民族也由此走向精神成熟。

从道出发，中国智者开始了"非拟人化"、"非神祇化"的抽象思考，而这种抽象思考又是终极思考。这一来，也就跨越了很多民族都很难跨越的思维门槛。在其后的中国思想史上，只要出现了为天地万物揭秘的大思维，就都与老子有关。因此也就可以说，一个"道"字，开辟了东方精神大道。

老子认为，人生之道就是德。但是，这德与儒家的理解不同，不是教化的目标，而是万物的自然属性，也包括人的自然属性。在老子看来，德是一种天然的秩序，人的品德也由此而来。因此人生之德，不是来自学习，而是来自回归，回归到天真未凿的状态。在这个意义上，德与道同体合一。

第二个词组：**无为而治**。

在老子的哲学中，"无"是一个重要杠杆。他知道，要说明"无"，首先要处理这个字与它的对立面"有"的关系。

我们记得，几个佛教宗派，都在"无"、"有"之间做过不少论述。原来在中国，论述的起点是老子。而对佛教来说，那是在至高思维等级上的不谋而合。

在这个问题上，老子早早地发表了一个明确的结论：天下万物生于"有"，而"有"却生于"无"。既然这样，那么，能够派生出天下万物的道，本性也是"无"。

无，因为无边无涯、无框无架，所以其大无边。由此，道也就是大，合于我们所说的大道。

在老子看来，世上一切器用，似乎依靠"有"，其实恰恰相反。一个陶罐是空的，才能装物；一间房子是空的，才能住人。一切因"无"而滋生，因"无"而创造，因"无"而万有。

天空因"无"而云淡风轻，大地因"无"而寒暑交替，肩上因"无"而自由舒畅，脚下因"无"而纵横千里，胸间因"无"而包罗宇宙，此心因"无"而不朽永恒。

既然以"无"为道，那么老子就要论述更为著名的"无为"和"无为而治"了。

老子认为，天下混乱，是因为人们想法太多、期盼太多、作为太多、奋斗太多、纷争太多。那些看起来很不错的东西，很可能加剧了混乱。世间难道要拥塞那么多智能、法令吗？要宣传那么多仁义、孝慈吗？要开发那么多武器、车船吗？

对此，老子都摇头。他相信，这一些"好东西"，都是为了克服混乱而产生的，但事实上，它们不仅克服不了已有的混乱，还会诱导出新的混乱。

他主张，一个人过日子，应该自然而然，少私寡欲，无忧无虑；一旦当政，对于国家人民，应该"无为而治"，不要有惊人的计划，不要有过度的设计，不要有频繁的折腾，不要有太多的手脚。民众的自然生息，由天地安排，比什么都好。

一个当政者，是"顺其自然"，还是"大有作为"？老子毫不犹豫地选择前者。所谓"大有作为"，必然伴随着大量的破坏和伤害。而要改变这种破坏和伤害，又必然要采取另一番新的破坏和伤害。

老子说："我无为，而民自化。"

这就是"无为而治"。

对于成天忙着种种"作为"的人来说，"无为而治"似乎过于消极。但对老子来说，他们的"积极"才是祸害。

从以后的历史来看，大汉大唐为什么如此伟大？因为在立朝之初，几代君主都服膺"黄老"，其实也就是老子服膺的"无为而治"思想。于是，那就有效地推进了社会生态，自然地恢复了城乡体质。

在老子的学说中，"绝学"、"弃智"的观点常常招来非议。很多研究者从字面来推断，认为他拒绝教化、放弃智能，以便让民众过一种乐呵呵、傻乎乎的日子，达到"低智化幸福"。如果真是这样，老子也不必留下这么一部《道德经》来启世、教民了。他是周王朝的"守藏室之史"，也就是一个国家级的图书馆馆长、博物馆馆长、档案馆馆长、文史馆馆长。有着这样的身份，当然不可能对教学和知识抱一种全然否定的态度。他来不及写长文来论述这些问题，只能用最简短的语言做出断语，以便惊醒世人。

他只是告诉我们，与天地所赐的自然生态相比，过于人为的教学和智慧，都不重要。他还发出警告："智慧出，有大伪。"

第三个词组：**相反相成**。

老子说："反者，道之动。"那意思是，要让"道"动起来，让"无"活起来，就要反着来。

你不想反也不行，当"道"延伸到远处，一定不是直线，而必然是反线，因此他又说："远曰反。"

老子认为，一切事物都会向着相反方向发展。即使不看发展，它们的组合结构也必然是"相反相成"。

《道德经》用一连串的词句来揭示这种相反相成的结构，给人留下了极深的印象。例如，"大成若缺"、"大直若屈"、"大巧若拙"、"大辩若讷"……

也就是说，看着缺了什么，其实是最大的圆满；看着有点儿弯曲，却是最直的坦途；看着有点儿笨拙，却是最巧的手段；看着不善言辞，却是最佳的雄辩……

不仅如此，他还在滔滔不绝地说下去：看似低调，却是朗朗大道；看似滞缓，却是最快的步伐；看似坎坷，却是最短的路程；看似世俗，却是最高的道德；看似受辱，却是最好的自白；看似不足，却是最广的顾及；看似惰怠，却是最后的刚健……

这种相反相成的视角，与《易经》高度契合，是中国智慧的重要根基。

正是这种无所不在的相反相成，使老子得出一个重要的结论，那就是"不争"。一切对立面都互相依存，又互相转化，你争，不是多此一举吗？

如果遭受委屈了，难道要通过争逐来保全名誉吗？不，老子说，只有委屈了，才能保全名誉。"曲则全，枉则直，洼则盈，敝则新，少则多，多则惑"，自身就是对立面，那与谁去争？结论是"夫唯不争，故天下莫能与之争"。

很多人把"不争"当作一种避锋的策略，等待着可以"争"的时日。老子的意见正相反，不是等强，而是守弱。守住今日的脚下，即使脚下的情况让别人轻视，也要安心守住，不多思虑。谁都知道什么是雄健，我却要守住阴柔；谁都知道什么是光亮，我却要守住幽暗；谁都知道什么是荣耀，我却要守住卑辱。按照老子的说法，叫作"知其雄，守其雌"，"知其白，守其黑"，"知其荣，守其辱"。

但是，要做到这样并不容易，因为外界已经有很多斗争在不断地予以刺激。由此，老子提出了要求：堵塞一切热闹通路，关闭一切骚扰门道，磨去一切逼人锋芒，化解一切内外纷争，把自己融化于自然之光、万物之常。由此出现了一个重要词组，叫作**"和光同尘"**。他把这种境界，叫作"玄同"。我的解释是：神奇的融合、高妙的大同。

老子的原话是——"塞其兑，闭其门，挫其锐，解其分，和其光，同其尘，是谓玄同"。

处于"玄同"状态的人，也就是得道的圣人。

也许人们会奇怪，这样的"玄同"圣人，把路也塞了，把门也关了，怎么能够领略外界，把自己融化在"光"和"尘"里呢？对此，老子做了进一步论述。他说："圣人不行而知，不见而名，不为而成"；"不出户，知天下；不窥牖，见天道。"

他又反着来了。

不门、不窗、不行、不为，反而能知天下，这相对于我们平常熟知的那种实见、实闻、实至、实尝的思维，是一种颠倒。但他是对的，因为他说了，排除了种种干扰，才能"见天道"。见了天道，什么大事都明白了。

如果一切认识都来自实见、实闻、实至、实尝，人们何以悟得天地宇宙、万事万物？凭着亲身感觉所获得的，最多是一些暂时的、片段的、外在的、实用的认识，而且这种认识大多极不可靠。大家记得，佛教也反复地讲述过这方面的道理。所谓亲身感觉、实际到达等等，都是说服他人、证明自己的借口而已，不可过于相信。

其实，从历史的目光看，老子本人在这个问题上是一个雄辩的典型。他离世已经两千多年了，对于身后的漫长岁月不可能亲身感觉、实际到达，但为什么却让代代智者都充分信服呢？他没有到达汉代却能看透汉代，没有到达唐代却能看透唐代。这正证明，他悟得了天道，因此遍知广远。

他对于后世的思考，是虚拟，是静思。由此可知虚、静的伟力。除了虚、静，他不会强行去折腾什么事端，永远保持着一种彻底柔弱的态势。从长远看，这种柔弱，胜于强硬。

从老子的这种思想，很容易联想到在中国很普及的一个词组：**韬光养晦**。人们历来对这四个字颇多误会，我要站在老子的立场上来纠正一下。

人们常常把"韬光养晦"看成是一个临时性的阴谋诡计，其实是理解错了。"韬"，第一含义是收纳弓、剑的套子和袋子。"韬光"，也就是对光的最佳收纳方式。正因为不断收纳，"韬"又出现了第二含义，那就是宽余。《庄子》所说的"韬乎其事，心之大也"，就是这个意思。把两种含义加在一起，那么，"韬光"，也就是对世间多种光彩的收藏、优容、善待，而不使它们无由地在外闪耀，变成人人厌烦的"贼光"和"邪光"。

"养晦"，也是一种收敛避光的状态。《周易》说，只有"晦其明"，才能"晦而明"。也就是说，只有控制明亮，才能显现明亮。因此，晦，是收养和保全明亮的保证。只有养之于晦，才能长存。

这个道理，我们从很多珍贵食品的制作过程中就能领悟。尽量避免曝晒，避免高温，只在"阴晾"中让微生物菌群自然发酵。这就是"韬光养晦"，这就是世间的生存大道。

在历史上，老子常常被看成是一个充满心机的潜影者，其实这是歪曲了他老人家。因此，又要推出一个他的重要词组：**上善若水**。

老子在本性上，拒绝任何"心机"和"谋术"，是一个追求最高道德的"上善"之人。在此，需要再次引用大家都能背诵的这一段名句：

上善若水——老子（吴为山雕塑作品）

上善若水。水善利万物而不争，
处众人之所恶，故几于道。

我把它译成当代语言，是这样的："最高的善良就像水。水善于滋润万物，却不与万物相争，反而流向众人所厌弃的低处。这就很接近道了。"

请看，这里哪有什么"心机"和"谋术"啊。他用水的比喻，把"道"说明白了。

老子认为：不争，还要"利万物"。

这个观念，就与寻常的避世心理、隐士生态划出了明显的界线。"不惹事"是容易做到的，但要既"不惹事"又"利万物"，就很不容易了。

在这里，老子又"反"着提出了一个更严

格的标准："处众人之所恶"，也就是安静地生活在众人所厌弃的低处。

众人为什么厌弃低处？因为大家都在追求显达，都在"力争上游"，都在向往高处。

当大家一味地求高、比高、争高的时候，安处低位就会被看成是一种不成功、不奋斗、不争气的表现。老子一下子推翻了这个价值基座，认为只有安处低位，才能滋润万物，从根部滋润，从泥土中滋润。

我回忆，在自己一生所接受的无数教言中，影响最大的，正是老子提出的水的哲学。一想起，许多困惑就迎刃而解。经常有学生问我：为什么能无视高位诱惑，而坚持安静写作？我总是淡淡一笑，然后讲水，老子的水。

学生说，他们读到不少有关老子的书，都会讲到水的比喻，但总是立即转到"水滴石穿"的话题，申述"以柔克刚"的哲理，仍然归结到了一种制胜的谋术。

我说，确有很多书都这么讲，但都讲歪了。即使真的产生了"水滴石穿"的特殊效果，水也从来没有把石头当作斗争的对象。穿石，不是预设的计划，而是自然的安排。

自然的安排，就是道。

纷争的天下，信赖谋术的人太多了。他们总以为，不争是谋术，处低是谋术，利天下也是谋术。这种惯性思维，实在与老子的思想南辕北辙。他们，把老子的大善变成了大伪，把老子的大道变成了邪道。

因此，恢复老子的本义，是一种学术责任，更是一种道义责任。尤其对我这样曾经深受老子熔铸的人来说，也是一种生命责任。

逍遥的真人

接下来，应该讲庄子了。

庄子继承老子的思想，认为世界的本原是"道"。但是，他对老子把"道"的本质概括为"无"，又在"有"和"无"这两个概念之间追溯的做法并不赞同。他认为，老子所说的天下万物生于"有"，而"有"又生于"无"的推演，没有太大意义。因为继续往上推，在"有"、"无"之前又是什么？

庄子认为，不必纠缠在"有"、"无"之中了，应该坚持的，还是那个"道"。庄子所说的"道"，来自老子却又比老子主动，是指一种"自本自根"、"生天生地"的力量，也就是一种终极性的创造力。

为了说明这种终极性的创造力，庄子提出了一个有趣的说法：**"物物者非物"**。五个字中有三个"物"字，让现代读者一看就迷乱。我如果用现代哲学语言浅释一下，那意思就是：让物成为物的那种力量，本身并不是物。

在这里，"物物者"这三字中，第一个"物"是动词，第二个"物"是名词，加在一起是指"让物成物者"，也即"造物者"。造物者不是物，那是什么？庄子说，那就是"道"。

"道"不是物，却创造了一切。

庄子要人们站在创造者的立场来观察被创造者，而不要落到被创造者的立场来互相观看。照他在《秋水》篇中的说法，应该以道观物，而不能以物观物。

他说，如果以道观物，物与物之间没有贵贱；反之，如果以物观物，那就一定"自贵而相贱"。他认为，世间矛盾如此之多，就是因为太少"以道观之"，太多"以物观之"。

从这里可以得出一个推理：我们如果站在道的立场，那就会天下一体，和谐相处；如果站在物的立场，那就会尔虞我诈，连自己也成了物的俘虏。

那么，这种终极性的创造力应该到哪里寻找？庄子说："天地与我并生，而万物与我为一。"（《齐物论》）

原来，道就在我们自己身上。

这样，我们的自由也就无墙可隔、无远弗届、无与伦比了。这种自由的依据，就是以万物创造者的身份对物的摆脱，即"物物者非物"。

庄子所说的"物"，并不仅仅是指我们习惯说的"物质"、"物资"、"物欲"，还包括各种规章体制、界限分割、定性定位。在庄子看来，这一切都只是"被创造者"，而不是"创造者"。如果以道观之，这一切就成了镜花水月，似影似幻，似是而非，飘忽无常。

对此，他用寓言举了很多例子，用比喻说了很多悖论。

以道观物，草茎之细与屋柱之粗没有什么区别，美丑之间也没有什么区别；秋毫之末可以很大，泰山之体可以很小；夭折者的生命不算很短，高寿者的生命不算很长。

庄子还以一个寓言来表达自己的困惑：自己做梦变成了一只蝴蝶，但也有可能是蝴蝶做梦变成了自己。那么，自己究竟是"梦了蝴蝶"，还是"蝴蝶之梦"？

庄子觉得，这一串串古怪的问题，不必追问下去了，因为问题无限，而生命有限，永远也弄不明白。他说："吾生也有涯，而知也无涯，以有涯随无涯，殆已！"（《养生主》）

既然找不到明确答案，他采取两种可能共存并行的方法，简称为"两行"。根据"两行"，连一切是是非非也都要协调中和，构成一种自然均衡的状态，即"天钧"。

处处"两行"，各得其所，达到平衡，形成"天钧"，这样，一切对立和分野都可以化解。

庄子在谈到人生状态时提出了一个目标，那就是"逍遥游"。

按照他自己的说法，逍遥游是指"逍遥于天地之间而心意自得"。

为了达到这个目标，他指出了"无待"、"无己"这两个门径。

先说"无待"。这个"待"字的意思是"期待"和"依凭"，而天下的一切期待和依凭其实都是限制。人们为了争取自由，常常要求摆脱限制，却不知道所有的限制都来自己所期待、所依赖、所凭借的一切。

庄子用寓言的笔调写道，大鹏飞行要靠大风，传说中的列子也能乘风飞行半个月，这是多么壮观的景象。但是，既然要靠风、乘风、期待风，那也就会受到风的束缚。没有风就飞不了，风转向也只得转向，风减速也只得减速，风停歇也只得停歇。除了风之外，飞翔还要依靠很多别的条件，例如，地域、时节等等。因此，人们期待自由飞翔，其实是在期待飞翔的条件。但是，只要有"待"于条件，也必然被"控"于条件，因此，那不是真正自由的飞翔。

庄子要人们在心中拥有一副不必期待大风就能飞翔的翅膀。

这就是"无待"。

再说"无己"。意思是，不仅不要期待外界，也不要期待自己。自己的思虑，自己的意念，自己的规划，自己的嗜好，都不要成为人生的框框套套。很多人认为，不依仗外界就应该依仗自己，但庄子认为，依仗自己其实也是依仗一套人生标准，而这套人生标准中堆积着层层叠叠寻常的欲望和习惯，恰恰是自由的桎梏。

庄子认为，只有"无己"，才能成为他所向往的"真人"。那么，"真人"是什么样子的呢？他在《大宗师》一文中做了酣畅的描述。有点儿长，但我还是要摘录其中三段：

何谓真人？古之真人，不逆寡，不雄成，不谟士。若然者，过而弗悔，当而不自得也。若然者，登高不栗，入水不濡，入火不热。是知之能登假于道者也若此。

古之真人，其寝不梦，其觉无忧，其食不甘，其息深深。真人之息以踵，众人之息以喉。屈服者，其嗌言若哇。其耆欲深者，其天机浅。

古之真人，不知说生，不知恶死。其出不诉，其入不距。翛然而往，翛然而来而已矣。不忘其所始，不求其所终。受而喜之，忘而复之。是之谓不以心捐道，不以人助天，是之谓真人。

我把它翻译成了当代语句——

什么是真人？古代的真人，不欺弱，不自雄，不计谋。这样的人，失了不懊悔，成了不自得；这样的人，登高不战栗，入水不沉溺，入火不觉热。只有见识合于道的人，才能这样。

古代的真人，睡觉无梦，醒来无忧，饮食不求香甜，呼吸又深又透。真人的呼吸能贯通足跟，而常人的呼吸却只在喉咙。一个人如果屈服于他人，言语就会受阻，那么，如果屈服于嗜欲，天然的根器也就浅了。

古代的真人，不贪恋生，不厌恶死。对于出生，并不欣喜；对于死亡，也不拒绝。自由自在地去，就像自由自在地来。不忘记起点，不追求终点。事情来了就欣然接受，如果忘了就复归自然。这就是说，不用人心去损害大道，不用人力去加助天然，才称之为真人。

请看，所谓真人就是由一连串的"不"组成：不逆、不雄、不谋、不惧、不伤、不梦、不忧、不嗜、不悦、不恶、不欣、不拒、不损、不助……，加在一起，就是一切都合乎天然之道，不要由自己去加添什么、拒绝什么、追求什么，这就是"无己"。

这是一个极为美好的形态，但要达到却不容易。按照庄子的亲身体验，他主张用"坐忘"之法，步步靠近"真人"。

所谓"坐忘"，庄子借颜回的名义说："堕肢体，黜聪明，离形去知，同于大通，此谓坐忘。"意思是：遗忘肢体，抛弃聪明，离开形象，忘掉智慧，与大道合一，就叫"坐忘"。

总之，只有通过修行把自己的这一切都看空了，那才能与大道相融。因此，庄子的思路是，由"坐忘"而"无己"，由"无己"而"无待"，终归于道，实现真正的"逍遥游"。

"逍遥游"的理念，后来也成了中国艺术的最高追求，成了中国美学的至高坐标。

道教把老子推举为自己的"教主"，这件事听起来总有一点儿戏谑的口气。但是，我却要为此做出辩解。

在我看来，初创的道教在老子的学说中找到了一个足以信托的思想资源。道教郑重地从老子那里接过了"道"的核心观念，以及"自然"、"无为"、"虚无"、"归一"等基本命题，建立了庞大的道教理论。

其中，老子在《道德经》里的不少论述如"道生一，一生二，二生三，三生万物"、"致虚极，守静笃"、"专气致柔，能婴儿乎"、"玄之又玄"等等，又经常被道教学者引申运用，变成道教的思维方式和行为方式。这里就出现了"双向赋予"：老子固然能惠及道教，道教也给了老子一个漫长的

庄子（吴为山雕塑作品）

宗教仪式。

有趣的是庄子。道教并没有把他奉为"副教主"，但从他那里汲取的思想，并不比从老子那里汲取得少。尤其是庄子认为得道可以创造奇迹的说法，几乎成了道教得道成仙的思想依据。

除了说法，还有形象。我前面引述过庄子在《大宗师》里所说的那种"登高不栗，入水不濡，入火不热"、"其寝不梦，其觉无忧，其食不甘，其息深深"的"真人"形象，为道教得道成仙的理想提供了典型。不仅如此，庄子还在《逍遥游》里描述过姑射山上的神人，"肌肤若冰雪，绰约若处子；不食五谷，吸风饮露；乘云气，御飞龙，而游乎四海之外"的形象，更是广被人知，成了道教"成仙"的范本。

本来，无论是"得道成仙"的说法，还是"养生成仙"的主张，都会让后人产生"迷信"的疑惑。但是，道教把老子和庄子请出了场，情况改变了，人们不得不以严肃的文化态度高看几眼。这不仅是因为他们出名，更是因为他们在学理上的高度。

中国学理，再深再高，也常常会追求寓言化、拟人化效果。这是中国文化习惯于挣脱抽象罗网而投身感性形态的传统，而老子和庄子正是这方面的典范。他们在论述时喜欢呼求形象，把自己的思考落脚在一个个理想状态的人格模式上。因此，他们的学说中一定会出现似人非人、似神非神、似仙非仙的归结性形象。这就使老子和庄子具备了被道教追奉的条件。

与世界上其他地方的哲学家不同，中国学者在描述这一个个形象之后，又会现身说法，亲自修炼。他们论述君子就让自己先做君子，他们论述大丈夫就让自己先做大丈夫，他们论述侠义就让自己先做侠者。老子和庄子也不例外，完全过着一种清静无为、悠游天地的日子。就在这种过程中，他们体验着修行的可能，验证着修行的途径。例如传说中的老子就在"守静笃"的宗旨下，认真地养静、养神、养气，感悟"谷神"、"玄牝"即生命之源，达到魂魄抱一、恍惚清冥的状态。

庄子在这方面更是用心，他提出过"心斋"的养生门径，在《养生主》中又以颇为专业的口气论述以督脉为经可以保身的经验，在《大宗师》里又分析了年长者容貌年轻的原因。

总之，他们都把自己当作一个"修行的斋房"。在某种意义上说，他们本身已经近圣、近仙、近神。道教把他们当作偶像，并不完全是强加。

第 084 讲

"大宇宙"与"小宇宙"

在讲道家的"老庄路线"时，已经涉及"道教路线"。现在老、庄已经讲过，我们可以单独来谈谈道教了。

道教把老子、庄子作为自己的教理背景，其实还有更宏大、更原始的精神资源，那就是来自古代昆仑神话和蓬莱神话的神仙信仰，以及与此相关的巫觋方仙之术。

这种信仰，渐渐集中为对"气"的关注，认为生命、灵魂都本于气，就连天体也因气而有了生命。一个人，如果"精气日新"、"邪气尽去"，就能成为真人，也就是神仙。因此，神仙是可以修炼出来的。

汉代魏伯阳的《周易参同契》，就把炼丹作为达到"精气日新"、"邪气尽去"的途径，并以周易中的阴阳、水火、天地、时令作为炼丹的依据。东汉时，张道陵（34—156）及后裔在鹤鸣山创立"五斗米道"，并宣布遵奉《道德经》，使道教初步定型。《太平经》表述道教的基本思维是：天地人三合一为太平，精气神三合一为神仙。

葛洪（约281—361），则是第一个总结教义体系，包括神仙方术的划时代人物。

南北朝时，"天师道"获得发展。北魏的道士寇谦之和南朝的道士陆修静一北一南整理了严密的斋戒仪范。陆修静的再传弟子陶弘景（456—536）更在朝野产生重大影响。

唐宋时，南北天师道与上清、灵宝、净明等各派合流为正一派，注重符箓，一度成为道教主流。连皇室也虔诚地举行符箓斋醮。金大定七年（1167）王重阳在山东创立全真教，逐步取得更高地位。不管是正一派还是全真派，都主张"重生贵生，成仙得道"，而全真派的主张则更为明确，那就是：以"澄心定意、抱元守一、存神固气"为"真功"，以"济贫拔苦、先人后己、与物无私"为"真行"。这两"真"俱全，即谓"全真"。代表者，就是我们已经提到过，后面还会提到的丘处机。

道教在漫长的发展过程中，被中国社会广泛接受。直到今天，在很多民间习俗、传统节日中，仍然能够看到它的大量踪影。而实际上，它的精神规模还要大得多，甚至在不少领域，奇妙地接通了现代思维和未来思维。

很多被道教关注的神秘现象，不仅是过往时空的产物。直到今天，甚至今后，还有超越时空的意义。

人们对日月星辰、山岳河海进行祭祀和崇拜，并非出于知识的浅陋，而是出于对自身渺小的自觉。这种自觉，恰恰来自宏大的情怀。古人的宏大情怀，在于承认天地宇宙对人类的神奇控制力和对应力，同时又承认人类对这种控制力和对应力的不可知悉、难于判断，因此只能祈求和祭祀。他们把鬼神、巫觋、方士当作自己与天地宇宙之间的沟通者、传达者、谈判者，就像我们现在为了与外星人沟通而发出的卫星和电波。

当代科学家霍金，一边努力探察太空，一边又说人类尽量不要去骚扰外星人。这种若即若离的心理，道教也有。道教求神拜仙、问天问地，并不希望骚扰神仙和天地，而只是企盼在他们的佑护下，步步接近天道。最好，自己也能通过有效修行，成为仙人的一员。

道教后来渐渐融合儒学和佛学的精神，使自己的体格扩大，也曾参与社会治理。但是不管怎么变易，它的核心优势，仍然是养心、养气、养身，而且以养身为归结。这也是它与儒家、佛家不同的地方。

在养身的问题上，道教虽然有很多规章仪式、气功程序，但主要还是信赖自然所赐的物质，来行医，来炼丹。道教相信，大自然已经布施了各种生机，人们只要寻找、采撷、熔炼。

道教的行医专家，几乎囊括了中国医学史上的绝大多数高位，为这个人种的健康贡献巨大；道教的炼丹专家，虽然失误颇多，却也取得了一系列让人惊叹的化学成果，造福后人。在这个过程中，他们还会仰察天文、俯瞰地理、卜算阴阳、勘察风水，让人们在宇宙天地的大包围中，获得一片片不大的庇荫。

道教人士非常忙碌，但通观他们的全部所作所为，便能发现，他们的大多数，在自然大道面前显得既本分，又天真。而且，是人类应该有的本分和天真。

道教也有不本分、不天真的时候。例如，经常与统治者关系过于密切，连所谓"教主"老子也屡屡被当朝皇帝追封为"太上玄元皇帝"、"太上老君混元上德皇帝"，这实在会让清静无为的老子无法承受。这个"老子"一再担任皇帝背后的皇帝，可以想象当时道士的数量、宫观的规模、神仙的名单有多么庞大。历史上有不少皇帝因尊奉道教而走火入魔，成日炼丹，耽误国事，结果也都未能达到长寿。这一些，都严重贬损了道教的历史地位，玷污了一个重大宗教的文化形象。

其实，所有的大宗教、大学派、大思维，都有可能被统治者利用。被利用，自有被利用的自身毛病，不必全然宽宥。但是，在剔除这些令人遗憾的成分之后，它的本体是否还能保持住几项基本的正面功能？

这就是我为道教辩护的思路。

有点儿像面对一座千年古闸，看它一会儿蔓草遮掩，一会儿锣鼓喧天，大家就都记得那些蔓草和锣鼓了，抱怨连连。但最要紧的是，搁置蔓草，搁置锣鼓，看看这千年古闸是否一直在蓄水、放水、灌溉？如果这几个基本功能至今没有废弃，那就应该为它辩护，恢复它应有的尊严。

我发现，道教在抖掉了一身的宫内之气、邪惑之气、锣钹之气之后，还保持着几项硬朗的基本功能，一直没有废弃。而且，越到现在，越有光彩。

我为道教辩护，着眼于它的几项非常重要的正面功能。

第一项功能：清心戒杀。

我一提，大家就会联想到十三世纪前期的大道士丘处机。

没有一个宗教家有这样的荣幸，居然与一位征服世界的强人长时间晤谈，把自己的思想灌输给他，让他局部地改变了战争意志。于是，这位宗教家和这位强人一起进入了世界历史的关键篇章。

本课程第二单元在讲述耶律楚材的时候曾经提到这件事，并且预告在这个单元会专门讲述。现在讲述的重点，要挪移到道教的正面功能上来了。

当时成吉思汗已经满足了一切欲望，只想如何长生了。他打听到，只有道教是专门研究长生的，便派人找到了当时道教中最著名的全真道大师丘处机。年逾古稀的丘处机执杖起步，沙漠风霜，历时四载，到达成吉思汗的行营。成吉思汗一见这位刚刚走完万里长路的老人一派童颜鹤发的模样就非常喜欢，交谈刚开始就问丘处机，如何才能长生。

丘处机回答："清心寡欲。"

这确实是道教的核心理念。丘处机没有奉上丹药而是奉上理念，可见是一位勇敢而可敬的道人。成吉思汗听了深深点头，可见也是一位高明的问道之人。

此后两人经常见面，话题也拓展了。当时成吉思汗正处于西征的激烈战斗中，但丘处机对他说："不能嗜好杀人。"

成吉思汗问："得到天下后应该怎么治理？"

丘处机回答："敬天爱民。"

成吉思汗点头。

成吉思汗对丘处机非常敬佩，说"天赐仙翁，警醒了我"。他还要左右随从们把这话写下来，传给自己的儿子们看。

成吉思汗与丘处机是同一年去世的。成吉思汗在去世前一个月，还下达诏书"不杀掠"，布告天下。

我之所以重视此事，是因为道教文化的声音出现在历史重大时刻的重大人物面前，而这个声音又是那么美好："清心寡欲"、"不嗜杀"、"敬天爱民"。

在中亚的血火军营中响起的这几个短句，实在是道教文化所迸发的巨大辉煌。

第二项功能：参赞天地。

这一功能的完整表达，应该是"参赞天地之化育"。意思是，协助天地自然，保护和养育人类。

居然有这么一群人，总是在研究着人类生存的自然环境，至大至微，都不放过。曾经有当代学者指出，在宏观的意义上，道教一直在碰触着宇宙生态学和天体物理学。

例如，他们设想天地由混沌而成，然后有万物、有人类；他们又设想宇宙的图景，其中发现了一阴一阳两种力量，以及由金、木、水、火、土五种物理现象所象征的五种性能，构成运行和创造。这一切，越到现代，越能与最新的科学思潮合拍。

至于天干地支的观念，更是地球物理学的先声，而且居然积累得那么完整。历来在道家的队伍中，隐藏着很多天文学家和历法专家。

道家对人类生态环境的研究，更是让人惊叹。例如一位战国末期的阴阳学家驺衍曾断言，平常所说的中国，只占世界的八十分之一；世上有"大九州"，都被大海环绕，彼此不能相通……。这些话，在古代，常被文人嘲笑为"闳大不经"的胡思乱想。那么到了现代，有了世界地理学，不应再嘲笑了吧？

对于天地自然，他们除了研究，更是崇拜。他们坚信人世间一切重要的命令，都来自天地自然。因此，参赞天地、回归自然，是他们的人生使命。他们反对一切违逆天地、脱离自然的行为。

基于"参赞天地"这一基点，也可以进一步理解道家的一系列观念。例如，面对天地自然的伟大意志，我们都是婴儿；面对天地自然的圆满组合，我们只能清静无为……

道家认为，人只有"参赞天地"，才能融入自然，让自己的生命成为一个"小宇宙"。大、小宇宙的呼应对话，构成"天人合一"的庄严结构。

第三项功能：养气护生。

道教相信，天体的"大宇宙"和生命的"小宇宙"是同一件事，因此人的生命就有可能"长存不死，与天相毕"。他们把人的生命看得非常重要，认为"人所贵者生也"，"人人得一生，不得重生"。因此，应该尽量把生命守护住。

在道教的思维系统中，是什么把"大宇宙"和"小宇宙"连在一起的呢？答案是气。他们认为，天、地、人都生成于气，又以气相互沟通。道家所谓养生，其实就是养气。所养之气，就是元气。

元气，宏大又纯净，纯净到如婴儿初生时的那种无染气息。一旦杂气干扰，元气就无法完足。元气因为是出生之气，必然长保新鲜，永远富于创造力。道家在气功中所实施的"吐故纳新"，就是要用吐纳的方式保养住这种新鲜而富于创造力的初生之气。

我说过，自己在研究历史、考察世界、回顾生平的漫长过程中，事事都能感受到"元气"的弥漫、"元气"的消损、"元气"的转移、"元气"的复苏。我的这种切身感受，形成了对"天地元气"的信仰，其实也呼应了道教的思维路线。

把元气引入养生，显然是一条畅达之道。

元气养身，必须通过长久的修炼。去杂，提纯，观天，体地，然后细寻自己身上的气脉，步步引导，积小成大，沉入丹田，时间一长，便能成为真人和至人。

道教主张从"大宇宙"提取一些元素来接济"小宇宙"，这就是采撷自然界的草木、矿物、金属制成丹药来治病养生。无数炼丹炉，也就燃烧起来。更多的采药箱，也就转悠在山河大地之间。

　　道教的方士们对于丹药有两种追求：一是杀虫，也就是杀灭人体内的"三尸虫"；二是炼金，也就是用化学方法让金属矿物溶解到人的腑脏间使之不腐。这些行动当然产生了大量负面效应，造成了一系列严重的"医疗事故"。

　　方士们把丹药中金属、矿物的组成，称为"天元丹"，把植物的组成，称为"地元丹"。更重要的是"人元丹"，那就是由自身养气修得，也包括"房中术"的"采阴补阳"。

　　道教把养气养身作为自己的行为主轴，体现了一种举世罕见的生命哲学。

　　在千余年的丹炉边、草泽间，道教方士们常常显得手忙脚乱。但是，他们治病养生、养气护生的初衷并没有错。在地球的每一个角落，人类为了救助自己的生命做了多少实验啊，有的实验大获惊喜，有的实验痛心疾首，这个过程至今还在延续。即便在最先进的国家，一种新药的发明，往往仍要经历无数正反的实验，延续漫长的时间。如此联想，我们可以进一步理解发生在道教丹炉边的无数悲剧和喜剧了。

　　中国首位获诺贝尔医学奖的屠呦呦教授，因发明了青蒿素的药剂而救活了世界上几百万人的生命。屠呦呦坦承，自己对青蒿素的注意，最早出自葛洪的著作。葛洪，前面说到过，是系统整理道教教义体系第一人，但他更是一位具有里程碑意义的道教药学家。屠教授获奖，也给这位一千七百多年前的探索者送去了掌声。这掌声，也应属于道教。

　　葛洪是一位著名的炼丹师，主张"内修形神，延命愈疾"。他对道教的另一项贡献，是写出了在中国文化史上不可小觑的学本著作《抱朴子》，比较完整地建立了道教的神仙理论体系。他认为，仙人不是天生的，而是修来的。"长生可得，仙人无种"，人人都可以通过修炼，叩动仙门。

从葛洪，我们又可以联想到他的南京同乡，比他晚了一百七十多年的道教名家陶弘景（456—536），写过道教名著《真诰》、《登真隐诀》，传播上清派道法，而他也是一位名医，所著《本草经集注》七卷极大地推动了中国药学的发展。

在医学上更出名的，是比陶弘景晚了一百二十多年的道教名医孙思邈（581—682）。孙思邈长期隐居终南山研习道教，辛苦炼丹，又写出了中国医药史上的名著《千金要方》、《千金翼方》、《摄养枕中方》等等，成为一代医学大师。

这些光辉的名字，还可以在道教的护生长廊里一直排下去。他们在医学上的成就，一点儿也无愧于世界上其他地方的同行。

这些名字曾经救助过多少生命？无法统计了。不可怀疑的是，他们有效地护佑了世界上人口最多的民族的健康。与此相比，那些发生在丹炉边的"医疗事故"，也不必过于计较了。

养气护生，生命第一，这是道教的千年坚持。直到今天，每当我们看到地震、海啸的救援队伍一遍遍喊出"生命第一"的口号，总会想到道教久远的恒心。

好，我终于梳理了道教直到今天仍有价值的三项功能，那就是清心戒杀、参赞天地、养气护生。这三项功能，用现在的话说，也就是呼唤和平、呼唤自然、呼唤生命。在当代世界，还有什么比这三重呼唤更重要的呢？道教已经在中国的土地上虔诚地呼唤了千遍万遍，这还不能让人肃然起敬吗？

第四单元

反思·利弊所在

罗素的目光

从这一讲开始，我们可以进入课程的第四单元了，大标题为"反思·利弊所在"。中心内容，是论述中国文化的优势和弱势。

当然，这又是一次世界性的大比较。如果说，前一单元在阐述史迹的时候，会不断进行纵向比较，那么，这一单元就要摆脱历史过程，进行横向比较了。在纵向比较时，比较的对象大多是同时期其他文明；而在横向比较时，比较的对象就比较宽泛，有时甚至是其他文明的整体。

比较的先决条件，是必须有国际目光。

从今天开始，我们的课程大概会出现以下三个理论层次：

一、借用英国哲学家罗素的目光，来说明中国文化在比较公平的国际坐标中的形象；

二、中国文化的优势：它成为世界上最长寿文明的八大原因。其中，四个是宏观生态原因，四个是文化本体原因；

三、中国文化的弱项：在公共空间、实证意识、创新思维上的三大严重缺陷。

根据这几个层次，我们来一步步展开。

先讲罗素。

罗素（Bertrand Russell，1872—1970）是二十世纪欧洲最重要的哲学家，曾在二十世纪二十年代初到中国考察、访问。

罗素在中国逗留了整整九个月，考察了香港、上海、杭州、南京、长沙，最重要的是北京。他在北京发表了五场正式的演讲，讲题分别是他的专业：数理逻辑、物的分析、心的分析、哲学问题、社会结构。另外，他又开了一些讲座，介绍唯心论、因果论、相对论、万有引力等。罗素的演讲场场火爆，听讲者中，有青年毛泽东和周恩来。

罗素在离开中国以后说："我在中国讲课，但越到后来越发现，我从中国学到的东西，比中国向我学到的东西要多得多。"他说："很多长期住在中国的西方学者，都有与我同样的观点。"

罗素

罗素在一九二二年出版的那本《中国问题》一开头就说，在今后两个世纪，不管中国是变好还是变坏，都将对世界产生决定性的影响。

那么，决定好坏的关键是什么呢？罗素讲了一句更重要的话，他说：**"不管中国还是世界，文化最重要。只要文化问题能解决，无论中国采取什么样的政治体制和经济体制，我都接受。"**

出于这样一个高度，罗素成了中国文化的真正知音。我读过很多西方学者论中国文化的著作，像莱布尼茨、歌德、伏尔泰、黑格尔、韦伯、斯宾格勒，有的评价高，有的评价低，但让我感到最知心就是罗素。例如，你听听他的这句话："**进步和效率使我们富强，却被中国人忽视了。但是，在我们骚扰他们之前，他们还国泰民安。**"这真是大师之言。

罗素原来就读过不少研究中国的书，但他主要的结论来自亲身体验。他对中国文化的很多正面评价，都是从一些具体事情中获得的。

比如，一九二一年初夏的一天，罗素在一批中国友人的陪同下坐轿子登山。那天天气突然很热，山道又非常崎岖，因此轿夫们都很辛苦。终于爬到了最高峰，大家休息一会儿，这些轿夫坐成一排，取出烟管乐滋滋地抽着，开始互相取笑。好像世间万事，在他们的笑声中全无牵挂了。

罗素看到这个景象就想，这个事情如果换了别的国家，那些轿夫一定会抱怨酷暑难当，要求增加小费。而像自己这样的欧洲人到了山上也不会全无牵挂，而一定会担心下山以后的交通工具等。但是，中国人一有空闲就取笑逗乐，那实在是另一种文化。由此联想开去，罗素发现，同样介绍一个居住的地方，欧洲人会首先告诉你这个地方的交通设施等实用信息，而中国的陪伴者则会告诉你最不实用的事情，比如说古代某个诗人曾经隐居在这里。

罗素当然不会简单地裁定这样的事情到底是好还是坏，却十分公平地让人家感觉到，西方文明并不是唯一的坐标。

对于我曾经在国际场合反复论述的中国文化的非侵略的本性，罗素说得比我有趣得多。他说，**白种人有强烈的支配别人的欲望，中国人却有不想统治他国的美德。正是这一美德，使中国在国际上显得虚弱。其实，如果世界上有一个国家自豪得不屑于打仗，这个国家就是中国。如果中国愿意，它能成为世界上最强大的民族。**

这是罗素的话。请注意，说这话的时间，是中国被列强宰割的一九二二年！我引述这些话，并不是出于浅薄的民族自尊心，而是出于对一种最高层级文化观念的仰望。

罗素在肯定了中国文化的庄严价值之后，也指出了中国文化的毛病。

罗素说："中国是我接触过的最好的国家之一，现在受到列强如此虐待，我要对这些列强发出最严重的声讨。中国人也有缺点，他们对我不薄，我不想揭他们的短处，但为了真理，也为了中国，我不能隐瞒。在我离开中国的时候，一位中国作家要我指出中国人的主要弱点，我说了三点，他不但不生气，还认为评判恰当。"

罗素说，中国人有三种普遍的缺点：一是贪婪，二是胆小，三是冷漠。

他把贪婪看成是中国人的第一个缺点。他说，中国人除了少数人之外，很多人一有机会就会贪污腐败，甚至为很少的钱都敢于去冒险。政界人士接受贿赂，已经成为中国难于有力地抵抗列强的原因之一。他好心地希望，等到中国经济发展，道德水平也许会随之提高。

他认为中国人的第二个缺点是胆小。他说中国人能够被动地忍耐，缺乏主动的勇敢。在战争中，常常两方面都不认真，还没怎么打起来就溃不成军。他说，这在爱好名誉的欧洲人看来是不可想象的。但罗素又好心地补充道，这种战争都是军阀混乱，雇佣兵不卖力是可以理解的。如果遇到真正的大灾难，中国人可能还是勇敢的。

他讲得最多的是第三个缺点，即冷漠。他说，中国人缺少人道主义的冲动，很少去做慈善赈灾的事情。他说，更不可原谅的是，在中国的街道上，如果一条可爱的狗被汽车撞伤了，多数路人都会觉得好笑。在民间，别人的灾难往往会激发快感，而不是同情。

除了这三个缺点，罗素还分析了中国的一些其他毛病，比如，缺少前进的动力和效率、司法疲弱和混乱、爱面子等等。到他离开的时候，他已经深切地体会到中国的改革者们试图改变中国的惰性所产生的无力感，并由此产生了自己置身于亿万中国人中无可逃遁的无奈感。但是直到这个时候，他对中国文化的基本面，仍然非常欣赏。

中国文化长寿原因之一：体量巨大

布莱希特

罗素，为我们提供了一副远方的目光。远方的目光是一种印象性的整体扫描，虽然不可能精确，却能摆脱自己人"熟视无睹"的沉迷和盲目。后来德国艺术家布莱希特所主张的"陌生化效果"，或曰"间离效果"，就是在追求这种另类清醒。

布莱希特的"陌生化效果"或"间离效果"，是指以一种故意的疏远造成"必要距离"，然后因"必要距离"而获得宏观认知。

在绝大多数情况下，中国文化的研究者们总是追求"熟悉再熟悉"、"钻深再钻深"、"细节再细节"，而无法想象故意陌生、故意间离、故意疏远。这是思维方式上的一种重大缺憾，必须加以弥补和纠正。

其实，即便在中国传统的书画家那里，也曾流行"笔到生时是熟时"的说法。意思是，笔墨再熟练，也不是高等级，只有在熟练中渗出了生疏的笔致，那才算真正的醇熟。可见，不管在哪里，真正的高人都懂得"陌生化效果"。

为此，我曾立下一个志向，要以远距离的陌生而又宏观的目光，来鸟瞰中国文化。这志向，后来竟然实现了。

我在国际上对中国文化的论述，总是受到超越预想的欢迎，原因之一，就是运用了这个目光。恰恰是这种目光，让外国朋友感到容易理解。特别是二〇一三年十月十八日我在纽约联合国总部大厦的演讲，洋洋洒洒地论述中国文化长寿的八大原因，居然获得广泛好评，而且被列入当天联合国网站的第一国际要闻。可见，"陌生化效果"很有价值。

论述中国文化长寿的原因，其实也就是论述中国文化的生命力优势。这当然是我几十年研究和考察的成果，最终又寻找到了能让国际接受的话语系统，这让我深感快慰。

那次演讲的内容，也就顺理成章地成了这门课程的教材。而且，这也开始了对前面竖向史迹的横向归纳。

中国文化长寿的八大原因，我会在接下来一一讲述。

中国文化长寿的第一因：**体量巨大**。

一种文化所占据的地理体量，从最原始的意义上决定着这种文化的能量。照理，小体量也能滋生出优秀文化的雏形，但当这种雏形发育长大、伸腿展臂，小体量就会成为束缚。

中国文化的体量足够庞大。与它同时存世的其他古文化，体量就小得多了。即便把美索不达米亚文化、埃及文化、印度文化、希腊文化发祥地的面积加在一起，也远远比不上中国文化的摇篮黄河流域。如果把长江流域、辽河流域、珠江流域的文化地域都算上，那就比其他古文化地域的面积总和大了几十倍。

不仅如此，中国文化的辽阔地域，从地形、地貌到气候、物产，都有极多差异。永远山重水复，又永远柳暗花明。一旦踏入不同的地域，就像来到另外一个世界。相比之下，其他古文化的地域，在生态类别上都比较单调。

中国文化的先祖们对于自己生存的环境体量，很有感觉，颇为重视。虽然由于当时交通条件的限制，他们还不可能独自抵达很多地方，却一直保持着宏观的视野。两千多年前的地理学著作《禹贡》《山海经》，已经表达了对于文化体量的认知。后来的多数中国文化人，不管置身何等狭小的所在，一开口也总是"天下兴亡"、"五湖四海"、"三山五岳"，可谓气吞万里。这证明，中国文化从起点上就对自己的空间幅度有充分自觉，因此这种空间幅度也就转化成了心理幅度。

在中国文化的巨大体量四周，还拥有一道道让人惊惧的围墙和隔离带。一边是地球上最密集、最险峻的高峰和高原，一边是难以穿越的沙漠和针叶林，一边是古代航海技术无法战胜的茫茫大海，这就构成了一种内向的宏伟。

这种内向的宏伟，让各种互补的生态流转、冲撞、翻腾、互融。这里有了灾荒，那里却是丰年。一地有了战乱，可以多方迁徙。十年河东十年河西，沧海桑田未有穷尽。这种生生不息的运动状态，潜藏着可观的集体能量。

由地域体量转化为集体能量，其间主体当然是人。在古代，缺少可靠的人口统计，但是大家都知道自己生活在一个规模巨大的群体中。

现代的研究条件，使我们已经有可能为先辈追补一些人口数字了。先秦时期，人口就有两千多万；西汉末年，六千万；唐朝，八千万；北宋，破亿；明代万历年间，达到两亿；清代道光年间，达到四亿……。这中间，经常也会因战乱、灾荒和传染病而人口锐减，但总的来说，中国一直可称为"大山大川中的人山人海"。

正是这庞大的地域体量和人群体量，中国文化有了长寿的第一可能。

中国文化长寿原因之二：从未远征

今天我们接着讲述中国文化长寿的第二因：**从未远征**。

地域体量和人群体量所转化成的巨大能量，本来极有可能变为睥睨世界的侵略力量。但是，中国文化没有做这种选择。这，首先与文明的类型有关。

世界上各种文明由于地理、气候等宏观原因大体分成三大类型，即游牧文明、航海文明和农耕文明。中国虽然也拥有不小的草原和漫长的海岸线，但是核心部位却是由黄河、长江所灌溉的农耕文明，而且是"精耕细作"型的农耕文明。草原，是农耕文明"篱笆外"的空间，秦始皇还用砖石加固了那道篱笆，那就是万里长城。而大海，由于缺少像地中海、波罗的海这样的"内海"，中国文化一直与之不亲。

游牧文明和航海文明都非常伟大，却都具有一种天然的侵略性。它们的马蹄，常常忘了起点在何处，又不知终点在哪里。它们的风帆，也许记得解缆于此岸，却不知何方是彼岸。不管是终点还是彼岸，总在远方，总是未知，当然，也总是免不了剑戟血火、占领奴役。与它们相反，农耕文明要完成从春种到秋收的一系列复杂生产程序，必须聚族而居、固守热土。

这种由文明类型沉淀而成的"厚土意识"，成为中国文化的基本素质。"厚土"，当然会为了水源、田亩或更大的土地支配权而常常发生战争。但是，也因为"厚土"，他们都不会长离故地，千里远征。

二〇〇五年我在联合国世界文明大会上做主旨演讲时，曾经说到了中国航海家郑和。我说，他先于哥伦布等西方航海家，到达世界上那么多地方，

郑和（吴为山雕塑作品）

却从来没有产生过一丝一毫占取当地土地的念头。从郑和到每一个水手都没有，这就最雄辩地证明，中国文化没有外侵和远征的基因。

在古代世界，不外侵，不远征，也就避免了别人的毁灭性报复。纵观当时世界别处，多少辉煌的文明就在互相征战中逐一毁灭，而且各方都害怕对方死灰复燃，因此毁灭得非常残忍。反过来说，哪种文明即便一时战胜了，也只是军事上的战胜，而多数军事战胜恰恰是文化自杀。我曾经仔细分析过古希腊文化的代表亚里士多德的学生亚历山大远征的史迹，证明他的军事胜利带来了希腊文化的式微。文化被绑上了战车，成了武器，那还是文化吗？文化的传承者全都成了战士和将军，一批又一批地流血捐躯在异国他乡，文化还能延续吗？

因此，正是中国文化不外侵、不远征的基因，成了它不被毁灭的保证。当然，中国历史上也有很多内战，但那些内战打来打去都是为了争夺中国文化的主宰权，而不是为了毁灭中国文化。例如，"三国鏖兵"中的曹操、诸葛亮、周瑜他们，对中国文化同样忠诚。即便是那位历来被视为"乱世奸雄"的曹操，若从诗作着眼，他肯定是中国文化在那个时代最重要的传承者。因此，不管在内战中谁败谁胜，对文化都不必过于担心。

把中国文化放到国际对比之中，我们可以遥想一下被希腊艺术家多次描写过的"希波战争"。波斯即现在的伊朗，与希腊实在不近。再想想那个时期埃及、巴比伦、以色列之间的战争，耶路撒冷和巴格达的任何文化遗址，都被远方的入侵者用水冲、用火烧、用犁翻，试图不留任何印痕。

总之，文化的中断常常与跨国远征有关，中国文化基本上避免了跨国远征，因此也避免了中断。

中国文化长寿原因之三：以统为大

今天要讲中国文化长寿的第三因：**以统为大**。

一个庞大文化实体的陨落，不会刹那间灰飞烟灭，而总是呈现为逐渐分裂，直至土崩瓦解。

而且，恰恰是大体量，最容易分裂。如果长期分裂，大体量所产生的大能量不仅无法构成合力，还会成为互相毁损的暴力。中国历史上虽然也出现过不少分裂时期，但总会有一股强劲的力量把江山拉回统一的版图。中国文化的长寿，也与此有关。

照理，统一有统一的理由，分裂有分裂的理由，很难互相说服。真正说服我的，不是中国人，而是德国学者马克斯·韦伯。他没有来过中国，却对中国有特别深入的研究。他说，中国文化的生态基础是黄河和长江，但是，这两条大河都流经很多省份，任何一个省份如果要凭借着黄河、长江来坑害上游的省份或下游的省份，都轻而易举。因此，仅仅为了治河、管河，所有的省份都必须统一在同一个政府的统治之下。他不懂中文，但是来过中国的欧洲传教士告诉他，在中文中，统治的"治"和治水的"治"，是同一个字。这样，他也就为政治生态学找到了地理生态学上的理由。从大生态中寻找大理由，往往是文化阐释的起点。因此，我把马克斯·韦伯看成是一流文化学者。

其实，早在《尚书》、《公羊传》、孟子、墨子、申不害那里，就一再出现过"一匡天下"、"大一统"的观念，而从秦始皇、韩非子、李斯这些政治家开始，已经订立种种规范，把统一当作一种无法改变的政治生态和文化生态。其中最重要的规范，就是统一文字。

本来，文字只是语言的记录，各个方言系统的自立十分自然。但是，当文字统一了，一切官方文告、重要书契就让各个方言系统后退到附属的地位。何况，中国文化的"奠基性元典"《诗经》、《尚书》、《礼记》、《周易》、《春秋》等著作早就树立了文字准则，中国文化也就有了统一的基座。

文化是一个大概念，远不仅仅是文字。因此，秦王朝在统一文字的同时，还实行了一整套与统一相关的系统工程，例如统一度量衡，统一车轨道路，甚至统一很多民风民俗。尤其重要的是，在政治上，又以九州一统的郡县制，取代了易立山头的分封制。

必须指出，秦王朝统治者的"一匡天下"，完全是为了建立独家独姓的极权帝制，其间的种种残暴、蛮横令人发指，不应该获得太多颂扬。事实上，他们也早早地断送了自己的生涯。但是，历史还是留下了他们极深的印记，因为他们为了达到自己的政治目的所采取的一系列重大文化措施，改变了历史的走向。他们留下的文化遗产，将哺育此后一个个追求统一的王朝。

在他们身后的两千年间，出现了大批着力于统一或分裂的人，两方面可能都很优秀，但是相比之下，那些着力于统一的人往往更有远见，因此也更得人心。他们因大器而握大脉、控大局，是统裂之间的"大者"。由于他们，中国一次次由分裂走向统一；也由于他们，多数中国人在文化上养成了作为大国国民的心理适应。

正是这种心理适应，指引着历史的步履，使中国始终没有在分裂的泥潭中沉没。

第089讲

中国文化长寿原因之四：家国同构

中国文化长寿的第四因：**家国同构**。

说了统一，接下来必然要说秩序。否则，虽然归于"一盘"了，却是"一盘散沙"，也就谈不上整体生命力了。

对此，中国古人有先见之明。

早在遥远的古代，当巴比伦人在研究天文学和数学的时候，当埃及人在墓道里刻画生死图景的时候，当印度人在山间洞窟苦修的时候，中国人却花费极大精力在排练着维系秩序的礼仪。孔子奔波大半辈子，主要目的也是想恢复周礼、重建秩序。

秩序，哪一个文明的主宰者不向往呢？但是，他们之中，只有中国人把秩序的建设当作治理的第一要务。因此，其他文明一一都因失序而败亡；唯中国，始终让传统秩序成为社会经纬。这未必全是好事，却让中国文化因为有序而延寿。

秩序，在中国古代是一种由统治者的整体设计、严格管理所产生的礼仪分际，在社会上形成一种半强制性的整体结构。有了秩序，不管是社会还是个人，都有了前后左右、上下尊卑。这既保持了统治的充分有效，又避免了无序带来的杂乱互伤。

秩序，也会让人不愉快。例如，人们必须承受左顾右盼的不自由，承受处处服从的不情愿，承受规则重重的不舒畅。因此，常常要区分什么是好秩序、什么是坏秩序、什么是正秩序、什么是负秩序，并努力地去弊立正、除旧布新。

秩序的建立非常艰难，而无序的开始却非常简单。只需一处无序，全盘就会散架。我曾考察过南亚和西亚一些颇有历史的国家，常常看到大量的人群站在几十年未曾清除的垃圾堆上无所事事。当时想，如果有官员组织这些人弯下腰来清除脚下的这些垃圾，种上农作物，情况不就改变了吗？但再一想，农业秩序十分严密，如果垃圾清除了、土地空出来了，那么种子在何方？农具在何方？水渠在何方？技术在何方？运输在何方？若要着手解决其中任何一个问题，又会连带出更多的问题。这层层叠叠的问题的逐一解决，才能建立粗浅的秩序，而这种粗浅的秩序又非常脆弱，只要一个环节不到位，前前后后都会顷刻塌陷。所以，我总是面对那些站满人群的垃圾堆长时间出神，默默感谢华夏前辈的辛劳和守护。

中国的儒家特别负责，他们认为，要建立天下的秩序，应该让一般民众先获得一种具体的体验，建立一个切实可行的有序图像。这种具体的体验，就是对家庭的体验。儒家确信，家庭的有序图像是天下有序图像的起点。

家庭秩序由血缘、辈分、长幼、排行、婚嫁逐一设定，非常清晰。那么，有没有可能把家庭秩序放大、外移、扩散，成为社会秩序和国家秩序呢？

于是，一个以"私人空间秩序"比照"公共空间秩序"的工程启动了。这个工程的预想成果，可称为"家国同构"。

实际成果，显然有利于加固社会秩序和国家秩序。这是因为，这些大秩序经由"家国同构"，获得了通俗化的体认，容易被接纳。而且，由于家庭秩序、血亲秩序是坚韧的、明确的、可长期持续的，也就使社会秩序和国家秩序变得坚韧、明确、可续了。

《周易·序卦传》中的一段话，集中体现了这种把家、国混成一体的秩序构想：

有天地然后有万物，有万物然后有男女，有男女然后有夫妇，有夫妇然后有父子，有父子然后有君臣，有君臣然后有上下，有上下然后礼义有所错。

显然，"家国同构"的工程也存在极大问题。社会正义不能混同于家庭内规，政治理性不能出自家长判断。明末清初的启蒙学者指出，广大民众没有理由像体谅自己父亲一样原谅朝廷君主，国家要提防滑到"家天下"的泥潭。管不好家庭的家长比比皆是，而以家长面目管不好国家的皇帝，却必然带来社会灾难。

与儒家温馨的"家国同构"设想不同，法家把建立社会秩序，当作了维护专制集权的凌厉手段，当作了"防范天下"的强力展示。这样做当然十分有效，因此很多统治者虽然口头上都是儒家话语，而实际上施行的却是法家权术。于是，秩序建立了，文明延续了，而这种秩序和文明却被深深地打上了专制集权的负面烙印。在这种秩序下，曾有多少争取自由的灵魂被压抑，又有多少社会改革的机遇被错失。

因此，我们在正面肯定秩序的时候，对于藏在背后的皇权专制传统，不应宽容，不应掩饰，不应美化。

中国文化长寿原因之五：简易思维

到上一讲为止，我们讲述的中国文化长寿的四个原因，都牵涉到中国文化的宏观选择。接下来还要讲四个原因，它们则触及文化的本体内容。

中国文化长寿的第五因：**简易思维**。

有很多学者，喜欢把中国古代的奠基典籍说得既复杂又艰深。正好那些典籍由于年代久远不易被今天的普通读者轻便解读，这种误导也就成立了。

其实，文化就像一个人，过厚的脂肪、过胖的肚腩、过多的浮肿，都不利于长寿。长寿的中国文化，从来不愿用自己的肩脖去撑起那些特别复杂的学理重担。它一直保持着精精瘦、乐呵呵的行者形象，从来未曾脑满肠肥、大腹便便。

为什么能够精瘦？因为中国文化一上来就抓住了命脉。中国文化的命脉就是"人文"，《周易》说："观乎人文，以化成天下。"因此，对鬼神传说，敬而远之；对万物珍奇，疏而避之；对高论玄谈，笑而让之。这与其他文化相比，不知省下了多少口舌。

典籍之首，该数《周易》了吧？这个"易"字，按照郑玄在《易论》里的解释，第一含义是"简易"，第二含义是"变易"，第三含义是"不易"。连在一起，就是以"简易"的方式研究"变易"和"不易"。但这种研究又不付之于抽象，而只是排列卜筮的概率，形成框架。这与其他文化的开山之作一比，显得非常精简和直截。

诸子百家之首，该数老子了吧？然而且看老子的全部著作，只有那五千字，从内容到形式都在倡导"极简主义"。几年前，我在北京大学讲授中国文化史时曾经指出，老子是中国文化史上的"第一清道夫"。他那三个字、四个字如刀斩斧劈的简洁文句，呈示了中国哲学不肯多添一笔、多发一声的极致。由他白发白须又默默寡言地在前面走着，跟在后面的诸子百家，谁也不好意思把话讲多了、把书写长了。

"清道夫"的意义，在于把道路扫除干净。干净的道路方便走路，于是也可以走远了。走远，就是长寿。

再看最有名的孔子。记录其言行的传世著作《论语》，是一段段简短、随兴、通俗的谈话，一点儿也没有端出什么理论架势、呈现什么高深形态。

至于庄子，干脆是在写散文诗了。他以轻便而优美的寓言创作，不小心踏入了经典殿堂，受百世敬仰。

确实，在根子上，中国文化是简易的、轻快的、朦胧的、优美的。这种特点使它便于接受，便于传诵，便于延续。长寿，显然与此有关。

在学术界，总有一些人士在抱怨中国文化缺少像亚里士多德、黑格尔、康德这样的深度和广度。这是以西方的学术标准，强求华夏风范。有人还说，唐代没出现像样的哲学家，因此是一个没有重量的时代。这就更错了，唐代的文化重量举世少有，仅唐诗一项，就足以压歪历史的天平。如果一定要把唐诗和哲学做不伦不类的对比，那么我要说，唐诗比当时有可能出现的任何一种哲学，都重要百倍。

历史上总有一些统治者和文化人试图改变简易思维，把事情越搞越复杂，结果后患无穷。明代灭亡之后曾有不少学人痛批空泛、高调、重复、玄奥之学，顾炎武认为那种学风只能祸害神州社稷。朱舜水更是明确指出，明朝灭亡，实乃"中国士大夫之自取"（《中原阳九述略》）。

惯于轻装简从的中国文化，一旦被压上重重包袱，一定步履艰难，直至气息奄奄。那些包袱即使藏着不少好东西，也只能是死亡之兆。幸好，中国文化有明智的自省，总能在受苦受累之后把包袱卸除，舒一口气，揉一揉肩。

大道至易至简，小道至密至繁，邪道至玄至晦。中国文化善择大道，故而轻松，故而得寿。

近年来，中国文化又被强加了一个更低劣的负荷，那就是不少人竭力夸大它的阴谋、心计，却美其名曰智慧、韬略。我在国外经常遇到一些急于了解中国文化的人士，他们接触这种著作和演讲之后总是困惑：中国人怎么会阴险成这样？

对此，我总是这样回答他们：中国古代朝廷里确实会有不少阴谋，但是这一切都与广大民众无关。我说，中国人确实没有那么阴险，我自己早年长期在农村居住，深知中国农民几乎无人懂得阴谋。他们身上最常见的弊病，就是比较吝啬、比较保守、不讲卫生，如此而已。农民占中国古代人口的绝大部分，因此也可推知多数中国人并没有负载那么沉重的阴谋文化。

死而体重，活而体轻。此间玄机，也适合文化。这些年我在国内讲得最多的题目，是"为文化做减法"。我说，唯瘦身，方见筋骨；唯减重，方有生机。中国文化几千年走下来的生命脉络，切莫迷失了。

当然，就像我在前面反复表述的那样，一切正面效应往往包含着负面隐患。简易思维也造成了不少知识分子的浅薄、浮滑、应时、投机。简易思维本该激发更高超的精神定力，结果却在很大程度上取消了很多知识分子的思考功能。长期以来，人们很少听到具有文化高度的指引性话语。结果，中国文化虽然长寿却不太健康，经常得病，有时还相当窝囊。如果能够增加一些思维深度、增加一些选择智慧，它本来可以活得更好。

第 091 讲

中国文化长寿原因之六：以德为帜

今天讲述中国文化长寿的第六因：**以德为帜**。

中国文化始终崇德，但是一般说来，崇德只关乎文化的内容和品质，怎么会与长寿有关？

是的，有关。

大家一定记得，本课程第三单元在讲述君子之道时，曾把"君子怀德"列为第一，还说明了孔子、孟子等人提倡的德是"与人为善"、"成人之美"；在第二单元，我又曾把墨子提倡的"兼爱、非攻、尚贤、尚同"归入了德的范畴。这一些仁德标准，只需提起，就能让绝大多数中国人眼睛一亮、心生温暖，极大地提升了人们对生存的乐观，使大家活得更好、更久。这也就符合了古语所说的"仁者寿"。我今天要进一步说明，中国文化也像人一样，由于崇德而长寿。

我们在第三单元已经讲过，君子为什么要把德放在"物"和"力"之上；现在，我们要进一步从长寿的角度，分析德为什么比"智"和"力"具有更长久的生命力。可以从韩非子的一段话说起。

韩非子在《五蠹》中说："上古竞于道德，中世逐于智谋，当今争于气力。"

韩非子认为，古人讲道德，是因为那时人口很少，构不成竞争。后来人口一多，竞争不得不产生，只得讲智谋了。竞争得再激烈一点儿，讲智谋也来不及了，只能拼气力。

智谋，与前面提到的阴谋不同，确实可以成为道德之外的另一种号召。

当代有人分析，中国文化是一种"德性文化"，西方文化是一种"智性文化"。这是后话，但是，早在诸子百家时代，中国哲人已经触及德、智之间的艰难选择。

智性文化后来在西方产生了很多成果，对人类进步做出了重大贡献。但是，智性文化的成果始终处于被超越、被突破、被否定的长链上，一旦长久就会面临危机，而不能像德性文化那样，吸引人们永远抬头仰望。

至于韩非子所说的第三面旗帜——气力，那又降低了一个层次。把气力单独拉出来讲述，正说明它是一种摆脱道德、摆脱智谋后的存在。这种气力，有可能让人惊惧、让人服从，却很难让人从心灵深处长久地佩服和尊敬。

由气力所延伸的"成功"，总是很难持久。这是中国文化的基本常识，连普通人也懂得，只是不说出来罢了。祸福相依、凶吉互融、输赢无定的旋转，在几千年前就已经成为一种全民预测。只有一种因素的出现，才能让旋转停息。这个因素，就是德。也就是说，如果让气力服从于大德，让成功依附于至善，一切才可能改观。

用大德、至善来止息输赢旋转，儒家用了最高明的四个字："止于至善"。这个"止"，带有恒定、永久的意涵。

后来，正如前面讲过的，王阳明又为"至善"找到了每个人心底所埋藏的依据，那就是"良知"。这一来，中国文化也就建立了一个比其他文化更明晰、更干净的道德构架，使中国人产生了长久的景仰。景仰构成了一个稳定的方向，即便缺少实行举措，也减少了其他方向的精神耗损。当景仰变成一个长久的延续过程，中国文化的寿命也随之延续了。

遗憾的是，历代中国的官员和文人很少在提升社会道德方面做较多有效的事，即便满眼污秽，也掩鼻而过。结果在中国，德，更多的是一个古典教诲，并未转化为一套切实可行的道德评鉴系统、品行教化系统、荣辱奖惩系统。德的这种空洞化状况，常常使很多虚德、伪德、诈德大行其道，致使广大民众失去对道德的信任，后果相当严重。这就给后代留下了辽阔的努力空间。

中国文化长寿原因之七：避开极端

今天讲述中国文化长寿的第七因：**避开极端**。

一看标题就明白，我是在说中庸之道。在本课程第三单元，我曾讲述过孔子为什么把中庸看成是君子的最高道德。今天，要着重说说它与长寿的关系。

我说过，如果对中庸做最简单的解释，那么，中，是指中间值；庸，是指寻常态。正是这两方面，构成了普遍意义上的延续态势。普遍的延续态。

中庸与时间有奇特姻缘。无数事实证明，有了中庸，就能拥有更多时间；反之，放弃中庸，则会让时间中断。

中国的历史那么长，遭遇的灾祸那么多，在很多时候似乎走不过去了，就像世界上其他伟大文明终于倒地不起一样。但是，中国却一次次走通了，越过了灾祸、越过了灭亡，跟跟跄跄地存活了下来。细察每一个生死关口就能发现，正是中庸，发挥了重要作用。

中庸为何能避祸、避亡？原因是，它避开了在关键时刻最容易出现的各种极端主义。

极端主义极有魅力，可惜时间不愿意与它站在一起。极端主义的口号响亮爽利，令人感动；极端主义者就像站在悬崖峭壁边上的好汉，浑身散发着英雄的光辉。因此，总是拥有大量的追随者、崇拜者、死忠者，劝也劝不回。但是，对于广大民众来说，口号不是路标，好汉不是向导，悬崖不是大道。接下来的路，该怎么走呢？

其实已经无路，虽然还会闹腾一阵子，但事情已经结束，时间已经扭头。这就是响亮的短命、激烈的速朽。

极端主义者不仅割断时间，而且也割断空间。他们迟早连追随者的劝告、建言、修正也无法容忍，把这些伙伴当作叛逆者一一驱逐，孤苦伶仃地坚守着越来越局促的"原教旨主义"。于是，空间的局促又加剧了时间的短促，覆灭不可避免。

中庸与他们一比，总是那么平淡、那么家常、那么低调，引不来任何喝彩和欢呼。中庸只在轻脚慢步地四处探问，轻声慢语地商量劝说。但是，过不久，一条小路找到了，一种谅解达成了，一番口舌删掉了，一场恶斗让过了。看起来好像什么也没有发生，只不过大家都可以活下去了，而且是平顺地活下去了。

中国文化在整体上拒绝极端主义，信奉中庸。我在本课程第三单元曾经介绍了古代经典在这个问题上的反复教导。这些教导深契大地人心，结果，即便是那些很容易陷入极端主义的外来宗教，一与中国文化接触便减去了杀伐之气，增添了圆融风范。

中国也有一些时段、一些人物受到极端主义蛊惑，言行狂悖，却无改全民数千年的集体选择。例如在当代，以"文革"为代表的极左喧嚣，一次次被民众唾弃，又一次次试图死灰复燃。但事实已经证明，这种极端主义，只是过眼云烟。在中国，数千年的集体选择沉淀成了集体人格，结果，中庸不再是一种权宜之计，而成了一种文化本能。

为什么在各大文明间，只有中国能够全方位地实践中庸？说到底，这还是与农耕文明相关。农耕文明靠天吃饭，服从四季循环，深知世上难有真正的极端。冬天冷到极端，春色渐开；夏天热到极端，秋风又起。这种"天人合一"的广泛体验经由《周易》提升、儒家总结，也就成为文化共识。世界上，其他宗教和哲学，也都有过"中道"的理论，但是，只有中国，让中庸在世俗生活中长久普及，成了一种谁都无法忽略的实践形态。

我作为一个曾经长期研究世界艺术的学者，不能不指出，中庸在美的领域未必总是超过极端。例如，当我面对中国古代戏剧中"悲、欢、离、合"的中庸结构，再对照古希腊悲剧在生命边涯上的极端呼号，就会把审美的心理天平偏向后者。对于这个问题，我在《极品美学》一书的自序中做了说明。但是，对于安定百世而言，中庸则利大于弊。

中庸的话题，也会遇到一种最常见的疑问。例如那年我在哈佛大学演讲中国文化精神，就有一位中国留学生当场提问："中庸之道确实有很多优点，但是，会不会阻碍了创新和突破，降低了文明的高度？"

我回答说，这是一个很好的问题，中庸确实并不完美。当人们遇到某些关键时刻，不得不做出决断割舍、强行处置、单向选择的时候，中庸之道常常会使决策者左右徘徊，错失时机，接受无聊。因此，它不是在任何时刻都是万能无虞的。我们不应该用中庸之道来对抗创新和突破。但是，即便在创新和突破中，它也能提示人们选择可行和安全。例如，中庸之道并不反对登高，只是在珠穆朗玛峰的险峻山道上，希望你尽量走到中间，把脚踏稳，而不要为了影像上的能见度，在悬崖边上摆弄英雄姿态。

处于当代，世界上极端主义越演越烈。不少西方政客为了对付它们，采用的也往往是另一种极端主义，即单边主义。结果，总是极端对极端，无休无止。在这种情况下，中国文化实行中庸、反对极端的千年本色，应该再度发挥作用。

第 093 讲

中国文化长寿原因之八：科举制度

今天，终于要讲到最后一个原因，也就是中国文化长寿的第八因：**科举制度**。

以上种种长寿的原因，都很重要，但在实际执行中，还必须落实在一个具体项目的操作上。这个具体项目，必须汇集各种导致长寿的原因，而且自己也颇为长寿，有时间陪着中国文化走过千年长途。

这个项目，就是科举制度。

正是科举制度，使中国文化拉出了一条通向长寿的特殊缆索。

对于中国古代的科举制度，我曾写过长文《十万进士》，估计有不少学员读过，这里就不再重复了。我今天只想让大家发出一种惊叹：这是谁想出来的好点子呀，工程那么大，功能那么全，对中国文化护佑了那么久！

又大、又全、又久到什么程度？且听我略举几端。

第一，世界上其他重要文化的溃灭，首先溃灭于社会乱局。因此，即使仅仅为了文化，也要选取足够的社会管理人才。科举制度，便由此而生。选拔各级社会管理人才，保全了文化的土壤。

第二，在空间上，世界上其他重要文化也曾建立过良好的管理系统，但是由于地域大、方位多，各地的管理者容易自立格局、自选下属，时间一长，便产生近似"分封"的裂隙。而科举制度，则全国统一。以统一的标准、统一的机构完成统一的选拔，这就以文化的方式，堵塞了分裂的可能，反过来又保护了文化。

第三，在时间上，世界上其他重要文化没有建立代代延续的选拔机制，几代之后就难以为继。科举制度保证每隔三年提供大量管理人才，源源不断。这是中国文化保持有序延续、有效延续的重要原因。

第四，源源不断的管理人才必须依靠丰沛的备考、应试资源。科举制度对此创造了一个千年实践：在中国，不分地域、不分门庭、不分职业、不分贫富，只要是男性，都有资格参加选拔。在唐代，连外国人也能应试。这种全民动员，极大地强化了文化在全社会的整体生命力和号召力。

第五，社会上最容易产生焦躁动荡的群体，就是青年男子。科举制度让全国这一群体的很大部分，都成了极为用功的备考人员、应试人员，而且很多人屡败屡考，终生应试。这就让社会大幅度地提高了安全系数，而且安全在文化气氛中。

第六，如此规模的考试，所出试题必然会在很大程度上左右整个国家的文化选择。科举考试越到后来越明确，以儒家经典为主要考试范围。这一来，全国千千万万青年男子，也就为了做官而日夜诵读儒家经典，诵读到滚瓜烂熟，一年又一年，一代又一代。他们的初衷，只为个人前途，但结果是，那些儒家经典受到无数年轻生命的接力负载，变得生气勃勃。这可谓，经典滋养生命，生命滋养经典。后一种滋养，更是让经典永显青春血色，举世无双。

第七，这么多由诵读经典而终于为官的书生，有没有能力参加社会管理？正巧，他们为了应试而天天诵读的，不是旷世玄学，不是古奥经文，不是隐士秘籍，而是"修身、齐家、治国、平天下"的大道理。拿着这些大道理去做县令、太守，大致属于"专业对口"。于是，社会治理和文化传承相得益彰。

第八，科举考试并不看重天才勃发、奇思妙想，而总是安排刻板的格式，后来甚至限定了"八股"模式。这会让李白这样的稀世天才难以进入。但是，由于科举考试的目的只是选拔官员，而不是培养诗人，因此这样的安排并无大错。官员将来要做什么？在多数情况下，也就是在刻板的格式中规矩行事，有所创新也不失前后左右的基本关系。那么，科举考试就是对行政模式的预示。李白不适合从事管理职务，因此不能以他的缺席来非难科举。科举如果随兴而不刻板，那就长不了，结果也就无法辅佐中国文化走长路。

第九，科举考试总体上公平严格，却也会有一些作弊的所谓"科场案"。由于这种案件直击吏治命脉，每次都采取酷刑严罚，引起社会广泛关注。民众由此明白：做官以文化入场，对此绝不能作弊。这种共识极大地提升了文化对于官场伦理的奠基性价值，这在世界其他文化系统中看不到。

仅此九端，已经足以说明科举制度的齐备了吧？已经足以说明它对中国文化的长寿所起到的作用了吧？

确实，我环视全世界，没有发现还有哪一种体制，能像科举制度那样发挥如此全面、有效、长续的文化守护功能。不必怀疑，它是中国文化长寿的归结之因。

但是，由于一些在科举考试中失败的文人写了不少批判作品行世，它的名声渐渐受污。在考试内容上，后来它确实也跟不上自然科学和国际政治的迅猛发展，成了一个备受攻击的对象。似乎，中国的落后，全是因为它。

一九〇五年，经袁世凯、张之洞等人的上奏，慈禧太后批准，科举制度在存世一千三百年之后彻底废止。废止之时，异议不多，但在废止之后，渐渐出现了不少反思的声音。有的声音中，还包含着深深的后悔。

梁启超说：

> 夫科举非恶制也。……此法实我先民千年前一大发明也。自此法行，而我国贵族寒门之阶级永消灭；自此法行，我国民不待劝而竞于学。此法之造于我国也，大矣。人方拾吾之唾余，以自夸耀，我乃惩末流之弊，因噎以废食，其不智抑甚矣。吾故悍然曰：

复科举，便！（《官制与官规》，1910 年）

孙中山说：

> 现在欧美各国的考试制度，差不多都是学英国的。穷流溯源，英国的考试制度原来还是从我们中国学过去的。所以，中国的考试制度，就是世界上用以拔取真才的最古最好的制度。（《五权宪法讲演录》，1921 年）

钱穆说：

> 直到晚清，西方人还知采用此制度来弥缝他们政党选举之偏陷，而我们却对以往考试制度在历史上有过千年以上根柢的，一口气吐弃了，不再重视，抑且不再留丝毫顾惜之余地。那真是一件可诧怪的事。（《中国历代政治得失》，1955 年）

这些人都不是保守派、复古派，却都在叹息，科举考试废止得太草率了。钱穆先生明确认为这个制度足以弥补西方政党选举的偏陷，梁启超先生甚至还在呼吁恢复这个制度。

确实废止得有点儿草率了。但是，我对梁启超先生和钱穆先生的意见也不能完全赞同。科举考试呈现了一种与选举制度截然不同的选拔制度。"选举"和"选拔"，虽一字之差，却是距离很大的政治路径。相比之下，前者更贴近民主的本义。因为选举的主体是投票者，在下；选拔的主体是选拔者，在上。对很多中国人来说，虽然科举考试废止了，心中所习惯的还是选拔而不是选举，这就严重影响了民主的正常进程。这一点，显然超出了梁启超、钱穆两位的思维框架。我的主张，中国官员的产生，应该选举和选拔相结合。选举求其合法，选拔求其专业。其间关系，体现政治学的顶级智慧。

　　好，我终于把中国文化长寿的八大原因，也就是中国文化生命力的八大优势，简单介绍完了。

　　由于近两百年的世界局势，中国文化的生命优势几乎全部被掩盖了，甚至被曲解成了劣势。这就使得拥有过最高"世界身份"的中国文化，几乎失去了"世界身份"。为此，我不能不一次次地呼唤国际的学术良知，请他们重新读一读世界史，尤其是世界史中的中国文化史。

　　我这么说，并不是出于民族主义的诉求。几年前我在北京大学讲授中国文化史的时候，曾经严肃质疑目前有些人在"国学"名义下操弄"以国家主义实行排他主义"的图谋。但是，我们今天要说的，却是问题的另一方面，一个比"国学"还要严重的方面，那就是当代世界对于中国文化的无知。

　　稍稍值得高兴的是，完全熟视无睹的时代好像已经过去。即便在遥远的地方，兴趣的目光也开始向中国文化移动。

　　看来时至今日，中国文化已经逃不过关注、跟踪了。

　　逃不过就不逃。世界上唯一长寿的超大文化，理应不卑不亢地等待别人的提问，再从容不迫地做一些解答。

　　一代代解答，一代代倾听。过后，又要有新的解答、新的倾听。

　　不管到哪一代，中国文化，总在。

第094讲

喜马拉雅南麓的日记

课程讲到今天，几乎都在陈述中国文化的长处。现在，按照理性逻辑，不能不讲它的短处了。

在这个问题上，我们常常陷入一端。从五四新文化运动到八十年代开始的文化反思，说得最多的是中国文化的弊病。一度甚至把它说成浑身暗伤。这种反思虽然未免片面和夸张，却也体现了一种深刻的剖析之力，展现了历史转折的脚步。但是，也有一些时期，尤其在"国学热"、"遗产热"、"传统热"掀起之后，到处都怀旧吊古、痴迷成风，而且又与爱国主义、民族大义连在一起，使得任何批评、淘汰、筛选都变成了"数典忘祖"的背逆行为。在这种全民激情中，许多行将失落的遗产确实获得了抢救和保存，中国的文化根脉也确实获得了扶持和浇灌，但是，文化改革和创新的动力却失去了依凭。

在我看来，这种倾向，更值得担忧。

在前面的课程中，我对中国文化优势的整理，恐怕已经远远超过了"国学热"所能做的极限。那么，我也就取得了讲述中国文化短处的权利了。

这种讲述，不是为了揭丑，而是试图以国际宏观视野来获得文化上的自我省识。其间，也采用了布莱希特的"陌生化效果"。

对于这个问题，我自己也有过一次巨大的转折。

本世纪的第一个早晨，我在一个非常特殊的地方，写下一篇日记，正反映了我的这次转折。因此，我要在这里给大家朗诵一下，篇幅稍稍有点长——

今天是二十世纪的最后一天，我在尼泊尔。

我是昨天晚上到达这儿的。天已经很冷，这间乡村旅馆里有木炭烧的火炉，我在火炉边又点起一支蜡烛，一下子回到了没有年代的古老冬天。

我独自在那么遥远、那么冷僻的地方送别一个世纪，心里非常宁静。

整整十年前，我还是中国最年轻的高校校长，却在上上下下一片惊讶中，辞职远行。我辞职的理由，谁也听不懂，说是"要去寻找千年前的脚步"，因此辞了二十几次都没有成功。但终于，甘肃高原上出现了一个穿着灰色薄棉衣的孤独步行者。几年后，有几本书受到海内外华文读者的集中关注。我告诉大家，千年前的脚步找到了，但主角不是哪几个人，而是一种文化，因此可以叫作"文化苦旅"。

但是，我真的理解这些脚步、这些苦旅了吗？疑惑越来越深。我知道，必须继续寻访世界上那些与它们同时代的另一些伟大路途。只不过，这些路途的一大半，现在都笼罩在恐怖主义的阴云之下，直到今天，全世界没有一个人文学者能够全部穿越。

我敢穿越吗？如果敢，能够活着回来吗？

一路上遇到的险情，比出发时想象的还要复杂，但毕竟，今天可以说了，我已经穿越，还活着。尼泊尔没有恐怖袭击，因此晚上睡觉不必担忧。我拨了拨炉子里的炭火，把蜡烛吹熄，也就吹熄了一个世纪。

今天一早醒来，就感到屋子里有一种奇特的光亮。光亮来自一个小小的木窗。我赶紧起床来到窗口，一眼就惊呆了。一道从未见过的宏伟山脉，正在窗外。清晨的阳光照着高矗入云的山壁，无比灿烂又无比安静，无比冷冽又无比光华。

我赶紧穿衣来到屋外，一点儿不错：喜马拉雅！

尼泊尔境内喜马拉雅山脉

　　仰头观赏间，猛然想到，喜马拉雅背后，就是我的父母之邦。
我离别她并不太久，却又觉得很久很久，因为一路上都在做千年对
照、万里权衡，等于用脚步读完了一部中外文明比较史。此刻我
可以在喜马拉雅的南麓说一句：我在远离她的地方真正读懂了她。

　　"在远离她的地方真正读懂了她"，这句话，包含着深深的自
责，就像一个不肖之子面对辛劳的母亲，突然产生了愧疚。

　　是啊，我们一直偎依着她、吸取着她，却又埋怨着她。她好不
容易避过所有的岔道走出了一条路，我们却常常指责她，为何不走
另外一条。她好不容易在兵荒马乱中保住了一份家业、一份名号，
我们却常常嘲笑她，保住这一些干什么？我们一会儿嫌她皱纹太多，
一会儿嫌她脸色不好，一会儿嫌她缺少风度……总之，她在我们这
些子孙辈眼里，简直一无是处。这次，离开她走了几万公里，看了
脚下那些与她同龄的显赫文明的一个个坟墓，以及坟墓边上的一片
片废墟、一片片战壕，我终于吃惊、终于惭愧、终于懊恼。

　　一切都已经拖延太久，我们没有在她最需要的时候为她讲话。
但毕竟还来得及，新世纪刚刚来临，今天，我总算及时赶到。

　　前几天，我在即将结束这次历险的半道上，接受了一个国际传
媒专家的建议，回国后，稍事休息就应该投入另一项环球行程，那

就是巡回演讲，向国际社会讲述世界坐标中的中国文化。

但是此刻，我在喜马拉雅的宏伟山壁底下，被浩荡的凉风一吹，想法又发生了变化。真正的国际演讲，我显然还缺了一大块内容。我把祖国比作山后的母亲，确实吐出了肺腑之言，但这样的比喻也有局限，那就是很容易以情感浇灭理智。这么庞大的国家，那么悠久的文化，如果只让情感来囊括，一定会产生严重的弊端。我想起了近代以来一大批目光如炬、言辞恳切的社会改革家和批评家，正是他们，让国家走上了一条自我反思的道路，而没有病亡。他们的目光和言辞，主要来自世界另一些地方，一些不属于"人类四大古文明"的地方。

因此，我决定，不急着国际巡回演讲，而应该尽快开始欧洲之旅。细细地考察，静静地对比，路可以走得更长，时间可以花费更久，把中国文化投向一个没有疆界的辽阔世界进行对比，看看她在诸多强项之外还有多少弱项。也就是说，我要再度在远离她的地方进一步读懂她。在这之后，再做巡回演讲不迟。

这么一想，我的视野更宏大了。依傍着世界最高一极喜马拉雅山，真正的旅行者不应该划界筑墙，陷入狭隘的民族主义和国家主义。因此，我下一个旅程的名称都有了，可称之为"行者无疆"。

后来我的行动正如日记最后所设想的那样，考察了欧洲九十六座城市。我发现，与欧洲文明相比，中国文化确实有很多弱项和弊病。先是列出二十四项，后来简缩为八项，最后，为了便于演讲，再度精简，成了三项。

这就是我们以后的课程要讲的内容了。

精简成三项，已经不仅仅与欧洲文明比了，而是把中国文化放到目前全人类高层智者公认的文明基座上，显现出了三方面的明显差距。

哪三个方面的明显差距？前面的课程中已经预告过，一在公共空间，二在实证意识，三在创新思维。让我们一一讲来。

中国文化的弱项之一：漠视公共空间

中国文化的第一个弱项：**漠视公共空间**。

公共空间（Public Space）作为一个社会学命题是德国法兰克福学派重新阐释的，却是欧洲文化自古至今的一大亮点。

中国文化对此一直比较黯然，历来总是强调，上对得起社稷朝廷，下对得起家庭亲情，所谓"忠孝两全"。但是，有了忠、孝，就"全"了吗？不。在朝廷和家庭之间，有辽阔的"公共空间"，这是中国文化的一个盲区。

你看，中国古代一个官员坐着轿子来到了某个公共空间，前面一定有差役举出两块牌子："肃静"、"回避"。这么一来，公共空间一下子又不见了。那么，似乎只好让知识分子来关心公共空间了，但是中国文人遵守一个座右铭："两耳不闻窗外事，一心只读圣贤书。"这里边所说的"窗外"，就是公共空间，他们不予关注。他们有时也讲"天下兴亡"，但主要是指朝廷兴亡。

我在国外游历时，经常听到外国朋友抱怨中国游客随地吐痰、高声喧哗、在旅馆大堂打牌等低劣行为，认为没有道德。我往往会为自己的同胞辩护几句，说那个高声喧哗的农村妇女，个人道德其实不错，我听说她手里牵着的，是两个"地震孤儿"。她的失态，只是因为不知道公共空间的行为规范。责任不在他们，而在中国文化。当然，这样的事说到底确实也与道德有关，那就是缺少社会公德。

康德

确实，我们很多中国人很重视个人道德，却失落于社会公德。

说到社会公德的失落，我想起了康德。

这位德国哲学家在肯定法国启蒙运动的时候，曾经非常简洁地定义过近代知识分子的精神，那就是：**"有勇气在一切公共事务上运用理性。"**

首先，请注意，这个定义里边的第一个关键词是"公共事务"。中国知识界大多不在乎"公共事务"，认为那是急功近利的琐事，属于"流俗"的范畴。一旦投入，在古代上不了史书，在现代评不了职称。但是在康德看来，知识分子要面对的主要目标，恰恰是公共事务，而且，是一切公共事务。这是我们所企盼的公德的基础。

这个定义的第二个关键词是"理性"。这是评判一切公共事务、设定各项社会公德的科学标准。中国文化在经历了早年的创建期以后，常常出现非理性的固执，有时甚至变得很矫情。一矫情，即使是具有道德含量的事情，也因脱离理性而变质了。比如以极度夸张的方式提倡的"忠孝节义"、"三从四德"就是这样。在我看来，它们大多超出了理性控制范围。

这个定义的第三个关键词是"勇气"。因为公共事务往往是广大民众既定生态的约定俗成，在整体上是一个因循守旧的庞杂结构。如果要用理性来重新思考、重新选择、重新设计，等于是向广大民众的习惯挑战，不知道要得罪多少人。但是，知识分子的责任就在这里，必须为了理性精神不惜与公共习俗发生冲突，并支付足够的勇气。正是这种勇气，使公共事务中出现了公德。正是这种公德，让公共空间不再冷漠。

只有热心社会公共事务的知识分子勇敢地进行理性设计，才能建立一系列符合公德的社会规范。为了具体地说明这个问题，我举一个实例，曾在《行者无疆》一书中写到过。

有一天晚上，德国斯图加特的一个路口，我和一位当地学者站在那儿等红绿灯。路上并没有车辆，因此我们就谈起了眼下的这个社会规范：为什么没有车辆也不能闯红灯？

我说，公共行为规则一旦制定就要无例外地服从。但我这样说的时候心里觉得还缺少理性深度，说明不了这个规范的公德性。

这位德国学者告诉我，路上没有车也不能闯红灯，本身就是一种经过严密推断的社会公德。推断过程是这样的：

第一，数据证明，穿越马路而受伤害最多的人是孩子。孩子主要是通过观察来接受教育的，包括交通安全教育。路口，正是孩子们接受交通安全教育的第一现场。

第二，即使路上什么人也没有，但很难保证，街边密密层层的窗口中，没有孩子们俯视的眼睛。孩子们总喜欢在窗口看，那是他们的人生课堂。

第三，由于前面这两个推理，这就进入一个悖论了：当你安全地穿越了红灯，等于告诉孩子们穿越红灯没有危险。只有当你遭受伤亡的时候才能给孩子们以正面教育，但是谁也不愿意为这种教育付出如此惨重的代价。

所以第四，就只有一个选择了，也就是既不让孩子们看到闯红灯的安全，也不让孩子们看到闯红灯的伤亡，那么只能是彻底地不闯红灯。

这种思考方式，就是康德所说的在公共事务中运用理性的范例。近代的欧洲为什么在公共事务中能产生如此严密而又合乎公德的一系列规范？因为都被这样思考过。

当知识分子用勇气和理性提升了公共事务，那么反过来，他们的精神地位也大大提高，成了真正的公众人物。

公共空间，中国传统社会中也有近似的概念，例如"天下"、"九州"、"尘世"、"百姓"，一说就变成俯视苍生的高谈阔论，几乎不会想到需要民间社会每个人都承担的一系列行为规范。

对于公共空间的行为规范，中国文化中有很多替代品。在古代，把朝廷旨意和家规族规当作了公共空间的行为规范；在现代，把斗争哲学和宣传口号当作了公共空间的行为规范；在当代，把传媒信息和流行风潮当作了公共空间的行为规范。

公共空间的行为规范被顶替的现象，在日常生活中更是随处可见。这种顶替，往往是以一大堆空洞杂乱的公共话语取代了切实可见的公民行为。例如，现在有一些大城市的出租汽车司机都非常健谈，如果车程比较长，他们会大谈国际新闻，还会做出很尖锐的社会评论，充分显示他是一个有着鲜明观点的公共人物。有一次我搭车正好遇到这样一位司机，在大声谈论的时候，突然把头冲向窗外大骂一位步履迟缓的老人，骂完以后又开始超车改道。一辆救护车鸣着警笛从后面过来，周围很多车都不让道，我劝他让一让，他居然笑眯眯地说："别理它，走我们的。"当然，他没想到在这个问题上我会比他更严厉。

你看这位司机，成天转悠在公共空间，既有国际意识，又有新闻意识，还有传播意识，恰恰缺了公德意识，但他没有意识到这一点。我们周围，这样的所谓"公众人物"实在太多了，无所不知，无所不评，高谈阔论，俯视千秋，却从来不会对此时此刻周边的他人提供太多的友善。

借此我们终于可以归纳公共空间与社会公德之间的关系了。所谓社会公德，就是每个社会成员自觉地向公共空间提供友善和美好。

这里所说的"每个社会成员"，牵涉到公共空间和社会公德的普遍性、平凡性、日常性。

欧洲启蒙主义者说，在中世纪，只有辽阔的神权空间和狭小的私人空间，而没有公共空间。当公共空间稍稍拓开，近代文明就有了立足点。公共空间的行为规范，一定与人人相关，因此也一定显得既普通又日常。

我想起了五年前在美国召开的一个社会发展研讨会。一位拉丁美洲的学者长期研究自己国家落后的原因，后来又带着同样的问题考察了世界上很多国家，然后总结出一系列对比性的现象。他告诉大家，到了陌生的地方，如何快速地判断该地的荣衰前途。其中有一条，和我们现在的话题很吻合。

他说：初到两个国家，要判断它的前途，可以先看它在倡导什么品质。如果 A 国倡导的是神圣话语、古代圣贤、稀世英豪，B 国倡导的是准时上班、依法纳税、热心公益，哪个国家更有前途？他的答案很肯定，一定是 B 国。

他说，A 国永远在设想着很难遇到的稀有人物，证明对现实的公共空间失去了信心；而 B 国呢，则回到了每天必遇、每人必遇的公共空间，那么，这个社会一定是有序的、和谐的、在良性运作的。

因此，这位学者说，越是落后越讲大话，越是没有希望越要把古今中外的名人拿来做掩饰。等到真正发展了，就只剩下了对公共空间日常行为的细细叮咛。

公共空间，以社会成员解除身份隔阂之后的平等心理为基础。大家所企盼的公民意识、民主意识，也由此派生出来。以前到我国内地一些经济不发达的省份去，总是发现很多官员天天忙着宴请应酬，但是在餐桌上，低一级的官员完全没有话语权，只把笑容和眼神全都投注在那个级别最高的官员身上。因此，连这张热热闹闹的餐桌，也只是权力空间而不是公共空间。问题是，这种权力空间又貌似公共空间，变成了"公共权力空间"，结果把一切公共话语包括公德在内，全都变成了权力话语。

社会公德，是一种不必哪个权势者下令就能在公共空间看到的行为习惯。具有这种行为习惯的人，就是合格的公民。听到救护车鸣笛，看到残疾人过路，遇到小学生放学，都会自觉地停车让道。这中间，没有任何权势和财富的印痕，没有任何空话、大话的左右，没有任何界线的划分。

对一切弱势群体的关爱，对一切求助者的回应，对一切受灾民众的捐助，这都属于公德的基础行为。我们前面提到，英国哲学家罗素在九十多年前批评中国人"对人道主义的冷漠"，其实也就是对公共空间和公德的冷漠。当然，这么多年过去，这种情况已有很大改变，每次救灾的壮举就是证明。

为什么会产生"对人道主义的冷漠"呢？不是中国人不善良，不是中国人不仁慈，而是中国文化虽然也强调"人文"，却没有对"人"这个概念在公共空间中的普遍意义，进行过太多的思考。

中国文化为了社会管理，思考过"王道"和"霸道"；为了家庭伦理，思考过"妇道"和"孝道"；甚至为了文化传承，还思考过"师道"和"学道"。在这么多"道"中间，独独少了一个"人道"。一个普遍意义上的"人"，被种种的社会职能分割了。其实，这也是对公共空间的分割。因为只有普遍意义上的"人"，才是公共空间的唯一主角。

因此，当救灾壮举中喊出"以人为本"、"生命第一"这些无界限、无等级、无差别的口号时，正说明中国文化已向着精神上的公共空间大步迈进。

本来，课程进行到这里，中国文化在公共空间上的欠缺已经讲得差不多了，可以不必再继续了。但是，我还存有一种专业性的敏感，那就是特别关心公共空间中的美学灾难。因此，还要来说一说公共审美。

还是要从眼前的景象说起。

近二十年来，随着中国经济的高速发展，很多城市的建设翻天覆地，造了很多新房，修了很多大道。但是，这些建设是在营造美丽，还是在堆积丑陋？据统计，几百座城市的新建筑中，可以被中外建筑学家勉强点头的，比例不到十分之一。这也就是说，绝大多数城市的建设，基本上处于平庸状态、丑陋状态。这不是一件小事。

为什么不是一件小事？

大家想想看，我们写坏了一篇文章可以把它撕掉，买错了一件衣服可以不穿，不喜欢一个音乐会可以不去，但是当一幢楼房、一条大街、一座城市以平庸、丑陋的形态天天出现在眼前，那么，它也就构成一种与你的生命同样长久的强迫接受。或者说，构成了一种躲不开、逃不掉的负面审美。

当你慢慢地适应了，不生气了，那也就从这所负面审美的学校毕业了。从此，你将麻木于美好和丑陋的界线，严重地降低生命的质量，降低对生活的选择能力。

如果不是你，是你的孩子，一出世就要面对这么一座负面审美的学校，那将是更大的不幸。因为他们将成为无力抵抗丑陋的一代。要想在今后回到健康状态，需要脱胎换骨。

我有几位海外朋友，一直非常喜欢中国文化，却又惊讶中国人对于丑陋的忍耐能力。例如，北京一条据说是"恢复原先风貌"的横贯东西的大道，灰暗、萎靡、低琐，使人们总想千方百计地"绕道而行"，却一直没有受到过公开批评。但是，对于国际建筑大师的突破性设计，却用一个个难听的绰号来予以嘲谑和否定。

我家乡浙江的好几个地区，高速公路旁边的富裕农村，很多年来流行着一种新建筑，家家户户的住宅都变成了蓝窗马赛克的小楼，楼顶上全都树起了一座座"埃菲尔铁塔"。有的家庭还树起了五座，中间一座大的，四角再各树一座。这种楼房造得很密集，一眼看去，像是铁塔的森林。直到现在，这场丑陋建筑的传染病还在继续恶化，公路上不断看到一辆辆卡车运送着刚刚出厂的一座座"埃菲尔铁塔"在飞奔。从去年开始，塔体已经流行镀银的了。对这件事我曾经多次上下呼吁，毫无遏止的势头。由此可见，丑陋的力量远远超过我们的想象。

那么，接下来又要挖挖文化根源了：这个问题为什么在中国文化中显得特别严重？

中国文化创造了很多美，但又不太重视美。在先秦诸子那里，孔子是比较懂得美的，他还编过《诗经》，但在人世间"真善美"的三维结构中，他更重视善。比儒家更具有美学意味的是老庄，不管是《老子》还是《庄子》，都是上等的美文。但是，老子认为美和真是对立的，所谓"信言不美，美言不信"，他更重视真。到了庄子那里，连真也迷惑了。法家不在乎美，他们把全部的心思投在法、术、势上。秦汉帝国以后，文化回荡于道义和权术之间，已经不重视审美的独立空间。

幸好一直有诗歌的可观发展，但主流的导向还是"诗言志"，把审美功能推到了边缘。依照这种传统，历来很多官员和文人都把文学艺术看成是社会教化的工具，从心底里不承认审美文化的独立性。

问题又回到公共空间这个问题上了。中国文化缺少一种佛罗伦萨式的机缘，让达·芬奇在市民的公共空间中描绘壁画，让米开朗琪罗在市民的公共空间中雕塑大卫。一切重要的审美成果都出现在公共空间，几乎所有的佛罗伦萨市民都成了主动或者被动的艺术鉴赏者。

相比之下，中国历来对艺术品的收藏，不管是皇家收藏还是私家收藏，总是竭力避免它们接触公共空间，因此很难构成一种公众共享的鉴赏水平。

不错，中国文化藏下了很多美，却不知道美要通过晾晒、传播、教化来形成自己的气场。结果，门内的美不认识门外的人，门外的人不认识门内的美。

公共空间审美机制的形成，一定与市民社会密切相关。中国脱落了这个环节，只能让精英审美和世俗审美各行其是。但是，由于高层级的精英审美不知道如何渗透到社会，真正有生命力的只剩下了低层级的世俗审美。有时在阴差阳错之间，某些低层级的世俗审美居然还成了中国的精神代表。

比如，直到今天，如果要在外国展现中国文化，总是离不开舞龙、舞狮、高跷、鞭炮之类的民俗活动。不管是在伦敦、巴黎，还是在纽约、新加坡，都是这样。有时我看到眼前的这种热闹景象总觉得不是味道，因为我从童年开始从来没有在乡间看到过这种表演。我问过爸爸、妈妈，他们也从来没有见到过，只有外公说曾经在某处的庙会看到过一两回而已。因此，这其实并未惯常发生在中国大地上，而只是发生在外国唐人街节庆活动中的奇特文化，最近这些年国内一些地方为了发展旅游才倒传回来一些。怎么也想不到，这些活动，居然成了中国文化的美学象征。

中国文化源远流长，巨匠如林，怎么变成了如此简陋、笨拙的外部动作？中国文化温厚平和、内敛含蓄，怎么变成了如此吵吵闹闹的眼花缭乱？我不反对从民俗活动中找一些元素来体现民族特色，但这必须有选择、有淘汰、有改造、有重建，而且应该由最高层级的艺术家和设计家主持其事。

由此可见，如果没有康德所期盼的那种"有勇气在一切公共事物上运用理性"的知识分子，公共空间极有可能成为一个个喧闹不已的审美荒地。即使很富裕，也还是审美荒地。缺少基本素质的民众总是习惯于最低层次的惰性重复，面对这样的文化灾难，公共知识分子的责任就出现了。遗憾的是，我们中国的所谓"公共知识分子"，往往只会折腾是非，而不会区分美丑。结果，总是越是公共，越是不美。

在这里我要赞扬一下长江三峡大坝建设者们的一个决定。三峡工程原总指挥陆佑楣先生告诉我，在建造大坝时全国各地有很多人提出建议，要把大坝涂成某种颜色。有的主张白色，有的主张绿色，有的主张蓝色，有的主张乳黄色……而且，每种主张都能说出很多理由。但最后总指挥部决定，什么颜色也不涂，让水泥和石块裸露着自己的本色。

我当时一听就激动了，立即站起来向陆总表示感谢。我说："我代表所有具有最起码审美水平的民众感谢你们，避免了一场公共审美上的灾难。"我说："如果纵容了那些色彩狂和文字狂，他们涂完了三峡大坝之后，说不定还会去涂万里长城，去涂泰山和黄山。"

大量事实证明，公共空间的审美等级，影响着海内外广大民众对中国文化的亲疏好恶。因此，在这件事上，我们应该像三峡的建设者一样，为公共空间留下一些美学功德。

这里我可以谈一谈自己的一个经历。我出任上海戏剧学院院长的时候，痛感整个学院在外部形态上的极度丑陋。各个部门都在公共空间里搭建仓库，而且越搭越大、越搭越多，连师生们平日到教室去上课，都要在仓库间的夹道中斜着肩膀行走，这情景当然谁也不会愉快，只觉得，学院的前途也像这些夹道一样，必将越走越窄。我上任后，公开宣布，一所高等艺术学院在环境上不可以这副模样，下令立即拆除全部仓库。方向一转，一切都变了，原来天天想着扩充仓库的人，现在却会天天想着怎么样在空地上种草、种花了。这就是说，我们把一场本来竞相破坏公共审美的邪恶比赛，扭过来变成了一场美好的比赛。结果如何，全院的师生员工都可以证明。大家生活在这么美丽的环境中，不仅不会随地吐痰，连说一句脏话都不好意思了。

所以我认为，中国文化历来不重视公共审美的毛病，可以由我们亲手一点点改变过来。

中国文化的弱项之二：忽视实证意识

我们终于可以讲述中国文化的第二个严重弊病了：**忽视实证意识**。

已故的美籍华人史学家黄仁宇教授说，中国历史最大的弊端是"缺少数字化管理"。他故意幽默地用了一个新词汇，来阐述一个老毛病。数字化管理，就是实证的一个重要部分。

实证意识的匮乏，使中国文化长期处于"只问忠奸，不问真假"的泥潭之中。其实，对真假无法实证，其他一切都失去了基础，甚至走向反面。现在让人痛心疾首的诚信失落，也与此有关。假货哪个国家都有，但对中国祸害最大；谣言哪个国家都有，但对中国伤害最深。这是因为，中国文化历来不具备发现虚假、抵制伪造、消除谣言的机制和程序。

多年来我发现，在中国，不管什么人，只要遇到了针对自己的谣言，就无法找到文化本身的手段来破除。什么叫"文化本身的手段"？那就是不必依赖官方的澄清，也不必自杀，仅仅靠着社会上多数民众对证据的辨别能力，以及对虚假的逻辑敏感，就能让事实恢复真相。对此，中国文化无能为力，不少文人助纣为虐。本来，传媒和互联网的发达可以帮助搜寻证据、破除谣言，但事实证明，它们在很大程度上反而给谣言插上了翅膀，满天飞舞。

总之，中国文化在这个问题上形成了一个奇怪的局面，我曾用八个短句进行概括：**造谣无责，传谣无阻；中谣无助，辟谣无路；驳谣无效，破谣无趣；老谣方去，新谣无数。**

几乎所有上了年纪的读者读到这些短句都会哑然失笑，因为这些现象那么真实、那么顽固、那么长久地存在于大家身边。

造成这种无可奈何的结果，有着深远的历史原因。

黄仁宇教授是从"数字化管理"上的严重疏失，来说明这一点的。他随手举了明代的几个例子，给人留下很深的印象。比如，朝廷的原始资料《明实录》中，曾经记录嘉靖年间有一次铸钱九千五百万贯。实际上，这个数字，是整个明代两百多年间铸钱总数的十倍以上，是当时所有铸钱厂最高生产能力的百倍以上。可见仅仅这个记录，与实际情况的差距之大，已经让我们瞠目结舌了。

更荒唐的是，一大批能够直面这些数字的奏报者、统计者、记述者、抄录者、校核者和查阅者，全都毫不在意。全都毫不在意，就是因为横亘着一种思维定式，或者说是一种文化习惯。对于铸钱这样的经济数字尚且如此，其他数字就可想而知了。

又譬如，朝廷档案中记录全国军屯的粮食，居然在一五零五年到一五一八年整整十四年间，都是一百零四万又一百五十八石，一石不多，一石不少。我特地记住了这个数字，因为它实在太奇怪了。这么大的国家的粮食贮存，怎么可能十多年没有丝毫变动呢？这可以肯定，是后来那么多年都照着一个数字抄下来的。至于那个原始数字是不是准确，也真是天晓得了。黄仁宇教授还做了统计，在十六世纪，全国各处卫所的实际兵力，比之于所记的额度，连百分之五都不到。

其实，数字上发生的问题，反映了对真实性的漠视，也就是实证意识的淡薄。你想，连可以点得出来、算得过来的数字都完全不放在眼里，那么，对于其他无法用数字来体现的真实，就更不会上心了。放在眼里的，只是由上而下的旨意，只有向上呈报的姿态。

中国文化为什么那么不在意实证？我们可以听听写过《中国科学技术

史》的著名汉学家李约瑟博士的看法。李约瑟博士把主要原因归于中国式的官僚主义。他认为，正是这种官僚主义，漠视自然法则的真实性。古希腊哲学以自然为法则，而中国文化则以等级为法则。

李约瑟博士还认为，中国式的官僚主义从以下四方面贬低了真实的价值。

第一，把褒贬置于真实之上。不追求事实真相，只追求千古定论。由此出发，认为天下之事要分忠奸、正邪、功过、是非，却不在乎真伪。在中国文化中，是非之辨总是远远超过真伪之辨。是非之辨的词语滔滔不绝，而真伪之辨的手段却寥寥无几。

第二，把仪式置于真实之上。仪式需要种种"假借"，把君主制度"假借"成天地规范，因此也就让朝廷旨意"假借"成了自然法则。这样一来，朝廷的善恶智愚就失去了评判机制，使整个社会在最高层面上失去了真伪，也使得社会最低层面的真伪不受控制。

第三，把理想置于真实之上。这种理想还只是统治者的理想，与社会现实脱节，却又自上而下向社会底层挤压。但是，由于社会底层的真实活力没有被调动起来，这种挤压最终无效，因此使理想也失去了真实性。

第四，对制度之外的真实予以否定。这是中国式的官僚主义承袭了"天无二日"的独大性。这种独大性，对于真实存在的异端，对于体制之外的生态，都采取不承认的态度。结果，体制内的封闭存在与社会真实越来越远。

如此一二三四，时间一长，中国人的真实观念也就渐渐淡薄，像一幅被一次次漂洗过的水墨画，淡得几乎看不见了。

中国文化在实证意识上的淡薄，在古代情有可原，在现代却完全走向了负面。

这是因为产生了对比。西方世界走向近代的时候有一系列重大的思维奠基，譬如从培根的《新工具论》到实证主义、科学实验、实地考察所形成的一整套现代科学方法论。在这一整套方法论面前，一切脱离真实的臆想、高调、空话，立即就显得虚假、脆弱和可笑。在这一点上，中国文化在十九世纪的严重冲突中吃过大亏。后来，一些明白人举起了科学和民主的旗帜，其中列在首位的是科学。遗憾的是，科学之旗又很快被换成了激情之旗，结果，实证精神和科学方法仍然成了未曾解决的大问题。

后来，随着自然科学领域国际交流的扩大，以自然真实为基础的科学思维被逐步引进，但在社会科学和人文科学领域，进步一直不大。

中国文化的历史上，呼唤真，呼唤本相，呼唤实事求是的声音，一直没有断过，却为什么始终没有多大的改观？在我看来，是缺少对真实对立面的研究。也就是说，要证明什么是真实，必须证明什么是虚假。中国文化缺少真实，恰恰是因为不懂得如何"证伪"。

当然也识破过很多虚假，但是，究竟是怎么识破的呢？缺少一个严密的、公认的程序。我们往往只是泛泛地做一点儿精神安慰。譬如"真的假不了，假的真不了"、"身正不怕影子斜"、"真金不怕火炼"，再不行，就说"群众的眼睛是雪亮的"。但实际情况如何呢？我们一次次看到，正是在无数群众雪亮的眼睛前，真实被烧成了灰烬，而虚假却成了舆论，甚至还成了历史定论。

由此说明，证伪对中国而言，已经非常迫切。

中国文化在证伪上的薄弱，体现在很多方面。一是缺少证伪的敏感，二是缺少证伪的责任，三是缺少证伪的手段，四是缺少证伪的背景，五是缺少证伪的舆论，等等。这些方面加在一起，使证伪寸步难行。

我曾经研究过很多智商不低的中国文化人在接受一个社会信息时的心理反应。他们的第一反应，是这个信息是否符合自己的内心期待；第二反应，是这个信息的刺激程度；第三反应，是这个信息的来源。在一般中国人的心中，信息来源越曲折就越可信。

很多人在接收信息之后，立即会再度传播。就像小时候做击鼓传花的游戏。这种再传的责任，几乎成了一种生理本能。在整个过程当中，几乎没有人会把再传的责任替换成核实的责任。

这中间，如果有少数人产生了迟疑，那么，他们就会被看成这个游戏中令人扫兴的人，淘汰出局。即使后来哪一天证明了他们的怀疑，也不会再有人想起他们。大家只是继续乐呵呵地传播另外一种信息。

这种以虚假为起点的传播狂流，并不仅仅发生在小市民的圈子里。事实上，我们很多的考评结论、人事档案中经常会出现一个内容叫作"据群众反映"，就是这种传播狂流的文字化安顿。而一旦安顿，就再也无法挪移。扩而大之，我们有多少历史判断，也属于这种情况。

由于缺少证伪，我们的历史变得既模糊又沉重。

大家不明白，陈旧文本的记录、自称证人的签名，本身可能包含着大量的疑点。连最诚实的人的记忆，也极有可能与事实完全不符。

在很多情况下，最崇高的良心掩藏在黑巷深处，最大声的呼救出自凶手本身。

我们在很多方面已经失去分清真假的本领。人人受尽了别人的冤屈，又冤屈了很多别人，终于懂得了"难得糊涂"。郑板桥先生写下的这四个字，说给中国人听大多能微笑领悟，说给外国人听则怎么也解释不清。由此可见，它触及了中国文化的独特部位。

记得几年前一位诗人询问经常往来于海峡两岸的星云大师，中国目前尚未解决的最大问题是什么。星云大师只回答了一个字：假。我曾经就这件事当面询问过星云大师，他说："我说假，是假在文化上。"

温和的佛学大师从界外来观察界内，所做的一字判断，确实让人一惊。但仔细一想，也真是击中要害。可以印证他的一字判语的，是百岁老人巴金的三字遗言：说真话。

你看，智者都盯住了假。一个"假"字，几乎可以概括绝大多数负面现象，而且全都出自我们集体的文化心态。

中国文化在淡化实证、容忍虚假方面的缺陷，已经讲得够多了。此刻，我突然想起了莎士比亚的名剧《李尔王》。

李尔王有三个女儿，在分割国土的时候大女儿和二女儿满口都是甜蜜的假话，只有小女儿说了真话，但李尔王大大地赏赐了大女儿和二女儿，驱逐了小女儿。后来事实证明了真假，李尔王因此发疯，在暴风雨中呼天抢地。

这个故事大家都知道。我为什么要复述几句呢？因为二十世纪有一个欧洲导演提出了惊人的观点，认为李尔王那一天听三个女儿讲话的时候，不可能真假不分。因为他当时头脑还十分清醒，平日又经常和女儿们接触，深知她们各自的品性。那位导演说，事实上，那天李尔王很清楚大女儿、二女儿在说假话，小女儿在说真话，但他还是要奖励虚假、惩罚真实。导

《李尔王》第一幕（约翰·吉尔伯特画作）

演说，莎士比亚的深刻就在这里：当李尔王有极大权力的时候，真实对他并不重要。这位欧洲导演还特地举了中国的例子，说李尔王就像中国古代帝王，他们在杀忠臣的时候，都知道忠臣在说真话，但还是要杀。有权力的人，更要排场。等到失去权力，回到人的本位，尝尽了生命的各种磨难，才突然感觉到真实的重要。

大家为什么长期维护着虚假生态？因为大家都缺少那位小女儿的勇气。所以，莎士比亚当众把李尔王的权力剥夺干净。在真相面前，陷于疯狂的李尔王几乎成了哲学家。那场暴风雨之夜的荒原呐喊，才把真实与人性的斡旋揭示得惊心动魄。

说到这里，我们才真正认识了一代人文主义大师莎士比亚。表面上，他只写了一个糊涂的爸爸和两个坏女儿、一个好女儿；而在深层上，他挖掘出的是一个幽深的精神世界。

从莎士比亚的这个作品可以看到，真实和虚假的问题，西方也存在，只不过，中国没有经历过文艺复兴，没有产生像莎士比亚这样的大师。因此，中国文化的这种缺憾延续了下来。

在那个暴风雨的荒原之夜，李尔王疯了，而欧洲观众却醒了。醒来一看，风雨已停，真实的世界一片狼藉，而那个虚假的世界已不复存在。从此，他们从极权崇拜走向了真实崇拜。这真是一场改天换地的荒原暴风雨。

中国文化的弱项之三：轻视创新思维

今天讲中国文化的第三个弊病：**轻视创新思维。**

其实全世界的智者都明白，任何文化的生命力都在于创新，而不是怀古。要怀古，比中国更有资格的是伊拉克和埃及。但是，如果它们不创新，成天向世界讲述巴比伦王朝和法老遗言，怎么能奢望在现代世界找到自己的文化地位？

很遗憾，打开我们的电视、报纸、书刊，不断在大做文章的还是一千年前的枭雄心计，七百年前的官门是非，以及古人之夺、古墓之争、古诗之赛，或者，重演几出满台朽衰的老戏，扶出两位颤颤巍巍的老人……

本来，做一点儿这种事情也未尝不可。但是，在文化判断力有待提高的现代中国，社会关注是一种集体引导，传播热点是一种心理召唤，倚重于此必然麻木于彼。多年下来，广大民众心中壅塞了很多被大大美化了的历史累赘，却没有提升文化创新的激情和敏感，这不是好事。

复古文化在极度自负的背后隐藏着极度的自卑。因为这股风潮降低了中国文化与世界上其他文化进行平等对话的可能，只是自娱自乐、自产自销、自迷自醉。

这种复古思潮，还包括对近百年文化的过度夸耀。例如在我生活时间较长的上海，一些人对二十世纪二三十年代的"夜上海"、"百乐门"的滥情描述，以及对当时初涉国际的"民国学人"、略有成绩的"民国作家"的极度吹捧，就完全违背了基本的学术尺度，贬损了一个现代国际大都市的文化格局。不仅是上海，据我所知，这些年各地已经把很多处于生存竞争过程中的民间艺术、地方戏曲，全都不分优劣地当作"国家遗产"保护了起来，把它们称作"国粹"、"省粹"、"市粹"，顺便，还把上年纪的普通演员、老一代的民间艺人一律封为不可超越的"艺术泰斗"、"文化经典"。这在文化史上闹了大笑话，还阻断了文化艺术亟待新陈代谢的自然选择过程，反而恶化了文化生态。

保护，对破坏而言，是一个正面概念；但对改革而言，则很可能是一个负面概念。今天世界上的"贸易保护主义"，就意味着倒退。

尤其值得警惕的是，当陈旧的文化现象被越吹越大，创新和突破反倒失去了合理性和合法性。

中外历史已经无数次证明，一个国家的文化兴衰，完全决定于能否涌现大批超越传统的勇敢开拓者。

中国文化在创新思维上的淡薄，在绝大多数情况下，都与"遗产迷思"有关。保护文化遗产，本来是一个很好的想法，但一旦过分，必然变成了阻碍创新的惰性巨障。

我在三十多年前正是为了考察文化遗产，才毅然辞职，开始"文化苦旅"。事实上，我写的每一篇文章，都对各地保护文化遗产起到了不小的正面作用。但是我怎么也没有想到，事至今日完全变成了另一个局面。

因此，我必须着重谈谈遗产问题。

中国历史太长，对遗产必须进行严格选择。但是，仅仅这样认识还不够，因为遗产问题中还埋藏着影响民族兴衰的密码。

对文化遗产进行最严格的选择，这事是由乾隆皇帝领头做的。那工程，就是编《四库全书》。

乾隆皇帝指派当时最有学问的纪晓岚，领了一大批学者，进行历史上规模最大的文化选择。从一七七三年到一七八二年，花了十年时间。从图

《四库全书》书影

书的收集、衡量，到判断、抄写，做得很成功，充分体现了当时中国高层知识分子的学术能力。这项文化工程几乎囊括了中国文化自古以来绝大部分的重要文献，被称作"文化上的又一座万里长城"。《四库全书》永远值得崇敬，但作为现代文化人也忍不住要问一句：就在中国高端知识分子合力投注《四库全书》的这十年间，西方发生了什么？

我查了一下，就在这十年中，瓦特制成了联动式蒸汽机，德国建成了首条铁铸的路轨，英国建成了首座铁桥，美国科学院在波士顿成立，还有一对兄弟发明热气球，实现了第一次自由飞行，卡文迪许证明了水是化合物。

也许有人会说，你指的是物质科学，西方确实走到了前边，我们中国重视的是精神领域。是这样吗？好像也不太对。因为就在这十年当中，创立"人性论"的休谟、创立"国富论"的亚当·斯密、创立"社会契约论"的卢梭，都完成了自己一系列的重要学说，而伏尔泰、莱辛、歌德、孔狄亚克也都发表了自己关键性的著作。

关注一下这个对比吧。我们在搜集古代文献，他们在探索现代未知；我们在注释，他们在设计；我们在抄录，他们在实验；我们在缅怀，他们在创造……

这里出现了两个完全不同的文化方向。半

个多世纪之后，一场近距离的力量对比，使庄严的中国文化不得不低头垂泪了。这场对比，引发了中国文化后来大量的激进话语和争斗话语，但是结论性的话语却是那么简单，那就是：创新、创新、创新！

前些年，纪晓岚先生的家乡以宣纸线装本的古典方式隆重印制他的《阅微草堂笔记》，邀请我写一篇序言，我也把这个意思写了进去。我想，这位聪明的前代学者如果知道了当时世界文化的走势，可能也会同意我的意见。

由于方向出了问题，中国近几百年来，一直把对文化遗产的保护，当作封闭排外的武器，造成了一起起不愉快的事情。这已经变成了一种"思维架构"，因此直到今天还应该反思。

一六六五年四月中旬，有一个大案在北京宣判。当时领导清政府钦天监的欧洲传教士汤若望被判处死刑，有一个叫杨光先的官员告发了他。面上的罪名叫作图谋颠覆，实际的罪名是改动了祖传的历法。杨光先说，臣子给君王呈送的应该是万年历，以图万寿无疆。但汤若望呈送的是两百年历，是何用心？又说以汤若望的历法选择丧葬日期，违反传统五行，大不吉利。奏折里最著名的一句话是，宁可中夏无好历法，不可使中夏有西洋人。

后来由于孝庄太皇太后出面干涉，汤若望才幸免于死。但五名作为他的助手的中国官员，仍被处死。汤若望本人也因受尽折磨和恐吓，一年后就病死了。

这里有一个值得我们思考的问题。中国其实经常会出现开明的年代和开明的君主。但是又经常快速地走向保守，保守得比开放前还保守。汤若望这个案件，发生在顺治皇帝刚刚去世以后四年，而顺治皇帝和汤若望的关系非常密切，这是满朝文武都知道的。

同样是这个朝廷，几年以前还在以非凡的胸怀，聘任一个欧洲人担任国家天文台的台长，采用他改定的历法。但是仅仅四年，就以保卫中国传统历法的名义要置他于死地。让人百思不得其解的是，中国当时已经不能简单地说是愚昧，因为朝野都已经接受过利玛窦和徐光启，对西方科学已有不少了解。为什么一按到民族主义的神经，立即就回到愚昧当中？

从这件事和其他类似的事情当中，我开始明白一个奇怪的道理，那就是，只要以夸张的民族主义感情来讨论文化遗产的问题，很多中国人的智商立即降低，而且随时准备回到可笑的原点。

前几年有的城市放松了春节燃放烟花爆竹的禁令，这本来也算是一件高兴的事吧，但一看媒体就让人吃惊了。很多文化人都把这件事情无限上纲，好像中国人到今年才过上中国人自己的节日。其实大家回想一下，当年颁布燃放禁令，主要是为了避免城市火灾和路人受伤，哪里有丝毫汉奸、卖国贼的动机？至于反复地说到中国人自己的节日，看来好像又要争论春节和元旦到底哪一个更好了。这仍然是历法问题，使人不能不想起汤若望事件。

一八七八年，中国驻英国大使兼驻法国大使郭嵩焘先生被朝廷撤职，原因是另外一个叫刘锡鸿的外交官揭发了他。揭发的内容乍一看全是外交细节，仔细一看却都与所谓的"保卫文化遗产"有关。

郭嵩焘一共有十条罪状。

其中一条罪状，是郭嵩焘在外国接待客人时，排列座位违背了以右为尊的古制，而是采用了当地的模式。

另一条罪状是在伦敦见到了地位很低的商人和职员他也握手，见到了军士他还站了起来，违反了中国传统的"尊卑有别"规则。他们把这个上升到"有辱国体"。

郭嵩焘还有一条罪状，一次到海上去参观英国一个炮台，由于海风太大，英国军官把自己的呢子大衣披在他身上，他没有拒绝。这被说成是有辱华夏衣冠。

郭嵩焘还有一条罪状是，他居然让自己的家眷去学英文，还参加应酬，这违反了"闺训妇道"。

每件事情都很小，而且仔细一想完全没有做错，但是只要上纲上线到"文化遗产"、"民族传统"，立即变成了大问题，竟然把一个大使搞倒了。

这事发生在鸦片战争之后，中国落后于西方已成为公认的事实，但中国官员还把造成落后的原因当作了珍宝在捍卫。"文化遗产"这四个字，在这种事情中显得十分霸道又十分丑陋。

郭嵩焘一被批判，罪名越来越重。曾经有人去找刘锡鸿疏通，刘锡鸿就说："披外国服装，听外国音乐，见到巴西这样小国家的皇帝也站起来，不是汉奸是什么？"你看，罪名已经上升到汉奸，完全没法沟通了。这就是我们熟悉的"大批判的逻辑"，或曰"刀笔吏思维"。

郭嵩焘

郭嵩焘不得不回国了，驻伦敦的世界各国使节都深感惋惜，一次次地举行依依惜别的欢送会。就连平日态度最拘谨的波斯公使也说："我认识这里很多很多的官员，听说您要回国，每一个人都感到很难过。"英国首相还玩起了幽默，说："中国怎么会有您这么好的官。我如果以后在英国政坛遇到了什么问题，就到中国来投靠您。"

郭嵩焘应该是湖南人的骄傲，但遗憾的是，当他带着国际荣誉和朝廷罪名回到故乡的时候，湖南的官绅完全冷眼相待。长沙的街上还不断出现大字报，指名道姓地骂他勾结洋人。

一切，都是声称要"保护民族遗产"。

由《四库全书》、汤若望事件、郭嵩焘事件可见，对创新思维上的轻视早已超越学术范围，变成了一个国家、一个民族在关键时刻的文化选择，实在是生死攸关的大事。

在这种文化选择中，创新型人格和复古型人格近距离对峙，这又牵涉到了我们课程开头有关文化的定义，也就是出现了集体人格之间的较量。

为此，那个打倒了中国优秀外交家郭嵩焘的刘锡鸿，引起了我的兴趣。他，以及以他为代表的那种阻止前进的力量，究竟是一种什么样的人格结构？

我花了一些时间研究这个人，发现他攻击郭嵩焘的那些罪名，其实自己做得更过分。他对西方文明也不是不了解，比如他说过一句话："西方文明最好的长处是通过民主议会，让民众和国君能够共同主政。"这个水平就不低了。

他不可能对中国的传统文明全部崇敬，但是他更崇敬另外一个文化遗产，就是：以小人权谋，毁君子之道，使自己成名。

他是广东人，是郭嵩焘在广东做官时提拔的。后来郭嵩焘要出使英国时，他提出有没有可能做个副使，郭嵩焘考虑再三，觉得他最多能够做个参赞，报了上去。但是没想到他通过背后运作，还是做了副使。任命一下来，郭嵩焘当然有点儿尴尬，而刘锡鸿则开始向郭嵩焘叫板。不久以后他又通过背后运作，让朝廷同意他出任中国驻德国公使，于是他对郭嵩焘的复仇就更强烈了。朝廷有时也会"各打五十板"，实际上多数官员都站在刘锡鸿一边。在中国官场，刘锡鸿和郭嵩焘代表两种截然相反的结构，谁弱谁强显而易见。

但奇怪的是，在国际外交场合，情况正好相反。郭嵩焘广受欢迎，而刘锡鸿则由于傲慢无礼，在外交界人人取笑。他还在德国忙着向贵族送礼，违背了好多贵族的禁忌，所以德国的公使巴兰德曾经直言："在柏林三十个国家大使馆的从业人员，对刘锡鸿都怀有厌恶之心。"

然而，受人欢迎的失败了，遭人厌恶的胜利了。这证明，在当时的文化人格选择上，中国和国际的坐标正好相反。

说到这里，我们已经碰撞到一个有趣的标准：不管是人格还是遗产，是不是受人们喜爱？

像刘锡鸿这样遭人厌恶，当然不是我们的选择。但我们的选择也常常在两个正面概念中徘徊：是选择让人尊敬，还是选择让人喜爱？

在中国文化中，更多的是选择前者，而不是后者。而且，当人格选择和遗产选择合在一起时，那就更倾向于尊敬，而不是喜爱了。但是，这也关及文化的方向。

尊敬是一种理性仰望，喜爱是一种人格贴近。某种文化遗产如果能够在当代引起人们的人格贴近，就证明它已经从历史走向了现代，从遗产变成了生命。当然，对于人们不太喜爱的某些文化遗产，我们也应该经过一定的选择程序加以保存。但是保存不等于发扬光大，要发扬光大，只能在喜爱中实现。

为此，我写了一段与之相对的现代偈语——

尊敬是庙堂的香火，喜爱是市井的挂念。

尊敬是老人的期待，喜爱是青春的眉眼。

尊敬是昨夜的祭仪，喜爱是今晨的船缆。

在如何对待民族传统和文化遗产的问题上，国内还固守着一些似是而非的观念。

例如，有这样几句名言非常流行：越是民族的，就越是国际的；越是地区的，就越是世界的；越是传统的，就越是现代的。

这几句绕口令式的话，到底是谁说的呢？好像开出过很多伟人的名字，但查下来好像都没有这么说过。

伟人不说，大家都在说。前两天我还在一个地方连续地听到过两次。这几句话有一种"相反相成"的旋转式的机智，但是必须警惕，如果它们要成立，必须依赖一系列极重要的条件。没有这些条件，那就成为诡辩。

如果盲目相信这些诡辩，世界将会错乱。那就是说，最偏僻山区的老农也能打点行装乐呵呵地去担任联合国秘书长了，而古代的一些独轮车也能大模大样地在现代城市的大街上把汽车逼走了。

请问，如果"越是民族的，就越是国际的"，那么中国何苦还要改革开放？如果"越是传统的，就越是现代的"，那么中国何苦还要寻求现代化？

我们当然也知道一些国际华人艺术家在谈自己创作素材选择时，会表达类似意思。但是请记住，他们早已融入国际，他们眼中的所谓的家乡土地，只是国际价值系统中的某个符号。

我的学生们一定都还记得在几十年前，正当我国一些极端民族主义者又一次反对改革开放的时候，我在课堂上反复地讲过一种"岛屿文化陷阱"。

我曾经在一些海岛上见到很多狂热的爱岛人士，他们熟悉岛上的一草一木，似乎对岛具有最充分的发言权。但交谈之下我才发现，他们其实完全不知道这座岛的任何特色。他们会告诉你这儿冬天比较冷，这儿的夏天比较热，春天叶子是绿的，秋天就会发黄，等等，等等。由于封闭，他们把通例当作了特色，只是在说话时加了很多夸张的形容词和诚恳的表情。

真正了解这座岛的并不是他们，而是早就出走的那些人。那些人在万里旅途中经过反复对比深入地认识了自己的岛，因此也就把握了家乡的生命。

扩而大之，真正要保护文化遗产，必须从宏观上了解人类的历程、世界的悲欢，然后懂得文化的品级、时间的取舍。

我们为什么要保护文化遗产？不是为了炫耀，不是为了崇古，不是为了啃老，更不是为了极端民族主义和狭隘爱国主义，而只是为了证明文化的延续性。

延续，既要从古代延续到今天，又要从今天延续到明天。没有古代的今天是沮丧的，没有明天的今天是无望的。因此，我们不能在任何文化遗产前膜拜停步，而必须审察它们的生机。如果找不到从古代走向今天、从今天走向明天的生机，那就只是一堆堆遗弃在历史大道旁的断砖碎瓦。

文化遗产中的这个"遗"字，很容易让人产生误会，以为是蒙尘发霉的老朽物件。其实，一种物件能"遗"下来，表明它具有超强的生命力度，居然能穿越时间，披荆斩棘，留存世间。因此，"遗产"，是生命力强大的象征，而不是生命力衰朽的象征。与它们同时产生的事物，不知是它们的几千万倍，但仅仅只有它们保留下来了，其间当然也带有偶然的因素，但主要是因为它们优秀，一种经得起反复挑选的优秀。本着这种理念，我们在"遗产"中看到的，应该是一种前行的力量，而不是后退的力量。

文化遗产让我们产生一种有关人类足以笑傲历史的自信，而笑傲的根源则来自当初的创造。所以，面对遗产，我们眼前出现的，是那一群群古代创造者的身影。是他们，用手上的工艺、心间的智慧，把时间凿通了。

这么说来，文化遗产永远是一个个课堂，给后代讲授着创新之课、高贵之课、等级之课、品位之课。然后，让后代人类更加创新、更加高贵、更有等级、更有品位。

说到这里，我就把中国文化的第三个弊病——轻视创新思维，讲完了。

请大家重温一下前两个弊病：漠视公共空间、忽视实证意识。把三个加在一起，漠视、忽视、轻视，好像是我们的"视觉"有问题，其实是中国文化的"遗传顽症"，也是中国历史曾经从大发展转向大衰落的自身原因。如果我们希望从整体上提高民族素质，谋求健康前景，就应该正视这些弊端，万不可讳疾忌医。

第五单元

储心·必要记忆

"储心·必要记忆"是本书的第五单元，不再以"日课"方式展现，而是分十七个部分。从第一部分到第十二部分，是"文学记忆"，从第十三部分到第十七部分，是"哲学、宗教记忆"。

"文学记忆"的每一部分，分"基础记忆"和"扩大记忆"。"基础记忆"适合一般读者，"扩大记忆"适合我指导的博士研究生。

"哲学、宗教记忆"未必能归入文脉，却是文脉的精神基座，在中国文化中很难切割得开。本课程提供的"哲学、宗教记忆"是一个思想宝库，我花费极大的精力进行了今译和阐释。其中包括《老子》今译，《心经》今译，《金刚经》、《坛经》简释和君子之道六十名言。

文学记忆

第一部分

源头背景

一、甲骨文

基础记忆

1. 甲骨文，是商周时代刻在龟甲兽骨上的文字，距今已有三千六百多年。这些文字系统地呈现了那个时代政治、军事、气象、祭祀等多方面的社会现象，是极为重要的文字记录资料。

2. 甲骨文的发现地，在今天河南省安阳市西北的洹河两岸，那是商朝的"殷地"，荒芜后被称为"殷墟"。在殷商甲骨文之前，还有龙山文化时期的原始甲骨文。

3. 甲骨文不仅仅是象形文字。除象形之外，它还包括"指事"、"形声"、"会意"、"转注"等功能，呈现了中国文字早期的成熟形态。

扩大记忆

1. 甲骨文已出土十万余片，其中发现单字四千五百字左右，可认识的约一千七百字。

2. 甲骨文发现的时间是十九世纪最后一年，一八九九年。发现者是令人敬重的文化烈士王懿荣先生。几年后由孙诒让著《契文举例》开始考释，一九二八年开始进行系统挖掘。

二、青铜时代

基础记忆

1. 商周时期以铜与锡的合金铸造青铜器，距今约二千七百年至三千七百年。其中，以礼乐之器钟鼎最为壮观。

2. 青铜器上的饕餮纹饰，以威严、恐怖、神秘的图案成为中国古代的第一审美符号，体现了"如火烈烈，则莫我敢曷"的雄健传统。这种纹饰还在艺术水准上达到了平衡、稳重、流畅的高超标准。

3. 青铜器上刻的文字，称为金文，又称钟鼎文，商代近甲骨文，至周代，趋向简约而整齐，后向小篆过渡。

扩大记忆

1. 商代的后母戊鼎是现存最大的商代青铜器，重达八百多公斤。

2. 以所刻金文而著名的周代青铜器，有"大盂鼎"、"墙盘"、"大克鼎"、"散氏盘"、"虢季子白盘"、"毛公鼎"等等。

3. 钟鼎文是中国文字在甲骨文之后的重大发展。甲骨文单片最长的文字为一百七十多字，而毛公鼎的铭文却已多达四百九十七字，可见由商至周，文字表达能力已有明显提升。

三、《周易》

基础记忆

1.《周易》是根据商周时期的占卜资料，以信息符号公式解释宇宙流变和对冲的著作。

2.《周易》的基本结构，全由八卦伸发出来。八卦分别象征八种最重要的自然物，那就是天、地、雷、风、水、火、山、泽，在卦中称之为乾、坤、震、巽、坎、离、艮、兑。这八卦又代表着八个不同的意义，即乾为健、坤为顺、震为动、巽为入、坎为陷、离为丽、艮为止、兑为说。

3. 由八卦两两相重，产生六十四别卦。每一卦都包含卦象、卦名、卦辞和爻辞，在排列组合中判断或暗示凶吉。其实更重要的是，里边蕴藏着严密而齐全的逻辑推断。由此证明，宇宙万物虽然无穷无尽，却全然掌控于由天命所派生的神秘公式、奇妙玄机之中。

4.《周易》(包括《易传》) 中有一些文辞，已成为中国文化的名言。

例如：

《乾卦》中的"天行健，君子以自强不息"；

《颐卦》中的"天地养万物，圣人养贤，以及万民"；

《同人卦》中的"文明以健，中正而应，君子正也。唯君子为能通天下之志"；

《益卦》中的"君子以见善则迁，有过则改"；

《蹇卦》中的"君子以反身修德"；

《睽卦》中的"君子以同而异"；

《遁卦》中的"君子以远小人，不恶而严"；

《坤卦》中的"君子以厚德载物"；

《大过卦》中的"君子以独立不惧，遁世无闷"；

《蛊卦》中的"君子以振民育德"；

《损卦》中的"君子以惩忿窒欲"；

《乾卦》中的"君子终日乾乾，夕惕若，厉，无咎"；

《坤卦》中的"积善之家，必有余庆"；

《需卦》中的"需，须也；险在前也。刚健而不陷，其意不困穷矣"。

——这些文辞，都是中国文化的基础话语，也与儒家的君子之道紧密呼应。

扩大记忆

1. 在《周易》卦辞中，除了上面所列举的名言外，求学者应该探问其中的一些普遍性的哲理，其中更以"刚健有为"、"对立转化"、"物极必反"为代表。

2. 《周易》在广义上包括解释性的著作《易传》，而《易传》则把《周易》进一步推向哲学境界。《易传》中出现了一些广为人知的教言，例如"穷则变，变则通，通则久"、"一阴一阳之谓道"等。

3. 《周易》在后人的大量解释中，渐渐分为"象数"和"义理"两派。两派均有杰出成绩，都对中国历史的各个方面产生了重大影响。我相信，一般学员会比较喜欢"义理"派，因为从那里可以挑选出一些普遍适用的警句。但是，对于真正有心于《周易》的博士研究生，我建议在"象数"上多下一些功夫。研究"象数"比较枯燥和艰涩，但《周易》的最大魅力就埋藏在这些以信息符号为基础的数据变幻中。那里有大量难以概括成"义理"的神秘动态结构，更贴近宇宙和人世的秘密。

第二部分

《诗经》

　　《诗经》是中国第一部诗歌总集,创作于三千年前至二千五百年前这五五百年间。共三百零五首,原来都是乐歌,可唱可舞。汉代儒家学者把它们奉为经典,故称《诗经》。一个民族,能够以"诗"为"经",可见从一开始就文脉雄健。

　　《诗经》分《风》、《雅》、《颂》三部分。《风》为地方乐歌,《雅》为宫城乐歌,《颂》为祭祀乐歌。

基础记忆

　　由于《诗经》是中国古代诗意的根基,不妨多记一点儿。

1.《关雎》(关关雎鸠,在河之洲);

2.《桃夭》(桃之夭夭,灼灼其华);

3.《汉广》(南有乔木,不可休思);

4.《凯风》(凯风自南,吹彼棘心);

5.《静女》(静女其姝,俟我于城隅);

6.《淇奥》(瞻彼淇奥,绿竹猗猗);

7.《氓》(氓之蚩蚩,抱布贸丝);

8.《采葛》(彼采葛兮,一日不见,如三月兮);

9.《子衿》(青青子衿,悠悠我心);

10.《出其东门》（出其东门，有女如云）；

11.《伐檀》（坎坎伐檀兮，置之河之干兮，河水清且涟猗）；

12.《硕鼠》（硕鼠硕鼠，无食我黍）；

13.《蒹葭》（蒹葭苍苍，白露为霜）；

14.《月出》（月出皎兮，佼人僚兮）；

15.《鹿鸣》（呦呦鹿鸣，食野之苹）；

16.《伐木》（伐木丁丁，鸟鸣嘤嘤）；

17.《蓼莪》（蓼蓼者莪，匪莪伊蒿）；

18.《振鹭》（振鹭于飞，于彼西雍）。

扩大记忆

《鹊巢》（维鹊有巢，维鸠居之）；

《江有汜》（江有汜，之子归，不我以）；

《柏舟》（汎彼柏舟，亦汎其流）；

《谷风》（习习谷风，以阴以雨）；

《二子乘舟》（二子乘舟，泛泛其景）；

《相鼠》（相鼠有皮，人而无仪）；

《硕人》（硕人其颀，衣锦褧衣）；

《将仲子》（将仲子兮，无踰我里，无折我树杞）；

《葛生》（葛生蒙楚，蔹蔓于野）；

《黄鸟》（交交黄鸟，止于棘）；

《东门之池》（东门之池，可以沤麻）；

《东山》（我徂东山，慆慆不归）；

《常棣》（常棣之华，鄂不韡韡）；

《采薇》（采薇采薇，薇亦作止）；

《我行其野》（我行其野，蔽芾其樗）；

《斯干》（秩秩斯干，幽幽南山）。

大家在吟诵《诗经》的时候，不要仅仅以为是在读一些古诗。这是中国文化的真正起点，连端庄渊博的诸子百家、叱咤风云的军政强人也都曾熟记于心。一种庞大而悠久的文化居然有这样美丽的起点，实在让人觉得不可思议。我们也许会为此而深感惭愧，因为几千年来常常忘了这番波光云影，这番花香鸟鸣，这番青春痴情，这番家常人伦。

《诗经》五首今译

关雎

关关雎鸠，在河之洲。　窈窕淑女，君子好逑。
参差荇菜，左右流之。　窈窕淑女，寤寐求之。
求之不得，寤寐思服。　悠哉悠哉，辗转反侧。
参差荇菜，左右采之。　窈窕淑女，琴瑟友之。
参差荇菜，左右芼之。　窈窕淑女，钟鼓乐之。

译文：

快乐的鸠鸟，欢叫在河洲。美丽的姑娘，是我的渴求。参差不齐的荇菜，摆动得像水流。美丽的姑娘，我日夜都在追求。求之不得，不知如何。想着想着，辗转反侧。参差不齐的荇菜，我左右采摘。美丽的姑娘，我要向你弹奏琴瑟。参差不齐的荇菜，我左右选择。美丽的姑娘，我要敲着钟鼓让你快乐。

这是《诗经》的首篇，中国文脉有这么一个轻快而又絮叨的恋情开头，令人高兴。

静女

静女其姝，俟我于城隅。爱而不见，搔首踟蹰。

静女其娈，贻我彤管。彤管有炜，说怿女美。

自牧归荑，洵美且异。匪女之为美，美人之贻。

译文：

又静又美的姑娘，等我在城角。故意躲着不露面，让我乱了手脚。又静又美的姑娘，送我一支红色的洞箫。洞箫闪着光亮，我爱这支洞箫。她又送我一束牧场的黄草，这就美得有点儿蹊跷。其实，美的是人，而不是草。

这首诗，在平静的语言中，有一种空疏有味的诗的色调。

氓

这首诗比较长，我要边讲解，边翻译。

原文的开头是：

氓之蚩蚩，抱布贸丝。匪来贸丝，来即我谋。

这里的"氓"字，并没有后来"流氓"的负面意义，而只是指平民男子、外来男子。这首诗的男主角，一个平民青年，哧哧地笑着，手抱着一匹布，说要来交换丝。但女孩一眼就看穿了，哪里是来换丝啊，明明是借口，目的是要来求婚。

对于这个男子，女孩子的言行非常得体。她说：这么来求婚是不行的，你还缺少一个好媒人。今天就回去吧，我送送你，与你一起涉过淇水，送到顿丘。不是我故意拖延，请你不要灰心，我们约好在秋天吧，你找好了媒人再过来。

于是我们可以看下面几句原文了：

> 送子涉淇，至于顿丘。匪我愆期，子无良媒。将子无怒，秋
> 以为期。

约好的秋天，很快就到了。女孩子在墙边等啊等，一直等不到人，不免泣涕涟涟。但终于还是等到了，于是就载笑载言，好不高兴。那个男子还去为婚事占卜了，一切都好。于是，就用车把女孩子拉走了，还载走了不少嫁妆，两人结婚了。

请看这一段原文：

> 乘彼垝垣，以望复关。不见复关，泣涕涟涟。既见复关，载
> 笑载言。尔卜尔筮，体无咎言。以尔车来，以我贿迁。

那么，结婚之后情况如何呢？这就是《氓》这首诗让人伤心的中心内容了。简单说来，这个当初抱着布匹嘻嘻笑着上门的男青年，实在不是一个好丈夫。作为妻子的"我"流了太多的眼泪，终于要倾诉一下自己的感受了。她的倾诉，是从告诫其他未婚的女孩子开始的——

> 桑之未落，其叶沃若。于嗟鸠兮，无食桑葚。于嗟女兮，无
> 与士耽。士之耽兮，犹可说也。女之耽兮，不可说也。

翻译一下就是——

桑树还未凋落的时候，叶子很鲜嫩，斑鸠鸟啊，不要贪嘴吃那么多桑葚。姑娘啊，你们更要当心，不要太迷恋男人。男人迷恋进去了还能脱身，女人迷恋进去了，就很难脱身！

告诫过未婚的女孩子，这位妻子就要倾诉自己的经历了。她转身对着负心的丈夫说了一段话，说得滔滔不绝——

桑之落矣，其黄而陨。自我徂尔，三岁食贫。淇水汤汤，渐车帷裳。女也不爽，士贰其行。士也罔极，二三其德。三岁为妇，靡室劳矣。夙兴夜寐，靡有朝矣。言既遂矣，至于暴矣。兄弟不知，咥其笑矣。静言思之，躬自悼矣。及尔偕老，老使我怨。淇则有岸，隰则有泮。总角之宴，言笑晏晏。信誓旦旦，不思其反。反是不思，亦已焉哉！

这一长段，有一百二十字，我翻译成当今白话，听起来也还是一番千年不变的夫妻家常。她是这么说的——

桑树终于落叶了，枯黄飘零。自从我到你家，一直贫困。现在我又要涉过淇水回娘家了，河水溅湿了布巾。我没有做错什么，你却那么无情。你总是变化无常，没有德行。

做妻子那么多年，家务全由我包了，夙兴夜寐，天天辛劳。该做的事情都已经做了，你却越来越粗暴。兄弟们不知情，还在边上嘲笑。我无言苦思，只能自己为自己哀悼。说好一起变老，老了却让我气恼。淇水有岸，沼泽有边，未嫁之时，你是多么讨好，信誓旦旦，全都扔了。既然扔了，也就罢了！

这实在是一首好诗，估计作者是一位女性。

子衿

青青子衿，悠悠我心。纵我不往，子宁不嗣音？青青子佩，悠悠我思。纵我不往，子宁不来？挑兮达兮，在城阙兮。一日不见，如三月兮。

译文：

青青的是你的衣襟，悠悠的是我的心情。纵然我没有去找你，你为什么不带来一点儿音讯？

青青的是你的玉带，悠悠的是我的期待。纵然我没有去找你，你为什么也不过来？

走来走去，总在城阙。一日不见，如隔三月。

我很喜欢"青青子衿，悠悠我心"这样的诗句，不是把深深的思念寄托于其他象征物件，而是直接寄托在对方的衣襟和玉带上。这可以让人想见，他们两人曾经贴身亲近的时分。

蒹葭

我们只选前面八句吧——

蒹葭苍苍，白露为霜。所谓伊人，在水一方。溯洄从之，道阻且长。溯游从之，宛在水中央。

译文：

芦苇苍苍，白露为霜。心中的人，在水的那一方。逆水去找，坎坷漫长。顺水去找，她就像在水中央。

当时的句子和现代的句子，已经差别不大。由此可见中国文字从《诗经》出发到今天的千年畅达。

第三部分

诸子文笔

　　我在《中国文脉》一书中，对先秦诸子的文学品相做了一个排序。次序为：庄子、孟子、老子、孔子、韩非子、墨子。

　　我还陈述了这样排列的理由。

　　我先从屈居第四位的孔子说起。孔子在文学上是中国语录式散文体裁的开创者，他以端庄、忠厚、恳切的语调，给了中国文脉一种朴实的正气，延绵久远。这本来已是文功赫赫，没想到被一个另辟奇境的老子超越了。老子的语言，如刀切斧劈的上天律令，以极少之语，蕴极深之义，使每个汉字都重似千钧。简单来说，孔子定下了汉语的基调，老子则提升了汉语的品质。因此，老子被排在了孔子的前面。

　　那么，孟子怎么又出现在他们两位老人家前面了呢？原因是，孟子的文辞大气磅礴、浪卷潮涌、畅然无遮、情感浓烈，他让中国语文摆脱了左顾右盼的过度礼让，连接成一种马奔车驰的畅朗通道。文脉到他，气血健旺，精神抖擞，注入了一种"大丈夫"的生命格调。

　　可见，这主要是从文脉着眼的。如果就思想论，他只是老子和孔子的隔代学生。

　　庄子排在第一，是因为他的文学素养已经远远高出于当时所有思想家、哲学家的水准，获得了一种天真的艺术方位。表面上看，他的人生调子很低。他不会站在讲台上教化世人，相反，他以孩子般的目光问出了一串串起点性的问题。但这些起点性的问题如此重要，实际上已触及世界和人生的底部。他像欧洲那个看穿"皇帝的新衣"的小孩，把什么都看穿了。

更重要的是，他用极富想象力的寓言，讲述了一个又一个令人难忘的故事，这就使他成了那个思想巨人时代的异类。奇怪的是，在以后漫长的历史中，诸子百家各有门派、各有异议，但唯有庄子，几乎人人喜欢。由此可见，形象大于思维，文学大于哲学。

至于韩非子和墨子，本身都不在乎文学，但他们的论述干净、雄辩、简洁、明快，让人产生一种阅读上的愉悦，因此也具备文学素质。而且，他们在历史上作为呼风唤雨的实干家形象，也让人产生文学之外的动人想象，增加了他们的文化魅力。

以上说的是"基础记忆"。在"扩大记忆"部分，加了《尚书》、《礼记》这两部儒家经典。而《战国策》则反映了当时"纵横家"的一些思路。

基础记忆

1. 庄子:《逍遥游》、《齐物论》、《大宗师》、《至乐》、《秋水》;

2. 孟子:《梁惠王》、《尽心》、《离娄》、《万章》、《告子》、《公孙丑》、《滕文公》;

3. 老子:《道德经》;

4. 孔子:《论语》中之《学而》、《为政》、《里仁》、《雍也》、《述而》、《卫灵公》;

5. 韩非子:《五蠹》、《难一》、《喻老》、《安危》、《观行》、《解老》;

6. 墨子:《非攻》、《亲士》、《兼爱》、《修身》、《尚贤》;

7. 荀子:《劝学》、《致士》、《性恶》、《儒效》、《王制》。

扩大记忆

1. 庄子:《天下》、《盗跖》、《让王》、《山木》、《养生主》;

2. 孔子:《论语》中之《公冶长》、《阳货》、《颜渊》、《子罕》、《宪问》;

3.《尚书》:《洪范》、《酒诰》、《大禹谟》、《周官》、《皋陶谟》;

4.《礼记》:《礼运》、《学记》、《中庸》、《乐记》、《檀弓》、《经解》;

5. 孙子:《孙子兵法》中之《形篇》、《势篇》、《计篇》、《地形篇》;

6. 商鞅:《商君书》中之《立本》、《更法》、《开塞》、《赏刑》;

7.《战国策》:《秦策》、《楚策》、《赵策》。

庄子《逍遥游》今译（余秋雨译）

北海有鱼，叫鲲。鲲之大，不知有几千里。它化为鸟，就叫作鹏。鹏之背，也不知有几千里。奋起一飞，翅膀就像天际的云。这大鸟，飞向南海；那南海，就是天池。

《齐谐》这本记载怪异之事的书中说："鹏鸟那次飞南海，以翅击水三千里，直上云霄九万里，一路浩荡六月风。"

大鹏从上往下看，只见野马般的雾气和尘埃相互吹息。天色如此青苍，不知是天的本色，还是因为深远至极而显现这种颜色？

积水不厚，就无力承载大舟。如果倒一杯水在堂下小洼，只能以芥草为舟。放上一个杯子就胶着不能动了，这是水浅而船大的缘故。同样，积风不厚，就无力承载巨翅。所以，大鹏在九万里之间都把风压在翅下，才凭风而飞，背负青天，无可阻挡，直指南方。

寒蝉和小鸠在一起讥笑大鹏："我们也飞上去过嘛，穿越榆树和檀枝，飞不过去了就老老实实回到地面，何必南飞九万里？"

是啊，如去郊游，只要带三餐就饱；如出百里，就要舂一宿之米；如走千里，就要聚三月之粮。这个道理，那两个小虫怎么能懂？

小智不懂大智，短暂不知长久。你看，朝菌活不过几天，寒蝉活不过几月，这就叫短暂。但是，楚国南部有一只大龟叫冥灵，把五百年当作一个春季，再把五百年当作一个秋季；古代那棵大椿树就更厉害了，把八千年当作一个春季，再把八千年当作一个秋季。这就叫长久，或者说长寿。最长寿的名人是彭祖，众人老想跟他比，那不是很悲哀？

商汤和他的贤臣棘，同样在谈论鲲鹏和小鸟的话题。他们也这样说：极荒之北有大海天池，那里有鱼叫鲲，宽几千里，长不可知；有鸟叫鹏，背如泰山，翅如天云，扶摇直上九万里，超云雾，背青天，去南海。但是，水塘里的小雀却讥笑起来："它要去哪里？像我，也能腾跃而上，飞不过数仞便下来，在草丛间盘旋。所谓飞翔，也不过如此吧，它还想去哪里？"

这就是大小之别。

且看周围那些人，既有做官的本事，又有乡间的名声，既有君主的认可，又有征召的信任，他们对自己的看法，大概也像小雀这样的吧？难怪，智者宋荣子要嘲笑他们。

宋荣子这样的人就不同了。举世赞誉他，他也不会来劲；举世非难他，他也不会沮丧。他觉得，人生在世，分得清内外，认得清荣辱，也就可以了，何必急于求成。

但是，即使像宋荣子这样，也还没有树立人生标杆。请看那个列子，出门总是乘风而行，轻松愉快，来回半个月路程。对于求福，从不热切。然而，列子也有弱点，他尽管已经不必步行，却还是需要有所凭借，譬如风。

如果有人，能够乘着天地之道，应顺自然变化，遨游无穷之境，那么，他还会需要凭借什么呢？

因此，结论是——

至人不需要守己；

神人不需要功绩；

圣人不需要名声。

尧帝要把天下让给许由，对他说："日月都出来了，火炬还没有熄灭，那光，不就难堪了吗？大雨就要下了，灌溉还在进行，那水，不就徒劳了吗？先生出来，天下大治，如果我还空居其位，连自己也觉得不对。那就请容我，把天下交给你。"

许由回答道："你治天下，天下已治。我如果来替代你，为了什么？难道为名？那么，名是什么？名、实之间，实为主人，名为随从。莫非，我要做一个无主的随从？要说名，你看鹪鹩，名为筑巢深林，其实只占了一枝；再看偃鼠，名为饮水河上，其实只喝了一肚。"

"请回去休息吧，君王。我对天下无所用。"许由说，"厨子不想下厨了，也不能让祭祀越位去代替啊。"

那天，一个叫肩吾的人告诉友人连叔："我最近听了一次接舆先生的谈话，实在是大而无当，口无遮拦。他说得那么遥而无极，非常离谱，不合世情，我听起来有点儿惊恐。"

"他说了什么？"连叔问。

"他说：'在遥远的射姑山上住着一位神人。肌肤如冰雪，风姿如处女，不食五谷，吸风饮露，乘云气，驾飞龙，游四海之外。还说那神人只要把元神凝聚，就能祛灾而丰收。'"肩吾说，"我觉得他这话，虚妄不可信。"

连叔一听，知道了肩吾的障碍，便说："是啊，盲人无以欣赏文采，聋者无以倾听钟鼓。岂止形体有盲聋，智力也是一样。我这话，是在说你呢！"

连叔继续说下去："那样的神人，那样的品貌，已与万物合一。世上太多纷扰，而他又怎么会在乎天下之事？那样的神人，什么东西也伤不着他，滔天洪水也淹不了他，金镕山焦也热不了他。即便是他留下的尘垢秕糠，也能铸成尧舜功业。他，怎么会把寻常物理当一回事？"

宋人要到越国卖帽子，但是越人剪过头发文过身，用不着。

尧帝管理过了天下之民，治理过了天下之政，也已经用不着什么"帽

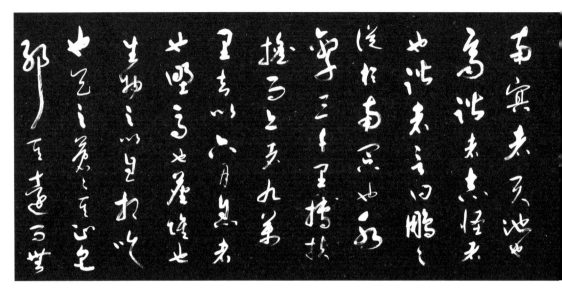

庄子《逍遥游》（余秋雨草书，局部）

子"。他到汾水北岸去见射姑山上的四位高士，恍惚间，把自己所拥有的天下权位，也给忘了。

惠施对庄子说："魏王送给我大葫芦的种子，我种出来一看，容量可装五石。拿去盛水，却又怕它不够坚牢。剖开为瓢，还是太大，不知道能舀什么。你看，要说大，这东西够大，因为没用，只好砸了。"

庄子说："先生确实不善于用大。宋国有一家人，祖传一种防皲护手药，便世世代代从事漂洗。有人愿出百金买这个药方，这家就聚集在一起商议，说我们世代漂洗，所得不过数金，今天一下子就卖得百金，那就卖吧。那个买下药方的人，把这事告诉了吴王。正好越国发难，吴王就派他率部，在冬天与越人水战，因为有了那个防皲药方，使越军大败，吴王就割地封赏他。你看，同是一个药方，用大了可以凭它获得封赏，用小了只能借它从事漂洗，这就是大用、小用之别。现在你既然有了五石大葫芦，为什么不来一个大用，做成一个腰舟挂在身上，去浮游江湖？如果老是担忧它

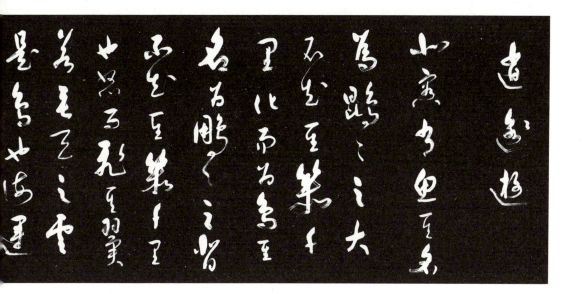

没有用，心思就被蓬草缠住了。"

惠施还是没有明白，对庄子说："我有一棵大树，人家叫它樗，树干臃肿而不合绳墨，小枝卷曲而不中规矩，实在无用，长在路旁，木匠一看便转身离去。刚才先生的话，听起来也是大而无用，恐怕众人也会转身离去。"

庄子进一步劝说惠施："无用？有用？你难道没见过野猫和黄鼠狼吗？它们多么能干，既可以躬身埋伏，等候猎物；又可以东西跳梁，不避高下。结果，陷于机关，死于网猎。"

"要说实用，连身大如云的牦牛，虽可大用，却逮不着老鼠。"庄子又加了一句。

"今天你拥有一棵大树，却在苦恼它无用！"庄子继续说，"能不能换一种用法？例如，把它移栽到无边无际的旷野里，你可以毫无牵挂地徘徊在它身边，可以逍遥自在地躺卧在它脚下。刀斧砍不着它，什么也害不了它。它确实无用，却为何困苦？"

第四部分

楚辞

无论是《诗经》，还是"诸子文笔"，主要属于黄河文化，而楚辞则代表长江文化。如果说中国文化也是一种"两河文化"，那么楚辞则是这一宏大文化的南方脉象，在美丽、浪漫、华贵、神秘的特色上，都超过北方脉象。

楚辞，以楚地歌谣、巫风乐词为基调，又承袭"不歌而诵"的赋体创造而成。

基础记忆

1. 屈原：中国第一诗人。以前的《诗经》是一种"集体创作"，有整理者、署名者、依托者，却找不到明确而具有自己风格的个体诗人。由"诗"到"诗人"，文脉因个体精神而获得新的生命。屈原作为个体精神的代表者，开创此后历史。

2. 屈原的《离骚》。须通读几遍，熟悉其中的基本情感、好恶、憧憬，以及所象征的种种自然物象。

3. 屈原的《九章》。抒发生平感受，与《离骚》呼应。包括：《惜诵》、《涉江》、《哀郢》、《抽思》、《怀沙》、《思美人》、《惜往日》、《橘颂》、《悲回风》。其中又以《涉江》、《哀郢》、《怀沙》、《橘颂》为要。

4. 屈原的《九歌》。歌颂神明，却又赞美了苍茫恋情。《东皇太一》写天神，《东君》写日神，《云中君》写云神，《湘君》及《湘夫人》写湘水配偶神，《大司命》写寿神，《少司命》写子嗣之神，《河伯》写河神，《山鬼》写山神。最后一篇《礼魂》为送神之曲。

5. 屈原的《天问》。向天地山川、天命人事提出了一百七十多个问题，体现了他彻底的怀疑精神和追索态度，证明他是一个真正世界级的大诗人。

扩大记忆

1. 屈原的《招魂》。以铺排夸张的绚丽文辞抒写了楚国之美，开启了后来汉赋的创作风格。此诗作者，司马迁认为是屈原，王逸在《楚辞章句》中认为是宋玉。我们认同司马迁。屈原所招，乃是楚怀王之魂。

2. 宋玉：《九辩》。宋玉是屈原之外另一位值得一提的诗人，《九辩》以悲秋的方式表现了一个憔悴落魄的文士形象，景象开阔动人，笔触敏锐细腻，文辞精致灵活。杜甫曾写诗感慨"摇落深知宋玉悲，风流儒雅亦吾师"。

屈原《离骚》今译（余秋雨译）

我是谁？

来自何方？

为何流浪？

我是古代君王高阳氏的后裔，父亲的名字叫伯庸。我出生在寅年寅月庚寅那一天，父亲一看日子很正，就给我取了个好名叫正则，又加了一个字叫灵均。我既然拥有先天的美质，那就要重视后天的修养。于是我披挂了江蓠和香芷，又把秋兰佩结在身上。

天天就像赶不及，唯恐年岁太匆促。早晨到山坡摘取木兰，傍晚到洲渚采撷宿莽。日月匆匆留不住，春去秋来不停步。我只见草木凋零，我只怕美人迟暮。何不趁着盛年远离污浊，何不改一改眼下的法度？那就骑上骏马驰骋吧，我愿率先开路。

古代三王德行纯粹，众多贤良聚集周旁：申椒和菌桂交错杂陈，蕙草和香芷联结成行。遥想尧舜耿介坦荡，选定正道一路顺畅；相反桀纣步履困窘，想走捷径而陷于猖狂。现在那些党人苟且偷安，走的道路幽昧而荒唐。我并不是害怕自身遭殃，而只是恐惧国家败亡。我忙忙碌碌奔走先后，希望君王能效法先王。但是君王不体察我的一片真情，反而听信谗言而怒发殿堂。我当然知道忠直为患，但即便隐忍也心中难放。我指九天为证，这一切都是为了你，我的君王！

说好了黄昏时分见面，却为何半道改变路程？既然已经与我约定，却为何反悔而有了别心？我并不难以与你离别，只伤心你数次变更。

我已经栽植了九畹兰花，百亩蕙草。还种下了几垄留夷和揭车，杜衡和芳芷。只盼它们枝叶峻茂，到时候我来收摘。万一萎谢了也不要紧，怕只怕整个芳苑全然变质，让我哀伤。

众人为什么争夺得如此贪婪，永不满足总在索取。又喜欢用自己的标尺衡量别人，凭空生出那么多嫉妒。看四周大家都在奔跑追逐，这绝非我心中所需。我唯恐渐渐老之将至，来不及修名立身就把此生虚度。

早晨喝几口木兰的清露，晚上吃一把秋菊的残朵。只要内心美好坚定，即便是面黄肌瘦也不觉其苦。我拿着木根系上白芷，再把薜荔花蕊串在一起，又将蕙草缠上菌桂，搓成一条长长的绳索。我要追寻古贤，绝不服从世俗。虽不能见容于今人，也要走古代贤者彭咸遗留的道路。

我擦着眼泪长叹，哀伤人生多艰。我虽然喜好修饰，也知道严于检点。但早晨刚刚进谏，傍晚就丢了官位。既责备我佩戴蕙草，又怪罪我手持茝兰。然而，只要我内心喜欢，哪怕九死也不会后悔。

只抱怨君王无思无虑，总不能理解别人心绪。众女嫉妒我的美色，便造谣说我淫荡无度。时俗历来投机取巧，背弃规矩进退失据。颠倒是非追慕邪曲，争把阿谀当作制度。我抑郁烦闷心神不定，一再自问为何独独困于此时此处。我宁肯溘死而远离，也不忍作态如许。

鹰雀不能合群，自古就是殊途。方圆岂可重叠，相安怎能异路。屈心而抑志，只能忍耻而含辱。保持清白而死于直道，本为前代圣贤厚嘱。

我后悔没有看清道路，伫立良久决定回去。掉转车舆回到原路吧，赶快走出这短短的迷途。且让我的马在兰皋漫步，再到椒丘暂时驻足。既然进身不得反而获咎，那就不如退将下来，换上以前的衣服。

把荷叶制成上衣，把芙蓉集成下裳。无人赏识就由它去，只要我内心依然芬芳。高高的帽子耸在头顶，长长的佩带束在身上，芳香和汗渍交糅在一起，清白的品质毫无损伤。忽然回头远远眺望，我将去游观浩茫四荒。佩戴着缤纷的装饰，散发出阵阵清香。人世间各有所乐，我独爱修饰已经习以为常。即使是粉身碎骨，岂能因惩戒而惊慌。

大姐着急地反复劝诫："大禹的父亲鲧过于刚直而死于羽山之野，你如此博学又有修养，为何也要坚持得如此孤傲？人人身边都长满了野草，你为何偏偏洁身自好？民众不可能听你的解释，有谁能体察你的情操？世人都在勾勾搭搭，你为何独独不听劝告？"

听完大姐的劝诫，我心烦闷，须向先圣求公正。渡过了沅湘再向南，我要找舜帝陈述一番。

我说，大禹的后代夏启得到了乐曲《九辩》、《九歌》，只知自纵自娱，不顾危难之局，终因儿子作乱而颠覆。后羿游玩过度，沉溺打猎，爱射大狐。淫乱之徒难有善终，那个寒浞就占了他的妻女。至于寒浞的儿子浇，强武好斗不加节制，终日欢娱，结果身首异处。夏桀一再违逆常理，怎能不与大祸遭遇。纣王行施酷刑，殷代因此难以长续。

相比之下，商汤、夏禹则虔恭有加。周朝的君王谨守大道，推举贤达，遵守规则，很少误差。皇天无私，看谁有德就帮助他。是啊，只有拥有圣哲的德行，才能拥有完整的天下。

瞻前而顾后，观人而察本，试问：谁能不义而可用？谁能不善而可行？我虽然面对危死，反省初心仍无一处悔恨。不愿为了别人的斧孔，来削凿自己的木柄，一个个前贤都为之牺牲。我嘘唏心中郁悒，哀叹生不逢辰，拿起柔软的蕙草来擦拭眼泪，那泪水早已打湿衣襟。

终于，我把衣衫铺在地上屈膝跪告：我已明白该走的正道，那就是驾龙乘风，飞上九霄。

清晨从苍梧出发，傍晚就到了昆仑。我想在这神山上稍稍停留，抬头一看已经暮色苍茫。太阳啊你慢点儿走，不要那么急迫地落向西边的崦嵫山。前面的路又长又远，我将上下而求索。

我在咸池饮马，又从神木扶桑上折下枝条，遮一遮刺目的光照，以便在天国逍遥。我要让月神作为先驱，让风神跟在后面，然后再去动员神鸟。我令凤凰日夜飞腾，我令云霓一路侍从，整个队伍分分合合，上上下下一片热闹。

终于到了天门，我请天帝的守卫把天门打开，但是，他却倚在门边冷眼相瞧。太阳已经落山，我扭结着幽兰等得苦恼。你看世事多么混浊，总让嫉妒把好事毁掉。

第二天黎明，渡过神河白水，登上高丘阆风。拴好马匹眺望，不禁涕泪涔涔：高丘上，没有看见女人。

我急忙从春宫折下一束琼枝佩戴在身，趁鲜花还未凋落，看能赠予哪一位佳人。我叫云师快快飞动，去寻访古帝伏羲的宓妃洛神。我解下佩带寄托心意，让臣子蹇修当个媒人。谁知事情离合不定，宓妃古怪地摇头拒人。

说是晚上要到穷石居住，早晨要到洧盘濯发。仗着相貌如此乖张，整日游逛不懂礼节，我便转过头去另做寻访。

四极八方观察遍，我周游一圈下九霄。巍峨的瑶台在眼前，美女有娀氏已见着。我让鸩鸟去说媒，情况似乎并不好。鸣飞的雄鸩也可去，但又嫌它太轻佻。犹豫是否亲自去，又怕违礼被嘲笑。找到凤凰送聘礼，但晚了，古帝高辛已先到。

想去远方无处落脚，那就随意游荡逍遥。心中还有夏朝那家，两位姑娘都是姓姚。可惜媒人全都太笨，事情还是很不可靠。

人世混浊嫉贤妒才，大家习惯蔽美扬恶，结果谁也找不到美好。历代佳人虚无缥缈，贤明君主睡梦颠倒。我的情怀向谁倾诉？我又怎么忍耐到生命的终了？

拿着芳草竹片，请巫师灵氛为我占卜。

占问："美美必合，谁不慕之？九州之大，难道只有这里才有佳人？"

卜答："赶紧远逝，别再狐疑。天下何处无芳草，何必总是怀故土？"

是啊，世间昏暗又混乱，谁能真正了解我？人人好恶各不同，此间党人更异样：他们把艾草塞满腰间，却宣称不能把幽兰佩在身上；他们连草木的优劣也分不清，怎么能把美玉欣赏；他们把粪土填满了私囊，却嘲笑申椒没有芳香。

想要听从占卜，却又犹豫不定。正好巫咸要在夜间降临，我揣着花椒精米前去拜问。百神全都来了，几乎挤满天庭。九嶷山的诸神也纷纷出迎，光芒闪耀显现威灵。

巫咸一见我，便告诉我很多有关吉利的事情。他说：勉力上下求索，寻找同道之人。连汤、禹也曾虔诚寻找，这才找到伊尹、皋陶来协调善政。只要内心真有修为，又何必去用媒人？传说奴隶傅岩筑墙，商王武丁充分信任；吕望曾经当街操刀，周文王却把他大大提升；宁戚叩击牛角讴歌，齐桓公请来让他辅政……

该庆幸的是年岁还轻，时光未老。怕只怕杜鹃过早鸣叫，使百花应声而凋，使荃蕙化而为茅。

是啊，为什么往日的芳草，如今都变成了萧艾？难道还有别的什么理由？实在只因为它们缺少修养。我原以为兰花可靠，原来也是空有外相。委弃美质沉沦世俗，只能勉强列于众芳。申椒变得谄媚嚣张，樧草自行填满香囊。一心只想往上钻营，怎么还能固守其香？既然时俗都已同流，又有谁能坚贞恒常？既然申兰也都如此，何况揭车、江蓠之辈，不知会变成什么模样。

独可珍贵我的玉佩，虽被遗弃历尽沧桑，美好品质毫无损亏，至今依然散发馨香。那就让我像玉佩那样协调自乐吧，从容游走，继续寻访。趁我的服饰还比较壮观，正可以上天下地、行之无疆。

灵氛告诉我已获吉占，选个好日子我可以启程远方。

折下琼枝做佳肴，碾细玉屑做干粮。请为我驾上飞龙，用象牙、美玉装饰车辆。离心之群怎能同在，远逝便是自我流放。向着昆仑前进吧，长路漫漫正好万里爽朗。云霓的旗帜遮住了天际，玉铃的声音叮叮当当。早晨从天河的渡口出发，晚上就到达西天极乡。凤凰展翅如举云旗，雄姿翩翩在高空翱翔。

终于我进入了流沙地带，沿着赤水一步步徜徉。指挥蛟龙架好桥梁，又命西皇援手相帮。前途遥远而又艰险，我让众车侍候一旁。经过不周山再向左转，一指那西海便是方向。

集合起我的千乘车马，排齐了玉轮一起鸣响。驾车的八龙蜿蜒而行，长长的云旗随风飞扬。定下心来我按辔慢行，心神却是渺渺茫茫。那就奏起《九歌》、舞起《韶》乐吧，借此佳日尽情欢畅。

升上高天一片辉煌，忽然回首看到了故乡。我的车夫满脸悲戚，连我的马匹也在哀伤，低头屈身停步彷徨。

唉，算了吧。既然国中无人知我，我又何必怀恋故乡？既然不能实行美政，我将奔向彭咸所在的地方。

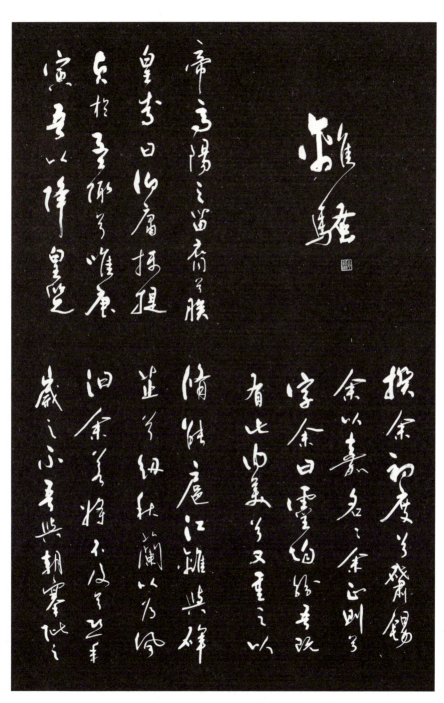

屈原《离骚》（余秋雨行书，局部）

第五部分

汉代文学

汉代，以一个统一、强大、兴盛、富裕的东方帝国称雄于世界。文化和文学的地位在汉代也有明显提高，开始呈现出不完全依附政治权力的某种独立价值。因此，这一时期文学创作相当活跃，出现了各种文学样式，汉代文学也成为后世文学发展的根源。

汉代文学的繁荣集中体现在汉赋上，并出现了贾谊、枚乘、司马相如等一批辞赋作家。但是，历来不少文学史家把"汉赋"与"楚辞、唐诗、宋词、元曲"平列，当成中国文脉的一大环节，我却不大同意。因为汉赋虽有气势，但是堆砌辞藻、铺陈华丽、空泛整饬，是后代文化创造者们需要一再努力摆脱的痼疾。连当时的司马迁都这样评论司马相如，"相如虽多虚辞滥说，然其要归引之节俭"。这是在为他辩护，认为在太多"虚辞滥说"背后，还能引出"节俭"的"要归"。可见，"虚辞滥说"已成为汉赋的一大"流行病"，大家都看到了。

汉赋"虚辞滥说"的负面传统，代代不绝。凡是乐于倾听华丽奉承之辞的统治者，以及那些善于颂扬盛世伟业的写手，总是竭力张扬连篇累牍的"骈俪"文风，以致其充斥朝野。为此，我就更不想在中国文脉中给汉赋让出较多的地位。即便是贾谊、枚乘、司马相如，我也只是安置在"扩大记忆"的范围里。这样的安排可能与很多文学史家有异，但我并不是在整理规范的汉代文学史，而是在检索文脉，有责任在内在生命的健衰上来决定轻重取舍。

相比之下，倒是一些政治人物在历史关键时刻随口吟出的诗句，包含着英雄人格上的刚健之气，例如项羽的《垓下歌》、刘邦的《大风歌》、刘彻的《秋风辞》，更能直接地表达出大汉之所以是大汉的原因，也更与文脉相关。

另外，汉代的乐府民歌中也出现了一批来自民间、情感浓烈的作品。按一般文学史的观念，这是"非主流"的存在，但我在梳理中国文脉时却特别看高，把它们置于"基础记忆"的范围。

汉代文学的最高峰当然是司马迁，但他属于整部中国历史，已经不是"汉代文学"这个标题所能框范的了。因此，我们在后面要以单独一节来开列对他作品进行"基础记忆"和"扩大记忆"的篇目。

基础记忆

1. 项羽：《垓下歌》（力拔山兮气盖世）；
2. 刘邦：《大风歌》（大风起兮云飞扬）；
3. 刘彻：《秋风辞》（秋风起兮白云飞）；
4. 李延年：《北方有佳人》（北方有佳人，遗世而独立）；
5. 《陌上桑》，汉乐府民歌中叙事诗的代表作；
6. 《孔雀东南飞》，汉乐府民歌中最优秀的长篇叙事诗；
7. 《古诗十九首》。

扩大记忆

1. 贾谊：《吊屈原赋》、《鵩鸟赋》；
2. 贾谊：《过秦论》（散文）；
3. 枚乘：《七发》，汉代大赋的基础；
4. 司马相如：《子虚赋》、《上林赋》；

5. 王褒:《洞箫赋》;

6. 扬雄:《甘泉赋》、《河东赋》;

7. 若有余暇还可浏览一些乐府民歌:

《妇病行》(妇病连年累岁,传呼丈人前一言);

《东门行》(出东门,不顾归);

《十五从军征》(十五从军征,八十始得归);

《战城南》(战城南,死郭北,野死不葬乌可食);

《上邪》(上邪!我欲与君相知,长命无绝衰);

《古歌》(秋风萧萧愁杀人);

《悲歌》(悲歌可以当泣,远望可以当归);

《长歌行》(青青园中葵,朝露待日晞)。

第六部分

司马迁《史记》

　　我在多部著作中都对司马迁做出了极高评价。他的《史记》为全部"二十四史"定下了统一格局，因此，他是全部中国历史的"总策划"，使历代中国智者都具备了历史理性和历史责任。这一切，都是通过高超的文学手段完成的。《史记》可称中国古代散文的"第一支笔"，连"唐宋八大家"都不敢望其项背。他以经典意义上的人物刻画，让中国历史"以人为本"，又让中国文学渗透时空。因此，我把司马迁和《史记》看成是中国文脉的"制高点"，在此后两千多年的历史上，中国文化的所有健康脉络都与之有关。

　　汉赋的铺张、骈俪之弊，在《史记》中不见踪影。

基础记忆

　　由于重要，我开列出了十六个篇目，似乎多了一些。大家可以在浏览之后，根据自己的喜爱程度，从中选出六至七篇，作为必记篇目。

　　1.《项羽本纪》；

　　2.《陈涉世家》；

　　3.《留侯世家》；

　　4.《孟尝君列传》；

　　5.《魏公子列传》；

　　6.《廉颇蔺相如列传》；

7.《田单列传》;

8.《屈原贾生列传》;

9.《淮阴侯列传》;

10.《陆贾列传》;

11.《叔孙通列传》;

12.《李将军列传》;

13.《滑稽列传》;

14.《刺客列传》;

15.《太史公自序》;

16.《报任安书》。

扩大记忆

1.《高祖功臣侯者年表》;

2.《孔子世家》;

3.《外戚世家》;

4.《伯夷列传》;

5.《管晏列传》;

6.《酷吏列传》;

7.《游侠列传》;

8.《货殖列传》。

第七部分

魏晋南北朝诗文

　　魏晋南北朝是一个分裂的乱世，但在文化创造上却异彩纷呈。由于项目太多，背景不同，很难做总体概括。从曹氏父子到魏晋名士，再到陶渊明、蔡琰、刘勰、郦道元，都开天辟地、光耀史册。对中国文脉而言，这也是一个激流交叠、柳暗花明的重要段落。以下，无论是"基础记忆"还是"扩大记忆"，每一项都自成春秋。因此，以"琳琅满目"来描述这个时代的文脉呈现，正是合适。

基础记忆

　　1. 曹操。非常重要。我曾多次论述："曹操一心想做军事巨人和政治巨人而十分辛苦，却不太辛苦地成了文化巨人。"

　　在本课程第二单元，我还举出他的很多诗句，已成为中国熟语，例如——

　　　　老骥伏枥，志在千里；烈士暮年，壮心不已。

　　　　对酒当歌，人生几何？……何以解忧，唯有杜康。……月明星稀，乌鹊南飞。……山不厌高，海不厌深。……

东临碣石，以观沧海。……秋风萧瑟，洪波涌起。日月之行，若出其中。星汉灿烂，若出其里。……

我说，在漫长的历史上，还有哪几个文学家，能让自己的文句变成千年通用？最多能举出三四个，而且渗入程度也不如他广泛。

因此，我要求所有的学员都能熟背以上诗句。

至于具体篇目，首选《短歌行》。其次是《步出夏门行》的第一章《观沧海》、第四章《龟虽寿》。

另有《蒿里行》，其中名句有"白骨露于野，千里无鸡鸣。生民百遗一，念之断人肠"。

2. 蔡琰：《悲愤诗》、《胡笳十八拍》。一种不同族群、不同生态之间的离乱体验，由一位女性来表述，震撼人心，气势不凡。

3. 曹植：《赠白马王彪》、《洛神赋》。

4. 阮籍：《咏怀诗》、《大人先生传》（散文）。

5. 嵇康：《与山巨源绝交书》（散文）。

6. 陶渊明。更加重要。他是中国文学史上可以与屈原、司马迁、曹操、李白、杜甫、王维、苏东坡、李清照、辛弃疾、关汉卿、曹雪芹并肩而立的第一流大家。因此，理所当然，也是魏晋南北朝诗文的最高峰。我希望大家尽可能多地阅读和熟悉陶渊明的作品。

陶渊明的作品，现存诗一百二十多首，文十二篇（其中包括三篇辞赋）。

诗中，有中国一切习文之人都知道的那首《饮酒》其五："结庐在人境，而无车马喧。问君何能尔？心远地自偏。采菊东篱下，悠然见南山。……"以及《归园田居》："少无适俗韵，性本爱丘山。误落尘网中，一去三十年。羁鸟恋旧林，池鱼思故渊。……"还有《读山海经》："精卫衔微木，将以填沧海。刑天舞干戚，猛志固常在。……"

文中，有几乎无人不知的《桃花源记》。

辞赋中，有著名的《归去来兮辞》。

对陶渊明的诗文，我由于非常喜欢，所以推荐的篇目较多。与《史记》的推荐篇目一样，大家可以在浏览一遍之后，选择背诵目标。

咏怀诗——《饮酒》、《杂诗》、《读山海经》、《咏荆轲》、《赠羊长史》、《拟古》、《命子》、《停云》、《时运》、《荣木》、《咏贫士》、《庚子岁五月中从都还阻风于规林二首》、《辛丑岁七月赴假还江陵夜行涂口》、《始作镇军参军经曲阿作》、《戊申岁六月中遇火》、《述酒》。

田园诗——《归园田居》、《庚戌岁九月中于西田获早稻》、《移居》、《怨诗楚调示庞主簿邓治中》、《劝农》、《癸卯岁始春怀古田舍》、《丙辰岁八月中于下潠田舍获》。

哲理诗——《形影神》、《己酉岁九月九日》、《连雨独饮》、《拟挽歌辞》、《五月旦作和戴主簿》、《拟古》。

散文及辞赋——《桃花源记》、《归去来兮辞》、《五柳先生传》、《闲情赋》、《感士不遇赋》、《自祭文》。

7.《敕勒川》（北方少数民族的民歌）："敕勒川，阴山下。天似穹庐，笼盖四野。天苍苍，野茫茫，风吹草低见牛羊。"我说过，这几句来自北方的吟唱非常重要，中国文脉由于此川此山，此天此野，此歌此声，更为开阔。

8.《木兰诗》，这是一首在整个中国文化视野中都受到充分喜爱的北朝民歌。"唧唧复唧唧，木兰当户织。不闻机杼声，唯闻女叹息。问女何所思，问女何所忆。……"爽朗之气改变了原来抒写战火军旅的固有模式，也重塑了中国女性的另类美丽典型。

扩大记忆

1.郦道元《水经注》。一部地理学著作，在描写山水时也体现出了足够的文学价值，可见在实践性的科学家身上也有文脉渗透。

2. 杨衒之的《洛阳伽蓝记》。在描述宗教发展状况时体现出了文学价值。

3. 陆机的《文赋》、刘勰的《文心雕龙》、钟嵘的《诗品》。开启第一代文学批评，总结此前的文学创作状况。由此证明，文学开始拥有了总体思考者。但是，由于总体思考还缺少更多的素材，又由于理论语言过于玄虚，我不主张一般读者深钻其中。

4. 即使对书法不熟悉的学员，也应该关注魏晋时代以王羲之为代表的书法艺术高峰。因为书法本身是中国文脉的重要组成部分，是文脉的形体呈现。

王羲之与他前后左右的书法，可读我《极品美学》一书中的《书法美学》。他本人的留世杰作中，最值得珍爱的是《兰亭集序》、《快雪时晴帖》、《平安帖》、《丧乱帖》。他儿子王献之的《鸭头丸帖》、《廿九日帖》、《中秋帖》也很精彩。

陶渊明《归去来兮辞》今译（余秋雨译）

回去吧，田园就要荒芜，为什么还不回去？

既然是自己把心灵交给了身体，那又为何还要独自惆怅和悲哀？

过去已经无法挽回，未来还是可以追赶。其实迷路并未太远，我已经明白今天的选择，昨天的遗憾。

船，轻轻地在水中摇晃。风，飘飘地吹拂着衣裳。我向行人问路，但路上，晨光还只是微微透亮。

终于看见了横木的家门，我心中一喜就把步子加快。童仆前来迎接，稚子等在门边。小路已经荒蔓，松菊却还依然。我牵着幼子入室，发现酒樽已经斟满。取出壶觞自饮自酌，看看庭院中的树木我不禁开颜。倚凭南窗我又生傲然，反观这小小的容膝之地倒让我收心而安。

每天在园中散步成趣，虽然有门却长闭长关。握着手杖走走停停，却经常抬起头来仰望长天。看见那云，无意间飘离了山坳；再看那鸟，飞倦了还自己回返。日光昏昏将要入山，手抚孤松徘徊盘桓。

回去吧，我会断绝一切交游。世道与我不合，再驾车出去又有何求？只爱听亲戚们真情闲聊，乐于在琴弦和书页间悠然消忧。农人告诉我春天来了，将会忙着去西边的田畴。有时我也会乘上遮篷小车，有时我也会划出孤独小舟，有时我也会探寻幽深沟壑，有时我也会攀登崎岖山丘。一路上，只见草木欣欣向荣，泉水涓涓而流。真羡慕天下万物皆得天时，只感叹我的生命已走向尽头。

算了吧，寄身宇内能有几时，不如随心任其去留。何苦成日遑遑不知往哪里走，富贵非我所愿，仙境更不可求。等天气好时独自遛遛，或者插了手杖下到田里做做帮手。登上东边的高冈舒喉长啸，对着清澈的水流赋诗几首。姑且应顺天意终结一生，乐天知命何须疑虑忧愁。

第八部分

唐诗

唐诗的记忆，包括记忆的范围、记忆的程度，本身就是一门学问。这是因为，对唐诗的知晓程度，决定着一个中国人的文化品级。

我对唐诗的记忆，有以下几点看法。

第一，唐诗量大，因此反而要把守住记忆之门。如果一味贪多，会成为一个过于沉重的记忆负担，减损了诗歌潇洒、轻灵的韵致。

第二，对优秀唐诗的记忆应该提高要求，达到可以背诵的程度。对于部分特别著名的佳作名句，应该随口吐出，成为中国语言中通行的"古典元件"。

第三，唐诗的背诵，因篇幅而不同。需要大家熟练背诵的，一般集中在五绝、七绝、五律、七律，至于那些篇幅较长的古体诗，虽很重要，但我们会放到"扩大记忆"部分，例如李白的《梦游天姥吟留别》、白居易的《长恨歌》、张若虚的《春江花月夜》等。

第四，唐诗排序有多种标准。中华书局出版的《唐诗排行榜》列出了各首唐诗在古代和现代被入选、被评点的各种数据，使这项工作走向了严谨和科学，很有意义。但是，我则更加倾向于历代民众熟知和传诵的程度，因为民众熟知和传诵，牵涉到一系列文化人类学上的多重原因，比学术界评点更为深刻。既然是传诵，那么，今天民众的熟知程度就是历代传诵的结果。传诵是一种筛选和淘汰，因此，以往的影响力不如今天的影响力重要。

第五，唐诗排序还存在着以诗人归并，还是以诗作归并的区别。不少选本着眼于诗作的体例和内容，而我则更着眼于诗人。每个诗人名下的诗作，也要按照优秀程度和传诵程度来排序。

做了以上五点说明，我们可以列出唐诗"基础记忆"和"扩大记忆"的篇目了。

我本人几十年间一直在不断推敲：究竟有多少首唐诗值得当代华人青年记忆?《唐诗三百首》是清代所设定的一个规模，按照现代普通年轻人的生活节奏和兴趣容量，显然是太多了。二十年前西安曲江新区作为一个重要的唐诗故地，想选刻一些诗碑来吸引中外游人，他们邀请我来选定篇目，我选了二十首。但这是受了刻碑的限制，如果按一般的诵读需求来说，又太少了。

我经过反复权衡，决定选五十首，作为当代华文青年应该背诵唐诗的基数。然后再扩大四十首，作为必要储备。按照我的要求，前面的五十首应该背诵，后面四十首应该熟读。

基础记忆
—— 必记唐诗五十首

1. 李白:《早发白帝城》(朝辞白帝彩云间);

2. 李白:《静夜思》(床前明月光);

3. 李白:《黄鹤楼送孟浩然之广陵》(故人西辞黄鹤楼);

4. 李白:《将进酒》(君不见黄河之水天上来);

5. 李白:《蜀道难》(噫吁嚱，危乎高哉);

6. 李白:《月下独酌》(花间一壶酒);

7. 李白:《行路难》(金樽清酒斗十千);

8. 李白:《子夜吴歌》(长安一片月);

9. 李白:《送友人》(青山横北郭);

10. 李白:《宣州谢朓楼饯别校书叔云》(弃我去者昨日之日不可留);

11. 杜甫：《登高》（风急天高猿啸哀）；

12. 杜甫：《蜀相》（丞相祠堂何处寻）；

13. 杜甫：《春望》（国破山河在）；

14. 杜甫：《春夜喜雨》（好雨知时节）；

15. 杜甫：《登岳阳楼》（昔闻洞庭水）；

16. 杜甫：《月夜》（今夜鄜州月）；

17. 杜甫：《赠卫八处士》（人生不相见）；

18. 杜甫：《闻官军收河南河北》（剑外忽传收蓟北）；

19. 杜甫：《咏怀古迹》（群山万壑赴荆门）；

20. 杜甫：《客至》（舍南舍北皆春水）；

21. 王维：《送元二使安西》（渭城朝雨浥轻尘）；

22. 王维：《山居秋暝》（空山新雨后）；

23. 王维：《鹿柴》（空山不见人）；

24. 王维：《九月九日忆山东兄弟》（独在异乡为异客）；

25. 王维：《竹里馆》（独坐幽篁里）；

26. 白居易：《赋得古原草送别》（离离原上草）；

27. 白居易：《问刘十九》（绿蚁新醅酒）；

28. 白居易：《琵琶行》（浔阳江头夜送客）；

29. 崔颢：《黄鹤楼》（昔人已乘黄鹤去）；

30. 王之涣：《出塞》（黄河远上白云间）；

31. 王之涣：《登鹳雀楼》（白日依山尽）；

32. 王昌龄：《出塞》（秦时明月汉时关）；

33. 柳宗元：《江雪》（千山鸟飞绝）；

34. 孟浩然：《春晓》（春眠不觉晓）；

35. 杜牧：《山行》（远上寒山石径斜）；

36. 刘禹锡：《西塞山怀古》（王濬楼船下益州）；

37. 刘禹锡：《乌衣巷》（朱雀桥边野草花）；

38. 刘禹锡：《石头城》（山围故国周遭在）；

39. 李商隐：《无题》（相见时难别亦难）；

40. 李商隐：《夜雨寄北》（君问归期未有期）；

41. 王勃：《送杜少府之任蜀川》（城阙辅三秦）；

42. 张继：《枫桥夜泊》（月落乌啼霜满天）；

43. 陈子昂：《登幽州台歌》（前不见古人）；

44. 王翰：《凉州词》（葡萄美酒夜光杯）；

45. 孟郊：《游子吟》（慈母手中线）；

46. 贾岛：《寻隐者不遇》（松下问童子）；

47. 卢纶：《塞下曲·其三》（月黑雁飞高）；

48. 高适：《别董大》（千里黄云白日曛）；

49. 韦应物：《滁州西涧》（独怜幽草涧边生）；

50. 常建：《题破山寺后禅院》（清晨入古寺）。

扩大记忆

——应记唐诗四十首

1. 李白：《登金陵凤凰台》（凤凰台上凤凰游）；

2. 李白：《梦游天姥吟留别》（海客谈瀛洲）；

3. 李白：《独坐敬亭山》（众鸟高飞尽）；

4. 李白：《关山月》（明月出天山）；

5. 李白：《庐山谣寄卢侍御虚舟》（我本楚狂人）；

6. 杜甫：《梦李白二首》（死别已吞声）；

7. 杜甫：《旅夜书怀》（细草微风岸）；

8. 杜甫：《登楼》（花近高楼伤客心）；

9. 杜甫：《兵车行》（车辚辚，马萧萧）；

10. 杜甫：《石壕吏》（暮投石壕村）；

11. 杜甫：《哀江头》（少陵野老吞声哭）；

12. 杜甫：《哀王孙》（长安城头头白乌）；

13. 王维：《杂诗》（君自故乡来）；

14. 王维：《终南别业》（中岁颇好道）；

15. 王维：《使至塞上》（大漠孤烟直）；

16. 王维：《鸟鸣涧》（人闲桂花落）；

17. 王维：《相思》（红豆生南国）；

18. 白居易：《长恨歌》（汉皇重色思倾国）；

19. 杜牧：《赤壁》（折戟沉沙铁未销）；

20. 杜牧：《泊秦淮》（烟笼寒水月笼沙）；

21. 杜牧：《寄扬州韩绰判官》（青山隐隐水迢迢）；

22. 杜牧：《秋夕》（银烛秋光冷画屏）；

23. 元稹：《行宫》（寥落古行宫）；

24. 孟浩然：《过故人庄》（故人具鸡黍）；

25. 孟浩然：《留别王维》（寂寂竟何待）；

26. 孟浩然：《秋登兰山寄张五》（北山白云里）；

27. 王昌龄：《芙蓉楼送辛渐》（寒雨连江夜入吴）；

28. 王昌龄：《闺怨》（闺中少妇不曾愁）；

29. 王昌龄：《塞下曲》（饮马度秋水）；

30. 李商隐：《无题》（昨夜星辰昨夜风）；

31. 李商隐：《嫦娥》（云母屏风烛影深）；

32. 李商隐：《乐游原》（向晚意不适）；

33. 李商隐：《无题》（来是空言去绝踪）；

34. 张若虚：《春江花月夜》（春江潮水连海平）；

35. 贺知章：《回乡偶书》（少小离家老大回）；

36. 张九龄：《望月怀远》（海上生明月）；

37. 金昌绪：《春怨》（打起黄莺儿）；

38. 王湾：《次北固山下》（客路青山外）；

39. 许浑：《咸阳城西楼晚眺》（一上高城万里愁）；

40. 高适：《燕歌行》（汉家烟尘在东北）。

第九部分

唐代散文

　　唐代文学的精粹，主要集中在唐诗了，散文领域的成就比较一般。历史上所谓的"唐宋八大家"，有两个是唐代的，有六个是宋代的。唐代的两个，就是韩愈和柳宗元。

　　韩愈和柳宗元在文学上的最大贡献，是推动了唐代的"古文运动"。他们所提倡的"古文"，主要是指先秦两汉时代那种散落自由、不受形式局限的文体，以针对魏晋以来"骈体时文"的流行病。因此，他们所推动的"古文运动"，初一看是倒退，由"时文"倒退到了"古文"，其实是切中时弊，对流行长久的那种藻饰繁丽的陈词滥调进行了批判和否定。韩愈和柳宗元本身又是散文作家，用成功的实践对自己的文学主张做出了示范，影响不小。因此，后来苏东坡赞扬韩愈"文起八代之衰"，也就是为文学的传承找到了新起点。

　　但是，起点是找到了，弊病也指出了，成果却不太大。"文起八代之衰"的说法，是对一场改革运动的宏观赞扬，而不是对当时文学成果的全面肯定。因此苏东坡又说了："唐无文章，惟韩退之《送李愿归盘谷》一篇而已。"（见《东坡题跋》）这话的口气太大，不太像是苏东坡说的，我以后还会考证一下。但不管怎么说，在散文上，唐代确实比不过宋代。

　　韩愈写过不少既可以说是论文，又可以说是散文的文章，例如《原道》、《原毁》、《师说》、《争臣论》等等，都很著名，但在我看来，这些文章主要应该属于论文，缺少文学成色。他也写了一些带有情感色彩的文章，而文学品相更独特的，确实是那篇《送李愿归盘谷序》。

就散文而论，柳宗元的成就高过韩愈。除了具有散文风致的论文《封建论》外，柳宗元还写过一些带有寓言色彩的哲理散文，而成就最大的是那些山水游记，例如《至小丘西小石潭记》、《石涧记》、《钴鉧潭西小丘记》、《永州崔中丞万石亭记》、《游黄溪记》等等。而我更喜欢的，则是《愚溪诗序》。

这就形成了唐代散文"基础记忆"和"扩大记忆"的篇目。

基础记忆

1. 韩愈：《送李愿归盘谷序》；

2. 韩愈：《送孟东野序》；

3. 韩愈：《进学解》；

4. 柳宗元：《愚溪诗序》；

5. 柳宗元：《捕蛇者说》；

6. 柳宗元：《种树郭橐驼传》。

扩大记忆

1. 韩愈：《师说》；

2. 韩愈：《马说》；

3. 柳宗元：《始得西山宴游记》；

4. 柳宗元：《钴鉧潭西小丘记》；

5. 柳宗元：《至小丘西小石潭记》。

韩愈《送李愿归盘谷序》今译（余秋雨译）

太行山南面，有一个盘谷。在盘谷间，泉水甘洌，土地肥沃，草木茂盛，居民稀少。有人说，它环在两山之间，所以叫盘。有人说，这个山谷，幽深而险阻，是隐士们的去处。

我的朋友李愿，就住在那里。

为什么住在那里？李愿对我说了这么一番话——

"人们所说的大丈夫，我知道。他们把利益施于他人，得名声显于一时。他们身在朝廷，任免百官，辅佐皇上，发号施令。一旦外出，便竖起旗帜，排开弓箭，武夫开道，随从塞路，负责供给的人捧着物品在道路两边奔跑。他们高兴了，就赏赐；生气了，就刑罚。才俊之士挤满他们眼前，说古道今来歌颂他们的盛德，他们听得入耳，并不厌烦……"

"他们身后又有不少女子，曲眉丰颊，声清体轻，秀外慧中，薄襟长袖，施粉画黛。这些女子，列屋闲居，妒宠而又自负，争妍而求爱怜……"

"受皇上信任而执事于当今的大丈夫，就是这种行为状态。"

"我并不是因为厌恶这一切而逃开，只是命中注定，未曾有幸达到。"

"我，贫居山野，登高望远，在茂密的树林下度过整日，在清澈的溪泉间自洗自洁。作息不讲时间，只求舒适安然。"

"我想，与其当面备受赞誉，不如背后没有毁谤；与其身体享受快乐，不如内心没有忧愁。这样，就不必在乎车马服饰的等级，不用担心刀锯刑罚的处分，不必关心时世治乱的动静，不必打听官场升降的消息。——这就是不合时世的大丈夫，这就是我。"

"如果不是这样，伺候于公卿之门，奔走于权势之途，刚要抬脚就畏缩，刚想开口就嗫嚅，身处污秽而不羞，触犯刑法而获诛，一生都在求侥幸，直到老死方止步。这样做人，究竟是好，还是不好？"

——我韩愈听了李愿的这番话，决定为他壮行。

我为他斟上酒，还为他作了歌——

盘谷啊盘谷，真是你的地方。

盘谷的泥土，让你垦稼种粮，

盘谷的溪泉，让你洗濯游荡，

盘谷的险阻，让你不必守防。

幽远而深秘，

开廓而空旷，

环绕而曲折，

似往而回向。

盘谷之乐，

乐而无殃。

虎豹远去，

蛟龙遁藏。

鬼神守护，

阻止不祥。

有饮有食寿而康，

知足常乐无奢望。

且为车辆添油膏，

喂罢马匹握住缰，

我要随你去盘谷，

终生逍遥复徜徉。

柳宗元《愚溪诗序》今译（余秋雨译）

灌水北面，有一条溪，向东流入潇水。

有人说，过去有一家姓冉的住在这里，所以这溪也有了姓，叫冉溪；又有人说，这溪可以漂染丝帛，所以按功能叫染溪。

我因愚钝而触罪，被贬到潇水边上，却爱上了这条溪。沿溪水走进去二三里，见到一个景色绝佳处，便安了家。古代有愚公谷，我以溪安家，叫什么呢？当地人还在争论是冉溪还是染溪，看来不能不改个名字了，那就叫愚溪吧。

我又在愚溪边上买了一个小山丘，取名为愚丘；

从愚溪朝东北方向走六十步，有泉水，我又买了下来，取名为愚泉；

愚泉有六个泉穴，泉水都来自山下平地而向上涌出，合流后弯曲向南，我取名为愚沟；

在愚沟上堆土积石，塞住隘口，取名为愚池；

愚池的东边，建了愚堂；

愚池的南边，盖了愚亭；

愚池的中间，有一个愚岛。

——算一下，共有八愚。

这么些错落有致的嘉木异石，都是山水奇迹，却因为我，一起蒙上了"愚"的屈辱。

本来水是智者所乐，为什么眼下这道溪水独独以愚相称？

你看，它水位很低，不能用来灌溉；它水流峻急，又多嶙峋，大船进入不了；它幽深浅狭，蛟龙不屑一顾，因为不能在这里兴云作雨。总之，它不能被世间利用，恰恰与我类似。那么，委屈一下以愚相称，也可以。

春秋时的宁武子说，国家混乱时要变得愚笨，这是聪明人之愚；颜回在听孔子讲述时从不发问，貌似愚笨，这是睿悟者之愚。他们都不是真愚。我生于有道之世，却违背时理，做了傻事。因此要说愚，莫过于我了。这也就是说，天下谁也不能来与我争这条溪，只能由我拥有，由我命名。

但是，回过来说，这溪虽然不能被世间利用，却能映照天下万物。它清莹秀澈的水流，金石铿锵的声音，能使一切愚者喜笑眷恋，乐而忘返。

我虽然与世俗不合，却也能用文墨慰藉自己、洗涤万物、掌控百态，什么也逃不出我的笔下。因此，我今天以愚辞来歌颂愚溪，便觉得茫茫然与此溪相合，昏昏然与此溪同归。超然于鸿蒙混沌，相融于虚静太空，寂寥于无我之境。于是，便作了一首《八愚诗》，刻记在溪石之上。

第十部分

宋词

宋词是继唐诗之后的又一个文化奇迹。文学史上的这种文化奇迹，是一种新兴文体的全方位创造状态，人才啸聚，大师辈出，佳作汇涌。中国已经驾驭过唐诗的大潮，因此，在宋词上出现的这种文化奇迹，就呈现得更加从容自如了。

我在本课程第二单元中曾经提到，以前在《中国文脉》一书中也说过，在宋朝建立之初，有一个被关在俘虏屋里的人，竟然是这个朝代典范文体的初创者，他就是李煜。在一般文学史上，他并不归属于宋朝，但我却因宋词的理由把他看作宋代文学的先行者。王国维说，词因他，"境界始大"。因此，在宋词排序之前，我们必须先把他的四个代表介绍出来。而且，都被列录于"基础记忆"的范畴。

李煜——

1.《虞美人》（春花秋月何时了）；

2.《浪淘沙》（帘外雨潺潺）；

3.《相见欢》（无言独上西楼）；

4.《破阵子》（四十年来家国）。

读过了他的四首词，我们就可以来为宋词排序了。

与唐诗一样，对宋词的排序也先分词人，再分作品。作品次序，考虑多方因素，首看民众熟知程度。

宋词与唐诗一样光芒万丈，但它们之间也有一个明显的区别，那就是，从整体看，唐诗较少重复，而宋词则较多因袭。唐诗有一种天地初开的拓展劲头，而宋词却在低吟慢唱中过多地关顾前后左右。宋词的中等作品之下，有大量近似的"意向模式"和"高频率语块"。因此，宋词的创造魅力，更多地集中在那几个站在前沿的巨匠身上。这一事实，让我们在排序时更会把注意力投向那些响亮的名字。

以下，就是对宋词中"基础记忆"和"扩大记忆"篇目的排序。

基础记忆
——必记宋词三十五首

1. 苏轼：《念奴娇·赤壁怀古》（大江东去）；

2. 苏轼：《水调歌头·中秋》（明月几时有）；

3. 苏轼：《卜算子·黄州定惠院寓居作》（缺月挂疏桐）；

4. 苏轼：《江城子·乙卯正月二十日夜记梦》（十年生死两茫茫）；

5. 苏轼：《蝶恋花·春景》（花褪残红青杏小）；

6. 苏轼：《定风波》（莫听穿林打叶声）；

7. 苏轼：《临江仙·夜归临皋》（夜饮东坡醒复醉）；

8. 苏轼：《江城子·密州出猎》（老夫聊发少年狂）；

9. 李清照：《声声慢》（寻寻觅觅）；

10. 李清照：《如梦令》（昨夜雨疏风骤）；

11. 李清照：《醉花阴》（薄雾浓云愁永昼）；

12. 李清照：《一剪梅》（红藕香残玉簟秋）；

13. 李清照：《如梦令》（常记溪亭日暮）；

14. 辛弃疾：《永遇乐·京口北固亭怀古》（千古江山）；

15. 辛弃疾：《水龙吟·登建康赏心亭》（楚天千里清秋）；

16. 辛弃疾：《菩萨蛮·书江西造口壁》（郁孤台下清江水）；

17. 辛弃疾：《破阵子·为陈同甫赋壮词以寄》（醉里挑灯看剑）；

18. 辛弃疾：《青玉案·元夕》（东风夜放花千树）；

19. 辛弃疾：《西江月·夜行黄沙道中》（明月别枝惊鹊）；

20. 辛弃疾：《丑奴儿·书博山道中壁》（少年不识愁滋味）；

21. 辛弃疾：《西江月·遣兴》（醉里且贪欢笑）；

22. 辛弃疾：《鹧鸪天·有客慨然谈功名因追念少年时事戏作》（壮岁旌旗拥万夫）；

23. 辛弃疾：《南乡子·登京口北固亭有怀》（何处望神州）；

24. 陆游：《卜算子·咏梅》（驿外断桥边）；

25. 陆游：《诉衷情》（当年万里觅封侯）；

26. 陆游：《鹊桥仙》（一竿风月）；

27. 陆游：《鹊桥仙》（华灯纵博）；

28. 陆游：《钗头凤》（红酥手）；

29. 张元幹：《贺新郎·送胡邦衡待制》（梦绕神州路）；

30. 岳飞：《满江红·写怀》（怒发冲冠）；

【秋雨按：此词曾被学术界怀疑是否真为岳飞所作，疑点有二：一为伐金方向在东北，而不是"贺兰山阙"；二为岳飞孙子所编《岳王家集》未见此词。余认为，这两点均难成立。"贺兰山"泛指北方敌境，那儿是西夏所在，与北宋也常有战争。至于《岳王家集》漏收的作品，也不止这一首。当然此事仍可继续考证。】

31. 柳永：《雨霖铃》（寒蝉凄切）；

32. 范仲淹：《渔家傲·秋思》（塞下秋来风景异）；

33. 秦观：《鹊桥仙》（纤云弄巧）；

34. 晏殊：《浣溪沙》（一曲新词酒一杯）；

35. 陈亮：《水调歌头·送章德茂大卿使虏》（不见南师久）。

扩大记忆

——应记宋词十五首

1. 辛弃疾:《贺新郎·别茂嘉十二弟》(绿树听鹈鴂);

2. 辛弃疾:《清平乐·村居》(茅檐低小);

3. 晏殊:《浣溪沙》(一向年光有限身);

4. 姜夔:《琵琶仙》(双桨来时);

5. 秦观:《踏莎行·郴州旅舍》(雾失楼台);

6. 贺铸:《青玉案》(凌波不过横塘路);

7. 欧阳修:《蝶恋花》(庭院深深深几许);

8. 欧阳修:《生查子·元夕》(去年元夜时);

9. 宋祁:《玉楼春·春景》(东城渐觉风光好);

10. 吴文英:《唐多令·惜别》(何处合成愁);

11. 蒋捷:《虞美人·听雨》(少年听雨歌楼上);

12. 蒋捷:《一剪梅·舟过吴江》(一片春愁待酒浇);

13. 刘克庄:《玉楼春·戏林推》(年年跃马长安市);

14. 刘克庄:《一剪梅·余赴广东,实之夜饯于风亭》(束缊宵行十里强);

15. 陈与义:《临江仙·夜登小阁忆洛中旧游》(忆昔午桥桥上饮)。

第十一部分

宋诗和宋文

宋代以词名世，其实诗亦很好。尤其是苏轼、陆游、王安石、文天祥的诗，皆可传世。所列不多，均应熟读。

基础记忆

1. 陆游:《剑门道中遇微雨》(衣上征尘杂酒痕);

2. 陆游:《示儿》(死去元知万事空);

3. 陆游:《秋夜将晓出篱门迎凉有感二首·其二》(三万里河东入海);

4. 陆游:《书愤》(早岁那知世事艰);

5. 陆游:《游山西村》(莫笑农家腊酒浑);

6. 苏轼:《题西林壁》(横看成岭侧成峰);

7. 苏轼:《和子由渑池怀旧》(人生到处知何似);

8. 苏轼:《惠崇春江晚景》(竹外桃花三两枝);

9. 王安石:《泊船瓜洲》(京口瓜洲一水间);

10. 李清照:《夏日绝句》(生当作人杰);

11. 朱熹:《观书有感》(半亩方塘一鉴开);

12. 文天祥:《过零丁洋》(辛苦遭逢起一经);

13. 文天祥:《正气歌》(天地有正气)。

扩大记忆

1. 苏轼：《六月二十七日望湖楼醉书五绝·其一》（黑云翻墨未遮山）；

2. 苏轼：《饮湖上，初晴后雨二首·其二》（水光潋滟晴方好）；

3. 朱熹：《春日》（胜日寻芳泗水滨）；

4. 杨万里：《小池》（泉眼无声惜细流）；

5. 叶绍翁：《游园不值》（应怜屐齿印苍苔）；

6. 林升：《题临安邸》（山外青山楼外楼）；

7. 王安石：《登飞来峰》（飞来山上千寻塔）；

8. 郑思肖：《寒菊》（花开不并百花丛）。

宋代散文，依"唐宋八大家"的排列，有六家，即欧阳修、苏洵、苏轼、苏辙、曾巩、王安石。确实各有特色，但是如果以宋词和宋诗的光亮来对照，真正能够平视的，也只有伟大的苏轼。尤其是他的《前赤壁赋》和《后赤壁赋》，文学地位崇高，哲理等级非凡，大家应该反复熟读乃至背诵。除苏轼外，欧阳修的散文也不错，特别是那篇《秋声赋》，朗诵起来很有味道。

苏轼《前赤壁赋》今译（余秋雨译）

壬戌年的那个秋天，七月十六日，我和客人坐船，到赤壁下面游玩。

在风平浪静之间，我向客人举起酒杯，朗诵《明月》之诗，吟唱《窈窕》之章。不一会儿，月亮从东山升起，徘徊于东南星辰之间。白雾横罩江面，水光连接苍穹，我们的船恰如一片苇叶，浮越于万顷空间。眼前是那么开阔，像是要飞到天上，不知停在哪里；身子是那么轻飘，像是要遗弃人世，长了翅膀而成仙。

于是我们快乐地喝酒，拍着船舷唱起了歌。歌中唱道：

> 桂树为橹，
>
> 兰木作桨。
>
> 橹划空明，
>
> 桨拨流光。
>
> 我的怀念，
>
> 渺渺茫茫。
>
> 心中美人，
>
> 天各一方。

有一位客人吹起了洞箫，为歌声伴奏。那呜呜咽咽的声音，像是怨恨，又像是爱慕；像是哭泣，又像是诉说。余音婉转而悠长，就像一缕怎么也拉不断的丝线，简直能让深壑里的蛟龙舞动，能让孤舟里的独女哀泣。

我心中顿觉凄楚，便端正了一下自己的姿态，问那位吹箫的客人："为什么吹成这样？"

那位客人说："月明星稀，乌鹊南飞——这不是曹操的诗句吗？想当年，不也是这个地方，西对夏口，东对鄂州，山环水复，草木苍翠，曹操被周瑜所困？那时候，他刚刚攻下荆州，拿下江陵，顺流东下，战船延绵千里，旌旗遮天蔽日，对着大江饮酒，横握长矛吟诗，真可谓是一代豪杰啊，然而，他今天在哪里？"

"那就更不必说你我之辈了：捕鱼打柴为生，鱼虾麋鹿做伴，驾着小船出没，捧着葫芦喝酒，既像昆虫寄世，又像小米飘海，哀叹生命短暂，羡慕长江无穷。当然我也想与仙人一样遨游，与月亮一起长存，但明知都得不到，只能把悲伤吐给秋风。"

我听完，就对这位客人说："你也应该知道水和月的玄机吧。这水，看似日夜流走，其实一直存在；这月，看似时圆时缺，其实没有增减。从变化的角度看，天地之间瞬刻不同；但从不变的角度看，万物和我们都可以永恒，那又有什么好羡慕的呢？"

"何况，天地万物各有所属，如果不是我们的，分毫都不该占取。只有江上的清风，山间的明月，经由我们的耳朵而成为声音，经由我们的眼睛而成为色彩，可以尽管取用，怎么也用不完。这是大自然的无穷宝藏，足供你我共享。"

客人听罢，高兴地笑了，洗了杯子，重新斟酒。终于，菜肴果品全都吃完，空杯空盘杂乱一片，大家就互相靠着身子睡觉，直到东方露出曙色。

苏轼《后赤壁赋》今译（余秋雨译）

这年十月十五日，我从雪堂出发，回临皋去。两位客人跟着我，过黄泥坂。

那是霜降季节，树叶已经落尽。见到自己的身影在地上，便仰起头来看月亮，不禁心中一乐，就边走边唱，互相应和。

走了一会儿，我随口叹道："有客而没有酒，有酒而没有菜肴，这个美好的夜晚该怎么度过？"

一位客人说："今天傍晚，我网到一条鱼，口大鳞细，很像松江鲈鱼。但是，到哪儿去弄酒呢？"

我急忙回家与妻子商量，妻子说："我有一斗酒，藏很久了，就是准备你临时需要的。"

于是我们带了酒和鱼，又一次来到赤壁之下。那儿，江流声声，岸壁陡峭。因为山高，月亮被比得很小。水位下落，两边坡石毕露。与上次来游，才隔多久，景色已经变得认不出来了。

我撩起衣服，踏着山岩，拨开茂草，蹲上形如虎豹的巨石，跨过状如虬龙的古木，攀及禽鸟筑巢的大树，俯瞰深幽难测的长江。两位客人跟不上我，便尖声长啸。他们的声音震动了草木，震荡着山谷，像是一阵风，吹起了波浪。我突然忧伤，深感恐慌，觉得不能在这里停留。

下到船上，漂在江中，不管它停在哪里，歇在何处。

快到半夜了，四周一片寂静。忽然看到一只孤鹤越过大江从东边飞来，翅膀像轮子一样翻动，身白尾黑，长鸣一声从我们船上飞过，向西而去。

一会儿客人走了，我也就入睡了。梦见一个道士，穿着羽毛般的衣服飘然而到临皋，拱手对我说："赤壁之游，快乐吗？"

问他姓名，他低头不答。我说："啊呀，我知道了。昨天半夜从我头顶飞鸣而过的，就是你吧？"

道士笑了，我也醒了。开门一看，什么也没有。

欧阳修《秋声赋》今译（余秋雨译）

欧阳子正在夜里读书，听到有声音从西南方向传来，心里一惊，侧耳倾听，不禁自语："好奇怪呀！"

这声音，初听淅淅沥沥，萧萧飒飒，忽然奔腾澎湃，就像波涛夜惊，风雨骤至。而且，这波涛和风雨似乎还撞到了什么，发出琮琮琤琤的金铁之声。再听，又像是奔赴战场的兵士们衔着禁声之枚疾步而走，没有口令，只有人马行进的声音……

我问书童："这是什么声音？你出去看看。"

书童看了回来说："星星、月亮、银河都很明亮，四周并没有人声，声音来自树间。"

我一想就明白了，说："啊呀，悲哉，这就是秋声，秋天的声音！它，怎么就来了呢？"

要说秋天的相貌，它的颜色有点儿惨淡。烟雾飞动，云岚聚敛，容色清净，天高日明，气息凛冽，砭人肌骨，意态萧条，山川寂寥。因此，它所发出的声音，既凄凄切切，又呼号奋发。虽然绿草还在争茂，佳木依然葱茏，但只要一碰到这种声音，绿草就会变色，佳木就会落叶。究竟是什

欧阳修《秋声赋》（余秋雨行书，局部）

么力量使草木摧败零落？那就是强大的秋气。

秋天，是季节的执刑官。时序属阴，有用兵之象；五行属金，藏天地刀气，有肃杀之心。天道对于生物，春生而秋实。所以在音乐中，秋音为商，秋律为夷。商为西部之音，指向悲伤；夷为七月之律，指向杀戮。生物老了就会悲伤，生物过盛就会杀戮。

啊，我不禁叹息道，草木无情，还会按时飘零，人为动物，独有灵性，自然会有各种忧愁触心，各种事务劳身。触心和劳身的结果，又必定会损伤精神。更何况，还要去思索那些力所不及的问题，担忧那些智所不能的事情。这当然会使红润的容颜变得如同枯木，乌黑的头发也白斑丛生。我们的身体并无金石之质，怎么可能超越草木而一直茂盛？

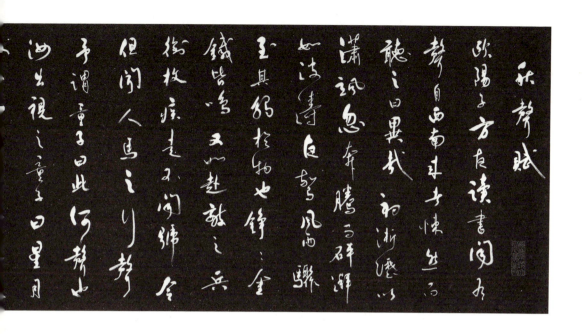

真要好好想想，究竟是谁摧残了我们？看来，怨不得这满耳的秋声。

我这样自言自语，书童无从对话，已经垂头打盹。陪我叹息的，是四周墙下的唧唧虫声。

第十二部分

元明清剧作和小说

中国文学的主脉，在元明清转向大型叙事文学，主要是元杂剧、明清传奇和明清小说。诗、词、文都还在产生，但整体脉象已弱。

由于主要作品形体很大，开列"基础记忆"和"扩大记忆"反而变得简便。只需一提篇名，就会连带出丰富的内容。好在本课程在第二单元中已经对元杂剧、关汉卿和昆曲做过系统论述，而且又用问答方式概括了明清小说的艺术成就，因此不必在这个单元中另行介绍了。

且分"剧作"和"小说"两大部分，来分别排列记忆次序。

剧作部分

基础记忆

1. 关汉卿：《窦娥冤》；

2. 关汉卿：《救风尘》；

3. 关汉卿：《望江亭》；

4. 王实甫：《西厢记》；

5. 纪君祥：《赵氏孤儿》；

6. 汤显祖：《牡丹亭》；

7. 孔尚任：《桃花扇》。

扩大记忆

1. 马致远：《汉宫秋》；

2. 白朴：《墙头马上》；

3. 高明：《琵琶记》；

4. 洪昇：《长生殿》；

5. 李玉：《一捧雪》。

小说部分

基础记忆

1. 曹雪芹：《红楼梦》；

2. 吴承恩：《西游记》；

3. 施耐庵：《水浒传》；

4. 罗贯中：《三国演义》。

扩大记忆

1. 兰陵笑笑生：《金瓶梅词话》；

2. 蒲松龄：《聊斋志异》；

3. 吴敬梓：《儒林外史》。

此外，在散文领域，晚明时期袁中郎、袁中道、王思任、张岱的"小品"，也值得一读。我本人在写作散文的初期，曾在语言的精致、质感、收敛、节奏上，受到晚明小品的正面影响。

哲学、宗教记忆

第十三部分

《老子》今译

余秋雨译

小序

"《老子》今译"这件事，我足足准备了三十年。原因是，无论研究中国文化史，还是考察国际上对中国文化的认知，都一次次感受到老子的重要。而且，既是起点性的重要，又是终极性的重要。

在学术著作《中国文脉》、《修行三阶》、《北大授课》中，我都用很大的篇幅论述了老子。在本课程的第二、第三单元，我讲解老子的时间也特别长。在其他著作中，我还记述了自己与希腊哲学家讨论老子的情景。

记得在世界图书馆馆长会议上，我以上海图书馆理事长的身份发表演说，告诉各国同行，中国最早的图书馆馆长是两千五百多年前的老子，他执掌着周朝的"国家图书馆"。当然，他也应该是全世界最老的、有名有姓有著作的图书馆馆长。我说到这里，世界各国的图书馆馆长都给予了长时间的热烈掌声。

不管怎么说，老子已经深深锲入了我的话语系统。按照我的文化习惯，早就应该把他的五千字《道德经》翻译成现代散文了，却遇到了两大障碍。第一障碍是，他的文字简约圣洁，如天颁谕旨，难以撼动，更难翻译；第二障碍是，从韩非、王弼开始，历来有关老子的注疏、训诂、考订的著作多达数百种，许多见解各不相同，当代又有了马王堆出土的两种帛书，我若要翻译，就应该细致地研究这些著作，从而勘定老子每句话的歧义、衍义和真义，但这在时间上实在不允许。

因此，那么多年，这件事就搁下了。我已经在一系列学术著作中陆续完成了对中国古代很多文学、艺术、哲学、宗教文本的今译，却一直没有惊动老子。

尽管我还在不断讲述他，而且一直在研读王弼《道德经注》、河上公《老子章句》、苏辙《老子解》、马叙伦《老子校诂》、高亨《老子正诂》等著作。终于，发生了一件事，躲不过去了。

在本书自序中曾经提到，本课程以音频播出时，"只能听，不能看"，而老子的词句离开了文字呈现则很难被当代学员听明白。于是，为了课程，为了讲述，为了数千万人次的听众，我把《老子》八十一章全部翻译成了当代口语。

《老子》今译，社会上已有过一些版本。记得一开始有很多学员要我推荐，我总是推荐两种：一是中国社会科学院任继愈先生的《老子新译》，二是旅美学者陈鼓应先生的《老子注译及评介》。

既然推荐，当然是出于肯定，而且我对这两位先生也都很尊敬。但是，《老子》太宏大了，值得后人从不同的角度仰望。他们的这两个译本在不少地方与我颇有距离，因而促使我在尊敬之余另开译笔。

各种距离之中，值得笑谈的是我的文学感应。我非常喜欢老子斩钉截铁、铿锵有声的语言魅力，而任继愈、陈鼓应先生则更多地考虑阐释意涵，不太在乎文学。

例如，老子说"天下有始，以为天下母"，这个"母"的比喻非常精彩，接下来他还把这个比喻衍生到"子"，组成了母子关系的完整比喻。但是，陈先生把"母"翻译成了"根源"，把"子"翻译成了"万物"，那就放弃了比喻，也放弃了文学。

又如，老子哲学中有一个既重要又形象的概念叫"啬"，陈先生把它翻译成"爱惜精力"，少了味道。因为只有"爱惜"到"吝啬"的程度，才有文字冲击力。

更有不少句子，早已如雷贯耳，不必翻译。例如老子说"千里之行，始于足下"，大家都懂，任先生把它翻译成了"千里的远行，在脚下第一步开始"，这种语言节奏就不是我所能接受的了。

还有很多地方，任先生和陈先生都用温和的解释性语言把老子的"极而言之"冲淡了，拉平了，失去了醒豁之力。例如，老子说"五色令人目盲，五音令人耳聋"，语气多么痛快，陈先生将其翻译成"缤纷的色彩使人眼花缭乱，纷杂的音调使人听觉不敏"，这就造成了词语烈度上的严重后退，在修辞上有点儿遗憾。

——这些，都是很不重要的文字技术细节，我举以为例，只想表达我在学术视角之外还有一个小小的文学视角，并借此说明我的翻译所追求的境界。那就是，让当代读者更有质感、更简捷地倾听老子，不要让一层层的阐释丝网把他隔远了。老子的不少句子说得非常爽利又并不玄奥，我就让它们原样保留。有的章节只排除了一些词语障碍，就能使当代读者朗诵得畅达无阻。这样的译本就在当代语文中构成一种包含着不少古典美文的有趣"复调"，让古今语文相拥而笑。

老子永远会被一代代读者反复解释和翻译，不同的视角都是为了更加贴近他的音容笑貌。因此，在他名下的各种声音永远会是热闹而又快乐的。在这种热闹的快乐中，时间和空间都被无限度穿越，一位老人和一种文化的生命力，让我们深感自豪。

1

道，说得明白的，就不是真正的道。

名，说得清楚的，就不是真正的名。

无名，是天地的起点。

有名，是万物的依凭。

所以，我们总是从"无"中来认识道的奥秘，总是从"有"中来认识物的界定。其实，这两者是同根而异名，都很深玄。玄之又玄，是一切奥妙之门。

2

天下人都知道了美的定位，那就丑了；都知道了善的定位，那就恶了。

所以说，有和无，互相共生；难和易，互相构成；长和短，互相赋形；高和下，互相证明；音和声，互相协和；前和后，互相随顺。

因此，圣人处"无为之事"，行"不言之教"。让万物运行而不去创始，让万物生长而不去占有。有所作为也不要自恃，有了功绩也不要自居。只要不自居，功绩也就不会失去。

3

不要推重贤能之人，免得使人民竞争。

不要珍重稀有物品，免得使人民偷盗。

不要引起欲望，使民心不乱。

因此，圣人的治理，要简化人民的心思，填饱人民的肚子，减弱人民的意志，强健人民的筋骨。常使人民无知无欲，常使智者不敢作为。

只要做到"无为"，就没有"不治"的麻烦。

4

道是虚空的，但它用之不尽。它是那么渊深，就像是万物的主人。

它排除锋锐，脱解纷争，与光相融，混同世尘，看似不见，却是实存。我不知道它从哪里产生，只知道它早在天帝之前就已经光临。

5

天地并不仁慈，只让万物自生自灭。
圣人也不仁慈，只让百姓自生自灭。
天地之间，就像风箱，虽是空的，却是无穷，一旦发动，就能出风。
政令太多，总是不通，不如守中。

6

虚空的道，永久不灭，可称之为母性之门。母性之门，是天地之根，绵绵永存，用之不尽。

7

天长地久。
天地为什么能够长久？因为它不为自己而生，所以能长生。
因此圣人总是把自己放在最后，结果反而领先；总是把自己置之度外，结果反而存在。不正是他们的不自私，反而成就了自己？

8

上善若水。
水乐于滋润万物而不争，只去人们不喜欢的地方，所以与道最为接近。
处身低位，存心深沉，对人亲仁，言语诚信，为政清晰，办事有能，适时动静。正因为什么也不争，所以没有什么毛病。

9

把持太多，不如终了。

锋芒太锐，不可常保。

金玉满堂，无法长守。

富贵而骄，自寻烦恼。

功成身退，才合天道。

10

魂体合一，能不分离吗？

守气柔和，能像婴儿吗？

涤念静观，能无瑕疵吗？

爱民治国，能不耍智吗？

面对外界，能够守静吗？

通达四方，能够无为吗？

滋生万物，繁殖万物。滋生万物而不占有，有为万物而不自恃，引领万物而不主宰，这就是最深之德。

11

三十条辐集中到毂，毂中空无，才有车的作用。

揉陶泥为器，器中空无，才有器的作用。

开凿门窗造房，在壁上开凿空无，才有房的作用。

所以，"有"只给便利，"无"才起作用。

12

五色令人目盲。

五音令人耳聋。

五味令人口伤。

驰骋打猎令人心中发狂。

稀有货品令人产生邪想。

因此，圣人只求安饱而不求声色，摒去声色只取安饱。

13

得宠和受辱都让人惊恐。看重这种惊恐大患，就要比照自身。

为什么宠辱都让人惊恐？因为得宠是卑下的事，得之惊恐，失之惊恐，因此宠辱都是惊恐。

为什么看重这种大患，就要比照自身？因为由别人的宠辱所带来的祸患，根子都在自身。没有自身，哪有祸患？

因此，如果能以看重自己的标准去为天下，就可以把天下寄命于他；如果能以珍爱自己的态度去为天下，就可以把天下托付给他。

14

看它看不见，叫"夷"；听它听不到，叫"希"；摸它摸不着，叫"微"。这三方面，都混而为一，无可追究。它上面不显得光亮，下面也不显得阴暗，渺渺茫茫不可名状，最终归于无物。这就是"无状之状"，"无物之象"，可称之为"惚恍"。

迎着它，看不见它的头；跟着它，看不见它的后。执掌古代，支配今天，又知道万物来由。这就是道的脉流。

15

古时善于为道的人，微妙玄通，深不可识。

正因为不可识，所以只能勉强地来描述：

他们谨慎，像是冬天涉河；

他们警惕，像是提防邻国；

他们端庄，像是作客在外；

他们涣和，像是春冰消融；

他们敦厚，像是原材未凿；

他们旷远，像是深山幽谷；

他们包容，像是大河浑浊。

谁能在浑浊中静下来徐徐澄清？

谁能在安定中动起来慢慢推进？

只需保有此道，不求满盈。

由于不求满盈，虽有弊端也能新成。

16

致使心灵虚寂，

守得安静坚贞。

万物都在生长，

我看它循环不定。

万物纷纷芸芸，

各自回归根本。

根就是静，

归根就叫"复命"。

"复命"也就是"常"，

知"常"也就是心"明"。

不知"常"而轻举妄动，

那就是凶。

知"常"就能包容，

包容就能大公，

大公就能天下归从，

天下归从，才合乎天，

合乎天，才合乎道，

合乎道，才能长久，终身不殆。

17

最好的统治，人们感觉不到它的存在；

其次呢，人们给予亲近和称赞；

再次，人们产生畏惧；

更次，人们给予轻蔑。

既然不足以信任，人们就不予以信任。

最好的统治，是那样悠闲。很少发号施令，事情就已经办成。百姓都说："我们自然而成。"

18

大道废弛，才倡仁义；

智巧出现，才有大伪；

家庭不和，才倡孝慈；

国家昏乱，才有忠臣。

19

抛弃了智谋，人民有百倍好处；

抛弃了仁义，孝慈就可以恢复；

抛弃了巧利，盗贼也能够消除。

智谋、仁义、巧利这三项，都纹饰过度，成事不足。

所以，要让人另有归属。

那就是：见素抱朴，少私寡欲。抛弃学问，无忧无虑。

（这里最后八字，原文为"绝学无忧"，一般通行本在下章开头，根据张君相、蒋锡昌、高亨等人考订，移至此处。）

20

允诺与呵斥，相差多少？善良与丑恶，相差几分？

——但是别人畏怯的，不能不依遵。

人心的荒旷，没有止境。

众人都那么高兴，好像在享用盛筵，又像在向春台攀登。而我却淡泊宁静，像一个还不会言语的婴儿，混沌疲顿，无处归停。众人都有富余，而我独自匮乏，我怀有愚人之心。

世人那么光鲜，而我独自昏昏。世人那么明晰，而我独自闷闷。众人都各有一套，而我独自拙笨。

然而，我偏要与众不同，只把道作为母亲。

21

大德的相貌，与道相应。

道这个东西，恍惚不定。

恍惚之中，有形有象，

恍惚之中，有物为证。

深远黯昧，蕴含精气，

精气甚真，最为可信。

自古至今，不失其名。

由它认知，万物起因。

我怎么知道万物起因？以道为因。

22

委曲反能保身，

屈躬反能直伸，

低洼反能充盈，

敝旧反能出新，

因少反能获得，

因多反会迷顿。

所以，圣人抱持着道，而成为天下范型。

不亲眼所见，所以清晰；

不自以为是，所以彰明；

不自我夸耀，所以显功；

不自我矜持，所以长存。

正因为不与人争，所以天下没有人能与他争。

古人所说的"曲则全"并非虚言，确实全而归正。

23

少说话，合乎自然。

你看，狂风刮不到一早晨，暴雨下不了一整天。谁决定的？天地。天地的狂暴尚不能持久，何况是人？

所以，求道的人，与道相同；求德的人，与德相同；失去道德的人，与失相同。

与道相同的人，道也乐于拥有他；与德相同的人，德也乐于拥有他；与失相同的人，失也乐于拥有他。

（此章之末有"信不足焉，有不信焉"之语，已在 17 章出现过，我翻译为"既然不足以信任，人们就不予以信任"。此处不再重复。）

24

踮脚的人，反而立不住；

跨越的人，反而行不通；

自见的人，反而不清晰；

自傲的人，反而不彰明；

自夸的人，反而失其功；

自矜的人，反而难长存。

以道来看，这些都是剩食、赘形，人人厌恶。有道的人，不这么做。

25

有一个东西浑然而成，先于天地，无声无形，独立不改，周行不停，是天下万物之本。

我不知道它的名字，那就称为"道"吧，也可勉强叫作"大"。"大"会远行，因此又称"远"；"远"会返回，因此又称"反"。

所以，道大，天大，地大，人也大。寰宇间有这四大，人居其一。它们之间，人取法地，地取法天，天取法道，道取法自然。

26

重是轻的根本，静是动的主人。

所以，圣人整日行走，却不离辎重。虽有华丽生活，却超然物外。

为什么身为大国君主，却以自身的轻率来面对天下？

轻率失根，躁动失君。

27

善于行走的，不留辙迹；

善于言谈的，不留瑕疵；

善于计算的，不用筹策；

善于关闭的，不用闩梢，却让人不能开；

善于捆绑的，不用绳索，却让人不能解。

因此，圣人总是才尽其才，没有遗弃的人；又善于救物，没有遗弃之物。这就是真聪明。

所以，善人是不善人的老师，不善人是善人的借鉴。如果不尊重老师，不爱惜借鉴，即使有智，也是大迷。这真是精妙之理。

28

明知雄健，却安于雌柔，愿作天下溪涧。

愿作天下溪涧，就不离普世之德，回归婴儿状态。

明知光亮，却安于黑暗，愿作天下范式。

愿作天下范式，就不离普世之德，回归无极境界。

明知荣耀，却安于屈辱，愿作天下川谷。

愿作天下川谷，普世之德充足，就回复到"朴"。

"朴"被割散就成了具体器物。圣人出来，进行掌管。最完美的掌管，不作分割。

（"朴"，是指道的淳朴无名之性。据易顺鼎、高亨等学者考证，本章从"守其黑"至"知其荣"，即译文中从"安于黑暗"到"明知荣耀"，疑为后人加入。）

29

要想治理天下而有所作为，我看他做不到。

天下是神圣的东西，不可强有作为。

谁作为，谁败坏；谁执掌，谁丧失。

世人秉性各异：有的前行，有的跟随；有的嘘暖，有的吹寒；有的强壮，有的羸弱；有的顿挫，有的危殆。所以圣人要做的，只是去除极端，去除奢侈，去除过度。

30

以道来辅佐国君的人，不能以兵力逞强天下。

用兵这事，最容易得到报应。

军队所过，遍地荆棘。大战之后，必有凶年。

适当地取得结果就可以了，不敢以兵示强。有了结果不要自大，不要夸耀，不要骄傲。其实那结果也是不得已，怎么能以这个结果来示强。

事物壮大了，必然衰老。因此过度壮大不合乎道。

不合乎道，就会早早灭亡。

31

兵器实在是不祥之器，谁都厌恶，所以有道的人不去接近。

君子平日以左为上，用兵时却以右为上。

兵器作为不祥之器，就不是君子之器，不得已而用之，最好恬淡处之，得胜了也不要得意。如果得意，那就是以杀人为乐。以杀人为乐的人，就不能得志于天下。

吉庆的事以左为上，凶丧的事以右为上。军中偏将军居左，上将军居右，这就是说，打仗的事，都要依照凶丧仪式。由于死的人太多了，只能怀着哀痛之心到场。即使打了胜仗，也要依照凶丧仪式来处置。

32

道，永远是无名、质朴、幽微，但天下没有谁能让它臣服。相反，侯王如果能够守住它，万物将会自动服从。

天地相合，降下甘露，民众不必分配它，它却自然均匀。

创造之始，就有了各种名称。既然有了名称，就该知道限度。有了限度，就可避免危殆。

道为天下所归，就像川谷归于江海。

33

认识别人，叫作"智"；

认识自己，叫作"明"；

战胜别人，叫作"有力"；

战胜自己，叫作"强"。

知足者富，

坚持者可谓有志，

不失根基就能长久，

死而不亡才是真正的长寿。

34

大道如河水之泛，流注左右。

万物靠它生存而不推辞，有了功绩却不占有。

养育万物而不为主，可以看作是"小"。但是，万物归附而不为主，又可以看作是"大"。

正因为它始终不自以为大，成就了真正的大。

35

执守大道，天下归往。往而无害，平泰安康。

音乐和美食，能使过客止步。但是，大道说出来，却平淡无味。

看它，看不见；听它，听不到；用它，却用不尽。

36

将要收缩它，必须暂且张扬它；

将要削弱它，必须暂且增强它；

将要废弃它，必须暂且振兴它；

将要夺取它，必须暂时给予它。

这是微妙的预见，

柔弱必胜刚强。

鱼不可以脱离深渊，同样，国之利器，不可以示人。

37

道经常无为，却没有一件事不是它所为。

侯王若能持守它，万物都将自动化育。自动化育就会使贪欲产生，那我就要用"无名之朴"——道，来镇服它。

只要镇服，就会使贪欲不起。贪欲不起，得到安静，天下自然稳定。

38

"上德"不表现德，所以有德；

"下德"在表现德，所以无德。

"上德"主张无为，所以不表现作为；

"下德"主张有为，所以要表现作为。

"上仁"主张有为，却不表现作为；

"上义"主张有为，也在表现作为；

"上礼"主张有为，也要表现作为，得不到回应，就会伸出胳臂要人服从。

因此，失了道，然后有德；失了德，然后有仁；失了仁，然后有义；失了义，然后有礼。礼这个东西，是忠信的不足，祸乱的起点。

另外还有自称先知的"前识"，也不过是道的虚华，愚的开始。

总之，大丈夫要立身敦厚，而不居浇薄；要立身朴实，而不居虚华。取什么，去什么，要分清楚。

39

（道有很多代称，此章以"得一"代称"得道"，本于"道生一"。）

从来所谓"得一"，是这样的——

天得一而清明，

地得一而安宁，

神得一而显灵，

河谷得一而充盈，

万物得一而滋生，

侯王得一而天下公正。

推而言之，

天不清明，怕是要崩裂；

地不安宁，怕是要地震；

神不显灵，怕是要消失；

河谷不充盈，怕是要枯竭；

万物不滋生，怕是要灭绝；

侯王不公正，怕是要败政。

所以，

贵以贱为本，

高以下为根。

侯王自称"孤"、"寡"、"不谷"，

不就是以贱为本吗？难道不是？

因此，过多的美名就会失去美名，

不愿要琭玉的高贵，宁肯要落石的坚硬。

（"不谷"即不善，古代帝王自贬式的自称。）

40

反，是道的运动，

弱，是道的作用。

天下万物生于"有"，

而"有"生于"无"。

41

"上士"闻道，赶紧实行；"中士"闻道，将信将疑；"下士"闻道，哈哈大笑。不被讪笑，不足以为道。

因此老话说得好——

光明的道，好似黯昧；

进取的道，好似后退；

平坦的道，好似崎岖；

崇高的德，好似低谷；

宏大的德，好似不足；

刚健的德，好似惰怠；

质朴的真，好似混浊；

纯净的白，好似卑污。

最大的方正，没有棱角；

最大的器物，最晚完成；

最大的声音，很难听到；

最大的形象，就像无形。

道，隐约无名；

但只有道，善于起始，善于大成。

42

道生一，一生二，二生三，三生万物。万物抱负着阴阳，阴阳两气对冲而和成。

人们厌恶的"孤"、"寡"、"不谷"，王公却用来自称。可见，一切事物，减损反有增益，增益反有减损。这是人之所教，我也拿来教人。"强梁者不得其死"，我将以此为教本。

43

天下最柔软的东西，能在最坚硬的地方驰骋。

因为"无形体"，所以能穿入"无间隙"。

我由此知道，无为有益。

不言之教，无为之益，天下什么也比不上。

44

名声与生命，哪一个更亲？

生命与财产，哪一个更重？

得到与失去，哪一个更有弊病？

因此，

过度喜爱必是过度耗损，

太多贮藏必成太多灰烬。

知道满足，就不会屈辱；

知道中止，就不陷困境。

这样，就可以长存。

45

最大的完成好像缺了什么，但很好用；

最大的充盈好像有点空虚，但用不尽。

最直，好像是屈；

最巧，好像是拙；

最会讲话，好像嘴笨。

静胜躁，

寒胜热，

只有清静，才能使天下归正。

46

天下有道，让战马来耕田；

天下无道，让怀胎的母马也去作战。

祸，莫大于不知足；

罪，莫大于贪欲。

因此，

知足的满足，是永远的满足。

47

不出门，知天下。

不窥窗，见天道。

走得越远，知道越少。

因此，

圣人不行而知，不见而明，不为而成。

48

学得越多，论道越少。少而又少，达到无为。

说是无为，却事事相关。

治理天下，不要自找麻烦。如果有太多麻烦，就不配治理天下。

49

圣人无心，以百姓之心为心。

对于善者，我善待；

对于不善者，我也善待。

这就得到了善。

对于信者，我信任；

对于不信者，我也信任。

这就得到了信。

圣人在天下，收纳天下浑朴之心。

百姓只关注耳目，圣人让他们重返婴儿的纯真。

50

出生，就走向死亡。

人，靠近生的，三成；靠近死的，三成；自己找死的，三成。怎么找死？奉养过度。

听说善于摄护生命的人，走在陆地上遇不到犀牛老虎，进入军队也不披兵甲。对他们，犀牛用不上角，老虎用不上爪，兵器用不上刃。

这是为什么？因为他们还没有进入死亡名册。

51

道生万物，德饲万物，并使它们成形、成势。

所以，万物莫不尊道而贵德。

尊道贵德，不是出于谁的命令，而是出于自然。

于是，道生万物，德饲万物，长之育之，成之熟之，养之护之。生成了万物而不占有，推进了万物而不自恃，执掌了万物而不主宰，这就是最深远的德，称为"玄德"。

52

天下有始源，那就是天下之母。

认识了"母"，就要来认识"子"，认识了"子"，必定更会守护"母"。这样，就不会陷于危殆。

塞住口，关住门，终身无病。

打开是非口道，启动事欲之门，那就会终身无救。

能见细微，叫明。

能守柔弱，叫强。

那就用它的光，复归其明，不留祸殃，习以为常。

53

假使我介然有知，就一定行于大道，怕入迷途。

大道平坦，但是有的君主却好走邪路。宫殿整洁，农田荒芜，库贮空虚，身着彩服，佩带利剑，饮食饱足，占尽财富。这就是强盗头子，无道之徒！

（文中"君主"译自"人"，原本为"民"，依景龙本及严可均、奚侗、蒋锡昌的考订，改为"人"。）

54

善于建树者，不可拔除。

善于抱持者，不会脱落。

这种人，子孙会祭祀不辍。

这种人——

修之于身，其德乃真；

修之于家，其德乃余；

修之于乡，其德乃长；

修之于国，其德乃丰；

修之于天下，其德乃普。

所以，

以自身关照别人，

以自家关照别家，

以自乡关照他乡，

以自国关照他国，

以天下关照天下。

我为什么能够知道天下？

就是这个原因。

55

含德深厚的人，和婴儿一样。

毒虫不刺他，凶鸟不抓他。他筋骨柔弱却已经拳头握紧，他未知男女却已经能够勃起，因为精气健旺。他终日号哭而不哑，因为元气和畅。

应该知道，和畅是万物之常，万物之常就是明亮。相反，贪生就会遇妖，使气就会逞强。过分强壮不合于道，就会衰老、早亡。

56

知者不言，言者不知。

塞住口，

闭其门，

挫其锐，

解其纷。

含敛光耀，混同世尘。

这就叫"玄同"，

玄妙大同之境。

在这里，

不分亲疏，

不分利害，

不分贵贱，

所以被天下尊敬。

57

以正治国，以奇用兵，以无为来执掌天下。

我为什么知道要这样做？

根据是：

天下禁忌越多，人民越是贫困；

民间利器越多，国家越是混乱；

人们技巧越多，邪事越是滋生；

法令越是彰明，盗贼越是大增。

所以圣人说：

我无为，人民自然化育；

我好静，人民自然端正；

我无事，人民自然富裕；

我无欲，人民自然淳朴。

58

政治宽厚，人民就淳朴，

政治严苛，人民就讥诈。

祸兮，福之所倚，

福兮，祸之所伏。

谁知究竟如何？

实在没有定准。

正常变为反常，

善良变为妖孽，

人们对之迷惑，实在由来已久。

因而要看看圣人举止——

方正而不割人，

锐利而不伤人，

正直而不讦人，

光亮而不耀人。

59

治人、养身，都应该"啬"。

由于爱惜到"吝啬"，就能早有准备，重在"积德"。

重在积德，无所不克。无所不克，莫知其极。莫知其极，便可治国。

治国有根，可以长久。

这就叫作：深根、固柢、长生之道。

60

治大国，就好像煎小鱼。

以道治国，鬼怪就不能混同于神。

鬼怪不神，而神本身又不伤人。不仅神不伤人，圣人也不伤人。彼此都不相伤，归德于民，相安无事。

（本章把治大国比作煎小鱼，历代多数学者认为是意指从容无忧、不多翻动。）

61

大国，理应处于江河下流，处于天下阴柔处，处于天下交会处。

阴柔常常以安静胜于雄强，就因为它静静地处于下方。

大国对小国，应该以"谦下"的态度取信小国。同样，小国也应该以"谦下"的态度取信大国。总之，只要"谦下"，或者取信，或者被取信。

大国不要过于引领，小国不要过于奉承，两者都能各得所欲。相比之下，大国更应该注意"谦下"。

62

道是万物之藏。善良的人珍惜它，不善的人也想保有它。

美言令人尊敬，美行被人看重。因此，不善的人也不会把道丢弃。请看天子登基，三公上任，虽有拱璧在前，驷马在后，还不如以道献礼。自古以来人们对道如此重视，似乎有求就能所得，有罪也能减免。道，总被天下推崇。

63

把无为当作为，

把无事当作事，

把无味当作味。

大可以为小，小可以为大；多可以为少，少可以为多。从容易处开解难题，从细小处来做大事。其实天下难事，必从易处着手，天下大事，必从细处开始。圣人始终不自以为大，因而成就了真正的大。

轻诺必然寡信。把事情看轻易了，必然多难。圣人总是重视困难，结果反而没有困难。

（本文论述"大小多少"之后还有"报怨以德"四字，依马叙伦、严灵峰考订，应移入79章。）

64

局面安稳，容易持守。未出预兆，容易图谋。

脆弱之时，容易消解。细微之时，容易流走。

在未有时动手，在未乱时统筹。

合抱之木，生于毫末。

九层之台，始于累土。

千里之行，始于足下。

过于作为，必然败亡；

过于执持，必然失去。

所以，圣人无为，也就无败；无执，也就无失。

人们做事，常败在即将成功之时。若能像开始时一样谨慎，就不会失败。

（此章后又有三十余字，与上文并不连贯，多数研究者认为是章节错置，却不知该返还何处。其原文为："是以圣人欲不欲，不贵难得之货；学不学，复众人之所过，以辅万物之自然而不敢为。"且今译如下：因此，圣人的欲望就是不欲，对稀有之物并不看重；圣人的学问就是不学，弥补众人过错，辅助万物自然，不敢另有作为。）

65

古代善于行道的人，不是让人民聪明，而是让人民愚钝。

人民难于统治，由于他们知识太多。所以如果以智治国，是国之祸；如果不以智治国，是国之福。知晓这两点，也是一种范式。永远遵从这种范式，可叫"玄德"，又深又远之德，与具体事物相反，却是达到大顺之德。

66

江海所以能为百谷王者，只因为善于自处，处于下方，天道以"下"为王。

因此，若要统治人民，必先出言谦卑。若要率领人民，必先置身人后。

对圣人而言，即使处于上方也不让人民负重，即使处于前方也不对人民有碍。因此，天下乐于推举他而不厌倦。

因为他不争，所以天下没有人能与他争。

67

我有三宝，一直持有并且保全：

第一是慈；

第二是俭；

第三是不敢为天下先。

能慈，所以能勇敢；能俭，所以能宽广；能不敢为天下先，所以能成诸物之长。

现在的人们，舍弃了慈而求勇敢，舍弃了俭而求宽广，舍弃了退让而争先，那就只能走向死亡。

这中间，特别是慈，以它来战就能胜利，以它来守就能巩固。天要救助谁，就用慈来卫护他。

（此章开头，有二十五字与下文并不连贯，多数研究者认为是章节错置，却不知该返还何处。其原文为："天下皆谓我道大，似不肖。夫唯大，故似不肖。若肖，久矣其细也夫。"且今译如下：天下人都对我说，道大，不像是具体的东西。其实，正因为它大，所以不像是具体的东西。如果像了，那就小了。）

68

善为将帅的，不逞勇武；

善于作战的，不显愤怒；

善于胜敌的，不与敌人直接对付；

善于用人的，虚怀若谷。

这就是"不争之德"，

这就是用别人之力，与天道相符。

（此章最后有"古之极"三字，俞樾认为"古"为衍文，应留"天之极"即本译之谓"天道"。）

69

用兵的人曾说："我不敢攻，而退为守；不敢进一寸，而退一尺。"

这就是：不摆阵，不伸臂，不敌对，不执兵。

祸莫大于轻敌，轻敌就会丧失我的"三宝"。

如果两军势力相当，哀者获胜。

70

我的话，易知易行。但是，天下都不知不行。

讲话要有宗旨，做事要有引领。只因人们无知，所以不了解我。了解我的很少，听从我的更是难得。

由此想到圣人，外披粗衣，怀揣美玉。

71

知道自己"不知"，最好；

"不知"而以为"知"，病了。

把病当病，那就不是病了。

圣人不病，因为他把病当病，所以不再是病。

72

人民不怕威压。因为不怕，就会有大事发生。

不要限制他们的居住，不要堵塞他们的生路。只有不去压，他们才不会感到被压。

因此，圣人只求自知，不求自显；只求自爱，不求自贵。那就去除自显、自贵，只取自知、自爱。

73

勇而不顾，则死；勇而不敢，则活。这两种勇，或者得利，或者受害。

天道的好恶，谁知道原因？虽圣人也难以说明。

天之道，不争而善胜，不言而善应，不召而自来，虽迟而善谋。

天网恢恢，疏而不失。

74

人民不怕死，为何要用死来恐吓他们？

如果要使人民怕死，那就把那些作恶的人抓起来杀掉，这样，谁还敢作恶？

但这事要让专管惩恶的人去做。如果有人代杀，那就像是代替木匠砍木了。代替木匠砍木，很少不伤了自己的手。

75

人民饥饿，是因为统治者吞食赋税太多，所以饥饿。

人民难治，是因为统治者过于妄为，所以难治。

人民轻死，是因为统治者过于厚养自己，所以人民不惜犯死。

不着意生活的人，胜于厚养之人。

76

人活着的时候是柔弱的，死了就僵硬。

万物草木活着的时候都又柔又脆，死了就会枯槁。

因此，强硬属死亡一族，柔弱属生存一族。

所以，兵强必灭，木强必折。强硬为下，柔弱为上。

77

天之道，

不就像拉开的弓吗？

高了，压低一点；

低了，抬高一点；

过了，减去一点；

不足，补上一点。

天之道，

损有余而补不足；

人之道则不然，

损不足以奉有余。

谁能把有余供奉天下？

只有得道的人才能这样。

所以，圣人不自恃、不居功、不显摆。

78

天下没有比水更柔弱的了，但攻势强大的力量没法胜过它，因而没有什么能够替代它。

弱能胜强，柔能胜刚，天下没有人不懂，但是谁也不肯这么做。

因此圣人说："承受国家的屈辱，才算是君主；承受国家的祸殃，才算是君王。"这正话像是反话。

79

和解了大怨，必有余怨。那怎么才好？

圣人虽握借据，也不要人家偿还。

有德的人有债权而宽容，无德的人掌租税而严苛。

天道无亲，常向善人。

80

国家要小，人民要少。器具虽多而不用，民众重死不远迁，虽有船车不乘坐，虽有武器不陈列，使人民回到结绳记事的状态。

吃得香甜，

穿得漂亮，

住得安适，

乐其风俗。

邻国相望，

鸡犬之声相闻，

老死不相往来。

81

信言不美，

美言不信。

善者不辩，

辩者不善。

知者不博，

博者不知。

圣人不喜积藏，

尽力帮助别人，自己反更充足；

尽力给予别人，自己反更增多。

天之道，利而不害；

圣人之道，为而不争。

第十四部分

《心经》今译

余秋雨译

一个能够自由自在地进行观察的菩萨，在深度修行中以最高智慧获得观照，终于发现世间种种蕴集都虚空无常。只要获得这种发现，那么，世间一切痛苦和灾厄都可以度过。

舍利子啊，物质形态的"色"，全都等于"空"。色与空没有什么差别，空与色没有什么差别。色就是空，空就是色。其实，就连感受、想象、行为、见识，也都是这样。

舍利子啊，各种概念都是空相。因此，无所谓诞生和灭亡，无所谓污垢和洁净，无所谓增加和减少。

在空相中，没有真实的物质、感受、想象、行为、见识，没有真实的眼、耳、鼻、舌、身、意，也没有真实的视觉、听觉、嗅觉、味觉、触觉、记忆。从视觉到意识之间的种种界定，都不存在。

在空相中，既没有无明的愚暗，也没有无明的结束；既没有老死的轮回，也没有老死的终止；既没有苦恼的聚集，也没有苦恼的断灭；既没有机智，也没有获得。

正因为一无所得，大菩萨凭着大智慧超度，心中就没有牵挂和障碍，所以也没有恐怖，能够远离种种颠倒梦想，终于达到真正解脱的彼岸——涅槃。

过去、现在、未来三世，觉悟者只要凭着大智慧超度，就能获得最高正觉。大智慧超度就是神圣的咒语、光明的咒语、无上的咒语、无比的咒语。

这咒语能够除去众生的一切痛苦，真实不虚。那么，就让我们来诵念这个
咒语：

去吧，去，
到彼岸去。
大家都去，
赶快觉悟！

第十五部分

《金刚经》简释

一

　　《金刚经》全名《金刚般若波罗蜜经》，是大乘佛教中流传最广的基本经典。四〇二年由鸠摩罗什翻译成汉文，后来还出现过六七个译本，但大家读得最多的，还是鸠摩罗什的译本。前不久我用大字行书全部恭录的，也是这个译本。我居然整整书写了一百四十幅宣纸，连在一起悬挂，长达六十多米，将来刻成石碑，会是一个不小的景观。现在国内几个佛教胜地镌刻了我手书的《心经》石碑，而《金刚经》的篇幅又比《心经》长了近二十倍。

　　相传禅宗六祖慧能听到《金刚经》中的"应无所住而生其心"便心明得悟，因此这部经也就成了禅宗中南宗的主要经典。这是中国佛教对原始经典的隆重选择，也是我用那么多工夫来书写的原因之一。

　　《金刚经》历来有很多注疏、讲解、研讨，但这些著作往往比《金刚经》本文更为复杂和艰涩，改变了它明快的风格，更不适合大批经常念诵它的信众。在当代，又有一些研究者把它归纳得过于概念化，而且仅用几句话了断。让人很难相信，它如果真是这样，怎么会延绵成千百年的晨钟暮鼓？

　　我与历来的研究者稍有不同的是，除了经义之外，还关注它的文学品质。这一点，读过我的《〈老子〉今译》的朋友，一定很有印象。何况，佛教在传播过程中的行迹，比老子的生平更有诗意。我曾经花费很长时间

佛教神山冈仁波齐

到尼泊尔和印度——朝拜了释迦牟尼出生、苦修、悟道、讲经的各个遗址，觉得那真是一部由思想和脚步一起写下的宏大史诗。这种整体的史诗风貌也体现在很多经文中，《金刚经》就是其中之一，而且极具代表性。

习惯于理论归纳的当代学者，一定会觉得《金刚经》在行文中包含了太多近似句式的轮番重复。他们或许会想，绕来绕去，不就是这么个意思嘛。但他们不知，这是一场千人聚会中的慧语铺陈，比较适合诗歌、对唱中经常运用的重叠结构和回旋语态。在诗歌中我们经常看到，同样的白云、同样的清风、同样的草原，只是马蹄的深浅有了差异。于是，诗人就要重复那么多"同样"，来烘托那一点儿差异。在一次次"大同小异"中，"大同"体现整体节奏，"小异"体现特殊命题，两相扶持，走向诗和哲理。

真正伟大的宗教，并不要求信众陷入密集的概念丛林，而只要求简明记诵。一声声佛号、一次次礼拜，都是重复的，并在重复中抵拒以复杂形态出现的骚扰。在很多情况下，人们甚至只要看到寺门、听到钟声、面对袈裟，就已领悟了一种宗教境界。因此，简明，是一种宗教成熟的标志。如果是一种充满诗意的简明，那就更加合乎天道。

我在用大字行书恭录《金刚经》的时候，那么多白天黑夜，经常要反复书写"须菩提"、"阿耨多罗三藐三菩提"、"于意云何"、"何以故"等语句，便心生宁静，就像在庙宇中一遍遍倾听经诵和木鱼的声音。

由此我产生一个想法，能否把自己在书写过程中的感受向读者报告？不是讲解，不是注释，而是有感而发，既显得轻松，又更靠近文学。我想，我的不少研究西方现代派的学生读了一定会很惊讶：居然有那么多比"现代哲理"更彻底的思维，早在古代就已经可以随口吐出，而且问答之间的语流竟是那么美好。

二

《金刚经》的开头，是一番纯粹的文学描写，与一般的经文截然不同。

原文也不艰深，但我还是翻译了一下，以求与后面的行文统一。开头是这样的——

> 那时，佛祖释迦牟尼与一千二百五十位大弟子和追随者一起，在舍卫国的祇树给孤独园。吃饭时分，佛祖穿好衣服，拿着钵，走进舍卫大城，去乞食。在城中依次乞食完后，就回到本处，吃完饭，收拾好衣钵，洗了脚，铺好座位，坐了下来。
>
> 有一位叫须菩提的长老，与众人在一起，这时站起身来。他袒露右肩，右膝着地，双手合十，恭敬地对佛祖说……

这个情景，写得具体而又生动，传达了释迦牟尼和当时佛教团队的生活形态。落脚的园子不小，挤得下一千多人。住在这么大的园子里，又有这么大的团队，居然还要到城中依次乞食，这反映了当时印度佛教的一种行为信仰。那么，这一千多人都跟着他进城去乞食吗？那是一支多么庞大的队伍啊，城中的住户会有什么感觉？当然，这一千多人除了弟子，还有一般的追随者。一般的追随者大多并未出家，可能不必乞食了，那么必须乞食的人有多少？

乞了食，并不在城中吃，还要回到园子里来。吃了还要洗脚，然后铺好坐垫坐下来，开始对话式的传道。

这就引出了第二主角：须菩提。这位大弟子已经颇有声望，但他提问时还是表现出一系列动作：袒露右肩，右膝着地，双手合十……一派虔诚。

这个开头当然不是闲笔。释迦牟尼的透彻生态正好印证了他的透彻主张，而且，由他的日常生活引向一种千人聚集的盛大，而这种盛大正是阐述经义的背景。大弟子须菩提的恭敬，又为盛大的聚集增添了崇高的气氛。

这个开头又与《金刚经》的结尾构成呼应。那是在释迦牟尼讲经结束之后，仍然由须菩提长老引头，带动各位男女弟子和在家信众，甚至联通一切"不在场却听到了"的高人，皆大欢喜，表示一定信受奉行。

如此开头和结尾，使中间的讲经内容进入了情节，进入了场景，进入了可以切身感觉的生命呼应。于是，在这里，美学收纳了经学，文学安顿了佛学。

释迦牟尼在讲经过程中，不断地呼叫须菩提的名字，这又让情节贯通，让对话延续，使千人演讲变成了两人交谈、众人旁听，并由此增加了亲切感。

有些现代学者在讲解《金刚经》的时候删略了这个开头，实在可惜。

三

须菩提长老向释迦牟尼提出的，是一个最根本的问题："修行者如果想追求无上正等正觉，应该如何执守，降伏自己的心？"

这里出现了一个重要概念：无上正等正觉。这是佛教的基本命题，所以须菩提随口吐出，不必向其他弟子解释。

"无上正等正觉"，在鸠摩罗什的译本中由梵语音译，叫作"阿耨多罗三藐三菩提"，这也就是我在恭录经文时重复率最高的九个字。鸠摩罗什选择音译，证明直译非常困难。但我们还是要勉为其难地解释一下。这里出现两个"三"字，不是数字，而是音译而来，现在西文译写为 sam，表示一种正确的段位。"藐"，意为"平等"；"菩提"，意为"觉悟"。因此，"三藐三菩提"，可翻译为"正而无邪的平等，正而无邪的觉悟"，简称"正等正觉"。前面加一个修饰词"阿耨多罗"，意为"至高无上"。连在一起，这九字梵语音译，可以大致解释为六字汉语组合"无上正等正觉"。

这已经触及佛理的核心，我们从反面可以说得比较明白。一般人看世界、看生活，总是界限重重、欲念重重。界限阻止了天下平等，欲念阻止了正常知觉。因此，只有"正等正觉"，才能摆脱界限、摆脱欲念，使一切回到"正"。这也就是说，追求至高无上的"正等正觉"，是一切修行者的起点。

须菩提长老由此问释迦牟尼：追求有了，起点有了，接下来，该怎么守住，怎么来降伏自己的心？原文为："云何应住？云何降伏其心？"

释迦牟尼当然也不必再论述基本命题"无上正等正觉"了，作为最优秀的导师，他不做针锋相对的直截回答，而是巧妙地转移了提问者的话题，把问题推到了新的高度。

他说，一切生命，不管是怎么产生的，也不管是有色、无色、有想、无想，都应该获得引渡，使它们摆脱生死轮回，进入涅槃境界。但是请注意，修行者如果认定自己引渡了各种各样的生命，有了这种认定就未必真有效果，到头来很可能谁也引渡不了。这是为什么？因为你心里有了自己与他人的区别，有了各种各样不同的相状，那就不是真正的修行者了。

这就出现了释迦牟尼独特的精神坐标。大家都在高喊引渡，他却在警惕，在引渡者心目中，自己与被引渡者是否平等。

如果把事情移到释迦牟尼身后的世界上来，我们就能发现，很多好心人都在主张"拯救他人"、"指引他人"、"开导他人"，却需要认真问一问，你们这些"拯救者"、"指引者"、"开导者"的心中，自己与"被拯救者"、"被指引者"、"被开导者"究竟有什么区别？你们是否把自己的形象定位打造得太高大、太强势了？

天下的大麻烦常常就是由那些"拯救者"、"指引者"、"开导者"带来的，因为他们把天下人心分割了、对立了。这不仅仅是因为他们的态度，更是因为他们为自己设定了特殊的身份和资格。他们也许是善良的人，却给自己制造了一种居高临下、永远正面的形象定位，同时也给对方制造了一种负面的形象定位。因此，他们为形象定位而奋斗，对方随之也为形象定位而反抗，麻烦由此产生，并且越闹越大。在这个过程中，各种新的形象定位又不断衍生，使世界变得既亢奋又疲惫，既分裂又混乱，无可收拾。

这里所说的"形象定位"，就是佛教中常用的一个概念：相状。在更多的时候，只是单说一个字"相"。

对于"相状"、"相"，释迦牟尼的态度很明确："凡所有相皆是虚妄"，"一切诸相，即是非相"。也就是说，他要求人们对于各种各样的"形象定位"，都要看破，不留余地。他要人们明白，那一切，"如梦幻泡影，如露亦如电"，虚空不实，转瞬即逝。

看破相状，是《金刚经》的精髓所在。看破相状，非常艰难，又非常重要，所以要用回旋式的包围圈，反复强调。

说到人们最为执着的"相"，释迦牟尼举出"我相"、"人相"、"众人相"、"寿者相"这四种。那就是：自己的形象定位，对方的形象定位，众人的形象定位，长者的形象定位。在他看来，正是这几种形象定位，把人缠住了、缠僵了、缠死了。其实往深里看，这些形象定位都是虚设的，不真实的，万万不可执着。

这种种"相"，包含着对生命的一系列误会。既是对自己生命的误会、对别人生命的误会，又是对集体生命的误会、对时间生命的误会。这几种误会中，对自己的和别人的误会容易理解，但是，对于以众人名义所代表的集体生命、以长者面目所代表的时间生命（或称历史生命），却很难正视。直到今天，一讲到人山人海的"众人"，或悠久漫长的"历史"，常常让人徒生恭敬，失去了正等正觉。

在这里，我不妨就"众人相"的虚妄，来谈谈自己的切身感受。我在年轻时代所遇到的"文革"浩劫，可称为"众人相"的大嚣张、大祸害。但当祸害刚刚结束，前不久还浩浩荡荡的"众人相"却找不到了，原来一切都是假冒。我父亲被关押十年，我叔叔被迫害致死，都是什么人造成的？我在浩劫过去之后反复查问，回答是"革命群众"，也就是"众人"。但是，直到今天，我父亲和叔叔的坟墓上草生草枯不知多少年了，也找不到任何一个伤害他们的"革命群众"。这一事实，足以印证"众人相"的虚妄。其实，《金刚经》要破除的"众人相"，并不仅仅在中国惹祸，请看世界各地万众聚集的"众人相"，又有多少虚妄？

至于"寿者相"，当然不是指"长寿者之相"，因为这样解释无法与"我相"、"人相"、"众人相"并立。有的学者把它解释成"永生不灭的相状"，或"事物生灭的存在"，这又过于概念化了，而《金刚经》在这里所排列的，是四种形象定位。因此，我在上文把它解释成以长者面目所代表的时间生命或历史生命。对于这种"相"的识破，难度也很大。试想，如果把时间和历史都变成一个个"相"压在各种事情之上，那么，一切新生的、年轻的、初始的存在都被压得喘不过气来，天下还有生机吗？问题是，那种道貌岸然、陈词滥调的"寿者相"也都只是表演而已。

总之，正是"我相"、"人相"、"众人相"、"寿者相"造成了在"自己、他人、空间、时间"上的不平等、不正常，也就是阻碍了人们追求的"无上正等正觉"，破坏了"阿耨多罗三藐三菩提"。

返观人类的一个共通误区，就是不断地给自己和他人"造相"，正面的相、负面的相、高贵的相、威胁的相、无敌的相、受欺的相……，一切困厄皆由此而生，却永远乐此不疲。即使是聪明智慧的人群，也很难完全摆脱"相"的羁绊。

四

释迦牟尼在《金刚经》里还与须菩提长老讨论了小乘佛教在这个问题上的局限。他们谈到了小乘佛教里通过修行所达到的几个果位，例如，须陀洹果位、斯陀含果位、阿那含果位、阿罗汉果位。这些果位，在断灭三界、断灭烦恼、断灭惑见、断灭轮回上都做得很好，但又总是执着于自己要进入什么、来往什么、拒绝什么等目标，执着于自己的相状，那也就没有抵达"无上正等正觉"。可见，要进入"阿耨多罗三藐三菩提"真不容易，要识破一切相状真不容易。

相状，与佛教里另一个概念"色"紧密相关，都是指物质形态的形象定位。佛教往往把世界分为"三界"，即欲界、色界、无色界。欲界显而易见，无论哪个教派都会为了摆脱欲界而大下功夫；色界就麻烦了，因为其中包括着有血、有肉、有情的生命形态，有不少教派为了吸引民众常常采取温和的中间路线。而释迦牟尼则要求修行者以无色界作为方向，主张"无余涅槃"，达到修行的最高境界。

他在《金刚经》里提出，"不应住色生心"，"应无所住而生其心"。这里所说的"住"，是指执守、执着。所谓"住色"，就是执着于形象定位，包括生命形态的定位。我们的心，只有不被"色"和"相"锁住，摆脱对"色"和"相"的执着，才能"生其心"，才有心灵的自由空间。

说到这里，释迦牟尼也就回答了须菩提开场时提出的问题。如何执守？回答是：不能执守，一旦执守就会陷入迷妄。如何降伏其心？回答是：不是降伏其心，而是首先降伏相状。须菩提刚刚提问的时候，释迦牟尼把问题暂时搁置，先带领他进入一种"别样思维"，然后水到渠成，全然解决。这真是高超的答问智慧。

释迦牟尼为什么会认为一切相状都不可信？这与他在菩提树下终于开悟的要旨有关，因为相状正是他悟得的"缘起性空"这个原理中"缘起"的部分外象，本性为空。明明是"性空"却还要翻腾出那么多外象来诱人、惑人，当然应该看破。释迦牟尼在很多地方论述过"缘起性空"，在《心经》中又把"空"阐释得非常全面，读者可参阅我研究《心经》的文章《解经修行》。释迦牟尼正因为已经在这个问题上彻底开悟，所以不断提醒人们，在日常生活中最容易上相状的当。只有把它们看破，才能放下烦恼，获得自在。《金刚经》由此找到了自己的论述重心。

《金刚经》特别举出了一系列非常吸引常人的相状，然后指出它们都虚妄不实。

例如，人们常说"庄严佛土"，"庄严"就是一种相状。因此佛说，世上并无真正的"庄严"可言，大谈"庄严"就是不庄严。

又如，说一个人就像须弥山一样高大巍峨。佛说，没有这样的身体，没有这样的高大，没有这样的相状。

再如，说一个人"具足色身"，也就是拥有了圆满而完备的形象。其实在佛看来，不存在"具足色身"，那只是一种假象。

……

我们常人所执守的"相状"，并没有那么庄严、那么高大、那么圆满、那么完备，却还是把它们看成了生活的依据、生命的依赖。例如职位、身价、家世、单位、称号等等，并为它们煎熬、竞争、觊觎，增加了自己和别人的无数烦恼，增加了人世间的不安全。其实，大家是在为假象而征战，为虚妄而遭殃。

正因为危害如此之大，所以释迦牟尼在《金刚经》里建立了一种艰深而有趣的否定结构。请注意，不是个别性的否定，而是以结构所做出的整体性否定。这种否定结构，把种种相状全部装了进去。例如——

"所言善法者，如来说即非善法，是名善法"；

"凡夫者，如来说即非凡夫，是名凡夫"；

"诸微尘，如来说非微尘，是名微尘"；

"众生众生者，如来说非众生，是名众生"；

"如来说第一波罗蜜，即非第一波罗蜜，是名第一波罗蜜"；

"忍辱波罗蜜，如来说非忍辱波罗蜜，是名忍辱波罗蜜"；

……

这一系列否定结构，一般是先提出一个常用相状，然后由佛（如来）来否定，否定之后再说明，正因为不是，才有了这个假名。

在这里，除了否定相状之外，还否定了随之而来的名，而且否定得颇为讽刺、颇为幽默。

上面举的这几句，如果用这种幽默的口气来说，确实是对"名"构成了不小的嘲谑——

是善法吗？佛说不是善法，所以老是叫"善法"；

是凡夫吗？佛说不是凡夫，所以老是叫"凡夫"；

是微尘吗？佛说不是微尘，所以老是叫"微尘"；

是民众吗？佛说不是，所以老是叫"民众"；

是第一引渡智慧吗？佛说不是，所以老是叫"第一引渡"；

是忍辱引渡智慧吗？佛说不是，所以老是叫"忍辱引渡"；

……

如果用这样的否定结构来环视今天的世间诸物，各种相状的名号也就变成了自我否定——

是专家吗？因为不是，所以老是叫"专家"；是君子吗？因为不是，所以老是叫"君子"；是美女吗？因为不是，所以老是叫"美女"……

在《金刚经》看来，为各种相状所加的"名"，其实都是冒充。冒充不仅仅是为了骗人，也变成了自我认定和世间认定，因此问题更加严重。

然而，对一般人来说，把一切相状都看成假象，可能会使自己失去依靠，从而产生惊惧、恐怖、畏怯。对此，佛祖要求修行者在摆脱各种相状时要"不惊、不怖、不畏"。他以自己的例子来说明，那年，残暴的歌利王要割截他的肢体，他因为早已不在乎自己身体的相状，所以"不惊、不怖、不畏"，结果反倒使歌利王大为震撼。

由此反证，人世间的种种惊惧、恐怖、畏怯，都因相状而生，也就是担心失去相状。如果完全不在乎相状，那又有什么可怕的呢？

摆脱相状而"不惊、不怖、不畏"，这在释迦牟尼看来也是十分稀少而珍贵的品德，那就是我们所景仰的"万难不避、万险不退"的"大雄"精神。"大雄"精神也就是"金刚"精神，中国佛教寺庙总习惯把供奉佛祖的主殿命为"大雄宝殿"，即与此有关。因此，每次看到"大雄宝殿"，我都会想到《金刚经》。

中国民间历来传说，《金刚经》具有明显的"辟邪"功效，大概也是依仗着"大雄"精神和"金刚"精神吧？

五

《金刚经》也知道自己的力量。它一再指出，人们如果以形态和声音来显摆和求索，便是"邪道"，背离了如来"无所从来，亦无所去"的自如神韵。修行者只有摆脱对于声音、香气、味道、触觉、言语、形态等相状的执着，才能走出黑暗，看见阳光。如果修行者能够不是拿物质来布施，拿金、银、琉璃、玛瑙等宝贝来布施，而是以《金刚经》所传扬的"无上正等正觉"来布施，以超越种种相状的自如之心来布施，那就必将平复世间狂乱之心，获得真正的福德，而且，永远功德无量。

释迦牟尼认为，执着于相状，必然因分割了天下而让自己和他人都变得狭隘和褊小。如果反过来，不执着相状了，精神天地就会变得很大，令人神往。

请听他与须菩提的一段对话——

> 释迦牟尼：须菩提，东方的空间，可以思量吗？
>
> 须菩提：不可以，世尊。

释迦牟尼：那么，南方、西方、北方，这四维空间可以思量吗？

须菩提：不可以，世尊。

释迦牟尼：须菩提，菩萨不执着于相状的布施，所以他的福德就像东、南、西、北四方上下一样，不可思量。

在释迦牟尼看来，无边无际的大，就可能产生无边无际的福德。种种相状，就是通向无边无际境界的绊脚石，所以一定要清除。一旦清除，必有非常美好的结果。

因此他觉得，阐述这个道理的《金刚经》，"经义不可思议，果报亦不可思议"。

《金刚经》也遇到了一个棘手的问题。它在主张摆脱一切相状的时候，终究会自问：佛法，是不是也算是一种要人们执守的相状？

对此，《金刚经》显得非常坦诚。它认为，佛法本不固定，没有执守的理由。人世间一切对固定目标的执守，都应该放弃。如果要人们必须执守佛法的相状，那么，人们也有理由去执守别的相状了。如果要人们一味执守佛法的相状，那么人们随之就会指责"非佛法"了，而指责"非佛法"就离开了佛的包容真谛。因此，《金刚经》说，"所谓佛法者，即非佛法"。

《金刚经》认为，一般在佛教团队中所说的佛法，只是让人渡河的船筏。人们到了彼岸就必须舍弃船筏，佛法也是这样，迟早会被舍弃。何况，我们平常见到的那么多"法"，并不是真正的佛法。

这个意思，《金刚经》里的原话是："如来常说：'汝等比丘，知我说法如筏喻者，法尚应舍，何况非法。'"

船筏的比喻，又很文学。一个小比喻解决了一个大难题，只有文学做得到。

连佛法都可以像船筏一样被舍弃，这给中国的禅宗带来极大的启发，增加了其他宗教所少有的精神自由度。对此且不做细论，可参阅我的著作《修行三阶》中讲述禅宗的章节。

最后，要说说《金刚经》这个名称了。前面说过，全名叫《金刚般若波罗蜜经》，"般若"是指大智慧；"波罗蜜"是指引渡；引领词"金刚"，当然是指精坚不催之志。因此，合在一起，"金刚般若波罗蜜多"，意为"以大决心大智慧引渡"，或者说，"以金刚智慧引渡"。如果不用梵语音译而只用汉语，此经也可称为《金刚智度经》。但是，鸠摩罗什的译名已成经典，不必擅改，因此还是简称为《金刚经》吧。

此经虽然长达五千多字，但意思却很简明：识破相状，放弃执守，抵达至高无上的正等正觉。在释迦牟尼的各种经论主旨中，这就是《金刚经》的分工使命，它完成得很充分。

那就还是让那句佛诵来结束本文：阿耨多罗三藐三菩提。

——我手书的六十余米《金刚经》全文，今后不管收入何书，展览何处，都会有本文跟随，以表达当代学人的拜读之忱。

2019 年 4 月 12 日于上海

第十六部分

《坛经》简释

说明

佛教传入中国之后，渐渐也产生了不少中国的佛教著作。但是，中国的佛教著作一般都不称为"经"，唯有一部例外，那就是《坛经》，由此可见，它的特殊重要性。

《坛经》记述了禅宗六祖慧能的教言，是中国禅宗走向成熟定型的里程碑著作。一般称《六祖坛经》，再全一点儿，称为《六祖大师法宝坛经》，还有一个更长的名称，叫作《南宗顿教最上大乘摩诃般若波罗蜜经六祖慧能大师于韶州大梵寺施法坛经》，一部经的名称长达三十二字，但落脚点还是坛经，那还是方便一点儿，简称《坛经》吧。

《坛经》中，慧能的教言是由他的弟子法海集录的，后人又有增订。与鸠摩罗什、玄奘翻译的佛教典籍不同，《坛经》从思路到语气都已经具有明晰的中国风范，而且又保持着明显的记叙特点，容易吸引中国读者，因此一直产生很大影响。我又发现，近代以来世界各地很多杰出人士接受佛教，也大多与禅有关，与《坛经》有关。

然而，阅读的广泛也容易走向理解的浮泛。《坛经》开头部分详细记述了慧能的生平，衣钵的传承过程，以及"菩提本无树，明镜亦非台"的偈诵，"幡动"、"风动"、"心动"的争议，等等，都已成为故事广为流传，而一切流传总是一种通俗化的牵引，把《坛经》引向浅白。

我在论述禅宗的著作中，已经把这些流行因素重新做了学理上的解析。今天则要把《坛经》中一些并不流行但很重要的内容，进行梳理。

一、"本性是佛"

学佛，首先要问：什么是佛？佛在哪里？

佛祖是佛？佛经是佛？佛在西天？佛在庙宇？

好像都没有错，但是《坛经》告诉我们："本性是佛"。它所说的"本性"也就是"自性"，因此，佛在我们自己身上。

这样，"自性"又与"佛性"相连。《坛经》说："若识自心见性，皆成佛道"；"若识自性，一悟即至佛地"。

这种认知，也就把佛从一个圣者、一批经籍，变成了一种"性"，而且是与人人相关的"性"。不仅如此，这种"性"，又潜藏于每个人的心底，只要通过开悟就能呈现。因此，每个人在自己身上寻找本性，也就是在逼近佛性，比任何礼拜仪式更为重要。

《坛经·疑问品第三》中，记了当时韶州的一位地方长官韦刺史向慧能提出的一个问题。韦刺史说，当年梁武帝毕其一生"造寺度僧，布施设斋"，为佛教建立了很大的功德，为什么达摩大师却说他"实无功德"？

慧能回答，达摩先圣说得不错，实无功德。因为"武帝心邪，不知正法，造寺度僧，布施设斋，名为求福，不可将福变为功德"。也就是说，梁武帝虽然为佛教做了那么多大事，但只是为了"求福"，内心邪而不正，离佛还是很遥远。

慧能给韦刺史举了一个相反的例子。当年释迦牟尼在舍卫城中讲经，说西方极乐世界"去此不远"。但要说实际距离，应该有十万八千里吧？怎么会"不远"呢？因为，只要以最高智慧见得自性，弹指之间即可到达。

是远是近，由自己的本心决定。因此，要真正修佛，也不一定要出家，也不一定要到庙里去。《坛经·疑问品第三》说："若欲修行，在家亦得，不由在寺。"

正是这一条思路，引出了我们经常听到的禅师格言："佛在我心"、"我就是佛"。听起来，有点儿过于自大。佛教不是主张"无我"吗？他们怎么倒把"我"如此扩充？其实，这些话体现了一种更深刻的佛理。

"本性是佛"、"佛即自性"、"佛在我心"、"我就是佛"，这种认知，把巍峨的庙宇筑进了自己的心间，把释迦牟尼的教言融入了自己的本性，这就产生了两方面的效应。一方面，"自性"、"本性"获得了净化和提升；另一方面，又让佛性具备了走向生命实践的极大可能。

于是，伟大的佛理不再浮悬于上空，浮悬于古代，浮悬于远处，而是成了袈裟之内的心性呼应，成了实际发生的生活态度。那就是说，佛，找到了无数切切实实的生命土壤，变得生气勃勃、与时俱进；而那些被它灌溉的一方方土壤，也就变得非同寻常、奇迹频生。

西方一位已故的大企业家说，他信仰佛教。我看他的自述，发现他信仰的，就是"本性是佛"这一脉。这使他明白，依凭本性，无限创造，有可能成为自己的宗教。

星云大师很多年前就对我说过，他从一个虔诚的学佛者成长为佛光山事业的开创者，有一个重要的思维转折，那就是重新体会了"我就是佛"的禅宗至理。

但是，"我就是佛"的这种说法，确实容易成为某些自鸣得意者的自我标榜，从而产生社会民众的疑惑。

因此，赶紧，《坛经》有了更深入的论述。

二、"自性清净"

"自性清净"，这是《坛经》引了《菩萨戒经》中的话。《坛经》本身，也把"净心"作为立论主旨。在《行由品第一》中说："愿闻先圣教者，各令净心。"也就是说,只有"净心",才能接受先圣教言。心不净,则什么也说不上。

问题是,我们的心,已经很不干净。

我们在世俗生活中,接受了太多的界定、相状、目标、企求、规范、关系,这一切,都不是我们与生俱来的"本性"、"自性",而成了掺杂之性、扭曲之性、他人之性、群体之性。因此,大家几乎都是失落"本性"和"自性"的人,都不是自身,而是"色身"。

既然失落了"本性"和"自性",那么奢谈"本性是佛"、"佛即自性"、"佛在我心"、"我就是佛",就不存在基础。

《坛经》认为,人心不净,是因为"邪见障重,烦恼根深,犹如大云覆盖于日",因此即使有佛法,也"不自开悟"。

在这种情况下,首先要使大家相信,大云后面有丽日,我们的本性是干净的,即"自性清净"。有了这种自信,那就可以做清除工作了。

清除工作有两种不同的速度,一种慢慢做,一种快快做。慢慢做,叫作"渐修";快快做,叫作"顿悟"。"渐修",可以用当初神秀写在南廊墙壁上的那首偈来表述:"时时勤拂拭,勿使惹尘埃。"慧能一看就不对了,心性本来是干净的,拂来拭去,说不定越拂拭越脏呢。慧能主张,干脆利落地掀去几层乌云,日光就出现了。因为心中早有日光,因此掀得很快,顿时即成,因此叫"顿悟"。

这也就构成了以他为代表的南派禅宗的一大特点,与侧重"渐修"的以神秀为代表的北派禅宗形成对比。

那么,慧能要顿时掀去的乌云,有哪几层呢?主要有三层,第一层叫"念",第二层叫"相",第三层叫"住"。其实这三层是紧紧合在一起的,因此也可以看作是一层三名。慧能把掀去它们的动作,称之为"无念"、"无相"、"无住"。

这是《坛经》的理论关键,在《定慧品第四》中有系统的阐述。

三、"无念、无相、无住"

无念，就是不管面临什么境遇都不多想，尽量删除心念，因此也删除了偏见，因为任何心念都会带有偏见。

无相，也就是无视各种外在形象。"能离于相，则法体清净。"换言之，是相，带来了世间的不清净。这个问题，佛教十分坚持，详见我对《金刚经》的论述。

无住，是指不执着，尤其是不执着于时间性的"前念、今念、后念"，以及其中的善丑冤亲。一旦执着，即为"系缚"。若能"无住"，也就"无缚"。

归纳起来，慧能说，"无念为宗，无相为体，无住为本"，都很重要。

一个人，如能做到"无念"、"无相"、"无住"，那么，他清净的"本性"、"自性"就出现了。这样，他就离佛不远了。

这一些，说起来有点儿复杂，但在慧能看来，却可以一时"顿悟"，一通百通，一真皆真。在他心目中，能够"顿悟"，就是"悟人"。这种"悟人"，用我们的话来说也可称之为觉悟者。他们本来很可以是"凡夫"，一旦"顿悟"，已入佛道。与"悟人"形成对比的，是"迷人"，也可称之为糊涂人，他们更适合"渐修"，而且慧能也提供了一系列方法，后面再说。

那么，一个"顿悟"了的觉悟者，在做到"无念"、"无相"、"无住"之后，会是一种什么样的状态呢？那就是"本性"、"自性"全都清净了，回归了。正如《坛经》所说："何期自性本自清净，何期自性本不生灭，何期自性本自具足，何期自性本无动摇，何期自性能生万法。"

一悟而产生大量"何期"，也就是出乎意外、没有想到。因此，"顿悟"的结果十分惊人。

在这种状态下，心量因为清净而变得非常广大，几乎成了漫无边际的真空。《坛经》里这样形容的：

> ……心量广大，犹如虚空，无有边畔，亦无方圆大小，亦非
> 青黄赤白，亦无上下长短，亦无嗔无喜，无是无非，无善无恶，无
> 有头尾。诸佛刹土，尽同虚空。世人妙性本空，无有一法可得。
> 自性真空，亦复如是。

这就是佛的心量，这就是与佛性合成一体的本性和自性。正是这种令人心旷神怡的心量，使我们终于明白"本性是佛"、"佛即自性"、"佛在我心"、"我就是佛"这些话的意向了。原来，这里的"我"，早已成为辽阔的"我"，无私的"我"，无执的"我"，与佛教宗旨的"无我"并不矛盾。

这个辽阔的"我"，无私的"我"，无执的"我"，可以在无边无际之中做成各种各样的事，能力无限，无所不通。我知道那些悟禅的企业家和科学家如何创意勃发，我更见证了星云大师如何袈裟飘飘地在全世界建造了两百多个道场，还见证了证严法师如何把慈济医疗系统渗透到全世界救苦救难的第一线……他们的惊人实践，全都验证了清净的心性演化为佛性之后会创造出何等不可思议的胜迹。

且不说这些胜迹了，只说在一般情况下，觉悟者如何保持清净而广大的心性呢？《坛经》的回答是"禅定"。

四、"禅定"

《坛经》在《坐禅品第五》中是这样解释禅定的："何名禅定？外离相为禅，内不乱为定。"

原来，"禅定"二字，"禅"是指外，"定"是指内。外，必须疏离各种形象定位；内，必须固守本性清净。这中间，"离相"最为关键，疏离各种形象定位，也就是疏离不断碰到的境遇和界别。如果不能疏离，就会乱而

不定。如果面对各种境遇和界别能够"心念不起"、"自性不动"，那就达到了真正的禅。

"禅定"的另外一种说法是"三昧"，由梵文音译而来。

在《坛经·付嘱品第十》中，慧能把"三昧"分为"一相三昧"和"一行三昧"。

什么叫"一相三昧"？他的解释是：

> 若于一切处而不住相，于彼相中不生憎爱，亦无取舍，不念利益成坏等事，安闲恬静，虚融澹泊，此名一相三昧。

什么叫一行三昧？他的解释是：

> 若于一切处，行住坐卧，纯一直心，不动道场，真成净土，此名一行三昧。

这两种"三昧"，也就是两种"禅定"，都呈示着一种清净安定的心态和生态，两者区别不大，互济互证，组合成一种慧能所倡导的生命方式。

慧能希望这种生命方式，能像种子一样埋在地下，然后成长成熟，普润大地。因此他接着说：

> 如地有种，含藏长养，成熟其实。……我今说法，犹如时雨，普润大地。汝等佛性，譬诸种子，遇兹沾洽，悉得发生。承吾旨者，决获菩提；依吾行者，定证妙果。

可见，他对自己的佛理充满了乐观的信心。

五、"众生"

我在前面说到，慧能在描述"顿悟"境界时，很在意"悟人"和"迷人"的差别。觉悟者毕竟是少数，世间多数人属于"迷人"之列，也就是长期处在迷途中的糊涂人，又被称为"众生"。

大乘佛教主张普度众生，正是说明众生的问题很大，不能不去度化。《金刚经》在分析"众生相"时已有涉及，而在《坛经》中，慧能对众生有了更深入的论断。他强调："汝须念念开佛知见，勿开众生知见。"

"众生知见"与"佛的知见"，是对立的。那么，什么是"众生知见"呢？他认为是基于以下这些很劣质又很流行的品行之上：

> 世人心邪，愚迷造罪，口善心恶，贪嗔嫉妒，谄佞我慢，侵人害物。

而且，他又概括了众生所可能产生的一些心向：

> 心中众生，所谓邪迷心、诳妄心、不善心、嫉妒心、恶毒心，如是等心，尽是众生。

也就是说，在一般情况下，众生之心，不清净到了极为严重的地步。

如此种种，都带来了引渡者的责任。佛教在展示觉悟者们"顿悟"后的心量之外，还揭示了众生的心理困境，并力图解救他们。

慧能为众生开出的方剂，是"忏悔"。

在《坛经·忏悔品第六》中，有这样恳切的呼吁："弟子等，从前念、今念及后念，念念不被嫉妒染。从前所有恶业、嫉妒等罪，悉皆忏悔，愿一时销灭，永不复起。"

紧接着，慧能又把"忏悔"两字拆开，说明它们不同的含义。

他说，"忏"，着重于以前；"悔"，着重于今后。

忏者，忏其前愆。从前所有恶业，愚迷骄诳嫉妒等罪，悉皆尽忏，永不复起，是名为忏。

悔者，悔其后过。从今以后，所有恶业，愚迷骄诳嫉妒等罪，今已觉悟，悉皆永断，更不复作，是名为悔。

他又特别指出："凡夫愚迷，只知忏其前愆，不知悔其后过。以不悔故，前罪不灭，后过又生。前罪既不灭，后过复又生，何名忏悔。"

从慧能的反复表述中可以明白，他认为人类最需要克服的毛病是三个，一是愚迷，二是骄诳，三是嫉妒。

我认为，这个概括很恰当。他把克服这三个毛病的时间过程拉得很长，既要反思过去，又要警惕未来。这也就是说，对一般众生而言，这三个毛病很难清除。为了产生惊醒效果，他把这三个毛病称为"愆"，甚至直接说成是"罪"。其实，我们只要联想到他自己从承接衣钵之后漫长而又惊险的经历，就知道切身感受之深。正是这种切身感受，把握住了大地的病脉。

除了忏悔之外，慧能还要求修行的众生时时关注自己身上的善恶。他认为真正"顿悟"而成佛的觉悟者已经跨越了善恶的藩篱，但对于正在"渐修"的凡夫来说，还需要小心地增善去恶。《坛经·忏悔品第六》中说：

……自性起一念恶，灭万劫善因。自性起一念善，得恒沙恶尽。

一念思量，名为变化。思量恶事，化为地狱。思量善事，化为天堂。毒害化为龙蛇，慈悲化为菩萨。

对于众生的修行，觉悟者应该具有"我就是佛"的承担，来进行开导和化育。慧能认为，只有深刻地认识了众生，觉悟者才能进一步获得佛性。然后，通过自性，慢慢地让众生也获得佛性，达到"众生是佛"的美好境地。他在《坛经·付嘱品第十》中所说的这些缠绕往返的秘语，深可玩味：

> 若识众生，即是佛性。若不识众生，万劫觅佛难逢。
>
> 吾今教汝识自心众生，见自心佛性。欲求见佛，但识众生。只为众生迷佛，非是佛迷众生。自性若悟，众生是佛。自性若迷，佛是众生。自性平等，众生是佛。自性邪险，佛是众生。汝等心若险曲，即佛在众生中。一念平直，即是众生成佛。我心自有佛，自佛是真佛。自若无佛心，何处求真佛？

在如此深奥的话语中，我们大体可以明白，自性和佛性是可以互相转移的，随之，众生和佛性也可以互相转移。因为众生也有"自性"和"本性"，也有走向佛性的可能。觉悟者只要自己心中有真佛，便能成就"众生是佛"。因此，关键是觉悟者首先必须"自心归依正，念念无邪见"，成为被众生尊敬的"众中尊"。

"众中尊"这个重要的概念，出现在《坛经·忏悔品第六》。

这种"众中尊"，又可称为"三身之佛"，即"法身之佛"、"报身之佛"、"化身之佛"。对这"三身之佛"，《坛经》做了大段论述，如果做一个精简的提炼，那么我认为，"法身之佛"大致是"以善清己"，"报身之佛"大致是"以善报天"，"化身之佛"大致是"以善化世"。

清净自身，报答时空，化育人世，把这三项任务并担于身，也就成了"众中尊"，也就成了"自性佛"。这样的人因清净无执而逍遥自在，却又以顶天立地的气概让自己成佛。他们，正是禅宗的坐标。

第十七部分

君子之道六十名言

说明

    我在著作和讲课中，总会把"君子之道"集中为九个方面，并由此引出了古代有关君子的名言二十四条，称之为"君子之道本论"。其实，中国历史上有关这个问题的著名言论要多得多。

    由于君子之道对于中国文化具有极大的收纳性，因此诸多人文科学和社会科学的话题都会朝着这个方向靠拢。其中有不少话语，虽然未能进入我的"本论"，却也曾在历史上熠熠闪光。在构建"本论"之前，我曾经把历代论述君子的名言搜集得很完备。现在"本论"虽成，却发现大量多余的材料非常精彩，因此决定把它们供奉成另外一番风景。于是，依据深刻性、独特性和影响力的原则反复筛选，一遍遍忍痛割舍，最后剩下三十六条"延论"，实在不能再删了。每一条，我都做了简要讲解。

    这三十六条"延论"加上"本论"的二十四条，一共是六十条。我把这六十条名言集中地展示在下面。但是，"本论"的二十四条我已在本课程第三单元做过仔细阐释，这儿只是重新提一下句子，不做讲解了。

君子之道本论二十四名言

1. 君子怀德，小人怀土；君子怀刑，小人怀惠。

2. 君子先慎乎德。

3. 君子以厚德载物。

4. 君子以德，小人以力。

5. 君子所以异于禽兽者，以有仁义之性也。

6. 君子于仁也柔，于义也刚。

7. 君子之怀，蹈仁义而弘大德；小人之性，好谗佞以为身谋。

8. 君子之德风，小人之德草。草上之风，必偃。

9. 君子成人之美，不成人之恶。小人反是。

10. 君子莫大乎与人为善。

11. 君子扬人之善，小人讦人之恶。

12. 君子周而不比，小人比而不周。

13. 君子矜而不争，群而不党。

14. 君子和而不同，小人同而不和。

15. 君子坦荡荡，小人长戚戚。

16. 君子泰而不骄，小人骄而不泰。

17. 君子无入而不自得焉。

18. 君子……内省不疚，夫何忧何惧？

19. 君子忧道不忧贫。

20. 君子有终身之忧，无一朝之患。

21. 君子中庸，小人反中庸。

22. 君子贵其身，而后能及人，是以有礼。

23. 君子不器。

24. 君子耻不修，不耻见污；耻不信，不耻不见信；耻不能，不耻不见用。

君子之道延论三十六名言

1. 君子三戒

孔子在《论语》中说："君子有三戒：少之时，血气未定，戒之在色；及其壮也，血气方刚，戒之在斗；及其老也，血气既衰，戒之在得。"（《季氏》）

这三戒，在中国古代很著名。由于以年龄划分，因此与人人相关。

少年时，血气未定，不可纵欲；壮年时，血气方刚，不可好斗；老年时，血气既衰，不可贪得。——这三戒，是针对社会通病提出来的，非常契合常见的人生误区。重要的是，人们常以年龄来原谅纵欲、好斗、贪得，孔子说，不可原谅，而必须戒除。

2. 君子三畏

孔子在《论语》中说："君子有三畏：畏天命，畏大人，畏圣人之言。小人不知天命而不畏也，狎大人，侮圣人之言。"（《季氏》）

这里的"畏"，是敬畏。君子坦荡荡，却要保持三项敬畏：敬畏天定之命，敬畏高贵之人，敬畏圣人之言。小人正好相反，不知天命，轻视高贵，侮弄圣言。

这三畏很完备。既包括了命运，又包括了地位，还包括了思想。一个人应该明白，不管自己怎么出色，都不能无视上下左右，都不应无所畏惧而过于张扬。因为茫茫天地间有很多高于自己的力量制约着生命，他只能把自己看成是一个制约坐标中的一种存在，因此连制约也成了生存的底座，而不是桎梏。只不过，在这三畏中，"畏大人"一项常常被塞进很多政治误导，因为"大人"会被直接理解为权贵、官员、君主，而且必须无条件地畏怯。这是儒学的软肋之一，不可盲从。我没有将这三畏列为君子之道的当代选项而进入"本论"，也与此有关。

3. 君子九思

孔子在《论语》中说："君子有九思：视思明，听思聪，色思温，貌思恭，言思忠，事思敬，疑思问，忿思难，见得思义。"（《季氏》）

这需要逐一解释一下。

"视思明"——视物，应该想想是否明晰；

"听思聪"——听声，应该想想是否清楚；

"色思温"——神色，应该想想是否温和；

"貌思恭"——气貌，应该想想是否谦恭；

"言思忠"——言语，应该想想是否忠信；

"事思敬"——办事，应该想想是否认真；

"疑思问"——遇惑，应该想想是否勤问；

"忿思难"——起忿，应该想想是否惹祸；

"见得思义"——获得，应该想想是否合义。

在孔子看来，君子不管遇到什么，表现什么，都必须先思考、分辨一下。明、聪、温、恭、忠、敬、问、难、义，都是思考和分辨的标准。"九思"，就是九项标准。

这里出现了儒家对于君子人格的"全覆盖表述"，在"全"中体现了一种疏而不漏的整体性。而且，这"九思"都比较实在，一个君子可以照此制定日常的行为方式。但是，这种罗列方式是并列的，很难呈现其间的从属逻辑，又由于中国古典语文的过度简约，减损了理论力度。这也是我没有把"九思"放入君子之道"本论"的原因。

4. 君子四行

这是孔子在评论春秋时期郑国大夫子产时，告诉学生，君子之道由四种行为组成："有君子之道四焉：其行己也恭，其事上也敬，其养民也惠，其使民也义。"（《公冶长》）

意思是，作为君子，对自己要求言行谦恭，对君主必须尊敬负责，对民众应该施以恩惠，即使要差使民众，也要适宜有度。显然，这是对政治人物的要求，也可以看成是"四行官箴"。

5. 君子耻其言而过其行

这是孔子在《论语·宪问》里留下的话。意思是：君子感到羞耻的，是说的比做的多。

这个意思很好。"其言而过其行"，有几种情况，一是只说不做；二是言多行少；三是话语膨胀。对这一切，孔子不是一般地反对，而是用一个"耻"字来概括，带有感情色彩。这就为后来几千年经常大话滔滔的族群，做了"一字审判"。一切说大话的人刚刚开口就想到这个字，可能就会有所收敛。

这个问题，在后面讲到"君子有三忧"和"君子寡言"时还会进一步分析。

6. 君子道者三

这是孔子与学生子贡的对话。孔子谦虚地说："君子道者三，我无能焉：仁者不忧，知者不惑，勇者不惧。"

子贡说，这三句话，正是"夫子自道也"。（《宪问》）

这三项"君子道"，说得很明白，几千年后的今天也不必翻译，可以直接出现在我们的日常文字和语言中。在三项中，最值得深思的是"仁者不忧"。一般都认为仁德之人总是忧国忧民，为何孔子认为"不忧"呢？原来，他所说的，是没有私人之忧、族群之忧、团体之忧。真正的仁德，为天下众生，光明磊落，有难克难，见灾救灾，因此没有时间忧心忡忡。

7. 君子不忧不惧

这句话，可以顺着上一条"仁者不忧"延伸理解。宋国人司马牛平日常常会有担忧和恐惧，孔子就以这六个字"君子不忧不惧"启发他。司马牛一听，不太理解，君子怎么能不忧不惧呢？孔子回答："内省不疚，夫何忧何惧？"这个回答，在"本论"里收录过，却没有对"不疚"进行解释。

"疚"，指的是因过错而造成的内心惭愧。如果这种过错造成了很大伤害却还处于隐藏状态，那就更加惭愧。"不疚"，是指找来找去，内心没有这种隐藏，结果，形成了胸怀坦荡、快乐无畏的内在根源。

不要在内心留下愧疚的角落，这就能成通体明亮、无所畏惧的大丈夫。

8. 君子何患无兄弟

这是孔子的学生子夏的话，被记在《论语》里，能代表孔子的意思。

还是上一条提到的那位常常担忧和恐惧的司马牛，他有一个自己不想承认的哥哥，因此对子夏说："别人都有兄弟，我却没有。"于是引出了子夏一段重要的话："君子敬而无失，与人恭而有礼，四海之内皆兄弟也。君子何患乎无兄弟也？"

子夏的意思是：一个君子，如果做事认真而无大错，对人谦恭而有礼貌，那么，四海之内都是他的兄弟。是君子，又何必担忧没有兄弟？

我说过，这是突破世间种种界限，把普天下的民众都当作亲人和兄弟的"乐观主义人类学"，也是孔子和儒家特别让人感动的地方。这话虽然出自子夏之口，但统观孔子的其他话语，可以相信，正出自孔子对学生们的反复教导。因此我在诸多论述里，都把它作为孔子和儒家的中心思想之一。

9. 君子无终食之间违仁

这是《论语·里仁》所载孔子的话。"终食之间"，就是一顿饭之间。在一顿饭之间，也绝不违背仁德。接下来，他又说，"造次必于是，颠沛必于是"。也就是，除了一顿饭之外，在一切仓促匆忙之间，颠沛流离之间，都同样不违背仁德。

可见，孔子对君子的要求很严，在仁德的问题上，实行时间和境遇上的

"疏而不漏",不允许稍有例外。

于是,君子不仅仅是一个空泛的形象,而是一串实际的行为。只要时时坚守,那就是在时时迈进,时时逼近。

10. 君子有三忧

这是被人转述的孔子的话,全文是:"君子有三忧:弗知,可无忧与?知而不学,可无忧与?学而不行,可无忧与?"引自汉代韩婴《韩诗外传》。

用现代的语言来说,大概是:君子有三项担忧:无知,难道不让人担忧?知道了却不学,难道不让人担忧?学了又不行动,难道不让人担忧?

这三层意思很明白,只有第二忧"知而不学",需要略作解释。完全无知并不可怕,真正可怕的是略有所知,似乎有知,一知半解,却自以为是,不再学习了,那就会害人害己,因为这会损害知的声誉,从而使更多的人滑向"弗知"。

至于第三忧"学而不行",是君子最容易犯的毛病,孔子一直在提醒,前面讲"其言而过其行"时已有涉及。这个毛病后来确实成了儒家的一个沉重负担,直到明代的王阳明,通过对于"知行合一"的论述以及他本人的实践,把这个老毛病治疗了一下。王阳明始终认为,君子应该以行动发言,而不是以舌头发言。这又不能不让人回想起《孔子家语》里的一句话:"君子以行言,小人以舌言。"

总的说来,君子的三忧引出了四个阶梯:无知——知——学——行。走完这四个阶梯,而不在中间顿挫,无知者也有可能成为君子。

11. 文质彬彬,然后君子

这是孔子的名言:"质胜文则野,文胜质则史。文质彬彬,然后君子。"(《论语·雍也》)

这里就出现了"质"和"文"这两个重要的哲学范畴和美学范畴。

"质"，是指质朴；"文"，是指文采。翻译一下，大体是："质朴过胜，就会粗野；文采过胜，就会虚浮。两者协调，才是君子。"

"文质彬彬"这个成语，就来自于此。但是在日常生活中，说一个人"文质彬彬"，大体是指他斯文的一面，而很少关顾他的"质"，即不失直露的粗野。"彬彬"是两相协调，但协调的结果也还是重于文而轻于质。可见，社会流行与原始文本，会有很大距离。另一个成语"彬彬有礼"，也是重文轻质。其实，"彬彬"的原义是各取其半。

与流行的"文质彬彬"重文轻质相反，在孔子时代，也有一些人觉得质朴就够了，要那些文采有什么用？这样的人，其实在后来各个时代都存在，直到今天仍是这样。对于这种倾向，《论语》里的《颜渊》篇又借着子贡的口有过论述，也可看作是孔子"文质彬彬"思想的延续。

有一位卫国大夫问子贡，作为君子，有"质"就行了，为什么还要有"文"？这里所说的"文"，包含着"外在形象"的宽泛意义，比写作中的"文采"范围更大。其实，我们前面把"文"解释成"文采"，也不完全是指修辞，而具有"图像纹饰"的含义。

这是一个复杂的问题，比"文质各取其半"的物理性拼合更为深刻，因为事实上，各取其半之后又必然会产生互相渗透和互相塑造，谁也离不开谁了，这是由分至合的自然提升。所以子贡回答："文犹质也，质犹文也。虎豹之鞟犹犬羊之鞟。"

先要把虎豹和犬羊的关系解释一下。子贡的意思是，如果把虎豹的毛和犬羊的毛都去掉，那么虎豹和犬羊就很难区分了。因此，虎豹的毛虽是"外在形象"，却决定了它们是虎豹；同样，犬羊的毛虽然也是"外在形象"，却也决定了它们是犬羊。在这个意义上，外面和里面是同一件事，外像和本质是同一件事。正是这种有机天成的思想，引申出"文犹质也，质犹文也"这八个字，对中国古代的美学思想，做出了重要贡献。

12. 君子教者五

这话来自孟子，原文是："君子之所以教者五：有如时雨化之者，有成德者，有达财者，有答问者，有私淑艾者。"

显然，这是在说君子教育民众的五种途径。第一，像及时雨一样开化滋润；第二，重在道德养成；第三，重在培植大才；第四，重在解答疑问；第五，以个人形象启示自学之民。

这五种途径，第一、第四、第五，讲的是不同方法，第二、第三，讲的是培养内容，加在一起，很齐备。由此证明，儒家从孔、孟开始就规定：君子重教，以教醒民。

13. 君子深造之以道

还是孟子的话，收在《离娄下》。

原文是："君子深造之以道，欲其自得之也。自得之，则居之安；居之安，则资之深；资之深，则取之左右逢其原，故君子欲其自得之也。"

意思是：君子深造之途，需要达到精神自得。只有精神自得，才能使所学种种获得安顿。安顿了，就能贮积深厚。深厚了，才能左右逢源。因此君子需要精神自得。

孟子的很多说法，对后代思想家具有很高的启示性。这段话中的"自得"概念，曾对后来的禅宗产生不小影响。

14. 天行健，君子以自强不息

这句话，以最高频率出现在中国数千年来勉己、励人的场合，几乎人所共知。它把天体健旺不息的事实，作为君子自强不息的理由和依据，气魄宏伟，吞吐天地，让人一见就振奋不已。中国"天人合一"的思想，在这里出现了最佳组合，也为君子之道提供了辽阔的思维背景。

出自《周易》"乾卦"的象辞。

15. 唯君子为能通天下之志

也是出自《周易》的象辞，"同人卦"。

象辞的上下文是："文明以健，中正而应，君子正也。唯君子为能通天下之志。"

这正好与上一条"天行健，君子以自强不息"紧密呼应。上一条讲了天体对君子的启示，这一条讲了君子对天体的沟通。一来一去，天人相融。

一上来就说"文明以健"，颇为重要。因为一说"健"，人们总以为是武功赫赫，但这儿所提倡的，是健在文明之上。而且，紧接着，又说这种"健"不炫极端，不涉邪道，而是只以中正的态度来对应四周。正是这么一种堂堂正正的君子，才能有"通天之志"，成为"天人合一"的表率。

对于这段象辞，我很喜欢唐代经学家孔颖达的阐释："行健不以武，而以文明用之，相应不以邪，而以中正应之，君子正也。"这就把君子之道的中正思想，做了两方面的延伸发展，那就是"不以武"、"不以邪"。不武不邪以求"正"，这才是真正的君子。因此，孔颖达重复了此卦的四字箴言：君子正也。

用现代口语来说就是："什么是君子？一个字：正。"

16. 内君子而外小人

这句出自《周易》的"泰卦"象辞。

原文是："内君子而外小人，君子道长，小人道消也。"

这话在中国历史上也非常出名，几乎成为格言。意思很明白：如果能亲近君子，疏远小人，那么，就会助长君子之道，消解小人之道。

这里所说的内、外，有亲、疏之义。但是，我们也可以从文字本身做出更透彻的解释："把君子放在心内，把小人驱逐在外。"

至于"君子道长，小人道消"，可有两种理解。第一种理解，就个人而言。一个人如果一直亲近君子而疏远小人，那么，他也就会变成一个更纯洁的君子。这就说明，君子、小人并不是一个先天的划分，而是可以凭行为而定性。唐代《贞观政要》有言："君子小人本无常，行善事则为君子，行恶事则为小人。"这个观点，我在专论小人的课程中曾经提及。

第二种理解，是着眼于社会。魏徵引申的《周易》的象辞说："君子扬人之善，小人讦人之恶。闻恶必信，则小人之道长矣；闻善或疑，则君子之道消矣。"作为一个政治家，魏徵特别关注"君子之道"和"小人之道"在社会上的消长，因此他把这个本属于个人修养的问题推及了社会风气。他认为，人世间为什么小人如此风行，而君子如此寂寞？重要原因之一，是人们喜欢听恶事，而不相信善事，结果，变成了"信恶"、"疑善"。正是这种习惯，张扬了小人之道，抵消了君子之道。

17. 君子以远小人，不恶而严

因为刚刚讲解了《周易》"泰卦"中的"内君子而外小人"，立即想起了《周易》"遁卦"象辞中还有相关的这一句。

上半句"君子以远小人"已经讲过，不再重复，这里特别要说一说下半句的四个字：不恶而严。

在儒家看来，对于小人，疏远就行了，不必对他们施恶。即使小人行了恶，君子也不能以恶惩恶。不管以什么名义，有什么理由，行恶就是行恶，君子不为。恶，不会因为施行者是君子而变成非恶。但是，虽不行恶，却也应表达对小人的拒绝和批判，因此态度必须严厉。

这句短短的话，包括着君子对小人的三重态度：疏远、不恶、严厉。君子之道，令人佩服。

18. 君子以居贤德，善俗

这个象辞，出现在"渐卦"，因此隐含着"逐渐改善"的意思。那个"居"字，意为积累。那么全句就可以变成这样浅显的表述：君子应该逐渐积累贤德，逐渐改善风俗。

我对这个象辞中的"善俗"两字很感兴趣。这个"善"字，不是形容词，而是动词，意为"善化"。君子为什么要积累贤德，目的之一，是改善风俗。但改善风俗的事急不得，所以就放在"渐卦"中，"艮下巽上"，如山上树木，慢慢生长。

19. 君子以顺德，积小以高大

此语出自《周易》"升卦"象辞。"升卦"，专究上升之势。这里所说的"顺德"，并不仅仅是指应顺道德，也包含应顺实物之性，应顺事业之性。章太炎在《国故论衡》里曾说，在古代语文上，"实、德、业三，各不相离"。因此，这里所说的"德"，是指"天道天德"，只有顺着它，才能"积小以高大"。这句话的重点，一是"顺"，也就是不要逆着来，拗着来，赶着来，急着来，拔苗助长，而必须小心遵循；二是"德"，也就是生机物理，天道天德，君子要仔细体察，慢慢领悟，而不能无视它的存在。

20. 君子终日乾乾，夕惕若，厉无咎

又是一句名言，出自《周易》"乾卦"的爻辞。

君子遇到危难怎么办？"终日乾乾"，也就是始终保持着健朗；"夕惕若"，同时保持着警惕。如能这样，那么，什么危险都能应对。我喜欢"乾"与"惕"的对立统一，并在这种对立统一中达到"厉无咎"的完善结局。奋发而又谨慎，终能度过危难。

21. 君子得舆，民所载也。小人剥庐，终不可用也

这是《周易》"剥卦"的象辞对于君子、小人最终报偿的描述。这个"舆"，是指一辆好车，还是指舆论归向？都可以，反正是民众拥戴、承载的结果。"小人剥庐"，那个"庐"字，当然是指房屋，也可以引申为落脚之地，都被剥除了。这个象辞给我们带来了一种引导性的道德乐观，尽管历史上不少君子、小人的命运并不一定获得"现世报应"，但是总体归向应该如此。反过来，我们作为"民"，应该给君子"美舆"，而这"美舆"也

就是"美誉";应该把小人剥夺,即使不是剥夺物质之庐,也应剥夺他们的精神之庐。

22. 君子寡言而行

语出《礼记·缁衣》。言、行之间的关系问题前面已经提到,而这一句则涉及君子的一个形象定位,因此要单独说一说。

君子是一个很少说话的行动者,但请注意后面还有四个字,"以成其信"。也就是说,一个人的诚信,是凭着"寡言而行"获得的。

这话不仅仅在说君子要言行合一,而是进一步指出,君子为了改变周围的失信状态,应该特别表现出"寡言而行"的状态。即使说出来后也做得到,也尽量不要说,埋头做就可以了。人们总喜欢把信用,交给那些寡言者。

23. 君子貌足畏也

这话是孔子说的,出现在《礼记·表记》中。全句是:"君子貌足畏也,色足惮也,言足信也。"

这里出现的君子形象,与我们一般的想象有很大的差别,那就是十分峻厉。翻译一下,大致是:是君子,外貌让人敬畏,神色让人紧张,但语言让人信赖。

一个"畏"字,一个"惮"字,从反面引出了一个"信"字,终于可以平衡了。我们通常以为,君子是不让人"畏",不让人"惮"的,成天"温良恭俭让"。但是,如果没有"信",那些"温良恭俭让"不也就变得虚假了吗?因此,为了最后这个至关重要的信,宁肯让人"畏"、"惮"。

君子世界不是一个"你好我好大家好"的喜乐天地,而应该是一个由道德信义所支撑的高贵场所。在那里,如果找不到基本信义,那反而真的要让人畏、让人惮了。

因此,在这个问题上,孔子一直要求庄重、威然、严厉。《论语·学而》

记下了他的名言："君子不重则不威。"《论语·子张》又记下了子夏的话："君子有三变：望之俨然，即之也温，听其言也厉。"远处一看，俨然；靠近前去，温和；听他讲话，峻厉。这就是孔子本身的形象。

24. 君子慎始，差若毫厘，缪以千里

这也是名言，说明君子处理大事，一定要在开始的时候十分谨慎，因为开始时的细微程序，决定最后的重大结果。由此可见，自古以来人们往往会觉得君子是谨慎人，并没有错。君子的谨慎，不是为了小得小失，而是为了大得大失。不管何时何地，不考虑最终结果的人，就不是真正的君子。

这段话，出自《礼记·经解》。

25. 君子养心莫善于诚

这话是比孔子晚二百多年的荀子说的。把养心的目标定在一个"诚"字上，十分醒豁。更醒豁的是，他还讲了下半句："致诚则无它事矣。"除了"诚"之外，还有别的事情吗？没有了。

诚，包括着对大道、对自己、对别人的基本态度，我们现在可分解为虔诚、诚恳、诚信等等，其实是一脉相承，也就是使内心变得干净。荀子本身的为人治学，也可以用一个"诚"字概括，所以他能那么成功地掌管挤满各地英才的稷下学宫。

26. 君子贤而能容

还是荀子的话，我没有把这第一句引完。贤而能容，容什么呢？能容"罢"。这个"罢"字，在这里读作"疲"，意思也是疲弱无能。全句是说，君子贤达，能包容疲弱无能的人。

接下去的话都是在说包容："知而能容愚，博而能容浅，粹而能容杂。"意思是：不管你多么智慧，也要包容愚钝；不管你多么渊博，也要包容浅薄；不管你多么纯粹，也要包容掺杂。这便是儒家中庸思想的宽广襟怀。

如果反过来，因别人比较愚钝，比较浅薄，比较掺杂，就立即排斥，并通过排斥来显示自己的智慧、渊博和纯粹，那就不是君子。

27. 君子行不贵苟难

仍然是荀子说的，全句是："君子行不贵苟难，说不贵苟察，名不贵苟传，唯其当之为贵。"这读起来有点儿艰难吧？难就难在一个"苟"字。在这里，"苟"可以理解为勉强。我们平常所说的"苟活"、"苟同"、"苟安"、"苟全"、"苟合"，都可以注入勉强、卑下、贪图的负面含义。另外一个"贵"字，可解释为依重、看重。那么，我们就可以翻译一下了：作为君子，在行为上不会依重那些勉强遇到的艰难，在言论上不会依重那些勉强出现的机智，在名声上不会依重那些勉强听来的传说。只有恰当，才值得依重。

荀子非常敏锐地发现，人们过于看重那些"苟难"、"苟察"、"苟传"，其实都是一些"苟且"的存在。所谓"苟且"，就是不恰当、不合适、不舒服。君子不要这一切，只要求一个字："当"，就是恰当。

28. 君子不失足于人

全句是："君子不失足于人，不失色于人，不失口于人"。出自《礼记》。这话很通俗，不必解释，只需说明，所谓"失足"，是举止失度，与我们今天所说的"失足"相比，并不那么严重；所谓"失色"，是神态失度；所谓"失口"，是话语失度。三者都不严重，但作为君子，却要防范，因为这都涉及他人，不该让对方感到慌乱不适。

29. 君子溺于口

也是《礼记》里的话，打头的不是君子，而是小人。全句是这样的："小人溺于水，君子溺于口，大人溺于民。"意思是：如果说，低层百姓会沉没于水灾，那么，君子会沉没于诽谤，君主会沉没于民众。

这让人想起汉代王充在《论衡》里说的一段话："君子不畏虎，独畏谗夫之口。"司马迁也在《史记·张仪列传》中说过，"众口铄金，积毁销骨"。

对于这种现象，我们不能这样劝说君子："既然成了君子，就要忍受众口。"如果一直这样劝说，君子就"溺"了。我们应该反过来，看到被众口淹没的人，便要设法营救，因为他极有可能是君子，正处于"溺亡"的边缘。须知，一个社会，"君子溺于口"，要比"小人溺于水"和"大人溺于民"都更严重。

30. 君子交绝，不出恶声

这话在中国民间社会一直都非常流行，作用很正面，甚至很动人。君子们由于种种复杂的原因，很可能会断绝交情，但直到此时，也不能互相辱骂。绝交就绝交吧，彼此还是君子。另一种情况是，君子与小人断交，或者与"疑似小人"断交，也不应该出"恶声"。因为君子不沾恶，而且任何"恶声"都会传播，都会撞击第三者和年幼者的感官，产生不良的负面积贮。

这个原则，甚至还会被一些不能被公认为君子的人物遵循。例如中国历来的诸多落草好汉和近代军阀，都是如此。君子之道在一些边缘地带闪烁，颇有观赏价值。

31. 君子当有所好恶

这是韩愈的话，后半句是"好恶不可不明"，写在他给崔群的一封书信里。不错，君子应该像荀子讲的那样有包容之心，但是对于社会上的大是大非，必须有好恶的态度，而且越是君子，这种态度就要愈加鲜明。

只有这样，君子才会成为社会的精神架构，让民众仰望和追随。

32. 君子与君子以同道为朋

这是前半句，后半句是"小人与小人以同利为朋"。这是欧阳修在他的《朋党论》里边说的。说了这两句，欧阳修又强调了一下："此自然之理也"。

这又牵涉到君子和小人的诸多界限了。君子以道结伴，小人以利结伴。道长存而利万变，因此，在朋友关系上，小人之交虽然热闹却很短暂，君子之交虽然淡泊却能持久。这个问题，孔子、庄子、《周易》、《礼记》都有深刻见解。

33. 君子之修身也，内正其心，外正其容

也是欧阳修的话，写在《左氏辨》里。

我选这句，是看上后面四个字：外正其容。因为修身、正心的说法处处可见，但在"正其心"之后立即加上"正其容"，并把它说成是君子修身的"必要项目"，这就很有意思了。

君子不管长得怎么样，必须呈现出端庄的仪态容貌。这是内心的显现，也是君子之道传播的外在渠道。堂堂君子之容，与煌煌君子之道互相辉映，产生的社会效果当是加倍再加倍。中国社会长期以来文盲的比例极高，而文盲是无法了解儒学经典的。因此，一群君子的举手投足，言谈身教，就成了最普及的课本。而且，这种课本有一种无言的魅力。

欧阳修的这段话，可以让人们回忆起孔子关于"文质彬彬"的论述。我讲解的时候，曾把"文质彬彬"的"文"，解释为"外在形象"，这就可以包括欧阳修所说的"容"了。他直接地提出了正容，就把这个问题引向了具体化。君子们应该明白，你们所要弘扬的道，至少有一部分，体现在你们的表情、步态、服饰上。

34. 君子以其身之正，知人之不正

全句是："君子以其身之正，知人之不正；以人之不正，知其身之所未

正也。”

这是苏东坡说的话。他很赞成前面引述过的唐代经学家孔颖达的观点，认为君子之为人，最大的特点就是“正”。“正”，也就是把君子之道全都妥妥帖帖地安顿在自己身上，安顿得平衡而又整饬。于是，苏东坡看社会，不再用其他教条，只用自己作为坐标，也就是“以其身之正”来度量四周，很快就感知了别人的“不正”。这种度量，不必细分各个项目来一个个检验，而是一种整体性的直觉比照，很难被欺瞒。

但苏东坡毕竟是苏东坡，他有一种“回视”的好奇，看到别人不正，还能比出自己的“未正”。因此，别人的不正，足以重启改造之力，把自己和别人身上的毛病一起改掉。这样的君子，非常坦诚，在一来一回中焕发出了新的生命力。

35. 君子不恶人，亦不恶于人

这话很深刻，出于苏东坡的《文与可字说》。关键字，是那个“恶”。与前面提到过的“恶”字不同，这个“恶”，可解释为厌恶。

君子不厌恶别人，也不被别人厌恶。这个意思确实很好。不厌恶别人，这是与人为善的思想，可以理解；但是，又怎么能够“不被别人厌恶”呢？

原来，别人否定君子，有多种态度，有的轻视，有的憎恨，有的嫉妒，却一般不会厌恶。因为厌恶的对象必须有令人厌恶的内心和外表。就像我们在生活中，可以看到不少敌人、罪犯、仇人，却还能直视，但万一见到了一种心理卑鄙、歪嘴狞笑、贼眼鼠目之人，就不得不因厌恶而逃避了。苏东坡的意思是，是君子，可以被人家憎恨和嫉妒，却不可以被人家厌恶。这是因为，憎恨和嫉妒很可能是观念、地位、得失所然，而厌恶则直接起因于感性形态、直觉形象。由感性形态、直觉形象而招致人家厌恶，是因为整个生命已失落基本格调而变成了一堆垃圾。君子无论如何也不会如此。

因此，这是从反向目光上来验证君子对于生命格调的“底线固守”。

36. 君子可以寓意于物

这话的后半句是"而不可以留意于物"。这也是苏东坡说的，可读他的《宝绘堂记》。

"寓意于物"和"留意于物"，区别在哪里？"寓意于物"只是把自己的意念寄托于物，而"留意于物"，就是把自己的意欲留驻在那里了。前者的自己是物的主人，后者的自己是物的奴仆。前者比较健康，后者很可能已经患病。

联想到目前文物收藏领域的种种有趣人事，我忍不住要把苏东坡的这段话完整地抄下来。他说："君子可以寓意于物，而不可以留意于物。寓意于物，虽微物足以为乐，虽尤物不足以为病；留意于物，虽微物足以为病，虽尤物不足以为乐。"这里所说的"尤物"，是指珍奇之物、特殊之物。

面对不同的物件，是寄寓洒脱的快乐，还是惹出沉溺的疾病？这是所有的君子都需要考虑的，因为我们身处物的世界。

苏东坡的这个想法，符合庄子的哲言"物物者非物"，我在第三单元论述庄子时讲过，大家一定还记得。

余秋雨主要著作选目

《文化苦旅》　　　　　《借我一生》

《千年一叹》　　　　　《门孔》

《行者无疆》　　　　　《暮天归思》

　　　　　　　　　　《冰河》（小说及剧本）

《中国文脉》　　　　　《空岛·信客》（小说）

《君子之道》

《修行三阶》　　　　　《世界戏剧学》

《极品美学》　　　　　《中国戏剧史》

　　　　　　　　　　《观众心理学》

《老子通释》　　　　　《艺术创造学》

《周易简释》

《佛典译释》　　　　　《北大授课》

《文典今译》　　　　　《境外演讲》

《山川翰墨》　　　　　《台湾论学》

　　注：由以上简目所编"余秋雨定稿合集"，将由磨铁图书陆续推出。

此外，还出版过大量书籍，均在海内外获得畅销。例如：《山居笔记》、《文明的碎片》、《霜冷长河》、《何谓文化》、《寻觅中华》、《摩挲大地》、《晨雨初听》、《笛声何处》、《掩卷沉思》、《欧洲之旅》、《亚非之旅》、《心中之旅》、《人生风景》、《倾听秋雨》、《中华文化·从北大到台大》、《古圣》、《大唐》、《诗人》、《郁闷》、《秋雨翰墨》、《新文化苦旅》、《中华文化四十八堂课》、《南冥秋水》、《千年文化》、《回望两河》、《舞台哲理》、《游走废墟》等。

"余秋雨翰墨展"中个人著作的集中展览

余秋雨文化大事记

· 1946 年 8 月 23 日出生于浙江省余姚县桥头镇（今属慈溪），在家乡读完小学。

· 1957 年至 1963 年，先后就读于上海新会中学、晋元中学、培进中学至高中毕业。其间，曾获上海市作文比赛首奖、上海市数学竞赛大奖。

· 1963 年考入上海戏剧学院戏剧文学系，但入学后以下乡参加农业劳动为主。

· 1966 年夏天遇到了一场极端主义的政治运动，家破人亡。父亲余学文先生因被检举有"错误言论"而被关押十年，全家八口人经济来源断绝；唯一能接济的叔叔余志士先生又被造反派迫害致死。1968 年被发配到军垦农场服劳役，每天从天不亮劳动到天全黑，极端艰苦。

· 1971 年"九一三事件"后，周恩来总理为抢救教育而布置复课、编教材。从农场回上海后被分配到"各校联合教材编写组"，但自己择定的主要任务是冒险潜入外文书库独自编写《世界戏剧学》，对抗当时以"八个革命样板戏"为代表的文化极端主义。

· 1976 年 1 月，编写教材被批判为"右倾翻案"，又因违反禁令主持周恩来的追悼会而被查缉，便逃到浙江省奉化县大桥镇半山一座封闭的老藏书楼研读中国古代文献，直至此年 10 月那场政治运动结束，下山返回上海。

· 1977 年至 1985 年，投入重建当代文化的学术大潮，陆续出版了《世界戏剧学》、《中国戏剧史》、《观众心理学》、《艺术创造学》、*Some Observations on the Aesthetics of Primitive Chinese Theatre* 等一系列学术著作，先后获全国优秀教材一等奖、上海哲学社会科学著作奖、全国戏剧理论著作奖。

· 1985 年 2 月，由上海各大学的学术前辈联名推荐，在没有担任过副教授的情况下直接晋升为正教授。

· 1986 年 3 月，因国家文化部在上海戏剧学院举行的三次民意测验中均名列第一，被任命为上海戏剧学院副院长、院长。主持工作一年后，即被文化部教育司表彰为"全国最有现代管理能力的院长"之一。与此同时，又出任上海市咨询策划顾问、上海市写作学会会长、上海市中文专业教授评审组组长兼艺术专业教授评审组组长。被授予"国家级突出贡献专家"、"上海十大高教精英"等荣誉称号。

· 1989 年至 1991 年，几度婉拒了升任更高职位的征询，并开始向国家文化部递交辞去院长职务的报告。辞职报告先后共递交了 23 次，终于在 1991 年 7 月获准辞去一切行政职务，包括多种荣誉职务和挂名职务。辞职后，孤身一人从西北高原开始，系统考察中国文化的重要遗址。当时确定的考察主题是"穿越百年血泪，寻找千年辉煌"。在考察沿途所写的"文化大散文"《文化苦旅》《山居笔记》等，快速风靡全球华文读书界，由此成为最具影响力的华文作家之一。

·1991 年 5 月，发表《风雨天一阁》，在全国开启对历代图书收藏壮举的广泛关注。

·1992 年 2 月开始，先后被多所著名大学聘为荣誉教授或兼职教授，例如复旦大学、上海交通大学、同济大学、上海大学、中国科技大学、西安交通大学等。

·1993 年 1 月，发表《一个王朝的背影》，充分肯定少数民族王朝入主中原的特殊生命力，重新评价康熙皇帝，开启此后多年"清宫戏"的拍摄热潮。

·1993 年 3 月，发表《流放者的土地》，系统揭示清朝统治集团迫害和流放知识分子的凶残面目，并展现筚路蓝缕的"流放文化"。

·1993 年 7 月，发表《苏东坡突围》，刻画了中国文化史上最有吸引力的人格典范，借以表现优秀知识分子所必然面临的一层层来自朝廷和同行的酷烈包围圈，以及"突围"的艰难。此文被海峡两岸暨香港、澳门的报刊广为转载。

·1993 年 9 月，发表《千年庭院》，颂扬了中国古代最优秀的教学方式——书院文化，发表后在全国教育界产生不小影响。

·1993 年 11 月，发表《抱愧山西》，系统描述并论证了中国古代最成功的商业奇迹——晋商文化，为当时正在崛起的经济热潮寻得了一个古代范本。此文发表后读者无数，传播广远。

·1994 年 3 月，发表《天涯故事》，梳理了沉埋已久的海南岛文化简史，并把海南岛文化归纳为"生态文明"和"家园文明"，主张以吸引旅游为其发展前景。

· 1994年5月至7月，发表长篇作品《十万进士》(上、下)，完整地清理了千年科举制度对中国文化的正面意义和负面意义。

· 1994年9月，发表《遥远的绝响》，描述魏晋名士对中国文化的震撼性记忆。由于文章格调高尚凄美，一时轰动文坛。

· 1994年11月，发表《历史的暗角》，系统列述了"小人"在中国文化中的隐形破坏作用，以及古今君子对这个庞大群体的无奈。发表后在海峡两岸暨香港、澳门引起巨大反响，被公认为"研究中国负面人格的开山之作"。

· 1995年4月，应邀为四川都江堰题写自拟的对联"拜水都江堰，问道青城山"，镌刻于该地两处。

· 1996年7月，多家媒体经调查共同确认余秋雨为"全国被盗版最严重的写作人"，由此被邀请成为"北京反盗版联盟"的唯一个人会员，并被聘为"全国扫黄打非督导员（督察证为B027号）"。

· 1998年6月，新加坡召集规模盛大的"跨世纪文化对话"而震动全球华文世界。对话主角是四个华人学者，除首席余秋雨教授外，还有哈佛大学的杜维明教授、威斯康星大学的高希均教授和新加坡艺术家陈瑞献先生。余秋雨的演讲题目是《第四座桥》。

· 1999年2月，为妻子马兰创作的剧本《秋千架》隆重上演，极为轰动，打破了北京长安大戏院的票房纪录。在台湾地区演出更是风靡一时，场场爆满。

·1999年开始，引领和主持香港凤凰卫视对人类各大文明遗址的历史性考察，成为目前世界上唯一贴地穿越数万公里危险地区的人文教授，也是"9·11"事件之前最早向文明世界报告恐怖主义控制地区实际状况的学者。由此被日本《朝日新闻》选为"跨世纪十大国际人物"。

·2002年4月，应邀为李白逝世地撰写《采石矶碑》(含书法)，镌刻于安徽马鞍山三台阁。

·从2000年开始，由于环球考察在海内外所造成的巨大影响，国内一些媒体为了追求"逆反刺激"的市场效应而发起诽谤。先由北京大学一个学生误信了一个上海极左派文人的传言进行颠倒批判，即把当年冒险潜入外文书库独自编写《世界戏剧学》的勇敢行动诬陷为"文革写作"，并误植了笔名"石一歌"。由此，形成十余年的诽谤大潮，并随之出现了一批"啃余族"。余秋雨先生对所有的诽谤没有做任何反驳和回击，他说："马行千里，不洗尘沙。"

·2003年7月，由于多年来在中央电视台的文化栏目中主持"综合文史素质测试"而成为全国观众的关注热点，上海一个当年的造反派代表人物就趁势做逆反文章，声称《文化苦旅》中有很多"文史差错"，全国上百家报刊转载。10月19日，我国当代著名文史权威章培恒教授发文指出，经他审读，那个人的文章完全是"攻击"和"诬陷"，而那个人自己的"文史知识"连一个高中生也不如。

·2004年2月，由于有关"石一歌"的诽谤浪潮已经延续四年仍未有消停迹象，余秋雨就采取了"悬赏"的办法。宣布"只要证明本人曾用这个笔名写过一篇、一段、一节、一行、一句这种文章，立即支付自己的全年薪金"，还公布了执行律师的姓名。十二年后，余秋雨宣布悬赏期结束，以一篇《"石一歌"事件》做出总结。

·2004 年 3 月，参加联合国开发计划署《人类发展报告》的设计、研讨和审核。

·2004 年年底，被联合国教科文组织、北京大学、《中华英才》杂志社等单位选为"中国十大文化精英"、"中国文化传播坐标人物"。

·2005 年 4 月，应邀赴美国巡回演讲：

1）4 月 9 日讲《中国文化的困境和出路》（在纽约市立大学亨特学院）；

2）4 月 10 日讲《中国知识分子的问题所在》（在北美华文作家协会）；

3）4 月 12 日上午讲《空间意义上的中华文化》（在马里兰大学）；

4）4 月 12 日下午讲《君子的脚步》（在华盛顿国会图书馆）；

5）4 月 13 日讲《时间意义上的中华文化》（在耶鲁大学）；

6）4 月 15 日讲《中国文化所追求的集体人格》（在哈佛大学）；

7）4 月 17 日讲《中华文化的三大优势和四大泥潭》（在休斯敦美南华文写作协会）。

·2005 年 7 月 20 日，在联合国"世界文化大会"上发表主旨演讲《利玛窦的结论》，论述中国文明自古以来的非侵略本性，引起极大轰动。演说的论据，后来一再被各国政界、学界引用。收入书籍时，标题改为《中华文化的非侵略本性》。

·2005 年 11 月，应邀撰写《法门寺碑》（含书法），镌刻于陕西法门寺大雄宝殿前的影壁。

·2006 年 4 月，应邀撰写《炎帝之碑》（含书法），镌刻于湖南株洲炎帝陵纪念塔。

·2005 年至 2008 年，被香港浸会大学聘请为"健全人格教育奠基教授"，每年在香港工作时间不少于半年。

·2006 年，在香港凤凰卫视开办日播栏目《秋雨时分》，以一整年时间畅谈中华文化的优势和弱势，播出后在海内外产生广泛影响。

·2007 年 1 月，发表《问卜中华》，详尽叙述了甲骨文的出土在中国文明濒临湮灭的二十世纪初年所带来的神奇力量，同时论述了商代的历史面貌。

·2007 年 3 月，发表《古道西风》，系统叙述了中华文化的两大始祖老子和孔子的精神风采。

·2007 年 5 月，发表《稷下学宫》，对比古希腊的雅典学院，将两千年前东西方两大学术中心进行平行比照。

·2007 年 7 月，发表《黑色的光亮》，以充满感情的笔触表现了平民思想家墨子的人格光辉。

·2007 年 8 月，应邀为七十年前解救大批犹太难民的中国外交官何凤山博士撰写碑文（含书法），镌刻于湖南益阳何凤山纪念墓地。

·2007 年 9 月，发表《诗人是什么》，论述"中国第一诗人"屈原为华夏文明注入的诗化魂魄，分析了他获得全民每年纪念的原因，并解释了一些历史误会。

·2007年11月，发表《历史的母本》，以最高坐标评价了司马迁为整个中华民族带来的历史理性和历史品格。

·2008年5月12日，中国发生"汶川大地震"，第一时间赶到灾区参加救援。见到遇难学生留在废墟间的破残课本，决定以夫妻两人三年薪水的总和默默捐建三个学生图书馆，却被人在网络上炒作成"诈捐"，在全国范围喧闹了两个月之久。后由灾区教育局一再说明捐建实情，又由王蒙、冯骥才、张贤亮、贾平凹、刘诗昆、白先勇、余光中等名家纷纷为三个学生图书馆题词，风波才得以平息。

·2008年9月，上海市教育委员会颁授成立"余秋雨大师工作室"。上海市静安区政府决定为"余秋雨大师工作室"赠建办公小楼。

·2008年12月，为妻子马兰创作的中国音乐剧《长河》在上海大剧院隆重上演，受到海内外艺术精英的极高评价。

·2009年5月，应邀为山西大同云冈石窟题词"中国由此迈向大唐"，镌刻于石窟西端。

·2010年1月，《扬子晚报》在全国青少年读者中做问卷调查"你最喜爱的中国当代作家"，余秋雨名列第一。"冠军奖座"是钱为教授雕塑的余秋雨铜像。

·2010年3月27日，获澳门科技大学所颁"荣誉文学博士"称号。同时获颁荣誉博士称号的有袁隆平、钟南山、欧阳自远、孙家栋等著名专家。

·2010 年 4 月 30 日，接受澳门科技大学任命，出任该校人文艺术学院院长。宣布在任期间每年年薪五十万港元全数捐献，作为设计专业和传播专业研究生的奖学金。

·2010 年 5 月 21 日，联合国发布自成立以来第一份以文化为主题的"世界报告"，发布仪式的主要环节，是联合国教科文组织总干事博科娃女士与余秋雨先生进行一场对话。余秋雨发言的标题为《驳"文明冲突论"》。

·2012 年 1 月至 9 月，最终完成以莱辛式的"极品解析"方法来论述中国美学的著作《极品美学》。

·2012 年 10 月 12 日，中国艺术研究院成立"秋雨书院"。北京众多著名学者、企业家出席成立大会，并热情致辞。该书院是一个培养博士生的高层教学机构，现培养两个专业的博士研究生：一、中国文化史专业；二、中国艺术史专业。

·2013 年 10 月 18 日下午，再度应邀赴美国纽约联合国总部大厦演讲《中华文化为何长寿》。当天联合国网站将此演讲列为国际第一要闻。

·2013 年 10 月 20 日，在纽约大学演讲《中国文脉简述》。

·2013 年 12 月，完成庄子《逍遥游》的巨幅行草书写，并将《逍遥游》译成可诵可吟的现代散文。

·2014 年 1 月，完成屈原《离骚》的巨幅行书书写，并将《离骚》译成可诵可吟的现代散文。

·2014 年 1 月 31 日，完成《祭笔》。此文概括了作者自己握笔写作的艰辛历程。

·2014 年 3 月，发表以现代思维解析《般若波罗蜜多心经》的文章《解经修行》，并由此开始写作《修行三阶》、《〈金刚经〉简释》、《〈坛经〉简释》。

·2014 年 4 月，《余秋雨学术六卷》出版发行。

·2014 年 5 月，古典象征主义小说《冰河》（含剧本）出版发行。

·2014 年 8 月，系统论述中华文化人格范型的《君子之道》出版发行，立即受到海峡两岸读书界的热烈欢迎。

·2014 年 10 月，《秋雨合集》二十二卷出版发行。

·2014 年 10 月 28 日，出任上海图书馆理事长。

·2015 年 3 月，再度应邀在海峡对岸各大城市进行"环岛巡回演讲"，自台北市、新北市、台中市到高雄市。双目失明的星云大师闻讯后从澳大利亚赶回，亲率僧侣团队到高雄车站长时间等待和迎接。这是余秋雨自 1991 年后第四次大规模的环岛演讲。本次演讲的主题是"中华文化和君子之道"。

·2015 年 4 月，悬疑推理小说《空岛》和人生哲理小说《信客》出版。

·2015 年 9 月，应邀为佛教胜地普陀山书写《心经》，镌刻于该岛回澜亭。

·2016 年 3 月，应邀为佛教胜地宝华山书写《心经》，镌刻于该山平台。

·2016 年 7 月，中华书局出版《中华文化读本》七卷，均选自余秋雨著作。

·2016 年 11 月，被选为世界余氏宗亲会名誉会长。

·2017 年 5 月 25 日至 6 月 5 日，中国美术馆举办"余秋雨翰墨展"（中国艺术研究院主办），参观者人山人海，成为中国美术馆建馆半个多世纪以来最为轰动的展出之一。中国文联主席兼中国作协主席铁凝说："这个展览气势恢宏，彰显了秋雨先生令人慨叹的文化成就，使我对先生的为人和为文有了新的感受。"中国书法家协会原主席张海说："即使秋雨先生没有写过那么多著作，光看书法，也是真正专业的大书法家。"国务院参事室主任王仲伟说："余先生的书法作品，应该纳入国家收藏。"据统计，世界各地通过网络共享这次翰墨展的华侨人数，超过千万。

·2017 年 9 月，记忆文学集《门孔》出版发行。此书被评为《中国文脉》的当代续篇，其中有的文章已成为近年来网上最轰动的篇目。作者以自己的亲身交往描写了巴金、黄佐临、谢晋、章培恒、陆谷孙、星云大师、饶宗颐、金庸、林怀民、白先勇、余光中等一代文化巨匠，同时也写了自己与妻子马兰的情感历程。作者对《门孔》这一书名的阐释是："守护门庭，窥探神圣。"

·2017 年 12 月，《境外演讲》出版发行。此书收集了作者在联合国的三次演讲，又汇集了在美国各地和我国港澳地区巡回演讲和电视讲座的部分记录，被专家学者评为"打开中华文化之门的钥匙"。

·2018 年全年，应喜马拉雅网上授课平台之邀，把中国艺术研究院"秋雨书院"的博士课程向全社会开放，播出《中国文化必修课》。截至 2019 年 10 月，收听人次已经超过六千万。

（周行、刘超英整理，经余秋雨大师工作室校核）

总 策 划：金克林　余建军

封面题签：管　峻

设计总监：石　磊

责任编辑：彭明榜

监　　制：魏　玲　何　寅

产品经理：杨海泉

特约编辑：刘　倩　夏　冰

营　　销：肖　瑶　李天语

喜马拉雅《余秋雨·中国文化必修课》团队

制 作 人：吴思瑜　邬　腾　张　巧

排版制作：今亮后声

上架建议：社科／文化

ISBN 978-7-5153-5682-2

9 787515 356822 >

定价：128.00元